经济法学

JINGJI FAXUE

主　编◎王玉辉

副主编◎苏炜杰　姚保松　曹明睿

知识产权出版社

全国百佳图书出版单位

—北京—

图书在版编目（CIP）数据

经济法学/王玉辉主编；苏炜杰，姚保松，曹明睿副主编. —北京：知识产权出版社，2025.1.
ISBN 978-7-5130-9635-5

Ⅰ. D922.290.1

中国国家版本馆 CIP 数据核字第 2024AC1855 号

责任编辑：李芸杰　　**责任校对**：王　岩
封面设计：纺印图文　　**责任印制**：刘译文

经济法学

主　编　王玉辉

副主编　苏炜杰　姚保松　曹明睿

出版发行：知识产权出版社有限责任公司　　网　址：http://www.ipph.cn
社　址：北京市海淀区气象路 50 号院　　邮　编：100081
责编电话：010-82000860 转 8739　　责编邮箱：liyunjie2015@126.com
发行电话：010-82000860 转 8101/8102　　发行传真：010-82000893/82005070/82000270
印　刷：天津嘉恒印务有限公司　　经　销：新华书店、各大网上书店及相关专业书店
开　本：787mm×1092mm　1/16　　印　张：21.75
版　次：2025 年 1 月第 1 版　　印　次：2025 年 1 月第 1 次印刷
字　数：476 千字　　定　价：88.00 元

ISBN 978-7-5130-9635-5

编 委 会

主　编　王玉辉

副主编　苏炜杰　姚保松　曹明睿

编　委　曹明睿　姚保松　张素伦　张　彬
　　　　　杨妮娜　苗沛霖　苏炜杰

审稿人　苏炜杰

统稿人　苏炜杰

校　对　苏炜杰　周辽豫　王子惠

前 言

高水平社会主义市场经济体制是中国式现代化的重要保障。对于全国统一大市场的构建，我国需要解决好有效市场与有为政府的有机结合。作为中国特色社会主义法律体系的重要组成部分，经济法在解决市场失灵，规范、保障政府在市场规制和宏观调控方面发挥了重要作用。由此，经济法、经济法学在现代市场经济下，越来越受到社会的普遍重视。

经济法学承载着维护市场秩序、促进经济发展的使命。本书在内容设计上力求呈现如下三个方面的编写特色：其一，紧跟时代发展，回应时代需求，展现新时代经济法学的独特价值。本书秉承协调、绿色、开放、共享的新发展理念，在内容设计上，紧密结合数字经济发展中的新型市场失灵及国家调制关系，积极回应新经济带来的法治需求。其二，强化思政引领，发挥教材铸魂育人功能。本书在内容编写上全面贯彻党的教育方针，注重将课程思政的新理念、新方法有机融入，加强中国特色社会主义经济法治理论与制度的阐释和讲授，全面落实立德树人根本任务。其三，注重系统性和逻辑性，着力理论与实践的结合。本书设置了学术视野、实务参考等板块，学术视野板块力求帮助学生全面掌握本领域的理论知识和学术前沿，实务参考板块则旨在帮助学生理解经济法学的精髓和要义，运用经济法学理论解决中国经济法治实践问题。

郑州大学是全国首批开设经济法课程和经济法专业的八所院校之一。1980 年开设经济法课程；1985 年设立经济法专业，正式招收本科生；1993 年获经济法硕士学位授予权；2011 年开始招收博士研究生；2020 年设立经济法二级博士点。自 1995 年至今，郑州大学经济法课程连续多年被评为河南省省级优秀课程、省级精品课程、省“一流本科课程”、省级研究生课程思政示范课程，所在学科连续四届被评为省级重点学科。经过 40 多年传承与发展，郑州大学经济法学科着力培育了经济法基础理论、市场规制法、宏观调控法、劳动与社会保障法的优势学科方向。现今，郑州大学经济法学科不断深化教学改革，完善课程体系，提升教学质量，入选省级优秀基层教学组织、校级研究生课程思政教学团队，编写团队中 1 人荣获国家教学竞赛二等奖，4 人荣获省级教学竞赛一等奖，4 人荣获省级教学标兵，2 人荣获校级研究生课程思政教学名师。为此，我们组织郑州大学经济法学科编写了这本教材，具体分工如下（以撰写章节先后为序）：

第一章、第十八章：张素伦（郑州大学法学院副教授）

第二章、第十三章、第十七章：曹明睿（郑州大学法学院副教授）

第三章、第八章：杨妮娜（郑州大学法学院讲师）

第四章、第七章第七节、第十章：苗沛霖（郑州大学法学院讲师）

第五章、第十二章、第十五章：苏炜杰（郑州大学法学院讲师）

第六章、第十一章：姚保松（郑州大学法学院副教授）

第七章第一至六节、第九章：王玉辉（郑州大学法学院教授）

第十四章、第十六章：张彬（郑州大学法学院讲师）

我们期待学生能够通过本书获得对经济法学基本理论、原则和制度的深刻理解，能够树立起服务社会的责任感和使命感，在绘制经济法学辉煌画卷的道路上贡献自己的智慧和力量。

郑州大学经济法学教材编委会

2024 年 6 月 15 日

目　录

第一编　经济法总论

第二编　市场规制法

第三编 宏观调控法

第一编

经济法总论

第一章

经济法的历史沿革

【本章摘要】资本主义经济法是以反垄断为核心的，美国是最早颁布反垄断法的国家。但从经济法开始形成独立部门、独立学科的角度看，其发源地则是德国。社会主义国家经济法的形成大体可分为两个阶段：一是不成熟的经济立法，以苏联为代表。二是科学意义上的经济法，以中国为代表。经济法产生的基础主要表现为经济结构基础、社会结构基础和法学观念基础。经济法产生的一般条件为，市场之手与国家之手的协调并用，纵向经济关系与横向经济关系的平衡结合，经济民主与经济集中的有机统一。经济法产生的基本规律为国家介入与社会自治的对立统一。

【学习目标】通过本章学习，了解国家运用法律手段干预经济的历史演进，经济法产生、发展的历史沿革。掌握经济法产生的根本基础和一般条件。能够运用经济法产生、发展的基本规律阐释、解决国家治理经济过程中的问题。

第一节　经济与经济立法

经济法是在市场经济条件下国家干预或管理经济，维护社会整体经济利益，协调市场经济运行的新兴法律部门。经济法学是研究经济法及其发展规律的年轻法学学科，是法和法学在20世纪最重要的创新与发展之一，是一种在全球范围内兴起的适应时代需要发展起来的法律思潮。当代世界各国的政党、政府，经济界和法律界的理论家和实际工作者，不论其所处社会的性质、思想体系如何，也不论其是否承认经济法的存在，事实上都在一定程度上自觉或不自觉地运用经济法的理念和手段——冲破国家与市民社会、公法与私法的藩篱而由政权直接介入和参与经济生活，观察和处理法与经济以及国家与经济的关系。现代社会出现的这种普遍的带有显著规律性的现象，不是偶然的。[①] 它是社会发展到一定历史阶段的产物，是市场经济内在矛盾运动的必然，是国家机器职能发展的必经阶段，也是法对经济关系调整的自身发展的逻辑结果。因此，

① 潘静成、刘文华：《经济法》，中国人民大学出版社1999年版，第20页。

学习和研究经济法，就必须首先考察其产生、发展的轨迹，考察国家运用法律手段干预经济的历史演进。这就需要从经济与经济立法谈起。

一、前资本主义社会的经济立法

经济是社会的基础，任何社会对经济都不是漠不关心的，都把处理经济关系作为治理社会的主要内容。经济关系是人们在生产、交换、分配、消费各个环节和领域内发生的社会关系。自人类社会产生以来，就存在着对社会经济关系起控制作用的自发调节和自觉调节的力量。正如恩格斯所指出的："在社会发展某个很早的阶段，产生了这样的一种需要：把每天重复着的生产、分配和交换产品的行为用一个共同规则概括起来，设法使个人服从生产和交换的一般条件。这个规则首先表现为习惯，后来便成了法律。"① 恩格斯这段论述表明，在原始社会，经济关系是由习惯来调整的。阶级和国家产生的同时产生了法，法律便成为经济关系的重要"调整器"。经济法就是在国家运用法律干预经济、加强经济立法的进程中孕育和诞生的。

在奴隶社会和封建社会，经济关系不发达，法律也不发达，国家控制经济的立法以条文形式存在于诸法合体之中。例如，公元前 18 世纪古巴比伦王国的《汉谟拉比法典》中就有相当多数量的体现国家控制经济的条款。该法典共 282 条，其中第 121 条是保护奴隶主财产所有权的，最主要的规定是土地属奴隶主国家所有，奴隶属奴隶主所有。此外，对如何经营果园、管理农业、发展商业以及对借贷、租赁、委托、合伙等也作了比较详细的规定。公元前 5 世纪古罗马的《十二铜表法》，以及从公元 528 年开始，东罗马帝国逐步编纂汇集而成的《国法大全》也是如此。在《国法大全》中，对所有权、役权、永佃权、契约等都作了较为详尽的规定，还出现了"社团法人""私犯""准私犯"等概念，区分了契约与准契约、融通物与不融通物的界限，确立了契约管理制度等。这些均是现代经济法中公司规制制度、合同管理制度的最早渊源。我国奴隶社会也有大量体现国家干预经济的规范。例如，"溥天之下，莫非王土，率土之滨，莫非王臣"（《诗经·小雅·谷风之什·北山》）。又如，只有王才有权"授民授疆土"（《周礼·地官·司市》），而且"田里不鬻"（即土地不准买卖）。我国封建社会长期处于统一的中央集权的专制状态，国家控制经济的范围之广、程度之深是其他国家所远远不及的。在著名的秦律、唐律中，有许多以保护土地、赋税和徭役制度为中心的条款，还有关于手工业、仓库管理、基本建设、度量衡、买卖、借贷、市场价格等方面的内容。如《唐律疏议·杂律》规定：不准"行滥""短狭而卖"；要求制造者在产品上写自己的名字；制作度量衡必须经官府鉴定并加盖印署，方可使用；严禁投机商人操纵市场等。

奴隶、封建社会的经济立法，体现了国家控制经济的意志。其内容丰富，涉及面广，但主要是以土地、赋税制度为核心的，而且主要以刑罚的方法来制裁经济违法行

① ［德］马克思、［德］恩格斯：《马克思恩格斯选集》第 2 卷，人民出版社 1972 年版，第 538–539 页。

为，反映了重本抑末、专制主义的立法指导思想。

二、自由资本主义社会的经济立法

在西方，随着产业革命的爆发，封建社会的自然经济解体，资本主义的生产方式最终得以确立，社会生产力和商品经济得到迅速发展。在资产阶级民主思想和科学文化的冲击下，形成了自由资本主义市场经济，法律和法学也相应步入了大分化大发展时期。1804 年的《法国民法典》便是民法率先独立的标志，它确立了财产无限私有、契约自由、当事人意思自治等基本原则。

在自由资本主义阶段，西方国家推崇亚当·斯密创立的古典市场经济理论，即“干预越少的政府才是越好的政府”，国家充当的是“守夜人”的角色。所以，在自由资本主义经济时期，民法是最能适应和体现其经济上的客观要求的，故经济法无从产生。但需要注意的是，此时仍然存在着大量国家干预经济生活的法律规范，它们主要蕴含在民法和商法之中。如私人借贷利率不得超过法定限度，反对不正当交易，禁止损害国家利益的行为等。同时，为适应经济发展的需要，也陆续颁布了一些单行经济法规。例如，为了促进产业的发展，英国于 1815 年制定了《谷物法》，美国于 1862 年制定了《莫里尔法》，日本于 1896 年、1897 年分别制定了《造船奖励法》和《生丝直接出口奖励法》等。这些都是国家干预经济生活的体现，对转化和积累资本、开展自由贸易和竞争、促进资本主义的发展起到了重要作用。

在这一时期，不同的统治阶级都很重视运用法律手段来维护它们的经济制度，国家干预经济的立法也经历了由简到繁的过程，但并未形成现代独立的经济法，这是由当时的经济基础决定的。

三、经济法溯源

在奴隶社会、封建社会和自由资本主义社会，虽未形成独立意义上的经济法，但这一概念则早已问世。从目前掌握的资料看，1755 年，法国空想共产主义者摩莱里在他的《自然法典》一书中首次提出了“经济法”一词。他认为经济法“是可以从根本上消除社会恶习和祸害的基本的神圣的法律”。1842 年，法国空想共产主义者德萨米在他的《公有法典》一书中，又明确提出了应当建立“经济法”，以便平均分配社会产品的主张，发展了摩莱里关于经济法的思想。特别值得注意的是，1865 年普鲁东在其《论工人阶级的政治能力》一书中指出，法律应该通过普遍和解来解决社会生活矛盾，为此需要改组社会，由经济法来构成新社会组织的基础。因为公法会造成政府过多地限制经济自由，私法则无法影响经济生活的整个结构，必须将社会组织建立在“作为政治法和民法之补充和必然结果的经济法之上”，已经敏锐贴近和触及了经济法的真谛。① 当然，以上说法尚不具有严格的学术意义，仍不是现代意义上的经济法。现代经

① 邱本：《经济法研究》（上卷），中国人民大学出版社 2008 年版，第 12 页。

济法有两个含义：一是指它是一个独立法律部门，是国家干预经济生活的法律规范的总称；二是指它是一门独立法律学科，是研究经济法律问题的科学。现代经济法是适应现代市场经济的要求，首先在资本主义国家形成的。

第二节　资本主义社会的经济法

一、资本主义社会经济法的产生

从19世纪末到20世纪初，各主要资本主义国家随着生产力的不断发展和生产社会化程度的提高，生产资料日益掌握在私人手中，形成了私人垄断资本，先后发展到了垄断资本主义阶段。在社会经济生活中，由于垄断的形成，出现了严重限制竞争的现象，破坏了自由竞争，损害了中小企业和消费者的利益，直接威胁到资产阶级总体利益，威胁到资本主义自由竞争的市场经济体制。面对这些严重问题，完全自由的市场机制与民商法的调整已明显无能为力，仅靠个别资本家之间的妥协更是无济于事，这一切就为以国家干预经济为特征的经济法提供了适宜的空间。此时，以凯恩斯为代表的国家直接干预经济的理论备受推崇。资本主义国家陆续制定经济政策和经济法律来干预经济。比如美国于1890年制定了《谢尔曼法》，1914年又制定了《克莱顿法》和《联邦贸易委员会法》，统称为反托拉斯法。反托拉斯法从垄断资产阶级的整体利益出发，对托拉斯进行了若干限制，以规范社会经济活动和经济关系，巩固和维护社会经济秩序。德国为发动和应对第一次世界大战做准备，于1915年通过《关于限制契约最高价格的公告》，1916年通过《确保国民粮食战时措施令》。“一战”后，德国又于1919年颁布了《煤炭经济法》和《钾盐经济法》等。这些大量涌现出来的体现国家干预经济的法律规定，已大大突破了传统民法、商法的范围，标志着现代意义上的资本主义经济法的产生。

从一定意义上说，资本主义经济法是以反垄断为核心的，美国是世界上最早颁布反垄断法的国家。但从经济法开始形成独立部门、独立学科的角度看，其发源地则是德国，时间大约为20世纪初（第一次世界大战前后）。当时德国是资本主义矛盾最集中、最尖锐化的地方，同时德国法学界秉承了大陆法系追求概念准确、结构严谨的理论研究传统，具有浓厚的学术土壤，因而产生了作为独立部门、独立学科的经济法。

二、资本主义社会经济法的发展

现代资本主义社会经济法的发展大体分为三个阶段：第一阶段是“一战”前后的经济统治法，以德国为代表。第二阶段是20世纪30年代的危机对策法，以美国为代表；“二战”以后的振兴经济法，以日本为代表。第三阶段是资本主义经济法比较成熟的形态，应注重对其的认识和理解。

第二次世界大战以来，资本主义国家为保障市场经济的运行，特别注意加强和完善经济立法。主要表现在以下方面：

（一）完善市场主体规制方面的经济法律法规

例如，法国于1966年重新制定了一部统一、完整的《公司法》，全面规定了各种形式的公司，共509条，内容充实，结构严谨；英国于1985年通过了新的《公司法》；日本为振兴中小企业，先后制定了《中小企业基本法》《中小企业现代化促进法》《中小企业指导法》《中小企业防止破产互助法》等一系列法规，还制定了《国有财产法》《国有铁路法》等有关国有企业的法律。“二战”后，日本的经济之所以得到迅速恢复和发展，与其加强包括市场主体在内的经济立法，注意用法律手段振兴经济，进而成为资本主义世界经济法制建设相当完备的国家是分不开的。市场主体法应是经济法与商法共同作用的领域，由于企业存续具有鲜明的社会性，对其重要的内部事务，国家自然应予以必要的干预。

（二）完善市场管理、监督方面的经济法律法规

为维护市场秩序，日本反复修订了《关于禁止私人垄断和确保公平交易的法律》《不正当竞争防止法》《不当赠品及不当表示防止法》，这些法律在其经济法体系中居于重要地位。另外，日本还颁布有《食物·农业·农村基本法》等。英国作为判例法国家，在规范国内贸易的限制性商业行为等方面，也制定了一些成文的限制垄断的法律，如1976年的《限制性贸易惯例法》（新修订）、《转售价格法》，1980年的《保护贸易利益法》。原联邦德国于1957年颁布了《反限制竞争法》，1974年又颁布了《折扣法》《关于附加赠送物品条例》，旨在限制从事商业活动者给消费者过多回扣，禁止利用赠送物品进行商业不正当竞争。几经战乱的原联邦德国，能较快地摆脱战争创伤，使经济很快恢复并有序运行，经济法功不可没。

（三）完善宏观调控方面的经济法律法规

为发挥财政、税收的调控功能，美国制定了《国内收入法》，原联邦德国制定了《财政管理法》，日本多次修改《财政法》，并制定了一系列税法；为调节供求关系，稳定国民经济，原联邦德国制定了《商品供应法》，日本制定了《石油供求适度化法》《石油储备法》《国民生活安定紧急措施法》；为促进产业发展，原联邦德国制定了《农业法》《原子能法》，日本制定了《矿业法》《农业机械化促进法》《原子能基本法》《机械工业振兴临时措施法》等，并进行了若干次修改；为发展对外贸易，扩大对外开放，美国制定了《出口管理法》《贸易法》，法国制定了《对外贸易法》，日本制定了《外汇和外贸管理法》《外资法》《进出口交易法》，等等。

资本主义社会的经济法反映了资产阶级的整体意志和利益；突出了国家直接具体

介入经济生活的职能；注重遵循市场规律，以间接手段为主协调经济运行；[①] 总体上体现了社会本位原则。

综上所述，西方国家的经济法实践证明，市场经济的弱点和缺陷，决定了需要有效的国家干预；市场经济的公平、公开和公正，决定了需要有效的手段保障；市场经济也是法制经济，加强经济立法，发展现代经济法，建立完备的市场经济法律体系是一切市场经济国家的必然选择。

第三节　社会主义社会的经济法

一、社会主义社会经济法的形成

社会主义社会经济法的形成条件和产生过程与资本主义社会不同。在社会主义国家，经济法的出现，是与社会主义生产资料公有制的建立、计划经济的实行和社会主义国家经济职能的转变直接相联系的。

20 世纪先后出现的社会主义国家，在革命胜利后，为了巩固、发展社会主义公有制，进行社会主义经济建设，发挥国家组织经济职能，颁布了大量的直接体现国家意志、具有经济管理内容的法律法规。但由于其实行中央高度集权的计划经济体制，在根本上否定市场经济，否认市场调节的基础性作用，主要经济活动都通过行政体系、运用行政手段实施完成，因此，为其服务而颁发的经济法律法规具有明显的剥夺性、行政性和超前性。这些法律法规在经济建设中的意义和作用固然不可忽视，但在一定程度上也限制甚至阻碍了生产力的发展。面临经济活力不强、效益下降、社会主义优越性未能充分发挥的现实，各国先后进行了经济体制改革：在公有制基础上大力发展商品经济，运用市场调节；减少国家对经济的过度行政干预，实行企业自主经营、民主管理；积极对外开放，发展国际经济技术交流等。与改革相适应，社会主义国家颁布施行了许多具有全新内容的经济法律法规，社会主义经济法逐步形成。

统观社会主义社会经济法的形成过程，大体可分为两个阶段：一是不成熟的经济立法，以苏联为代表，多强调国家的意志和利益，忽视企业的独立主体地位，主要采用行政手段；二是科学意义上的经济法，以中国为代表，贯彻了国家统一领导与企业自主经营相结合的精神，注重经济效益，主要采用间接手段。无论哪个阶段的经济法，均以单行法律法规为主要表现形式，只有捷克斯洛伐克于 1964 年颁布了世界上迄今为止唯一的经济法典。这里特别需要强调的是，鉴于苏联、东欧的社会主义大厦既已倾覆，自觉维护以公有制为主导的市场经济协调发展的经济法建设，便历史性地落在了中国人的肩上。[②]

---

① 杨紫烜：《经济法》，北京大学出版社、高等教育出版社 2008 年版，第 16-17 页。

② 潘静成、刘文华：《经济法》，中国人民大学出版社 1999 年版，第 23 页。

二、中国社会主义经济法

中华人民共和国成立后，经济法制建设与生产资料公有制的形成和国家组织经济的职能直接相连，大体可分为两个时期，以 1978 年中国共产党十一届三中全会召开为界。前一时期，国家颁布了大量的经济法规，但这些经济法规与行政法混在一起，并不是科学意义上的社会主义经济法；后一时期，社会主义经济法逐步形成并迅速发展。下面主要对后一时期的经济法进行阐述。

（一）改革以来中国经济法的形成和发展

党的十一届三中全会以来，我国实行了市场取向改革，沿着所有制结构多元化、经济主体市场化、市场发展体系化、宏观调控间接化的方向发展。市场取向改革的过程，也是加强经济立法和科学意义上的经济法逐渐形成的过程。四十多年来，为保障经济体制改革的顺利进行，促进现代化建设，我国制定了一系列适应改革与发展要求的经济法律、法规。回顾我国经济法的历程，可以分为三个阶段：

1. 初创阶段

这一阶段是指从 1979 年到 1986 年《民法通则》（已废止）的通过。在 1979 年，全国人大提出了“经济法”的概念。[①] 这一时期，我国先后召开了几次大的经济法学术研究会和经济法制工作会，促进了经济法的形成和发展。经济法律法规主要有：1979 年的《中外合资经营企业法》（已废止）；1980 年的《个人所得税法》（已修改）和《关于开展和保护社会主义竞争的暂行规定》（已废止）；1981 年的《外国企业所得税法》（已废止）；1982 年的《物价管理暂行条例》（已废止）；1985 年的《计量法》（已修正）和《会计法》（已修正）；1986 年的《外资企业法》（已废止）、《矿产资源法》（已修正）等。

2. 调整发展阶段

这一阶段是指从 1986 年到 1992 年党的十四大“建立和完善社会主义市场经济体制”目标的明确提出。在这一时期，我国从立法上确定了经济法是一个独立的法律部门，颁布了大量经济法规，体现出国家管理经济的权力受到消减和限制，注重科学管理的特点。其主要法律法规有：1986 年的《土地管理法》（已修改）；1987 年的《价格管理条例》；1988 年的《水法》（已修改）、《标准化法》（已修订）、《全民所有制工业企业法》（已修正）和《中外合作经营企业法》（已废止）；1989 年的《进出口商品检验法》（已修正）；1991 年的《外商投资企业和外国企业所得税法》（已废止）；1992 年的《税收征收管理法》（已修改）等。

3. 迅速发展阶段

这一阶段是指 1992 年迄今。党的十四届三中全会把建立社会主义市场经济体制确

---

① 《中华人民共和国第五届全国人民代表大会第二次会议文件》，人民出版社 1979 年版，第 2、106 页。

立为我国经济体制改革的目标，从此我国的改革事业进入一个崭新的时期。市场经济的建立要求市场在资源的配置方面起“基础性作用”，要求进一步消减计划经济体制之下政府对经济的过度干预。在对党的十四大认识不断深化的基础上，2013 年，党的十八届三中全会提出要使市场在资源配置中起“决定性作用”。与此相适应，经济立法进一步表现为限制政府对经济干预的权力的趋势。其主要法律法规有：1993 年的《消费者权益保护法》（已修正）、《产品质量法》（已修正）和《农业法》（已修改）；1994 年的《城市房地产管理法》（已修正）、《广告法》（已修改）、《对外贸易法》（已修改）、《预算法》（已修正）和《审计法》（已修正）；1995 年的《中国人民银行法》（已修正）、《商业银行法》（已修正）；1996 年的《乡镇企业法》《外汇管理条例》（已修订）；1997 年的《合伙企业法》（已修订）、《节约能源法》（已修改）和《价格法》；1998 年的《证券法》（已修改）；1999 年的《个人独资企业法》《招标投标法》（已修正）和《期货交易管理暂行条例》（已废止）；2002 年的《政府采购法》（已修正）、《中小企业促进法》（已修订）和《农村土地承包法》（已修正）；2003 年的《证券投资基金法》（已修改）和《银行业监督管理法》（已修正）；2005 年的《可再生能源法》（已修正）、《禁止传销条例》和《直销管理条例》（已修改）；2006 年的《农产品质量安全法》（已修改）和《外资银行管理条例》（已修改）；2007 年的《企业所得税法》（已修正）、《反垄断法》（已修正）和《期货交易管理条例》（已修订）；2008 年的《企业国有资产法》和《循环经济促进法》（已修正）；2009 年的《食品安全法》（已修改）；2011 年的《车船税法》（已修正）等。

（二）中国社会主义经济法的特征

中国自改革开放以来，即实行市场取向改革以来，经济立法的加强，有力地保证了市场取向改革的健康发展，巩固和扩大了改革成果。对促进以公有制为主体的多种所有制经济的发展、扩大对外经济技术交流和合作、保障国民经济的协调发展发挥了并继续发挥着巨大的作用。与此同时，具有中国特色的经济法也得以茁壮成长和迅速发展，其主要特征如下：

1. 经济法的立法主要服务于改革开放

自 1978 年中国开始实行改革开放政策以来，国家逐步重视发挥价值规律和市场机制对于国民经济运行的作用，并将其引入国家经济管理活动之中。在国家经济政策驱动下，经济法的立法，总结改革开放经验，指导改革开放，为改革开放服务，并随着改革开放的不断深化而适时“废、改、立”。经济法无疑满足了改革开放对于经济立法的急切需要，并充分发挥了其对于改革开放的保障和促进作用。

2. 经济法成为中国法律体系的重要组成部分

2001 年 3 月第九届全国人大第四次会议的人大常委会工作报告指出：关于法律部门，法学界有不同的划分方法，常委会根据立法工作的实际需要，初步将中国特色社会主义法律体系划分为七个法律部门，即宪法及宪法相关法、民法商法、行政法、经济法、社会法、刑法、诉讼法与非诉讼程序法。2002 年 3 月第九届全国人大第五次会议、2003 年 3 月第十届全国人大第一次会议的人大常委会工作报告，又都重申了这种“七分法”的基调。[①] 可见，在中国，经济法作为基本法律部门的地位，已在整合法律界和法学界众多意见的基础上，得到最高立法机关的确认，其深远意义正日益显示于世人面前。

3. 经济法制度体系不断完善

随着我国改革开放政策的推进，市场对资源配置的作用由“基础性作用”转变为“决定性作用”。在经济法律法规上，也相应呈现出很大变化：减少了国家干预企业经营活动的相关规定，突出竞争政策的基础性地位；加强了国家宏观调控立法，注重财政、金融、税收等调控手段的运用；优化了市场规制立法，回应数字经济发展对新型经济法律规范的需求。经济法的变革反映了维护社会整体利益、公平与效率兼顾、经济与社会协调发展的根本指导思想。

4. 经济法研究进一步深入

自 20 世纪 90 年代以来，我国已经召开了多届全国经济法理论研讨会、经济法前沿理论研讨会以及多个区域性、专门性研讨会。2002 年，民法经济法学会分立，成立了中国法学会经济法学研究会。随着经济法研究的逐步深入和研究成果的不断积累，中国的经济法事业更加欣欣向荣。

第四节　经济法产生发展的基础、条件和规律

在世界范围内，从一般意义上探讨经济法产生发展的基础、条件和规律是十分必要的，有助于我们反思过去，审视现在，把握未来。从哲学意义上讲，任何事物的产生与发展，其根本基础和一般条件均是对具体基础、条件的高度抽象，皆具有同质性和恒定性。因此，这里着重从经济法产生的角度来分析其赖以生存的根本基础和一般条件，并在此基础上揭示经济法产生发展的基本规律。

通过对经济法产生发展的整个历史进程的考察，我们可以看出，不论在资本主义社会，还是在社会主义社会，虽然经济法产生的具体基础和条件不同，但其产生的根本基础和一般条件却表现出惊人的一致性。

一、经济法产生的根本基础

所谓经济法产生的根本基础，就是指经济法产生之必然性、存在之合理性的根本

---

① 参见《人民日报》2001 年 3 月 20 日第 1、2 版；《人民日报》2002 年 3 月 19 日第 1、2 版；《人民日报》2003 年 3 月 22 日第 1、2 版。

依据。而对根本依据的探究，就在于全面揭示隐藏在法律现象背后的社会经济条件、社会经济体制、社会存在结构以及在此背景下的社会经济伦理。我们认为，无论在资本主义社会，还是在社会主义社会，经济法产生的根本基础，主要表现在三个方面：经济结构基础、社会结构基础和法学观念基础。

（一）经济结构基础

集市场作用与政府作用于一体的混合经济体制是经济法得以产生的经济结构基础。

在自由资本主义社会，实行的是自由竞争的资本主义市场经济体制，社会经济生活主要靠市场自发调节，并以此来保持经济平衡，因此，资产阶级民法理所当然地在经济立法中占主导地位，经济法则无从产生。到了垄断资本主义社会，由于市场本身的缺陷，导致市场调节失败，经济运行需要国家干预，形成了集市场作用与政府作用于一体的混合经济体制。在这种混合经济体制下，作为调整经济关系的上层建筑的法律制度，也在发生着深刻的变化，即民法规范已不能适应要求。这种特定的经济结构迫切需要既尊重市场调节，又体现国家干预的新法律部门的出现，因而，资本主义经济法应运而生。

对于社会主义国家，经济体制改革前，单一的计划经济体制片面强调国家的意志和利益，产生并为其服务的是经济行政法。只有在实行市场取向改革、建立社会主义市场经济、实行集市场作用与政府作用于一身的混合经济体制下，现代经济法才得以产生。

（二）社会结构基础

强社会—强国家的社会结构模式是经济法得以产生的社会结构基础。

不论在资本主义国家，还是在社会主义国家，现代社会都是生产高度社会化，经济管理社会化，社会性问题日趋突出，社会利益的保护日益重要，这是市场自身无力解决的，需要依赖外力推进。而推进的主体只能由形式上凌驾于社会之上的最权威组织——国家来充当，社会外力只能以国家公权力来体现，从而形成强社会—强国家的社会结构模式。在这种模式下，国家成为经济调节中心和利益协调中心，平衡各种经济关系，协调各方经济利益，着力维护受到严重损害的社会整体经济利益，恢复和建立经济自由与秩序、个体利益与社会利益相对平衡的格局。自 20 世纪现代市场经济形成以来，各类国家都在一定的经济体制基础上，在强社会—强国家的社会结构模式下，日益加大对经济生活的干预力度，充分发挥国家管理、组织、监督经济的职能。国家的这些职能活动多是通过立法手段实现的，现代经济法因而产生。

（三）法学观念基础

社会本位的法哲学理念是经济法产生的法学观念基础。

19 世纪末 20 世纪初，西方法哲学已完全从十七八世纪那种以保障个人自然权利为本位的古典自然法哲学，转向以重视社会利益为特征的社会本位法哲学。在这种法哲学思潮下，西方国家开始奉行“经济指导主义”，取代了“经济自由主义”，制定了许多以保障国家调节经济、维护社会经济利益为宗旨的法律，即以社会为本位的法律——经济法。

在社会主义国家，当由计划经济体制进入社会主义市场经济体制时，法律的基本观念和价值取向也在发生着深刻的变化，即法律由国家本位逐步转变为社会本位。与此同时，作为特别社会法的经济法应运而生，这正是“社会责任本位”理念在法律制度上的体现。

二、经济法产生的一般条件

所谓经济法产生的一般条件，就是经济法产生之必然性、存在之合理性的直接原因。无论在资本主义国家，还是在社会主义国家，经济法产生的一般条件主要有三个：“市场之手”与“国家之手”的协调并用，纵向经济关系与横向经济关系的平衡结合，经济民主与经济集中的有机统一。

（一）“市场之手”与“国家之手”的协调并用

自由资本主义时期，基于商品经济自由竞争的客观需要，在亚当·斯密的古典市场经济理论的指导下，西方国家采取的是自由放任的政策。国家干预经济的职能限制在最低范围内，即只为公共活动提供服务。所以在这一时期，国家极少运用自己的“有形之手”去干预经济生活，社会经济生活主要靠无形的“市场之手”自发地调节，反映在法律制度上，就是民法占主导地位，经济法的产生则无从谈起。

到了垄断资本主义时期，由于垄断对自由竞争的否定，经济生活不能再单靠“市场之手”的调节，需要资产阶级政府介入，从而达到调控经济生活、保障资本主义制度生存的目的。从此，“国家之手”的广泛调节便开始了。但需要指出的是，这仍然是在市场经济运行的基础上和“市场之手”调节经济的条件下进行的。因此，作为坚持和保证“两只手”协调并用的法——资本主义经济法产生了。

社会主义社会从一开始就是单纯依靠“国家之手”调节经济生活的，由此产生了多种经济弊端。经济体制改革的目标就是要改变过去同生产力极不相适应的“计划经济”模式，发展商品经济，逐步建立社会主义市场经济。社会主义市场经济以市场为配置资源的核心，需要运用“市场之手”去发挥基础性的调节作用。另外，社会主义市场经济也不是排斥“国家之手”调节经济，而是应该将其限制在一定范围内。因此，在我国经济体制改革和社会主义市场经济建设过程中，就出现了“两只手”并存和并用的经济调节格局，社会主义经济法亦应运而生。

（二）纵向经济关系与横向经济关系的平衡结合

现代经济法产生的一般条件，也可以从其经济基础——经济关系的角度找到。具体地说，就是从社会经济关系的两大类——纵向经济关系和横向经济关系的法律调整历史变化中总结出一般条件。

在资本主义自由竞争时期，由于主要依靠市场调节经济，国家很少介入，所以社会经济生活主要是通过大量的横向经济关系体现的，而纵向经济关系是极不发达的。调整横向经济关系完全依靠民法来进行，经济法没必要也不可能产生。到了垄断资本主义时期，垄断集团不断地破坏横向经济关系平等自主的本质，所以单靠发展横向经济关系来推动资本主义经济的运行已不可能。资本主义国家开始干预和参与经济生活，发展纵向经济关系，规制横向经济关系，两类经济关系得到平衡结合。于是，规定纵横经济关系平衡结合的资本主义经济法就产生了。

在社会主义社会，大多数国家建国伊始就运用“国家之手”调节经济生活，纵向经济关系是极其发达的，但由于忽视商品经济，横向经济关系极其萎缩。我国开展的经济体制改革的主要内容，一是大力发展商品经济所必需的横向经济关系，二是改革纵向经济关系使之更适应社会主义市场经济的要求。在建设社会主义市场经济的过程中，纵横两类经济关系相互结合、相互制约并逐渐得到了平衡，社会主义经济法由此而产生。

（三）经济民主与经济集中的有机统一（即经济自由与经济秩序的统一）

经济集中与经济民主的矛盾，不仅存在于经济基础之内，而且存在于上层建筑之中。资本主义的经济法和社会主义的经济法都是在经济集中与经济民主对立统一的矛盾中产生的。

资本主义自由竞争阶段，保护自由竞争，突出了经济民主。发展到垄断阶段后，产生了垄断集团，阻碍破坏了资本主义体现经济民主的自由竞争，突出表现是限制了中小企业的发展。此时，国家出面干预，为了发展国家经济集中，限制垄断的集中，促进自由竞争，资本主义政府便通过经济立法来抑制垄断集团的经济霸权，恢复和发展资产阶级的经济民主。可见，资本主义经济法是资本主义国家在解决经济集中和经济民主的矛盾、使其有机统一的过程中产生的。

社会主义国家从建立起就实行了高度集权的计划经济体制，在这种经济体制下，国家的经济集中占据重要的地位，广大企业附属于其上级主管部门——国家机构，难以享受到社会主义的经济民主。在这种国家全面干预经济生活的经济体制下，存在的只是有集中、无民主的经济行政法，不可能产生现代经济法。当社会主义国家纷纷进行经济体制改革后，就需要在保持必要的经济集中的前提下，充分发挥社会主义的经济民主。作为经济集中与经济民主协调结合的法，社会主义经济法也是社会主义国家在解决经济集中与经济民主的矛盾、使其得到有机统一的过程中产生和发展的。

三、经济法产生发展的基本规律

通过对经济法赖以生存的根本基础和一般条件的分析，以及对经济法变迁轨迹的考察，我们认为，经济法产生发展的基本规律就是国家介入与社会自治的对立统一规律。

经济法的历史沿革及诸说演进均告诉人们，当社会自发促就社会整体经济利益的机制或称市场调节机制，也就是社会自治失效时，就需要外力推进或称国家自觉推进机制，也就是国家介入来促进，并且其作用方式、手段、力度的选择均服务于恢复社会自发促进机制。当社会自治度（包括公司自治、同业公会、消费者协会等社会共同体自治在内）提高时，国家介入势必弱化，经济法即表现为调整范围的相对缩减及调整手段的相对弹性化；反之，当社会自治力降低时，国家介入则势必强化，经济法即表现为调整范围的相对扩张及调整手段的相对刚性化。当市场经济由自由进入垄断时，经济秩序混乱，国家介入则重在微观领域，因而经济法表现为以反垄断、市场规制为核心；而随着现代市场经济的立体化发展，宏观领域的社会自治局限性突出，国家介入则更关注宏观总体，经济法的中心也必然逐步向宏观调控法转移。

由上可见，国家介入与社会自治的对立耦合、矛盾运动和张弛变化，决定着经济法的命运及自身现象的流变。历史已经证明，国家介入与社会自治的对立统一规律是经济法产生发展的基本规律，这也是我们多年探索反思得出的结论。

本章小结

现实是历史的发展，任何事物都有其产生发展的轨迹，经济法也不例外。本章从经济与经济立法入手，阐述了法对经济关系调整的演进，经济法在不同社会制度的形成和存续，以及经济法产生发展的基础、条件和规律。应当认识到，人类社会自始存在着对社会经济关系起控制作用的自发调节和自觉调节的力量，在阶级和国家产生以后，法律便成为经济关系的重要调整器；国家干预经济的立法经历了由简到繁的过程；经济法是社会化大生产和现代市场经济的必然产物。尽管经济法在资本主义社会和社会主义社会的形成过程不同，内容形态有别，但可从中剖析和认识经济法产生发展的根本基础、一般条件和基本规律，从而有助于反思过去，审视现实，把握未来，发展具有中国特色的社会主义现代经济法。

学术视野

关于经济法的产生主要存在两类观点：一种观点认为，经济法产生于古代社会。如杨紫烜认为，经济法是适应经济发展需要而制定的，它的产生不以人们是否承认其是一个独立法律部门的意志为转移，因此作为一个独立的法的部门的经济法产生于古代社会，而不是资本主义的垄断阶段，经济法是国家协调经济运行的法，垄断禁止法并不能看做经济法的核心。[①] 另一种观点认为，经济法产生于资本主义社会。如李昌麒认为，经济法是一个历史范畴，早在奴隶社会和封建社会就有许多国家干预社会经济的规定，但“资本主义经济法”或“现代经济法”才是部门意义上的经济法，只有在资本主义社会特有的政治制度、经济制度、文化制度下经济法才作为独立的法产生。[②] 刘文华认为，经济法的产生具有其特定的社会经济、法制客观条件以及经济法学说为社会所接受的主观条件，资本主义国家走向垄断和社会化发展阶段时，在“国家之手”和“市场之手”结合协调中，经济法才得以产生。[③] 漆多俊认为，生产社会化后的19世纪与20世纪之交，国家调节作为新的经济调节机制和国家职能出现，作为独立法律部门的经济法才得以产生。[④] 虽然理论界对于经济法产生的时期存在不同看法，但一般认为，经济法是在各主要资本主义国家由自由竞争过渡到垄断阶段之后产生的，诞生的标志是美国1890年的《谢尔曼法》，而作为独立部门、独立学科的经济法则产生于第一次世界大战时期的德国。经济法的产生是市场经济内在矛盾运动的必然，是国家机器职能发展的必经阶段，也是法对经济关系调整的自身发展的逻辑结果。

实务参考

（1）北方证券公司诉美国（Northern Securities Co. v. United States）案［193 U. S. 197（1904）］。

（2）山西某物业有限公司电力价格违法案［国家市场监督管理总局行政处罚决定书（国市监处〔2020〕37号）］。

思考题目

（1）简述法对经济关系调整的历史演进。

（2）中国经济法是如何形成发展的？有何特征？

（3）试述经济法产生发展的基础、条件和规律。

（4）面对经济全球化和贸易自由化，谈谈中国经济法的发展。

---

① 杨紫烜：《经济法》，北京大学出版社、高等教育出版社2008年版，第22-24页。

② 李昌麒：《经济法学》（第三版），法律出版社2016年版，第20页。

③ 刘文华：《经济法学》（第六版），中国人民大学出版社2019年版，第18-21页。

④ 漆多俊：《经济法学》，高等教育出版社2019年版，第14-15页。

第二章
经济法的基本属性

【本章摘要】 本章从经济法的定义、调整范围、体系构成、本质、特征、理念、价值、功能、任务、基本原则、调整方法以及经济法的基石范畴、基本范畴与法域定位等多个方面进行阐述。通过本章学习应认识到，经济法的本质是经济性与社会性的有机统一，以维护整体经济利益为基石；基本理念是坚守社会本位，实行统筹协调，着力平衡利益，促进共同发展；基本价值是实现社会效益和社会公正；坚持社会整体利益至上原则、公平与效率兼顾原则；对我国主要社会经济关系进行整体、系统、全面、综合的调整，保障和促进我国经济、社会、生态的一体可持续和谐发展。

【学习目标】 掌握经济法的定义、本质、特征、理念、价值、范畴、法域定位；了解经济法的体系构成、功能、任务、基本原则和调整方法。深刻理解经济法是现代市场经济条件下的高层次法律部门，是公私融合的新法域。

第一节　经济法的定义、调整范围和体系构成

一、经济法的定义

目前，学界对经济法的定义观点不一。有学者认为，经济法是调整在国家协调本国经济运行过程中发生的经济关系的法律规范的总称①，强调经济协调；有学者认为，中国的经济法是国家为了保证社会主义市场经济建立、完善和稳定协调发展而制定的有关调整经济管理关系和经营协调关系的法律规范的总称②，强调社会协调性；有学者认为，经济法是调整发生在政府、政府经济管理机关和经济组织、公民之间的以社会公共性为根本特征的经济管理关系的法律规范的总和③，强调社会公共性；有学者认

---

① 杨紫烜：《经济法》，北京大学出版社、高等教育出版社 2008 年版，第 20 页。

② 潘静成、刘文华：《经济法概论》，中国财政经济出版社 1996 年版，第 34 页。

③ 王保树：《经济法原理》，社会科学文献出版社 1999 年版，第 23 页。

为，经济法是国家为了克服市场调节的盲目性和局限性而制定的调整全局性的、社会公共性的，需要由国家干预的经济关系的法律规范的总称①，强调国家干预性；有学者认为，经济法是调整在国家调节社会经济过程中发生的各种社会关系，以保障国家调节，促进社会经济协调、稳定和发展的法律规范的总称②，强调国家调节；还有学者认为，经济法是调整在现代国家进行宏观调控和市场规制过程中发生的社会关系的法律规范的总称③，强调国家调制；等等。以上观点分别从不同的角度揭示了经济法的部分内涵。我们认为，经济法是国家为保障社会整体经济利益、实现经济协调发展而规制市场经济运行行为的法律规范的总称。

这个定义包含以下三个方面的含义：第一，指出了经济法的根本目的是保障社会整体经济利益，这是经济法的本质属性。根据庞德之权威界定，利益包括个人利益、公共利益（即国家利益）和社会利益三类，映像于法调整领域，民商法以私法自治的弹性调整手段和基本制度保护着个人利益的实现；行政法以强调权威与服从的刚性调整手段和基本制度成就着公共利益；经济法则以刚柔相济的调整手段保障社会利益。④ 第二，指出了经济法的功能是实现社会经济协调。日本著名经济法学家金泽良雄指出，经济法不外是适应经济性即社会协调性要求的法律。⑤ 从社会全局角度，平衡协调经济关系，实现社会经济的协调发展是经济法的根本宗旨。第三，指出了经济法发挥功能的基本方式是规制市场经济运行中的行为，即对这些行为进行规划、引导、控制、调节和监督，使其符合市场规则，协调运行，反映了这一新兴法律部门顺应法律研究的规范中心向行为中心的转化。

二、经济法的调整范围

（一）国家干预经济中形成的经济关系

国家干预经济中形成的经济关系又包含两个方面：一是国家与市场主体之间的经济关系：在抽象宏观层面，表现为经济调控关系；在具体微观层面，表现为市场监管关系。二是调控主体相互之间的关系：其中既有上下级调控主体之间的纵向关系，也有平级调控主体之间的横向关系。

在现代市场社会，国家与市场主体（特别是企业）之间的经济关系是间接的，再也不能主要由以命令服从为特征的行政法调整。在市场经济中，只能按“国家调控市场，市场引导企业”的模式来处理国家与企业的关系。因此在这种关系的处理中，国家主要实施两类行为：第一，抽象的宏观经济调控行为，即国家对市场无力解决或解

① 李昌麒：《经济法学》，中国政法大学出版社 1999 年版，第 32 页。

② 漆多俊：《经济法基础理论》，武汉大学出版社 2000 年版，第 84 页。

③ 《经济法学》编写组：《经济法学》（第三版），高等教育出版社 2022 年版，第 15 页。

④ ［美］罗斯科·庞德：《法理学》（卷三），廖德宇译，法律出版社 2007 年版，第 13 页、第 18 页。

⑤ ［日］金泽良雄：《经济法概论》，满达人译，甘肃人民出版社 1985 年版，第 28 页。

决不好的宏观总量问题，如社会总供给与总需求的平衡，货币收支、财政收支的总量平衡，经济和社会发展战略目标的选择，重大产业结构和布局的调整，收入分配中公正与效率的兼顾，市场效率条件的保证以及资源的开发利用等，主要运用法律化的计划、财政、金融、国有资产、投资等经济调节手段，引导不特定市场主体作出有利于社会资源配置的行为。同时，为确保宏观调控的高效，又遵循经济权力的规律，针对其主动参与性、易扩张性及对私权的易侵犯性，注重采用以刚为主、刚柔结合的手段，合理、适度地分权和限权，对不特定调控主体定权、定格、定位、定序，并授予不特定受制主体相应的救济权利（如提出异议、申请复议和检举控告等权利），建立科学的权力制衡机制。第二，国家授权经济管理机构实施具体的经济管理行为，妥善处理管理机构与市场主体之间以及管理机构上下级之间、平级之间的具体经济关系，对失范经济行为依法处置，对不和谐、不经济行为予以协调，保障经济权力的有效行使和经济活动的有序进行。

上述关系中的经济管理关系，有些具有行政性质，但在市场经济条件下应由经济法调整。因为这类经济管理关系虽然具有行政性质，但在本质上并不是行政关系，而是一种经济关系，一种物质利益关系，对其调整的手段是以经济手段为主的综合手段，而不是单一的行政手段。经济法在调整这类关系时要涉及国民经济的各个方面和社会再生产的各个环节，有时要深入个别生产过程；它着眼于对经济运行的平衡协调，对经济关系的一体调整，对经济行为的综合规制。因而经济法注重授权与控权的统一，特别注重包括行政权在内的各个要素对整体经济运行的影响与协调，旨在促进整体经济效益和国民经济的协调发展。

（二）需要国家干预的经济关系

这类关系主要指事关全局的横向关系以及部分市场主体的内部关系，可分为五个方面：一是市场竞争关系；二是名义上平等而实际上不平等的市场交易关系；三是影响全局的特别交易关系；四是与产业结构、布局密切相关的经济联合、协作关系；五是具有较强社会影响的市场主体内部纵横关系。

从一定意义上说，市场经济就是竞争经济，市场主体的“经济人”天性，往往驱使其为追逐利润而不择手段地争夺市场，扰乱社会经济秩序，这就需要对不正当竞争、限制竞争和垄断行为进行干预。在市场经济中，由于信息偏在、垄断等，名义上平等而实际上不平等的交易大量存在，如生活消费品经营、垄断交易等，这就需要国家扬弱抑强，强制规定弱者权利、强者义务，使之能够实质平等交易。在市场运行中，还有大量的特别交易活动，如期货交易、信托交易、股票发行与买卖、土地使用权出让与转让、基础建设工程发包与承包、资源的开发与利用等，由于风险大、金额大、影响大，就需要制定特别交易规则，加强监管。同时对事关产业结构、生产力布局和民族经济发展的跨地区跨部门经济协作、企业合并兼并、中外合资合作等，国家也必须予以指导、帮助、监督和管理。此外，对社会影响较大的市场主体如自然垄断性企业、国有企业、国有控股公司、从事特别经营活动的组织，国家也要对其内部活动进行必要的干预。例如，对于关系国计民生的产品，为确保质量，就要对其生产经营者资格、生产过程及产品本身进行审核、检查和监督。

这里需要说明的是，人们一谈到需要国家干预的经济关系，认为自然应包括宏观调控关系和微观管理关系，这是值得商榷的。实际上，调控管理关系并不是需要国家干预的经济关系，而是国家干预中形成的经济关系。如果国家不干预，就不会出现这些关系。需要干预的经济关系应是干预前就已存在的关系，在经济法中，应仅指事关全局的部分横向关系和部分市场主体内部关系。

三、经济法的体系构成

所谓经济法的体系，通常是指各类经济法规范所构成的和谐统一的整体，[①] 一般也被表述为经济法律体系。[②] 所谓经济法律体系，是指经济法这一法律部门的体系，它是在经济法理论指导下，根据各部门经济法的性质同异和关系疏密，按一定标准和序列组合而成的统一体。它不同于经济法规体系（后者包括所有调整经济关系的法律法规），也不同于市场经济法律体系（后者在市场经济条件下是指我国所有法律部门形成的体系）。经济法律体系的构成与经济法的调整范围密切相关并由其决定。通常认为，经济法调整何种性质的经济关系便形成何种相应的经济法部门。经济法律体系主要应由宏观调控法和市场规制法构成，而宏观调控法的基础是宏观经济调控关系和宏观调控主体间的平行协调关系；市场规制法的基础是国家干预经济中形成的市场管理关系、管理主体间的平行协调关系和需要国家干预的事关全局的横向关系及部分经济组织内部关系。宏观调控法主要包括计划法、经济稳定增长法、投资法、财税法、金融法、产业法、外贸法、国有资产管理法、自然资源法和能源法等。市场规制法主要包括反垄断法、反不正当竞争法、消费者权益保护法、产品质量法、价格法、广告法和特别交易管理法（如银行、证券、期货、信托方面的法律）、会计法和审计法等。

经济法体系不同于经济法学体系。所谓经济法学体系，是指经济法学这一学科的体系。它是以经济法为主要研究对象，对分门别类的经济法律的历史和现状及其发展规律进行系统研究的理论所组成的统一体。经济法学体系包括经济法基本理论、宏观调控法学、市场规制法学、经济法史学、比较经济法学和经济法哲学等。经济法律体系和经济法学体系是互相促进、相辅相成的。经济法律体系是经济法学体系建立和发展的客观基础，是经济法学的研究对象；而经济法学体系的健全和完善，会促进经济法律体系日臻完备。

---

① 《经济法学》编写组：《经济法学》（第三版），高等教育出版社 2022 年版，第 31 页。

② 杨紫烜：《经济法》，北京大学出版社、高等教育出版社 2008 年版，第 71 页。

第二节 经济法的本质和特征

一、经济法的本质

经济法是经济性与社会性的有机统一，目的在于为保障社会整体经济利益，在市场经济运行中，平衡各种利益，协调经济关系，使整个国民经济健康协调发展。

考察经济法产生的历史，我们可以看到经济法从产生之时就决定了其具有社会性的本质。如前所述，真正意义上的经济法产生于垄断资本主义阶段。当时，市场固有的自发性、盲目性和滞后性变本加厉，社会走向了经济寡头制，极少数人所掌握的极少数的公司控制着国民经济生产，占据着社会主要财富，支配着国民经济生活。社会经济秩序混乱、失衡、动荡，偏离社会发展目标，经济危机频频发生。而自由放任的市场机制又无法解决社会经济运行中产生的上述矛盾和困难，个人利益或者说极少数个人利益与社会利益形成尖锐冲突。一方面金融寡头财富急剧膨胀，另一方面民不聊生，国家经济一片萧条，经济民主、经济秩序受到严重损害。在这种情况下，一贯居于“守夜人”地位的国家举起了“有形之手”，对经济加以规制，经济体制由原来单纯发挥市场作用转变为集市场作用与政府作用为一体的混合经济体制，相继出台了一系列经济政策和经济法律、法规。

基于社会利益的要求，为促进社会整体经济利益而生的经济法具有与生俱来的“社会性”。实证视之，经济法现象无时无处不在体现着其社会性。就其主体而言，作为主导一方的国家是以“社会利益”代表的身份承担经济职能，并且对其职权范围的界定及法定程序的设置，正在于防范经济职权对“社会利益”的侵害。就其权利义务配置而言，则多体现对具体人格，尤其是对经济弱者特殊经济权利的倾斜性保护。就其目的而言，则在于实现经济协调运行、营建健康高效的自由秩序，进而促进社会效益和公正，确保最大多数人的最大幸福。就其调整手段而言，体现着私法弹性手段的着重运用。另外，还有经济法中所独具的对社会参与、社会自治自律的重视和强调等。

关于经济法的本质，不少学者将其归结为“国家干预”。其实“国家干预”所揭示的未必是经济法的最深层本质，因为它无以解答经济法中国家干预的目的、范围及程度问题，进而无法将经济法同“私法化”的公法和“公法化”的私法区别开来。若要解答上述诸问题，仍不得不借助于“社会性”这一最后的“法宝”，正是“社会性”基本要义中对“国家干预”内涵的包容，使“国家干预”得以作为外化形态之一而表象显露。况且，“国家干预”并不能穷尽经济法的现象形态，因为“社会干预”在经济法现象中占据重要地位，而这恰恰昭示着经济法的“社会性”所在，国家只是社会外力干预的代表人或代理人（在本章第五节中阐述）。因此，“国家干预”不过构成经济法的表象形态，经济法的最深层本质仍然在于“社会性”。

二、经济法的特征

（一）经济性

从法律内容上讲，经济法同经济的关系更为密切，与经济基础的关系更为直接，是一种具有经济性特点的法律。经济法的制定是以客观经济条件和经济事实为根据的，往往把经济制度、经济活动的内容和要求直接规定为法律。经济法对经济生活准则的表述不像传统私（民）法那样“将经济关系直接翻译为法律原则”，而是由立法机关和其他有权机关直接将经济制度、经济技术性规范通过立法使之具有法律效力。传统私法注重权利的形式化和抽象性，力求设计好权利和义务的框架，诸如抽象的私法人、所有权和契约等，相比之下，经济法更加注重经济关系和法律关系的实质内容①。如反垄断法、计划法等市场管理法和宏观调控法，直接有利于维护市场竞争秩序和国家宏观经济的增长。经济法还特别注重经济效益，在追求社会整体效益的前提下，引导人们少投入、多产出，以最有效、最经济的方式使用资源，促进全社会资源的有效配置。经济法的调整具有节约或降低社会成本，增进总体收益，从而使主体行为及其结果更为“经济”的特性。②

（二）整体性

随着社会化和现代市场经济的发展，经济关系复杂多变、相互联结、相互渗透，出现了对经济关系进行整体、系统调整的客观要求。经济法一方面通过具体的制度与规范，分别细致地调整着多种经济关系，另一方面又在总体上和全过程中对经济关系进行整体、系统的调整。③ 经济法这种整体、系统的调节功能是多种类、多层次的统一。既有建立市场竞争秩序的引导功能，也有经济运行中的强行组织功能；既有限制某些经济领域发展的功能，也有促进某些经济领域发展的功能。这多种调节的相互结合，表现了经济法调节系统的整体性。这种社会整体的调节，不仅带来国民经济整体或者说是社会整体经济效益，也为法人、公民个别效益的实现创造了一般性条件。④

（三）现代性

1. 经济法制度的形成与经济政策的联系十分密切，具有很强的“政策性”

“政策性”是以往的传统法律部门所没有的。应当看到，在现代社会，政策的影响在客观上是非常巨大的，并且这些政策不仅是“政治性政策”，而更多地体现了现代国家的经济和社会职能，更体现了国家在现代化过程中应着力解决的问题，因而更具有

---

① 史际春、邓峰：《经济法总论》，法律出版社 1998 年版，第 55 页。

② 《经济法学》编写组：《经济法学》（第三版），高等教育出版社 2022 年版，第 16 页。

③ 潘静成、刘文华：《经济法》，中国人民大学出版社 1999 年版，第 70 页。

④ 王保树：《经济法原理》，社会科学文献出版社 1999 年版，第 76 页。

现代性。同时，与政策联系的紧密程度，正反映了一个法律或一个部门法同变化万千的社会联系的紧密程度，也反映了一个部门法的生机与活力。

2. 经济法在制度构成上具有现代性，主要表现为其“自足性”

“自足性”是现代法的主要特征。为适应现代社会对程序与效率的需要，经济法在制度的形成和构成上，充分体现了程序价值和效率理念。经济法的“自足性”，表现为在经济法的制度构成中，既有实体法制度，又有程序法制度，从而在制度供给或运作上基本是自给自足的。这与传统的刑法、民法、行政法等在实体制度之外再单独构筑一套程序制度是有所不同的。需要说明的是，随着社会经济的发展，构建独具特色的高效率、复合型、公益性的经济诉讼制度还是很有必要的。此问题将在后文中详述。

3. 经济法在制度运作上具有现代性

司法权进入行政领域，以及将实体性规范与程序性规范加以融合的“自足性”，使那些具有宏观调控职能和市场规制职能的行政机关（并非司法机关）成了经济法的主要执法主体。正因如此，经济法的制度运作主要是体现在行政领域，而不是司法领域，因而许多经济法领域的纠纷并不是司法机关解决的，这与传统的刑法、民商法、行政法方面的案件大量由司法机关来审理是有很大不同的。就经济法等现代法而言，把大量问题解决于诉讼之外，是其应追求的目标。其执行主要体现为政府所进行的积极的宏观调控和市场规制，而不是消极的司法审判（即理论上的消极执法）。同时，重定政府与司法机关的执法分工，正是现代法精神的体现。

（四）综合性

第一，调整对象的综合性。经济法不仅调整纵向的经济关系（即经济运行当中国家与市场主体之间的关系），还调整事关全局的部分横向关系，包括前面所说的对部分经济结构的调整，对名义上平等事实上不平等关系的调整等。

第二，保护利益的综合性①。经济法通过宏观调控与市场管理手段的运用，协调社会利益和私人利益间的矛盾，将社会整体利益作为其首要的利益保护目标，维护社会整体生存、发展所必需的条件，而非单纯强调私人利益的极大化。在经济法保护的首要利益目标——社会整体利益获得实现的同时，合法的私人利益也获得满足。同时，在经济法体系中，社会利益与国家利益存在着一种良性的互动关系，即国家政权的稳定与安全，有利于国家维护和实现社会利益；而社会利益的实现，则有利于巩固国家政权的稳定与安全。经济法在对社会利益优先保护的同时，又保护了国家利益与私人利益，与传统的部门法只保护公权或私权相比较，在保护利益方面有明显的综合性。

第三，调整手段的综合性。经济法的调整是将各种调控手段有机结合之综合调整，包括民事的、行政的、刑事的、程序的、褒奖的、资格性的等，除传统的法律调整手

① 董文军：《经济法的综合性特征》，载《第十届全国经济法研讨会论文集》（2001），第76-78页。

段以外，经济法还采用公私法融合的新型调整手段，如专业暨社会性调整手段，包括专业调控以及专业约束和制裁，这是大量经济技术规范或专业规范转化为法律规范的必然结果。①

第四，责任形式的综合性。经济法作为政治国家与市民社会相互融合在法律上的一个体现，其法律责任形式具有很强的综合性，包括存在于市民社会与政治国家中的多种传统的法律责任形式（民事责任、行政责任和刑事责任）。

第三节　经济法的理念和价值

一、经济法的理念

经济法理念的确立须基于“六个体现”：一是要体现对现代市场经济的回应，因为经济法就是现代市场经济的产物，制度设计必须遵循市场经济规律，适应现代市场经济的要求；二是要体现科学技术等生产力发展的要求，经济法与社会经济的发展联系最直接、最密切，自然必须与时俱进，坚持问题导向，使各项规定适度体现创设性、前瞻性；三是要体现对市场主体的尊重，因为市场经济就是自由竞争的经济，经济法必须充分尊重市场经济主体的意思自治、交易自由，将国家干预减少到最低限度，力求科学干预，实现授权与控权的统一；四是要体现对人文主义的关怀，经济法是调整规制市场运行行为的法，归根结底是“人法”，必须使经济法规定更加人性化；五是要体现对社会本位法哲学思潮的贯穿，经济法是经济性与社会性的有机统一，必须在尊重个体的基础上，统筹兼顾，平衡利益，维护社会主义整体经济利益，对社会负起责任；六是要体现对中国传统文化精髓的传承，中国的经济法只有在中国的土壤上才能发扬光大，必须继承中国传统文化中的“中”“合”“和”（即中庸、合作、和谐）精髓思想，强调各经济法主体并存、共进、联动、多赢。

因此，我们认为经济法的基本理念是：社会本位，统筹协调，平衡利益，共同发展。其中，坚守社会本位是经济法处理问题的根本出发点和归宿点；实行统筹协调是经济法处理问题的基本途径和方式；着力平衡利益是经济法处理问题的要害和关键；促进共同发展是经济法处理问题的宗旨和目标。

二、经济法的价值

（一）社会效益

经济法直接追求社会效益，表现在对整个经济系统资源配置的绩效之提高及其对总体社会福利的增进。作为社会经济生活的调节器，民法和经济法都必然把促进效益

① 潘静成、刘文华：《经济法》，中国人民大学出版社1999年版，第65页。

作为其重要的价值目标，但其具体精神并不相同。民法的私人经济生活本位和个人利益决定了它追求的效益首先是个别的、微观的，然后以此来最终促进社会整体效益。所以它难以解决个别效益与整体效益、微观经济效益与宏观经济效益、经济效益与社会效益的矛盾。只有经济法能处理好这些矛盾关系，主要有以下三点原因：一是经济法以促进社会整体效益为目标。发展经济效益以提高和不损害社会整体效益为导向，把经济效益纳入社会整体效益中评价。二是协调个别、微观的经济效益以取得国民经济整体效益最优。把微观经济效益纳入宏观经济效益中评价。三是提高经济效益，需以促进社会资源的最优配置和环境、人口、社会的协调发展为目标。

社会效益相对于经济效益而言，其内涵更为深刻和广泛。经济法的效益观所追求的社会效益，在于它不仅是一般而言的经济成果最大化，更是宏观经济成果、长远经济利益以及社会福利、人文和自然环境，人的自由和自身价值等诸多因素的优化和发展。经济法的社会性决定了经济法应该是“实现经济效益与社会效益统一的法”①。

（二）社会公正

法的根本目的在于实现正义，经济法也不例外。正义有形式正义和实质正义之分。形式正义从根本上说是和法律的普遍性相联系的，它要求同等的人应受到同等的对待；实质正义在于实现社会范围内的实质性、社会性的公平，是一种追求最大多数社会成员之福祉的正义观，强调针对不同情况和不同的人予以不同的法律调整。经济法追求全社会范围内实质性的正义和公平，强调以形式不平等达到实质结果的平等；对关系全局的特殊领域、特别行为和经济弱者的具体人格予以倾斜性保护，既反对平均主义，又调节收入分配，妥善处理个人、阶层、地区与社会发展的不平衡、不协调问题，推进全社会的协作和共同富裕。实质正义是对形式正义的扬弃，它在关注整体结果公平的同时，同样也要求对相同情况作出相同法律调整，并从实质上为实现经济机会均等积极创造条件。

社会效益与社会公正相互对立转化，构筑起经济法的价值系统，从根本上说，二者相辅相成，相得益彰。社会效益对社会总福利的增进构成追求社会公正的基础；而社会公正对机会均等的实质性保障又为社会效益的促进提供着激励和动力。二者的有机统一，使经济法依不同情势将两者有机组合。然而，由于受资源有限性和稀缺性的制约，社会效益和社会公正也会出现相互冲突的紧张状态，此时，社会整体经济利益决定了前者往往优先于后者，进而创造条件，在更高层次上实现二者的统一。因此，有学者称经济法是增量利益生产和分配法②。

---

① 孙国华：《法理学教程》，中国人民大学出版社 1994 年版，第 108-109 页。

② 陈乃新：《经济法是增量利益生产和分配法——对经济法本质的另一种理解》，载《法商研究》2000 年第 2 期，第 8-16 页。

（三）可持续发展

可持续发展观念的提出始于20世纪70年代。可持续发展要求把发展的负面效应和代价降低到最低程度，使地球的资源和环境免遭或少遭破坏，既保护人类赖以生存的自然环境，又达到发展经济的目的；既满足当代人的需要，又不危及后代子孙的安居乐业、继续发展，从而实现代内公平与代际公平的统一。可持续发展作为一种发展观、哲学观具有整体性、系统性、综合性、长期性、协调性、反波动性等特征。[①] 经济法与可持续发展理论具有相通的理论基础，具有同质性、共生性和因应性。经济法旨在保障社会整体经济利益，其中就包括了现实利益和将来利益。因此经济法在协调经济运行时，自然要着眼于经济、社会、环境、生态的协调持续发展，可持续发展也是经济法价值的内涵所在。

可持续发展的整体性强调经济、人口、社会、科技、环境、资源的协调一致、共同发展。本质属性为社会性的经济法，以社会整体为出发点和归宿，以社会整体的共同利益为最高利益，以个体利益为基础，客观地反映市场经济的社会性要求，其目的也在于实现社会整体控制与发展。按照可持续发展理论，经济、人口、社会、环境的发展，不仅要全面协调发展，而且要稳定、永续发展。经济法着眼于国民经济全社会整体安全，这种整体安全首先是指国民经济的稳定、健康和持续发展的协调状态。一方面，在总体上它表现为社会需要与社会经济发展之间的一种适应与满足的关系；另一方面，在局部上它表现为经济系统中多种因素和多种力量的多重促进、多元互补的合理配合关系。因此可持续发展理论与经济法有着共通的理论基础，其与经济法所追求的社会效益与社会公正自然存在一致性，但同时又对社会效益与社会公正的含义起着延伸和拓展的作用。

第四节　经济法的功能和任务

一、经济法的功能

法的功能是指按其固有特性必然具有的作用于外部事物而发生一定功效的机能。所谓经济法的功能，即经济法对社会经济生活的机制效能。经济法的社会性、经济性和公私交融性，决定了经济法的功能是平衡协调。

所谓平衡协调，是指经济法的立法和执法从整个国民经济的协调发展和社会整体利益出发，来调整具体经济关系，协调经济利益关系，以促进、引导或强制实现社会整体目标与个体目标的统一。在我国，要正确调节社会主义国家所代表的全民整体意

① 王全兴、樊启荣：《可持续发展立法初探》，载《法商研究》1998年第3期，第58-59页。

志、行为和利益与企业、个人等所代表的社会个体的意志、行为和利益之间的关系。他们的意志、行为和利益必然有差别、有矛盾，但又必须通过一定的方法和手段使之统一，以达到关系协调、利益兼顾，使各方都处于应有的位置和最佳的联结状态。经济法为满足这种客观需要，从社会整体和全局出发，对各类主体的意志、行为和利益，对市场经济运行中的各要素，进行动态的平衡协调，以保证社会经济持续、稳定、协调地发展。

经济法发挥功能的基本方式是国家以社会代表人的身份介入（参与和干预）经济生活；基本手段是经济、行政、民事、刑事手段的相济并用，实行指导与强制相结合，积极调整与消极处置相结合，激励与限制相结合，整体协调与个别规范相结合。①

二、经济法的任务

（一）引导人们作出有利于社会的经济行为

具有公私交融特征的经济法，针对市场中普遍主体一般采用引导方式，通过经济手段法制化的方式，用经济杠杆来调节各种关系，鼓励或限制人们的行为，从而使其有利于社会经济的发展。例如，国家央行采用降息方式，鼓励人们投资，促进资金向资本的转化，带动资本市场的活跃，从而促进经济的增长。

（二）促进政府职能的改善和经济政策的贯彻执行

我国目前虽已初步建立了市场经济体系，但是原有的计划经济体制的影响还在各个领域普遍存在，在政府工作中也存在着政企不分、过分干预的现象。如何将政府由原来的统包统揽、依政策分配生产资源的管理方式，转变为宏观调控、依市场进行资源配置的管理职能，正是经济法的首要任务。同时又由于经济法本身的政策性，经济法在立法和执法当中也应注意保证经济政策的贯彻和执行。

（三）制约市场中的消极因素

经济法产生的一个重要理论基础就是“市场失灵”理论。由于市场本身存在的盲目性、自发性、滞后性，必然会给经济发展带来许多消极因素，经济法的任务就是从宏观调控和市场规制两个层次同时对这些消极因素进行制约，充分利用市场的优势又尽量消除市场的劣势，实现调控管理与市场运行的最佳结合，从而促进经济的健康、协调发展。

（四）保障利益、秩序与生态环境的协调发展

经济法的可持续发展理念就决定了在实现社会整体经济利益和确保自由平等的市

① 程宝山：《经济法理论的新思考》，载《郑州大学学报》（社会科学版）2000 年第 5 期，第 55 页。

场秩序的同时，一定要以更为全面和长远的眼光，兼顾生态环境的平衡。经济法平衡协调的功能不仅涉及横向的经济关系，而且涉及纵向的各代人与社会、人与自然间的平衡协调。经济法当然应以保障利益、秩序与生态环境的协调发展为其重要任务之一。

第五节　经济法的基本原则和调整方法

一、经济法的基本原则

（一）社会整体利益至上原则

社会整体利益至上原则就是指经济法的理论研究、立法和司法实践均应从社会整体经济利益出发，以尊重个体利益为基础，维护社会整体利益为己任，把社会整体利益作为衡量一切行为的标准。当个人、企业、团体利益甚至国家利益与社会利益冲突时，都应让位于社会利益。这一原则是经济法社会本位理念的集中体现。

任何一个法律部门，都应当有一个基本出发点，或者说本位思想，正是这种本位思想构成了一个法律部门区别于另一个法律部门的主要标志。就法律调整的本位而言，有三种情况：一是国家本位，也就是以国家利益为主导，衡量一切行为的标准是是否符合国家利益。一般来讲，行政法是国家本位的。二是个体本位，这是以当事人利益为指向的民商法所要解决的问题。三是社会本位，这是以保护社会整体利益、尊重社会个体权益为目标的经济法所要解决的问题。经济法确立社会整体利益至上原则作为自身的基本原则是由经济法的本质属性即社会性所决定的。这一原则要求经济法在对产业调节、固定资产投资、垄断和不正当竞争行为以及消费者权益保护等关系进行调整时，都必须以社会利益为本位；与此同时，任何市场主体在进行市场行为时，都不能一味地追求自身利益的最大化而忽视对社会整体利益的关注。①

（二）效率与公平兼顾原则

效率与公平兼顾是指经济法的理论研究、立法和司法实践均应坚持效率与公平双重目标互补与统一的平衡观念，既讲效率，又讲公平，二者兼顾。当效率与公平发生冲突时，应当区别处理。在宏观领域前者往往优先于后者；而在微观领域，后者则往往优先于前者，从而在新的层次上实现统一。

这里的效率，近似或等同于效益（主要指社会效益）；这里的公平，近似或等同于公正（主要指社会公正）。它们之间如同前述的社会效益与社会公正一样，也是对立统一的辩证关系。效率是公平的前提，真正的公平必须是有效率的公平；而公平是效率的条件，失去公平也就没有了效率。经济法是激励创造社会财富、保障市场经济“经

---

① 李昌麒：《经济法学》（修订版），中国政法大学出版社1999年版，第82页。

济”运行之法，因而必须讲效率、讲效益，大力发展增量利益，尽量把“蛋糕”做大。但经济法又是维护社会整体经济利益、实现整个国民经济协调之法，因而又必须兼顾公平和公正，妥善处理存量利益，使“蛋糕”公平分割。由此可见，效率与公平兼顾原则也是由经济法的本质属性和价值目标决定的。

二、经济法的调整方法

（一）事前指导与事后处置相结合方法

经济法不应仅局限于解决经济争议和处置违法行为，而应当主动指导各市场主体取得合法地位，建立经济法律关系并正常运行，实现社会经济协调。现代法律的超前指导作用在经济法中得到集中表现。这种指导性的调整指的是国家机关采取多种措施引导市场主体的经济活动以符合某既定的调控目标而实施的一种调整方法，它所体现的是国家的一种“柔性干预”。

（二）奖励与惩罚相结合方法

经济法不仅有严厉的惩罚措施，对经济违法行为进行制裁，还能够依法对管理经营成绩突出者给予精神或物质的奖励。经济法调整方法更多地采取提倡性规范和奖励性后果的形式，这表明国家管理职能的扩大，越来越注重积极组建新的制度和新的秩序。国家采用奖励的形式是经济法的一大特征，更表明了经济法的国家协调的主动性。

（三）综合调整方法

根据经济关系本身的需要，可以采用行政、民事、刑事的调整方法，这些调整方法既可以单独使用又可以并用。经济法由于其任务和调整对象同其他部门法上的互相衔接、交叉和渗透，决定了其调整方法的综合性。然而必须指出的是，经济法同其他部门法在调整方法某些做法上的互相衔接、交叉、参用或适用，并不妨碍它们各自调整方法总体体系上的特定性，正是这种综合性使之明显区别于其他部门法的调整方法。

（四）系统调整方法

将经济关系置于连续的运动过程中进行考察和处理，一方面，要顾此及彼，在调整此关系时要考虑对彼关系的影响；另一方面，在调整现实关系时要考虑它的将来趋势，保证经济的持续发展。这是因为经济法是典型的系统工程产物，它不仅调整纵向经济关系，同时也调整某些横向经济关系，它们彼此的联系性强，牵一发而动全身。正是由于经济关系的互动性，因而必须采用系统调整方法。

第六节　经济法的范畴和法域定位

一、经济法的基石范畴和基本范畴

任何一门学科，均为范畴逻辑推演、序列而生的范畴体系。其中作为逻辑起点，规定并贯穿着整个体系衍生的，则为基石范畴。它在体系中居于奠定和起始的核心地位，因而只能是一个。我们认为，经济法的基石范畴是社会整体经济利益，也就是狭义上的社会利益。社会利益广义上包括物质利益、政治利益、精神利益和生态利益；狭义上则指社会物质利益，也就是社会经济利益，既蕴含现实利益，也蕴含将来利益。社会整体经济利益与个人利益、集体利益、国家利益相对，它蕴含着后者的某些成分，但又不是后者的集合或某种利益的简单相加，而是后者的有机总和。

之所以将社会整体经济利益作为经济法的基石范畴，就是因为利益是法律产生的根源，是划分法律部门的实质标准，社会整体经济利益创造并发展了经济法。法律的实质是利益法，即安排各种利益的制度。正是不同时期的不同利益需求，才造就了不同的法律部门，并决定着其特有的调整对象和方法。例如，商品经济的发展，强调平等自由，要求保护个人（商人）的利益，于是产生了以自由协调方式调整平等财产关系和人身关系的民（商）法；国家（称之为公共利益）的需求，产生了以命令强制方式调整行政关系的行政法。进入 19 世纪末，由于有限资源与无限需求之间的紧张冲突，社会利益保护益愈迫切，经济法、社会法才应运而生。而两者的区别又在于，社会法保护的是全方位的广义社会利益；经济法保护的是狭义社会利益，具有鲜明的“经济性”，而且主要在经济运行中发生效力。

社会整体经济利益是经济法的立身之本，它蕴含着经济法的内在基本矛盾（即国家介入与社会自治的对立耦合），揭示着经济法的深层本质（即社会性和经济性的有机统一），更以其固有的解释力和推演力，完成了对经济法的必然性（即产生发展规律）、应然性（即价值理念）和实然性（即规则制度安排）的整套逻辑贯穿，因而是经济法的起始和核心，属于基石范畴。

社会整体经济利益作为经济法的基石范畴，其内在基本矛盾的发展、转化必然推演出整套经济法范畴体系。源自经济法现象产生变迁必然性考察的社会整体经济利益，势必循序推演出经济法的基本范畴，诸如本质范畴（如社会性、经济性），价值理念范畴（如社会公正、社会效益、社会经济安全、社会经济秩序），主体范畴（如国家规制主体、社会自治主体、市场主体），权利义务范畴（如经济职权、社会经济义务），责任范畴（如社会责任、综合责任），体系范畴（如宏观调控法、市场规制法），规则制度范畴（如经济职权法定制度、调节手段协调制度、经济稳定增长制度、市场准入制度、公平竞争制度、保护弱者制度、信息公示制度、经济监督制度、违法法定制度和社会责任制度），等等。

二、经济法的法域定位

经济法属于公私法有机融合的第三法域。社会整体经济利益赋予了经济法“社会优位、个体基础”的辩证内涵，即在尊重个体利益的基础上促就社会利益，以牺牲少数人的利益去赢得大多数人的利益，以牺牲较小的自由去争取更大的自由，以“不自由”“不利益”的方式去光大真正的自由和利益，进而实现社会利益与个体利益的各自最大化和相互和谐发展。当然，这是一种类似“帕累托效率”的理性状态，但经济法的使命就在于不懈地接近这一状态。历史经验和理论逻辑证明：个体私利的自由追求在一定程度上确能既利己又利他，使社会整体经济利益隐存其中，并自发促就。换言之，社会自治机制在商品经济时期确能实现社会与个体的相对和谐。但在以高度社会化大生产为前提的市场经济条件下，由于个体私利无限膨胀的天性，势必危害社会并最终殃及自身，同时，市场本身存在着天然缺陷（如信息不对称、垄断、外部性等），因此亟须特别维护受到严重损害的社会整体经济利益，进而恢复经济自由与有序、个体利益与社会利益相对平衡的格局。这就需要依赖外力强行推进，对自由放任的社会自治机制予以修正。而修正的主体只能由“超社会”的最权威组织——国家（或国家联合体）来充当，社会外力只能以国家公权力来实现，国家成为与市场相对的重要一极，“国家之手”与“市场之手”的交互并用孕育了经济法的诞生。可见，经济法是地地道道的社会本位法，国家只是以社会及其整体利益的代表人身份出现的，所谓经济法是“国家干预经济之法”“以国家经济生活为本体的公法”不能不说是一种表层理解或偏解。正因为国家也是社会的一个组织，在发挥经济职能对社会经济进行规划、引导、控制、调节和监督的同时，又具有为自身利益“寻租”的倾向，经济法才对经济权力的范围和秩序作出界定，以防范其放弃或滥用代表权，侵害、背离社会利益。另外，经济法又规制市场主体行为，抑制私权的恶意弥散，防止和排除对社会经济秩序的损害。

虽然20世纪的“社会本位”法哲学思潮，有力推动了“私法公法化”“公法私法化”的进程，如私法中引入了诚实信用、善良风俗、权力不得滥用等社会性规则，对所有权绝对、契约自由、过错责任进行了社会性修正；公法中也大大拓宽调整范围并大量充实行政指导、行政契约等弹性调整手段，但民商法、行政法的基本法域属性依然未变。而经济法、社会法却是20世纪法律体系回应社会本位思潮的两大创新。而且经济法又不同于以劳动法、社会保障法为主要内容的社会法，它是社会性与经济性的有机统一，是致力协调整个经济运行的法律部门。经济法在对国民经济的调控管理中，既承接了公私法传统理论的精华，如恪守“诚实信用”“严格责任”“控权规则”，又对其进行着超越性的变造，如实行“双重限权”“综合规制”“加重责任”，从而完成了横跨两大法域的嬗变，成为公私法有机融合的第三法域的部门法。

本章小结

经济法是国家为保障社会整体经济利益，实现经济协调发展而规制市场经济运行行为的法律规范的总称。经济法的调整范围主要包含于国家干预经济中形成的经济关系和需要国家干预的经济关系。经济法体系是指经济法这一法律部门的体系，是在经济法理论指导下，根据各部门经济法的性质同异和关系疏密，按一定标准和序列组合而成的统一体。经济法的最深层本质是社会性。经济法的特征表现为经济性、整体性、现代性和综合性。经济法的基本理念是社会本位、统筹协调、平衡利益、共同发展。经济法的价值主要表现为社会效益、社会公正和可持续发展。经济法的功能是平衡协调。经济法的任务主要表现为引导人们作出有利于社会的经济行为、促进政府职能的改善和经济政策的贯彻执行等。经济法的基本原则包括社会整体利益至上原则、效率与公平兼顾原则。经济法的调整方法包括事前指导与事后处置相结合方法、奖励与惩罚相结合方法等。经济法的基石范畴是社会整体经济利益。经济法属于第三法域。

学术视野

本章属于经济法基础理论部分的重要内容。薛克鹏教授①、肖江平教授②对经济法定义和调整对象问题，王伦刚教授、董巍博士③对经济法体系问题，杜天霖④对经济法本质问题，甘强教授⑤对经济法特征问题，崔文涛⑥对经济法理念问题，于梦蝶⑦对经济法价值问题，苟学珍博士⑧对经济法功能问题，荣国权教授⑨对经济法任务问题，王茂庆教授⑩对经济法基本原则问题，甘强教授、尹亚军博士⑪对经济法调整方法问题，

① 薛克鹏：《经济法定义研究》，西南政法大学 2002 年博士学位论文。

② 肖江平：《经济法定义的中国学术史考察——侧重于经济法调整对象》，载《北京大学学报（哲学社会科学版）》2012 年第 5 期。

③ 王伦刚、董巍：《论中国式经济法体系——中国知网—引文数据库引证数据的实证分析》，载《社会科学研究》2023 年第 3 期。

④ 杜天霖：《经济法本质探析》，载《中共郑州市委党校学报》2017 年第 6 期。

⑤ 甘强：《论经济法的社会实施：源流、特征及其模式》，载《江西财经大学学报》2018 年第 1 期。

⑥ 崔文涛：《经济法理念研究》，北方工业大学 2022 年硕士学位论文。

⑦ 于梦蝶：《经济法价值论中的自由与秩序》，载《市场周刊》2022 年第 6 期。

⑧ 苟学珍：《未来经济法功能研究》，重庆大学 2022 年博士学位论文。

⑨ 荣国权：《新经济形势下我国经济法的任务探析》，载《特区经济》2011 年第 12 期。

⑩ 王茂庆：《经济法基本原则的法教义学分析》，载《河南科技大学学报（社会科学版）》2020 年第 5 期。

⑪ 甘强、尹亚军：《论经济法调整方法的研究进路》，载张守文主编：《经济法研究》第 15 卷，北京大学出版社 2015 年版。

曾远博士[①]对经济法范畴问题，张世明教授[②]对经济法法域定位问题，都有多视角的深入探讨，这些文章可以帮助大家进一步理解和思考本章的相关内容。

实务参考

（1）北京哈啰出行违规投放受处罚，并在城六区限制投放运营车辆。[③]

（2）广州富贵城工业厂房开发有限公司、国家税务总局广州市黄埔区税务局税务行政管理（税务）再审审查与审判监督行政裁定书（广东省高级人民法院（2019）粤行申911号行政裁定书）。

思考题目

（1）简述经济法的定义和特征。

（2）试述经济法的调整范围和体系构成。

（3）试述经济法的基本价值。

（4）经济法的基本原则有哪些？

（5）试论社会整体经济利益。

---

① 曾远：《从范畴化论经济法学范畴》，载《西南政法大学学报》2014年第4期。

② 张世明：《经济法作为社会法的属性讨论》，载《人大法律评论》2018年第1辑。

③ “北京哈啰出行违规投放受处罚，并在城六区限制投放运营车辆”，载中国网，https://baijiahao.baidu.com/s?id=1633757356847063093&wfr=spider&for=pc，2024年8月1日访问。

第三章

经济法律关系

【本章摘要】经济法依据特定的原则调整特定的经济关系之后，就形成了经济法律关系。经济法律关系既不同于普通的社会关系，又有别于其他法律关系。经济法的价值和任务是通过经济法律关系的运行实现的。本章在传统法律关系原理的基础上，阐明经济法律关系的定义、构成和分类，同时分析经济法律关系的三大构成要素即主体、内容、客体。在市场经济条件下，经济法主体体系已较为成熟，呈现出多样性和层次性相结合的特征，作为权利义务的享有者和承受者须具备一定的条件；经济法应秉持经济权利义务一体化、社会化理念，所有经济法主体都必须对社会负责。

【学习目标】通过本章的学习，对经济法律关系进行系统的掌握，熟知经济法律关系构成要素的核心内容，了解经济法律关系的本质和功能，深入理解经济法律关系的复杂性和重要性，掌握正确运用经济法律知识的方法。

第一节　经济法律关系概述

一、经济法律关系的定义

学界对经济法律关系定义的界定形成于20世纪80年代至90年代。随着经济法学研究的不断深入，人们对经济法律关系的认识更加深刻和准确。经济法依据特定的原则调整特定的经济关系之后，就形成了经济法律关系。经济法律关系是指由经济法确认的，在协调经济运行过程中形成的，并由国家强制力保证其存在和实现的经济权利和经济义务关系。

经济法律关系既不同于普通的社会关系，又有别于其他法律关系。经济法律关系是在经济运行的协调过程中形成的，它不源于其他非经济过程，其关系的确立依赖于经济法的确认，而非其他法律规范的预设。经济法律关系的核心是权利与义务的关系，其特殊性在于涉及的是经济权利还是经济义务，且运作得到国家强制力的保障，而非放任自流，其本质上是一种思想意志关系，它既体现了国家意志，也反映了参与各方的意志。

因此，经济法律关系既区别于民事、行政、刑事等其他法律关系，也有别于政治、道德、文化等一般的思想意志关系，更不同于经济关系本身。经济关系是基于物质交换形成的社会关系，属于经济基础的层面；而经济法律关系则是基于人的意识建立的思想社会关系，属于上层建筑的范畴。然而，这两者之间也存在联系。经济关系是经济法律关系形成的基础，经济法律关系是经济关系在法律层面的反映和提升。特定的经济关系构成了经济法的调整对象，而经济法律关系则是这种调整过程的成果，是经济关系在法律层面的体现。

二、经济法律关系的构成

经济法律关系被视为一个复杂而精细的体系，其构成要素包括主体、内容以及客体，三者共同构成了经济法律关系的基础框架。

经济法律关系的主体，指的是那些依法参与经济法律关系，享有经济权利并承担经济义务的组织和个人。这些主体是经济法律关系中的参与者，是权利和义务的直接承载者，主体的参与是经济法律关系得以形成和存在的必要条件。

经济法律关系的内容，指的是经济法律关系中主体所享有的权利和承担的义务。它是经济法律关系的核心，是连接主体之间以及主体与客体之间的纽带。内容不仅定义了主体之间的权利义务关系，也决定了客体在经济法律关系中的作用和价值。

经济法律关系的客体，是指经济法律关系中主体权利和义务所指向的具体对象，这些对象可以是行为、物、货币、智力成果等。客体是经济法律关系中权利和义务实现的物质基础，是主体追求的经济目的和利益的具体体现。没有客体，主体的经济活动将失去目标，内容也无法得到具体化和实现。

经济法律关系的三个构成要素相互依存、相互联系，共同形成了经济法律关系的整体框架，成为一个不可分割的整体。主体是经济法律关系产生的基础，是权利和义务的享有者和承担者，同时也是财产的所有者、使用者以及行为的执行者。内容是经济法律关系的核心，它不仅定义了主体之间的权利义务关系，也是连接主体与客体的桥梁。客体则是经济法律关系中权利和义务实现的具体目标，是主体追求的经济目的和利益的承载体。

三、经济法律关系的分类

（一）根据经济内容的表现进行分类

（1）规划法律关系：涉及经济规划的制定和实施。

（2）特别合同规制法律关系：针对特定合同类型进行的特殊法律规制。

（3）竞争法律关系：涉及市场竞争规则和反垄断法律规制等。

（4）产业法律关系：与特定产业发展相关的法律关系。

（5）财税法律关系：涉及财政收入、支出和税收征管。

（6）金融法律关系：涵盖金融交易、金融机构和金融市场的法律关系。
（7）资源法律关系：涉及自然资源的利用和管理。
（8）涉外经济法律关系：涉及跨国经济活动和国际贸易。

（二）根据法律性质进行分类

（1）组织法律关系：涉及经济法主体在执行组织管理职能时产生的关系，以组织管理为核心，通常不涉及财产的直接变动。

（2）财产法律关系：以财产或与财产密切相关的行为为客体，涉及财产权能的行使与转移。

（三）根据结构形态进行分类

（1）隶属型法律关系：主体之间存在领导与被领导、管理与被管理、监督与被监督的关系，但与行政法律关系不同，它以物质利益为核心。

（2）平等型法律关系：主体地位平等，但与民事法律关系不同，它涉及社会整体利益，体现国家干预。

（四）根据形成领域进行分类

（1）组织内部法律关系：在组织内部形成的法律关系。
（2）市场管理法律关系：涉及市场监管和管理的法律关系。
（3）宏观调控法律关系：涉及国家宏观经济调控的法律关系。
（4）经济监督法律关系：涉及经济活动的监督和检查。
（5）社会经济保障法律关系：涉及社会保障和社会福利的法律关系。

需要注意的是，上述分类是相对的和抽象的。实践中，一个具体的经济法律关系可能同时属于多个类别。尽管如此，这些分类对于我们理解和掌握经济法律关系的特点、建立和完善经济法体系仍具有重要的理论和实践意义。通过这些分类，我们可以更系统地分析经济法律关系的复杂性，为经济法律的制定、实施和解释提供清晰的框架。

四、经济法律关系的运行

（一）经济法律规范

经济法律规范是经济法律关系产生、变更和终止的法律前提。它们构成了经济法律关系运行的框架，为经济关系提供了法律上的定义和分类。没有经济法律规范，经济关系无法转化为具有法律约束力的权利和义务，经济法律关系的运行也就无从谈起。经济法律规范不仅包括具体的法律条文，还包括相关的法律原则和规则，它们共同构成了经济法律关系的法律基础。

（二）法律事实

法律事实是经济法律关系产生、变更和终止的直接原因。它们是客观存在的，能够触发法律规范所设定的权利和义务的事实。法律事实可以划分为两大类：(1) 事件。事件是指不受人们意志控制的客观事实，它们能够引起经济法律关系的产生、变更或终止。事件包括自然现象（如自然灾害）和社会现象（如战争、社会动荡等）。事件的发生往往不可预测，但一旦发生，就可能对经济法律关系产生重大影响。(2) 行为。与事件不同，行为是由具有法律能力的主体有意识地进行的活动。这些活动能够引起经济法律关系的产生、变更或终止，是法律事实中的主要部分。行为的范围广泛，包括但不限于合同的签订、履行、违约，财产的转移，以及各种经济交易和决策等。行为是经济法律关系运行中最常见和最活跃的因素。

经济法律规范与法律事实的结合，构成了经济法律关系运行的完整图景。经济法律规范为经济关系提供了法律框架，而法律事实则是触发这一框架运作的具体条件，两者相互作用，共同推动经济法律关系的动态发展。

五、经济法律关系的保护

经济法律关系的保护不仅关系到经济秩序的稳定，也关系到国家和社会整体利益的实现。经济法律关系的保护涉及两个层面的含义：一是监督与执行，确保经济法律关系主体严格依照法律规定行使经济权利，并切实履行相应的经济义务；二是争议解决与权益维护，在经济法律关系中发生争议或主体权利受到侵犯时，通过法定程序进行公正解决，以维护当事人的合法权益及国家和社会的整体利益。

经济法律关系的保护具有如下特征：(1) 动态性。经济法律关系的保护是一个持续的动态过程，它伴随经济法律关系的始终，确保其健康运行。(2) 国家机关的主导性。经济法律关系的保护实施主体是国家机关，包括但不限于国家经济主管机关、财政金融和审计部门、工商部门，以及审判、检察和监察机构等，它们通过执法和司法活动相配合，共同维护经济法律关系。(3) 预防与监督并重。经济法律关系的保护特别强调事前预防，通过日常监督与事后处理相结合的方式，实现经济法律关系的稳定。(4) 综合统一方法。保护措施采用综合统一的方法，通过奖励与惩罚相结合的手段，促进经济法律关系的健康发展。

国家对经济法律关系的保护至关重要。一方面，虽然单个经济法律关系主体的经济目的和权利可能是局部和有限的，但从宏观角度来看，它们是国家目的和利益的组成部分，涉及社会整体利益。另一方面，确保大量经济法律关系依法确立和运行，是国家经济目的和利益实现的前提，也是维护社会整体利益和社会主义市场经济有序运行的关键。

经济法律关系的保护实际是对合法行为的保护。一方面，国家通过法律鼓励合法的经济行为，并确保其法律后果是受到保护或奖励的；另一方面，国家通过法律禁止违法的经济行为，并确保其法律后果是予以否定和制裁的。

经济法律关系的保护不仅是对个体经济主体权益的维护，更是对整个经济法律体系稳定和效率的保障。通过有效的监督、争议解决机制以及对合法行为的鼓励和违法行为的制裁，可以促进经济法律关系的健康发展，实现国家经济目标，维护社会整体利益，保障社会主义市场经济的有序运行。这一过程体现了经济法在调节经济关系、促进社会公平与效率中的核心作用。

第二节　经济法律关系主体

一、经济法律关系主体的范围

（一）国家

我国经济法学界普遍认同国家在经济法律关系中扮演着主体角色，尽管在表述上存在差异，如“国家”、“政府”或“政府机构”等不同说法，但国家在经济法理论中的主体地位是毋庸置疑的。国家之所以能够成为经济法的主体，是因为现代经济的发展需要国家在资源配置、市场失灵的纠正、社会公平、就业保障、环境保护、公共产品供给以及信息不对称等问题上发挥关键作用。作为经济法主体，国家可以参与经济投资、经营活动，干预不正当竞争和垄断行为，设定经济参与者的义务以保护自然资源，以及通过经济规划推动其他经济主体实现宏观目标。值得注意的是，国家意志在经济法律关系中往往通过国家机关的行为来体现。

（二）国家机关

国家机关泛指执行国家职能的各类机构，包括国家权力机关、行政机关以及司法机关等。在经济法领域，主要涉及的是行政机关中的经济管理机构。这些机构可以按级别分为中央和地方两类，按管理内容可分为综合性、部门性和职能性经济管理机关。国家经济管理机关在经济运行的协调、决策、组织领导和服务监督中扮演着重要角色，是经济法的关键主体之一。

（三）经营者

经营者，即生产经营主体，是指依法从事生产经营或服务性活动、以盈利为目的的社会实体，主要包括各类企业和个体经营者。这些经营者通过自身的经济活动实现经济目标，同时履行对国家和社会的法律义务。从法律地位和主体资格来看，经营者分为具有法人资格的企业和事业法人，以及不具备法人资格的经营实体，如合伙企业和非法人经济组织。

（四）社会中间层主体

自20世纪60年代以来，英美等国的“结社革命”推动了从传统的“市民社会—政治国家”二元结构向“市民社会—社会团体—政治国家”三元结构的转变。在中国，自20世纪70年代末以来，市场中介组织如会计师事务所、律师事务所等逐渐成为经济发展中的重要部分。社会中间层主体大致分为公益性团体、行业性或职业性团体以及地域性团体，它们通常具有非营利性，并在促进政府职能转变、维护经济秩序、完善市场经济功能等方面发挥着重要作用。

（五）消费者和劳动者

消费者和劳动者在经济法中被狭义地理解为个体的人，他们也是经济法主体的重要组成部分。消费者、国家和生产经营者构成了国民经济活动的主要参与者。经济法通过调整国家与企业、国家与消费者以及企业与消费者之间的关系，旨在满足广大消费者的物质文化需求，保障消费者作为经济法主体享有的合法权益。劳动者作为生产力的核心要素和物质财富的主要创造者，与国家和企业之间存在紧密联系，成为经济法律关系中不可或缺的一方主体。

二、经济法律关系主体的条件

（一）参与特定经济活动

经济法主体的首要条件是参与协调市场经济运行中的特定经济活动。这些活动通常涉及全局利益，需要国家层面的规制，与一般法律关系主体相比，经济法主体在执行这些活动时，其行为直接关系到国家经济的整体发展和利益。

（二）合法成立或存在

经济法主体的产生和存在必须基于法律的规定或得到法律的认可。经济法主体可以通过以下三种方式获得法定资格：（1）根据法律和国家权力机关的任命或上级政府的批准成立，通常适用于国家机关；（2）按照法定程序，经过国家相关部门的审核和批准成立，适用于各类社会组织及个体工商户；（3）通过法律、法规或规章的认可成立，适用于企业内部机构、管理人员、自然人纳税人、农林土地承包户等。

（三）具备经济法上的权利能力和行为能力

经济法主体必须具有经济法上的权利能力和行为能力。权利能力指的是主体以自己的名义参与经济法律关系，享有经济权利和承担经济义务的资格；行为能力则是指主体以自己的名义参与经济法律关系，并能以自己的行为行使经济权利和履行经济义务的资格。

（四）拥有相应的财产或经费

经济活动本质上是一种物质活动，需要相应的财产或经费为基础。经济法主体不仅需要拥有独立的、适量的财产，而且财产的形态和比例也必须与其从事的特定经济活动相匹配。

这些条件构成了经济法主体的一般性要求。然而，针对特定类型的主体，可能还需要满足一些特殊条件，如特定的资历或资质要求。

三、经济法主体体系和特征

（一）经济法主体体系的内涵

经济法主体体系指的是经济法主体的类型及其相互关系的总和。根据不同的标准，经济法主体可以被划分为多种类别，从而对经济法主体体系进行多样化的描述。从主体参与的经济法律关系的性质来看，经济法主体体系体现了协调主体与经营主体的统一；根据主体参与经济法律关系的广泛性，它又表现为基本主体与特殊主体的统一；按照主体在经济运行中的地位和作用，它进一步划分为决策主体、管理主体、实施主体和监督主体的统一等。

（二）经济法主体体系的特征

1. 多样性

(1) 构成成分上的多样性。与民法、行政法主体相比，经济法主体的组织构成更为复杂，不仅包括国家机关、社会组织，还涵盖了大量的内部组织，这些在民法、行政法中通常不具备主体资格。此外，经济法中社会组织的成员可以成为内部法律关系的主体。经济法主体主要由组织构成，尤其是国家经济管理机关和企业，而民事主体主要是公民，行政法主体主要是行政管理机关。

(2) 参与法律关系范围的多样性。经济法主体既参与隶属型经济法律关系，也参与平等型经济法律关系，这与民法主体和行政法主体的参与范围有明显区别。

(3) 法律对主体要求的多样性。经济法主体在平等型法律关系中通常是不特定的，在隶属型法律关系中往往是特定的，这与民法主体的不特定性和行政法主体的特定性形成鲜明对比。

2. 层次性

(1) 制约形式与程度的层次性。经济法主体在参与经济法律关系时，受到不同程度的制约，体现了国家对经济生活的干预，这与民事法律关系中主体自由意志的体现和行政法律关系中国家对行政活动的直接干预形成反差。

(2) 主体身份的双重性。经济法主体具有管理与被管理的双重身份，同一主体在不同关系中可能扮演不同角色，这与民法、行政法主体的单一身份有明显区别。

（3）体系中的序列性。经济法主体在体系中的地位和职责权限存在差异，根据其在国民经济中的角色和经济活动的性质，呈现出序列性特征。

第三节　经济法律关系内容

一、经济法律关系内容概述

（一）经济权利

经济权利是指经济法主体依据经济法律规范可以为或不能为一定行为和要求他人为或不为一定行为的资格。经济权利主要包括以下两个方面：在法定范围内，主体自由意志下为或者不为一定经济行为的自由；面对经济权利侵害，主体依据法律规定寻求权利救济，以保护自身权益。

（二）经济义务

经济义务是指经济法主体依据经济法律规范应当为或不为一定行为的责任，是保证经济权利得以实现的条件。经济义务主要包括以下两个方面：在法定范围内，必须为或不为一定行为，以实现他人权益、国家利益以及社会利益；违反经济法律规定，则应接受法律强制或制裁。

（三）经济法的权利义务观

经济法主体的权利义务反映着经济法主体的具体要求，决定着经济法律关系的实质，经济权利和经济义务共同处于经济法律关系的统一体中。在经济法律关系内容之中，没有只享有权利不承担义务的主体，也没有只承担义务不享有权利的主体。经济权利与经济义务往往具有同一性，同一经济法主体享有权利的同时履行相应的义务。

经济法视域下当事人一方主体为国家经济调节管理主体，另一方为被调节管理主体，二者所享有的经济权利与承担的经济义务具有差别性。在坚持经济权利与经济义务统一性的前提下，我们需要进一步转变经济法主体的权利义务观念。其中，国家经济调节管理主体的经济职权，以及经营者的社会经济义务最为突出。对于国家机关而言，其承担调节管理市场经济活动的职能，更强调对职权的正确行使，帮助市场有序、健康运行。而对于被调节管理的主体而言，赋予其广泛的经济性权利以帮助其在市场运行中充分发挥活力，从而使整个市场经济活跃起来，推动市场经济持续发展。

二、经济权利

（一）经济职权

1. 经济职权的特征

（1）法定性。经济职权的内容和范围基于法律的直接规定。宪法是我国的根本法，对于国家权力机关、行政机关及其职能部门在国民经济管理活动中的职权、地位都做了明确的原则性规定。例如，全国人民代表大会及其常委会审查和批准国民经济发展计划及计划执行情况报告的权力、国务院编制和执行国民经济和社会发展计划和国家预算的权力都是宪法授予的。

（2）专属性。经济职权为国家机关独享，不可随意转让、放弃和抛弃，且国家机关所享有的经济职权与其职位、职能相对应。非属国家机关的事业单位、企业所享有的经济权利，只能是财产上的所有权或经营管理权。同时，国家机关所享有的这种专属性质的经济职权具有权责一致的属性，即国家机关行使经济职权的同时也承担着恪守职责的义务。

（3）强制性。国家机关所享有的经济职权，来源于国家强制性规范的直接授权，由此决定了国家机关在行使经济职权时，不需要相对方的认可与同意。国家机关行使经济职权时所涉及的下属国家机关、各种经济组织等都必须执行，不得随意改变。正因为经济职权具有的强制性与单方意志性，所以它的行使要受到法律的严格限制，经济职权也只有严格按照法律规定的范围和程序来行使，才能真正地发挥它的价值和功能。

2. 经济职权的构成

（1）宏观调控权。宏观调控权是指国家对国民经济总体活动进行调节和控制的一种权力。国家机关需要对关系国民经济总体活动的经济关系进行调控，以保证整个社会生产正常有序地进行。

第一，经济决策权。经济决策权指的是宏观经济决策权，是国家机关为了实现国民经济和社会发展的总体协调，保证国民经济总量的平衡、产业结构的优化组合及各种生产要素的优化配置而行使的权力。这种权力分别由国家权力机关和国家行政机关来行使。决策的形式既有较为稳定的形式如制定国民经济和社会发展计划，也有临时性的决策如国家为整顿金融秩序而作出的决策。国家机关的经济决策权主要有国民经济和社会发展规划的审批和修改权、重大建设项目的决策权、重要物资的储备调度权、税率决定权、货币发行权等。

第二，经济协调权。经济协调权是指国家机关为了实现国民经济和社会发展规划目标，在应对重大事件及促进横向经济联系的过程中，利用经济杠杆或者行政权力所实施的一种对地区、部门、企业之间经济关系进行调度与平衡的权力。经济协调权主要指对宏观经济规划的协调，如规划编制时，为求得各种平衡而进行的协调工作；国家为利用各种经济杠杆实现宏观调控，调整与促进部门之间、地区之间，以及它们相互之间的专业化协作与联合；被授权的机关组织在一定时期内的财政、信贷、外汇、市场、劳动力和物资的综合平衡、做好对关系国计民生重要物资的调整与使用，以及组织全国范围内跨部门、跨地区的经济协作与联合等。

第三，经济监督权。经济监督权是指有关国家机关对生产各个环节进行监督和指导的权力。监督可以涉及经济活动的各个方面，如规划监督主要指对国民经济和社会发展规划的制定、执行及实施情况的监督；财政监督主要指对国家预算执行情况进行检查，对有关部门和单位完成财政收支计划进行监督；会计监督主要指对有关单位的款项收支、财产的存用、债券债务的发生与结算的合法性、有效性进行监督。此外，审计监督、银行监督等也属于国家机关经济职权中的经济监督权。

第四，经济处理权。经济处理权是指国家机关对经济活动中发生的纠纷和违法行为进行调解、查处的权力。经济活动中的纠纷和违法行为不可避免，一旦发生，如果不能及时地加以解决，对整个经济活动都会造成影响，这就需要国家机关对纠纷予以及时的处理。政府机关行使经济处理权是一种可申请复议的权力行为，具有准司法性质。

（2）市场规制权。市场规制权是指国家机关在行使管理国民经济职能时，对某些经济关系、主体资格及经济行为进行规制的权力。

第一，命令、禁止权。命令权是国家机关要求有关经济法主体必须为特定行为的权力。命令权按其法律特征是国家机关单方面的行为，不需要取得相对人的同意，相应的单位或个人必须服从，不执行命令或不遵守义务就要受到一定的制裁或强制执行。禁止权是指国家机关依法不允许相对人为某种行为的权力。凡是被禁止的行为，经济法主体就不能为，否则要追究法律责任。

第二，批准、确认权。批准权是国家机关依法同意特定人取得某种法律资格或实施某种行为的权力。批准权是一种具有补充性质的权力，即行为人的行为如不能得到行政机关的认可，则不能有效成立。确认权是指国家机关对有争议的特定法律事实或者法律关系依法宣告是否存在和有效的权力。确认权的标的通常是已发生的事实或关系。

第三，许可、撤销权。许可权是指国家机关依法对特定的事和特定的人解除禁止的权力，如特别经营许可证的发放等。撤销权是指国家机关依法对某种法律资格予以取缔或消灭的权力。撤销权是对特定人既得权利的取消，如吊销营业执照等。

（二）经济性权利

1. 经济性权利的特征

被调节管理主体的经济权利具有法定性与广泛性特征。经济法律关系中被调节管理的一方主体享有法律所赋予其参与市场经济活动的基础权利。市场作为基础性的经济调节方式，国家并不多加干涉。在市场难以自行调节，出现市场失灵时，就需要国家进行干预。基于此，对被调节管理的主体的经济性权利一般不加限制，若要对其进行限定，则需要依法作出。例如，价格法中规定除极少数实行政府指导价或者政府定价的商品或服务外，实行市场调节价格，经营者依法自主定价。

2. 经济性权利的构成

从主体样态来看，经营者的“竞争权”包括两个方面：一是公平竞争权，二是正当竞争权。法律层面上对于经营者参与市场经济活动采取鼓励、支持的态度。鼓励市场主体积极参与竞争，但前提是采取公平竞争和正当竞争的竞争模式。除经营者外，消费者也是重要的经济法律关系主体，我国《消费者权益保护法》对消费者权利作出详细规定，主要包括安全保障权、知情权、自主选择权、公平交易权、获得赔偿权、依法结社权、知识获取权、维护尊严权、监督批评权等。基于以上权利的规定，保障消费者在市场交易中能够得到合理正当的对待。

三、经济义务

（一）经营者经济义务

1. 经营者经济义务的特征

（1）法定性与强制性。经营者经济义务的法定性，一方面体现为经营者所履行的经济义务由法律明确规定，经营者必须遵守法定经济义务。例如，我国《反不正当竞争法》规定，任何从事商品经营或营利性质的法人、其他经济组织和个人，在市场交易中都应当遵循自愿、平等、公平、诚实信用的原则，不得违反法律规定损害其他经营者的合法权益，扰乱社会经济秩序。另一方面体现为经营者所履行的经济义务限定在法律范围之内。经济义务作为经营者参与市场经济活动中应尽的社会责任，对于法律规定之外的义务，经营者可以拒绝。

（2）自觉性与负担性。经营者所应承担的经济义务由法律明确规定，由国家强制措施保障。同时经济义务的履行离不开经营者的自觉承担，经营者自觉承担义务是符合法律规定的。但经济义务不自觉履行或者不当履行就会受到法律的制裁。

2. 经营者经济义务的构成

（1）对国家的义务。经营者对国家的义务主要体现在以下三个方面：首先，体现在必须遵守国家的法律，服从和接受国家的管理和监督；其次，体现在对国家依法下达的指令性经济计划，必须按时按量地完成；最后，体现在经营者在享用国家提供的公共产品与服务时，应依法向国家缴纳税金和有关规定费用，以保证国家事务的正常进行。

（2）对社会资源、环保、伦理的义务。经营者在生产经营过程中，要考虑整个社会的存续及发展，做好环境保护工作，合理地利用资源，防止因生产经营行为对生态环境造成破坏。同时，经营者在经济活动中要尊重社会公德，不得扰乱社会经济秩序，不得损害社会公共利益。

（3）对其他经营者主体的义务。经营者之间也须履行一定义务，一方面，体现在经营者必须全面履行经济合同和经济协议，确保交易正常进行；另一方面，表现为经营者之间必须合法公平竞争，不得采用不正当手段排挤竞争对手或采用垄断形式限制竞争，损害其他经营者合法利益。

（4）对劳动者、消费者的义务。对劳动者而言，经营者必须保障职工的合法权益，同时负有劳动安全保护和保险工作的义务，负有对职工进行法律教育、技术业务培训以提高职工队伍素质的义务。对消费者来说，企业负有保证产品质量和服务质量的义务，不得弄虚作假，损害消费者的权益。

（二）国家机关的经济义务

1. 遵守宪法和法律

国家机关在行使经济职权时须严格遵守宪法和法律。行使职权需要在法定权限范围内，不得超越法定权限。此外，由于国家机关之间存在一定隶属关系，下级国家机关在行使法律赋予的权限时，也要接受上级机关的监督。

2. 积极、正确行使职权

国家机关在调节管理经济活动时应当做到不懈怠行使职权，更不能放弃行使职权。对于职权范围内的事务，应认真负责、尽职尽责，同时需要正确运用权力，在权限范围内做到灵活适度。

3. 尊重市场调节机制

国家机关参与市场经济管理是建立在尊重市场调节机制的基础之上的，市场秩序被扰乱、破坏时，国家机关作为干预主体参与经济管理，以维护市场经济的正常运转。

第四节　经济法律关系客体

一、经济行为

（一）管理行为和经营行为

1. 管理行为

管理行为是一个具有比较广泛意义的概念，它不仅包括国家的经济管理行为，还包括企业内部的管理行为，以及社会自治体的管理行为。

（1）国家经济管理行为。国家经济管理行为即国家机关行使经济职权管理社会经济活动的行为，这是国家机关经济职权中的宏观调控权、市场规制权的具体表现。它包括国家机关对宏观经济总体的调控，对市场活动的指令、调节、审批、反垄断、反不正当竞争、监督等一系列活动。

（2）企业内部管理行为。企业作为市场经济活动中最活跃的主体，为获取竞争优势就必须加强内部管理。企业内部管理行为贯穿企业设立、运行的各个环节。另外，各种企业形式还有法律规定的严格的组织制度，如设置股东会、董事会和监事会，并由其分管企业的不同运作事项。企业内部管理行为对于维持正常的生产经营和保证整个社会经济秩序具有重要的意义。

(3) 社会自治体的管理行为。随着社会的发展，市场经济所带来的有些问题越来越需要通过国家和个人以外的社会团体和第三方部门等加以解决。为更好地履行公共管理或行业管理职能，发挥其在市场经济发展中的积极作用，社会自治体也要加强自身管理。

2. 经营行为

经营行为主要是企业的行为。企业在市场中的主要活动方式就是生产经营，这是由企业自身的性质以及社会的物质需要决定的。营利性是企业的本质属性，为获得利润，企业要在自己的一系列经济活动中运用经济策略，改进经营方式，扩大经营规模，这一系列行为均可称为企业的经营行为。

（二）积极行为和消极行为

1. 积极行为

积极行为是指要求经济法主体作出一定行为。对于国家机关而言，积极行为是指积极行使经济管理的职权。对于经营主体来说，积极行为是指要依法经营、自觉履行经济义务。

2. 消极行为

消极行为是指经济法规定经济法主体不得为一定行为。如《中国人民银行法》包含中国人民银行不得对政府财政透支，也不得向地方政府、各级政府部门提供贷款的相关规定。《消费者权益保护法》对经营者提出不得作引人误解的虚假宣传，不得对消费者进行侮辱、诽谤等行为要求。

（三）合法行为和违法行为

1. 合法行为

经济活动中往往存在已经构成的事实行为，但因为它不产生法律后果，因此合法行为要排除那些不具有法律意义的事实行为。合法行为专指经济法主体实施的有意识产生、变更和消灭经济法律关系的合法的经济行为。

2. 违法行为

违法行为主要是指不遵守经济法律法规规定而为的行为。如国家机关行使经济职权时未按法律规定的范围和程序行使，企业违法经营、不履行应尽义务等。违法行为可以是作为，也可以是不作为。经济法主体的违法行为一般都要以承担一定的责任为代价。

二、经济法律行为

（一）经济法律行为的特征

1. 法定性

经济法律行为是由经济法律规范所规定的行为。人们在经济领域中从事的生产、分配、交换和消费活动，都是有意志的活动，并都要达到一定的目的和效果。如给付活动本身并不产生法律上的后果，只是经过经济法的规范才产生了被给付人接受给付的法律后果，成为一项经济法律行为。

2. 目的性

经济法律行为是能够产生主体预期的经济法律后果的行为，具有明确的目的性。经济法要求经济法主体在法律规定的范围内，正确地表达自己的真实意思，并且通过这种意思表示追求自身所要达到的目的。

3. 合法性

经济法律行为除需要符合主体的法律预期之外，还需要符合经济法设定的实质和形式要件，具有合法性。

（二）经济法律行为的构成要件

1. 经济法律行为的行为主体要适格

民法上对于民事合法行为的主体依行为能力做了划分，这些在经济法中是可以借鉴的。但是需要强调的是，经济法律行为关系到社会经济秩序和公共利益，所以经济法对行为主体的资质要求比民法更为严格具体。

2. 经济法律行为的意思表示要真实

经济法律行为是经济法主体的有意识的行为，它以发生主体所预期的法律后果为要件。如果意思表示不真实，不仅不能促进经济交易，而且影响正常的交易秩序，势必造成经济活动的混乱。

3. 经济法律行为的内容、形式要合法

不论是国家机关在行使经济职权的过程中，还是经营主体在履行义务的过程中，都要严格遵守法律关于实体、程序的规定。

4. 经济法律行为要能产生具有法律意义的预期后果

判断是否产生具有法律意义的预期后果主要有两个标准：第一，经济法律行为造成了一定社会影响；第二，该法律后果应从经济法律角度加以评判，必须符合经济法规范。

本章小结

经济法律关系是在经济运行的协调过程中形成的，它不源于其他非经济过程，其关系的确立依赖于经济法的确认，而非其他法律规范的预设。经济法律关系构成要素包括主体、内容以及客体，三者共同构成了经济法律关系的基础框架。经济法律关系的主体，指的是那些依法参与经济法律关系，享有经济权利并承担经济义务的组织和个人。这些主体是经济法律关系中的参与者，是权利和义务的直接承载者，主体的参与是经济法律关系得以形成和存在的必要条件。经济法律关系的内容，指的是经济法律关系中主体所享有的权利和承担的义务，是经济法律关系的核心，是连接主体之间以及主体与客体之间的纽带。内容不仅定义了主体之间的权利义务关系，也决定了客体在经济法律关系中的作用和价值。经济法律关系的客体，是指经济法律关系中主体权利和义务所指向的具体对象，这些对象可以是行为、物、货币、智力成果等。客体是经济法律关系中权利和义务实现的物质基础，是主体追求的经济目的和利益的具体体现。没有客体，主体的经济活动将失去目标，内容也无法得到具体化和实现。

学术视野

20 世纪 80 年代和 90 年代，随着经济法学学科的兴起，对经济法律关系的研究空前繁荣。进入 21 世纪，随着经济法学研究的深化，学界对经济法律关系的理解变得更加深入和精确，主要观点体现在以下几个方面：一是认为经济法律关系是由经济法律关系主体依据经济法规范，在参与国家对经济活动的干预过程中，形成的经济职权与职责以及经济权利与义务的关系；二是将经济法律关系定义为根据经济法的规范而产生的一系列权利与义务关系；三是认为经济法律关系是国家法律对经济进行调节时所形成的一种法律关系，即经济法对国家经济调节行为所调整的各方主体之间的权利与义务关系；四是强调经济法律关系是经济法律关系主体在参与国家对经济运行的协调活动中，根据经济法规范所形成的权利与义务关系。

实务参考

（1）“枸地氯雷他定”原料药滥用市场支配地位纠纷案［最高人民法院（2020）最高法知民终 1140 号］。

（2）“商砼联营”反垄断行政处罚案［最高人民法院（2023）最高法知行终 29 号］。

（3）西门子股份公司、西门子（中国）有限公司与宁波奇帅电器有限公司、昆山新维创电器有限公司等侵害商标权及不正当竞争纠纷案［最高人民法院（2022）最高法民终 312 号］。

思考题目

(1) 简述经济法律关系的基本含义。

(2) 简述经济法律关系的三要素。

(3) 经济行为有哪些分类?

(4) 经济法律行为的构成要件有哪些?

第四章 经济法责任

【本章摘要】经济法作为与民商法、行政法等传统法律部门并列的新兴法律部门，其责任是在各种传统法律责任形式的基础上发展起来的，形成了与经济法的各项制度、各种规范相一致的特殊的责任制度体系。经济法责任是经济法规范得以实施，经济法目的得以实现的最终保障。传统三大诉讼面对经济法领域的社会公益性案件、新型经济诉讼制度，表现出很大的局限性。本章以经济法责任的定义为出发点，重点探讨了经济法责任的独立性与特殊性，分析了经济法责任的承担原则与实现方式，以及在现代市场经济条件下，建立现代性、复合型、高效率的新型经济诉讼制度的必要性。

【学习目标】通过本章学习应掌握经济法责任的含义、特征、类型、责任承担及其实现路径。熟悉经济法责任所具有的社会性、综合性、双重性等特征。掌握严格责任为主原则、实际履行原则、消除危险性原则的内容。

第一节　经济法责任的定义和特征

一、经济法责任的定义

“责任”一语在法律上有多种意义。第一种含义为职责，如所谓生产承包制、岗位责任制等；第二种含义为义务，如法律用语上常用的保证责任、举证责任，应为保证义务、举证义务；第三种含义即所谓法律责任，如民事责任、刑事责任、行政责任等，指不履行法律义务而应受某种制裁之意。[①] 法律责任是研究任何一个法律部门都不可绕开的部分，法律对责任的合理规定在很大程度上决定了法的强制力。2024 年 6 月 25 日十四届全国人大常委会第十次会议中听取的《国务院关于促进民营经济发展情况的报告》中指出，要通过法律责任的落实，教育和引导民营企业公平竞争、诚实守信，促进经济高质量发展。

① 梁慧星：《民法学说判例与立法研究》，中国政法大学出版社 1993 年版，第 85 页。

自经济法成为一门独立的法学学科以来，对于经济法责任一直存在多种不同的表述方式，如经济责任、经济法责任、经济法律责任、经济关系中的责任、经济法主体的法律责任、违反经济法的法律责任等。“经济责任”这一表述，在实务界有较为广泛的使用，但若作为学术概念则过于泛化，难以成为经济法学所独有的具有特定内涵和外延的基本范畴。[①] 并且，对“经济责任”这一概念，人们有不同理解。有的将其作为财产责任的另一种称谓，认为是一种民事责任形式；有的将其泛指一切与经济有关的责任形式，作为各种经济法责任形式的总称；有的认为这种责任形式适用于各种法律部门（认为刑事责任中也有财产责任形式）。“经济法关系中的责任”很容易与经济责任制混淆。“经济法主体的法律责任”和“违反经济法的法律责任”表达上不简洁，也不符合对部门法层面上法律责任定义的一般表述形式。所谓的“经济法律责任”一词易让人们产生“一切具有经济内容的法律法规所确立的责任”的误解，因为经济法律很容易被理解为关于经济方面的法律，即和经济生活密切联系的所有法律。就经济法律法规来看，因其有着多种渊源，“经济法律责任”也就包括了所有这些法律中所规定的责任，范围十分宽泛。

为了避免引起不必要的争议，采用“经济法责任”这一称谓较为确切，这一概念并不仅是指责任的性质，更主要的是指由经济法规范所确认的各种责任形式的总称。“经济法责任”是法律责任的经济法部门化，专指经济法作为独立的法律部门所具有的责任制度。“经济法责任”是按照部门法性质对法律责任进行分类的结果，表达更为简明，意为违反经济法所产生的法律责任。

因此，本书所说的“经济法责任”，即是指经济管理者或市场主体因违反经济法义务而产生的否定性法律后果，既包括经济管理者滥用权力的否定性后果，也包括市场主体不承担经济义务的否定性后果。

二、经济法责任的特征

经济法责任与民事责任、行政责任、刑事责任相比，具有其自身的特征。

（一）经济法责任的独立性

经济法责任的独立性，是指经济法责任作为经济法中的有机构成，能够在内涵、功能、目的和价值方面符合经济法独立体系的要求，并因之与传统的民事责任、行政责任和刑事责任相区别、相并列。[②] 国家调制对于维护社会公共利益具有正面的作用，这也是经济法能够作为一个独立的法律部门产生和发展的社会基础。经济法责任的独立与否，对经济法责任问题至关重要。因此，在当代社会经济背景下，经济法责任作

---

① 顾功耘：《经济法教程》（第四版），上海人民出版社 2024 年版，第 89 页。

② 李昌麒：《经济法学》（第三版），法律出版社 2021 年版，第 542 页。转引自莫智源：《浅议经济法责任独立存在的必要性》，载人大复印资料《经济法学 · 劳动法学》2003 年第 5 期。

为一个独立的新兴责任体系出现，对于打破传统的“三责任说”或“四责任说”[①]，具有很强的现实必要性。

经济法是为解决现代市场经济问题而产生的，它必然要以传统法为基础并与之存在密切的关系，人为地割断它们之间的内在联系并不科学。但这也并不意味着经济法不可以有自己的责任形式，经济法责任不是对传统民事责任、行政责任和刑事责任的简单相加，而是对三者科学化、整体化和系统化的提升，是对传统法律责任形式与内容的补充、超越与创新。[②] 经济法责任是对传统法律责任形式的一种质变式的“整合”而非“组合”。

不仅如此，经济法责任还在实务中开创出了三大传统法律部门均不具有的独创性责任形式，比如，《产品质量法》中的产品召回责任，正是基于风险预防的考虑，在真正产生产品责任之前即对经营者施加积极性的责任，这种新创的责任类型便难以被三大传统法律责任所纳入。

（二）经济法责任的特殊性

1. 责任承担的非过错性

传统法律责任理论主要依托于民事责任理论，责任承担具有过错性，即责任主体通常因为其过错程度而承担与之相适应的法律责任。然而，在经济法领域，基于对信息不对称和经济外部性等现实状况的关注，传统私法基于形式理性所建立的以过错为基准判定责任的逻辑在很大程度上被打破，无过错责任或过错推定责任不再是个别适用的情况，这在若干市场规制立法中体现得尤为明显。例如，在《反垄断法》所规制的垄断协议、滥用市场支配地位、经营者集中三大经济垄断行为中，立法对其构成要件的界定通篇不见对存在主观过错的要求。[③]

责任承担的非过错性，是基于经济法责任所具有的社会性。经济法的立法目的是解决个体营利性与社会公益性的矛盾，兼顾效率与公平，促进经济与社会良性运行与协调发展，维护社会整体利益。而经济违法行为从本质上讲是一种具有很大社会危害性的行为，是对整个社会整体利益的损害，因此，在经济法中对法律责任的设定，在许多方面考虑了社会整体利益的因素，站在社会利益的高度来规定违法者的法律责任，是经济法区别于其他法律部门的一个重要特点，也是经济法责任独特性的根基。

2. 责任追究的积极性

传统法律责任遵循着“行为—损害结果—法律责任”的基本逻辑，一般情况下，在没有损害结果或行为与损害结果没有因果关系的情况下，无法律责任可言。但是，

---

① 按照传统的法律责任理论，法律责任体系可以分为民事责任、行政责任和刑事责任，至多再加上一个违宪责任，这便是法律责任的“三责任说”或“四责任说”。

② 吕忠梅、陈虹：《经济法原论》，法律出版社 2007 年版，第 232 页。

③ 《经济法学》编写组：《经济法学》（第三版），高等教育出版社 2022 年版，第 105 页。

现代社会是一个风险社会，潜在风险无处不在的逻辑启示着人们，由于经济社会发展的复杂化，因果关系经常难以推定，待损害结果发生后再行挽救则为时已晚。因此，立足于社会整体利益的经济法确立了适度的积极责任，即尽管损害结果尚未发生或处于不确定状态，仍然可以对相关的责任主体追究法律责任。这种积极的经济法责任具有如下特点：

第一，依主体地位而非行为过错为标准判断责任的产生。在风险社会背景下，依主体是否具有相应行为为标准判断过错存在与否，已不符合现实需求。例如，消费者在不知情的情况下危险使用了产品从而造成损失，此时难以确定产品的经营者是否具有现实违法行为或过错，但由于经营者具有超过消费者的控制产品风险的能力，因而有必要在其不存在具体违法行为和过错的情况下对其施加风险警示责任。

第二，依现实风险而非损害结果判断责任的内容。经济法责任的产生并不再仅仅立足于现实损害的发生，而是基于预防风险的要求，很可能在损害结果真正产生之前就被施加了需要积极履行的法律责任。如产品召回责任，即是在真正产生产品责任之前就被施加的积极责任。

第三，依调制机关的积极执法而非司法机关的消极裁判为平台促导责任的实现。为了在损害真正产生前预防风险，恪守消极中立的司法机关便难以真正起到促导积极责任履行的作用，因此，在经济法领域，通常依照调制主体的积极执法而非司法机关的消极裁判为平台促导责任的实现。例如，产品召回责任由工商行政管理部门监督实施。

因此，经济法责任超越了传统私法责任“行为—损害结果—法律责任”的基本逻辑，而遵循了有风险即有责任的“主体—风险—法律责任”的基本逻辑，是对传统法律责任观念和制度的超越与创新。

3. 责任主体的绝对性

传统法律责任从静态的社会关系出发，责任主体具有相对性，即只对受到损害的主体承担责任，这一责任可能因继承而发生移转，但通常并不会扩张至与损害无关的社会公众，法律责任的承担对象通常只限于在法律上受违法行为损害的主体。但是，为了保证社会公共利益的实现，经济法责任的承担会呈现出一种对社会整体负责的绝对性。

首先，经济社会中的危害具有很强的传导性和连锁性。例如，产品责任从最初的生产者传导至销售者、消费者乃至非消费者的其他使用者，这种情况下不应再恪守责任承担的相对性。

其次，在经济法领域，受害人与违法行为人的关系有时候很难再以传统私法或公法上的法律关系进行判断。例如，《反垄断法》中的垄断协议，如果说达成垄断协议的经营者之间尚可被称为合同关系，那么达成协议的经营者对其他未参与协议的经营者所产生的公平竞争权的侵害，便难以纳入民商法中任何一个范畴的法律关系，这种“竞争法律关系”是在经济法的独特社会公益性视野下产生的。

最后，某些行为甚至不存在传统法律关系上的相对方。例如，在宏观调控法律关系中，调制主体与调制受体并非行政法律关系那种命令与服从的纵向关系，调制主体的宏观调控决策和执行具有很强的单方性和诱导性，如果按照诉讼中诉的利益的标准，调制受体并非因宏观调控权的实施而遭受直接利益损害，所以并不是适格的诉讼主体。①

4. 责任内容的惩罚性

经济法责任实质上是国家对违反经济义务行为所给予的否定性评价，是国家强制有责主体作出一定行为或抑制一定行为，从而补救受害者的合法权益，恢复遭到破坏的社会经济关系和社会经济秩序的手段。传统民事责任具有补偿性，所谓补偿性是指有责主体以金钱作为代价来支付否定性法律后果。补偿性通常主要表现为有责主体对经济法保护的具体对象亦即当事人权益的损害，而给予的金钱代价偿付。它的法律实质是依法强制义务主体履行义务或义务人以自己的财产赔偿相对人，从而使相对人得到同其履行经济义务同样的结果，所以民事责任的形式大多不具有惩罚性。

然而，在经济法责任中占主导地位的还是其惩戒性。这是因为经济违法行为往往具有很大的社会危害性，不仅侵害了直接利害关系人，还可能给更多的甚至是不特定的主体在更大的范围内造成了一种秩序上的损害。这种损害是对整个社会公共利益的损害，仅靠一般的补偿性措施是无法弥补的，必须通过制定严格的法律责任制度，加强制裁，达到控制行为发生的效果，以保证经济法立法目标的实现。

惩罚性赔偿的功能有四：一是赔偿。使原告遭受的损失获得完全补偿。二是制裁。通过对不法行为人强加更重的经济负担来制裁不法行为。三是遏制。通过惩罚性赔偿对加害人，以及社会一般人产生遏制作用，让他人不敢“重蹈覆辙”。四是鼓励。鼓励受害人同违反经济法的行为进行斗争，以平衡强势群体与弱势群体的实力差别，促进社会和谐发展。

经济法上的惩罚性赔偿主要是通过剥夺违法者（如生产者和经营者）获得的非法利益，使其付出高额代价，从而实现上述功能。严厉的惩罚性赔偿也可以直接削弱违法者的经济实力与行为能力，使其无利可图，对正在进行相同或类似行为者起到震慑作用，令其放弃非法行为，减少对社会整体的利益损害。②

第二节　经济法责任的类型

经济违法行为的复杂性决定了经济法责任形式的多样性。关于经济法责任的类型，依据不同的标准可作出不同分类。

① 《经济法学》编写组：《经济法学》（第三版），高等教育出版社 2022 年版，第五章“经济法主体的责任”。

② 李昌麒：《经济法学》（第三版），法律出版社 2021 年版，第 545 页。

一、财产性责任与非财产性责任

依承担责任的性质，经济法责任可以分为财产性责任与非财产性责任。财产性责任是指有责主体以自己的财产来支付否定性法律后果的责任方式，与责任主体是否具有独立的法律主体地位和相对独立的财产责任能力密切相关。只有具有独立财产责任能力的责任主体才能承担财产性责任，实现其独立的法律主体地位，否则，财产性责任无从谈起。财产性责任是经济法责任得以实现的主要方式，这是因为“法律责任的重要目的在于‘定纷止争’或‘定分止争’，而各类纷争实际上都与一定的利益相关，要使法律保护的法益不受侵害，就必须注重经济上的补偿或惩处”①。非财产性责任则是以财产以外的方式承担责任的一种形式，包括赔礼道歉、停止侵害、吊销营业执照、责令停业整顿、消除违法影响、行政处分等，这种划分对于责任的最终落实有着十分重要的意义。

二、赔偿性责任与惩罚性责任

依追究责任的目的，经济法责任可以分为赔偿性责任与惩罚性责任。经济法责任具有补偿与惩罚的双重属性，体现在责任形态上就是赔偿性责任与惩罚性责任并存。经济法上的赔偿性责任主要体现为国家赔偿与超额赔偿。国家赔偿主要是指国家通过一定的途径与形式对其因宏观调控或市场规制不当给调制受体造成的损害给予的补偿。经济法上的国家赔偿不是狭义上的行政赔偿或司法赔偿，而是立法赔偿，因为在严格的“调制法定原则”的约束之下，调制主体的调控失当，往往与立法上的失误或立法性决策的失误有关。

梳理各国立法与实践，惩罚性赔偿在经济法制度中较为普遍。如我国《消费者权益保护法》第55条规定的多倍赔偿；我国台湾地区的“消费者保护法”第51条、“公平交易法”第32条、“营业秘密法”第13条等，都采用了惩罚性赔偿；美国《谢尔曼法》确立了三倍赔偿制度。惩罚性赔偿制度，能够很好地保护受害方以及整个社会的利益，具有鲜明的经济法立场与特色。

三、调制主体的责任和调制受体的责任

依据经济法主体类型的不同，经济法责任分为调制主体的责任与调制受体的责任。调制主体与调制受体的特殊法律地位决定经济法责任必然不像民事责任那样适用于所有的民事主体，因而，只能依据处于不同法律地位的主体的权利与义务的特殊性，确认不同性质和内容的经济法责任。对调制主体而言，可能是因其侵害调制受体的利益而承担相应的法律责任，其责任的功能主要体现为赔偿或补偿调制受体的经济损失；对调制受体而言，则可能是因其侵害其他市场主体的利益或因其损害社会公共利益亦

---

① 张守文：《经济法责任理论之拓补》，载《中国法学》2003年第4期。

需承担相应的法律责任，其责任的功能则以惩罚性为主，赔偿或补偿经济损失为辅。

（一）调制主体的责任

1. 公职人员的经济违法责任

公职人员承担经济违法责任，表现为政府公职人员在行使经济权限活动中，未能严格遵守政府经济管理的组织性规范或者程序性规范，违背了其对委任机关所作出的恪尽职守的承诺，而由有责主体的委任机关追究其经济法责任。委任机关根据有责主体违反经济义务的程度、性质和情节以及后果等，作出追究其法律责任的决定。经济违法责任的承担方式主要有警告、记过、记大过、降职降级、向管理机关返还部分或全部赔偿费用等。

2. 经济管理机关的经济侵权责任

此类责任表现为调制主体在行使经济权限活动中，违法侵害调制受体的合法权益所应承担的责任。这里违法是指直接违反法律规定的内容或违反依法约定的内容，包括滥用、僭越权限或放弃、转让权限等。此类责任主体是政府经济管理机关，而非其公职人员。经济侵权责任的方式主要有赔偿损失、返还利益、停止侵权行为、罚款等。

此外，由于经济法主体的合法行为有时也需要承担经济法责任这一特殊形式的存在，调制主体还需在正当和合法地行使经济管理权限活动中，给调制受体造成损害或者调制受体因社会公益和公共设施而蒙受损失时依法承担经济补偿责任。主要适用于以下情况：下达实现经济管理职能的政府行为或改变政府管理意图所致损失；为满足国家和社会公共需要的目的而征收和征用人、财、物力所致损失；从事高度危险性活动和行业所致损失等。经济补偿责任的承担方式主要有：支付补偿费和安置费、恢复原状、采取补救措施、给予适当补偿、采取必要保障措施等。

（二）调制受体的经济法责任

调制受体的经济法责任是指调制受体在经济活动中违反经济法直接规定的经济义务，或拒绝服从调制主体依法设定的经济义务而承担的否定性法律后果。此类责任表现为强制履行经济义务的经济法责任、补偿经济违法后果的经济法责任、剥夺权利能力的经济法责任等。强制履行义务的责任以调制受体违反社会运行所必需的经济义务为前提，其承担责任的方式以强制许可实施、强制划拨、强制扣款等为主。经济赔偿责任是指调制受体因违反经济法义务，致使他人合法权益受损而承担的法律后果。由于违法行为所侵害的客体不同，调制受体的经济法责任还表现为因宏观调控方面的违法行为所承担的经济法责任和因市场规制方面的违法行为而承担的经济法责任。

经济法既调整宏观调控关系，又调整市场规制关系，其参加主体自然既包括主要行使公权力的调制主体，又包括主要行使私权利的调制受体。要使这两类代表不同法益的主体之间实现均衡，经济法必须通过相应的规则来进行调整，正如诺思所说：“一个有效率的制度，主要应考虑如何实现在私人成本与社会成本之间的均衡，而要达成这种均衡，所有权制度等相关制度特别重要，其中也应当包括责任制度。”① 把经济法的责任制度类型按承担责任的主体不同来进行设计，正是基于这一点的考虑。这样设计可照顾到各类主体的利益，能使它们各自的成本得以弥补，可使各类主体都能有效地存续。

第三节　经济法责任的承担与实现

一、经济法责任的承担

经济法责任的社会性、综合性、惩戒性、补偿性及责任类型的多样性，决定了经济法责任承担的特殊性。归纳起来，承担经济法责任须遵循以下原则。

（一）以严格责任为主原则

这是认定行为人是否承担法律责任的原则。其基本含义是只要行为人客观上实施了经济违法行为，不管其主观心理状态（故意或过失）如何，除法定免责条件即不可抗力（自然灾害和社会异常事件）之外，均必须承担法律责任，而且往往实行举证责任倒置。可见，这是一个严厉的归责原则。这是由于在经济法中，违法行为侵害的客体首先是社会经济秩序，可能或已经造成社会性危害，为有效维护社会整体利益，自然应用严格责任原则。只是在个别情况下，才实行过错归责原则。

（二）实际履行原则

它要求追究有责主体法律责任时，凡具有履行能力和可能的，则强制履行。如责令有责主体必须履行管理职责、继续履行采购合同、补交税款、补交规费、补办手续等。唯有如此，才能有效维护社会经济秩序，确保社会经济的协调运行。

（三）填补原则

它要求因经济违法行为给社会及相对人造成损害，凡能采取补救措施的，必须首先补救。如责令补种树木、消除污染源、限期治理、强制拆迁、恢复商业信誉及其他强制恢复原状的措施等。在无法实际补救的情况下，行为人则必须给予财产赔偿。对具体受害人而言，必须填平其因此受到的损害；对国家、社会而言，则表现为责令交纳滞纳金、罚款、没收违法所得等，这是对国家、社会损害的赔偿。这里需要说明的是，调控管理主体在正常执行职务过程中，虽无违法行为存在，但因社会公共需要给

① Douglass C. North & Robert Paul Thomas, *The Rise of the Western World: A New Economic History*, Cambridge University Press, 1973, P. 53.

社会个体造成损害的，也应予以适当补偿，这也是对社会负责的体现。

（四）消除危险性原则

这主要是指对严重扰乱社会经济秩序，危害社会经济利益的经济违法行为，除强制履行、填补损害外，还必须施加惩罚性“价格”。例如，对欺诈消费者“一加一”处罚赔偿、责令停业整顿、没收生产工具、吊销证照、撤销资格、追究刑事责任、判处单位罚金等，目的在于强化处置效果，剥夺违法能力，彻底消除危险性。

二、经济法责任的实现

经济法责任的实现是指经济法责任确定后，当事人因此而产生的经济职责、经济义务或其他负担。经济法责任的实现是体现经济法立法目的，完成经济法作用和体现经济法价值的必由之路。近年来，一些法学理论工作者和审判人员，根据经济法责任多元化的特点和司法实践中反映出来的问题，提出了经济诉讼制裁手段一体化的设想，摆脱传统诉讼模式“尤其是民诉模式在观念和制度上给我们设置的限定”①，主张在单一的经济诉讼程序中，同时从经济、行政和民事三个方面解决经济冲突的有关问题，充分发挥经济诉讼的综合价值功能，弥补我国传统三大诉讼在排解经济冲突和处理经济违法行为方面存在的严重缺陷，树立经济诉讼理念，建立经济诉讼制度。

经济诉讼应是一种复合型的独具特色的新型诉讼机制。它是经济法律关系主体对经济权利和经济义务发生法律上的争议，并将争议提交国家司法机关，国家司法机关在争议双方的参与下，根据经济法律法规，遵循经济诉讼程序，对争议事实进行审理并作出裁判时发生的诉讼活动和诉讼关系的总和。经济诉讼的主要特征表现在以下五个方面。

（一）经济诉讼的社会公益性

经济诉讼从性质上说属于“民众诉讼”或“公益诉讼”，直接关系社会整体经济利益和国家适度干预经济生活，具有重要、广泛的社会影响。因此，诸如反垄断案件、反不正当竞争案件、扰乱财经税收秩序案件、扰乱金融秩序案件、国有资产流失案件、股东相诉案件、环境与资源案件等均应纳入经济诉讼审理中，并由专门的审判庭审理，以体现不同类型案件的特性，提高审判质量与审判效率。

（二）诉讼主体的差异性、非恒定性和广泛性

经济诉讼与民事诉讼的明显区别是当事人在诉讼中的地位不同。经济诉讼主体间的地位是有差异的，一方往往是享有经济管理职权的行政机关或是享有诉讼实施权的国家机关，另一方则是受调制的企业或从事市场经营活动的经济主体。而民事诉讼的

---

① 李浩：《民事诉讼法学》（第三版），法律出版社 2016 年版，第 3 页。

诉讼主体间的地位则是平等的，不存在差异；经济诉讼既可“官告民”，也可“民告官”，还可“官告官”“民告民”，原被告具有非恒定性，而行政诉讼则只能是“民告官”。如前所述，经济诉讼是“民众诉讼”或“公益诉讼”，其终极目标与任务是维护社会利益、国家利益与社会经济秩序，保障经济效益与社会效益的协调统一，因而只要经济违法行为妨碍了社会经济秩序或侵害了社会、国家利益，对国家和不特定人的合法权益构成损害或具有损害的潜在可能，任何组织和个人都应当有权代表国家起诉经济违法者。因此，经济诉讼的原告可以是享有特定经济案件诉讼实施权的行政机关，也可以是受调控的经济组织和个人，还可以是与经济案件无直接利害关系的社会组织或个人；在特定的情况下，国家也可以介入经济诉讼中。“受损害人之诉”“利害关系人之诉”“机关之诉”“民众之诉”在这里均可适用。经济诉讼的被告则包括一切对社会经济整体、全面、长远利益构成威胁或造成损害的组织和个人。

（三）对当事人自由处分权的适当限制

经济诉讼更多体现国家干预与社会公益性，因而当事人的自由处分权不应像民事诉讼一样可自由撤诉、适用调解等。在经济诉讼中，凡事实清楚、证据确凿、明显违反法律法规、损害国家与社会经济利益的案件一般不允许撤诉，对涉及国家和社会公共经济利益的公诉案件一般不适用调解。

（四）举证责任倒置

经济诉讼中，举证责任主要由被告承担，原告只要列举出发生的经济冲突的现象，法院就应立案并责成被告举证。若被告举不出反证，即可判定被告行为违法并依法承担责任。这与经济纠纷多是特殊侵权有关。作为一般原告的公民的个人能力有限，面对处于强势的被告，要使其举出被告违法的充分证据不切实际，会使许多原告因举证不能而败诉，导致个人的经济诉讼落空。[①] 举证责任倒置则使举证责任落到被告身上，有助于实现真正的正义与公平。

（五）适用效力扩张理论

一些经济案件往往涉及不特定多数人的利益，如环境污染损害赔偿案件、产品损害赔偿案件等，这些案件的原告并不一定是所有受侵害者，引入效力扩张理论，使判决效力适用于因同一侵害事实而引起的所有受害者，能使判决的功能得到最大限度发挥，在最大范围内保护受害人。

此外，为保障和鼓励民众切实行使经济诉权，应当区别情况收费或减免费用，并对胜诉原告给予奖励和保护，尤其对其中胜诉的与案件无直接利害关系的个人原告给予重奖和特别保护，以提高他们检举、揭发、控告和起诉经济违法行为的积极性。

---

① 颜运秋：《论经济法的可诉性缺陷及其弥补》，载《当代法学》2002 年第 1 期。

本章小结

经济法责任是指经济管理者或市场主体因违反经济法义务而产生的否定性法律后果，既包括经济管理者滥用权力的否定性后果，也包括市场主体不承担经济义务的否定性后果。本章以经济法律责任的定义为起点，对经济责任的特征、类型、承担与实现方式进行了辨析，在比较经济法责任与传统部门法的法律责任的基础上，提出经济法责任不是对传统民事责任、行政责任和刑事责任的简单叠加，而是对三者科学化、整体化和系统化提升。经济法责任作为保障经济法权利义务实现的法律手段，乃是经济法生命力之所在。经济法之进步与完善，其重点不在于规定主体可以享有经济权利之多寡，而在于制定尽量完善的经济法责任制度，且配以严密的诉讼机制，加之国家机关严格执法，以切实保障人民所享有的各项经济权利的实现，因为无责任保护之权利并非真正法律上之权利。在现代市场经济条件下，在“社会本位论”日益彰显的大趋势下，随着司法改革的深化，一个综合体现经济法责任独特性，并保障其有效实现的具有现代性、复合型、高效率的新型独立的经济诉讼制度必将出现在中国大地上。

学术视野

产品召回责任的意义。首先，产品召回有利于消费者利益。产品召回责任的确立对消费者的保护具有广泛性和事前性的特点，它与产品责任法律制度相结合，能为消费者提供更为完善的保护。产品召回责任所带来的事前保护对于降低诉讼成本、提高诉讼效率为目的的现代法律制度无疑是一个精确的诠释，避免了在损害发生后引起的“诉累”，有利于社会整体利益的提高。其次，产品召回责任有利于促进科学技术发展。各国关于产品责任的法律中对于生产者可以证明将产品投入流通时的科学技术水平尚不能发现缺陷的存在，一般都规定不承担赔偿责任。这固然符合经济发展的要求，但当开发缺陷造成损害时，消费者无法依照产品责任法获得救济，其人身和财产安全处于不安定的状态。产品召回责任的建立能够较好地解决这一矛盾，可能造成产品危害的缺陷产品都可以被召回，而不论该缺陷的种类，无疑给广大消费者提供了更为完整的保护。最后，产品召回责任有利于维护经济秩序。一方面它能够促使厂商增加产品质量意识，提高产品质量，达到维护市场竞争秩序的目的；另一方面还兼有环境保护制度之功能。对排放量超标的汽车、有害原料制作的产品等实施产品召回，可以净化大气空气，保持洁净的生活环境，并实现资源的循环利用，节省自然资源，实现人类的可持续发展。因此，产品召回制度是循环性法制的重要组成部分。[①]

① 顾功耘：《经济法教程》（第四版），上海人民出版社 2024 年版，第 369 页。

实务参考

（1）食品安全问题如何善后？[①]

（2）湖北通报 10 起领导干部经济责任问责典型案例。[②]

思考题目

（1）简述经济法责任的特征和类型。

（2）承担经济法责任的原则。

（3）在诉讼制度上如何保障经济法责任的实现。

（4）调制主体的责任包括哪些？

---

① “食品安全问题如何善后”，载央视网，http://news.cntv.cn/special/uncommon/11/0608/index.shtml，2024 年 8 月 1 日访问。

② “湖北通报 10 起领导干部经济责任问责典型案例”，载中国政府网，https://www.gov.cn/xinwen/2014-09/15/content_2750989.htm，2024 年 8 月 1 日访问。

第五章
经济法的运行

【本章摘要】经济法的运行是由多个系统组成的，如经济法的立法系统、执法系统和司法系统等，其中立法处于基础性地位，而执法处于主导地位。经济法组成系统之间互相作用、互相影响，共同助力经济法目标实现，在这一过程中又受到经济、社会、文化、政治、法律等多重因素的影响。经济法的运行也离不开相应的程序作为保障，法律程序也为经济法追求自身价值目标实现的过程提供了有效支持。经济法领域涉及的程序类型多样，包括诉讼程序、非诉讼程序，正式的程序、非正式的程序，以及经济法的立法程序、执法程序与司法程序等。其中最为典型的是诉讼程序和非诉讼程序。

【学习目标】了解经济法立法、执法和司法等具体运行环节组成内容。了解经济法运行程序的具体划分以及公益诉讼问题。了解经济法立法程序、执法程序、司法程序的主要内容。

第一节　经济法的运行系统

经济法的运行是由多个系统组成的，如经济法的立法系统、执法系统和司法系统等。

一、立法处于基础性地位

从经济法的运行来说，立法工作始终处于基础性地位，没有完善的经济法立法体系，经济法的运行过程也就失去了保障根基。调控法定原则是经济法领域的基本原则之一，这就要求经济法各组成部门的运行、实施都应以存在系统完备的立法作为前提，且这些立法都应奉行法律保留原则。由此可见，在经济法的运行方面，立法起到了至关重要的作用。

在经济法的立法过程中，需严格贯彻法定原则，这是确保经济法得以有效运行的前提条件。为此，需要明确哪些实体问题和程序问题必须法定。依据经济法法理，经济法主体的调制职权必须法定，其各类调制行为都应符合相关法定要件，为此，调制行为要件法定、调制行为内容明确、调制行为程序合法，是必须反复强调和申明的。在经济法各部门法领域，都应当强调具体宏观调控行为和市场规制行为应符合法定要件，并注意对调制主体权力进行限定。当前，在宏观调控领域，我国涉税领域已经出台了《企业所得税法》《个人所得税法》《印花税法》《环境保护税法》《车船税法》《契税法》《关税法》，但截止到 2024 年 6 月，我国在增值税、消费税、房产税等领域尚未出台专项法律。在市场规制领域，我国已经出台了《反不正当竞争法》《反垄断法》《消费者权益保护法》等法律，但我国经济法领域的许多法律、法规也亟须完善，未来仍应加快经济法立法步伐，及时制定正式的经济法法律、法规，在此过程中也应系统解决部分经济法法律、法规之间存在的冲突与矛盾，实现立法间的协调一致。

在经济法立法方面，还应当注意选择合适的立法模式。通说认为，经济法的立法模式包括独享模式和分享模式。独享模式认为，立法权应由立法机关独享，从而能够比较充分地体现法定原则。分享模式则认为，由于经济法领域的立法十分复杂，且具有很强的专业性、技术性，所以立法机关在特定情况下可通过授权政府部门进行立法的形式，来满足市场发展对立法提出的现实需求，这导致经济法立法在事实上形成了“分享模式”。当然，在分享模式中应注意适当防止行政机关滥用立法权问题出现。

在经济法立法过程中，应有效解决行政机关立法过多、过滥的现象。行政立法权是指，特定的国家行政机关依法制定、发布规范性文件的权力。行政机关对立法事务的广泛介入、对立法领域的不断扩展，是我国行政权日益扩张的典型表征之一。但其也存在诸多不足，如立法的随意性严重削弱文件的稳定性、协调性与连续性，由原来的政出多门恶化为当今的法出多门，既增加了立法成本，浪费了宝贵的立法资源，又人为地增加了执法的难度和障碍。① 在经济法立法领域，政府及其职能部门事实上承担了较为重要的法律解释甚至直接立法的职能，这在一定程度上影响了经济法的制定与发展。就我国经济法立法的实际情况来看，在财税法、金融法、竞争法等领域存在着将政府规章及政府职能部门的解释、通知、批复作为主要立法渊源的情况，这些文件往往会更直接地影响具体主体的权益，影响市场主体的公平竞争，以及经济法宗旨的实现。

二、执法主导地位

“法律的生命在于实施”，执法是法律运行过程中重要的一环，执法系统对经济法运行的影响十分显著。依据调控法定原则，经济法中的调控主体必须依法行事。从我国经济法运行实际情况来看，执法主体成为我国经济法实施中较为显著的角色，这种实施体制的形成和发展，与我国经济法自身所具有的特征紧密关联。

相较于行政法对执法主体所呈现出的控制权力行使，经济法对执法主体来说更多的是一种授权法，政府机关在经济管理工作中所享有的权力较大，且深刻影响着市场

---

① 袁明圣:《行政立法权扩张的现实之批判》，载《法商研究》2006 年第 2 期，第 49-56 页。

经济中各类主体的行为。随着经济活动日益复杂，行政机关所享有的权力也呈现出持续扩张的趋势，特别是部分政府机关在执法活动中，不同程度上拥有了所谓的准立法权和准司法权，即这些行政机关不仅可以自行制定、修改或者解释相关经济立法，还可以开展部分经济法领域的准司法活动，这导致行政机关的执法行为对社会经济发展产生了更为重要的影响。所以必须通过法律的形式，来对行政机关在经济法领域的执行行为划定明确的界限。这就需要严格践行“调控法定原则”，将经济法领域的立法权和执法权进行细致划分，明确哪些立法权应当完全由立法机关行使，而不能交由行政机关替代立法机关行使。此外，针对执法机关在经过授权后获得的对部分立法的解释权，也应通过法律的形式对其进行合理限制，以免行政权的过度扩张和行使对经济法的有序实施产生负面影响。

在执法机关权力渐次扩张的发展趋势下，很多纠纷无须拿到法院，在执法活动中即可得到充分解决。从经济法的专业性及复杂性来看，很多经济法问题可能未必适合由法院解决。一方面，现代国家所制定的经济法非常庞大，若单纯依靠法院，不仅法院难以胜任，而且也会使许多问题或争议得不到实质性解决；另一方面，由法院来解决专业性问题会存在较高的司法成本，且法院并不总是具有解决专业问题的能力。在经济法实施中，的确存在一些国家具有明显的司法传统或强调司法的积极作用，但前提是这些国家的法院专业性非常强，甚至建立专门的经济法法院。我国目前也在朝着这个趋势发展，但司法的专业化程度还需要进一步加强，在这种情况下，经济法的实施更多地依赖执法机关。①

总的来说，政府对于经济法的运行是非常重要的。在传统的民法、刑法、诉讼法等领域，政府的作用并不突出，这是由各个部门法所产生的时代、所要解决的问题等决定的。而在经济法的运行方面，政府性调制主体的作用是非常突出的，如果没有调制主体从事的基础行为，就不可能有高层次的调制行为，以及真正意义上的经济法运行。在执法阶段，有一系列因素会影响经济法的运行，包括经济法的立法，以及相关经济政策、社会政策等。上述政策在一定时期内不仅可能成为未来立法的重要内容，还可能在现实中有效填补法律的立法空白或漏洞。事实上，财政政策对预算、国债、转移支付等调制行为的影响，税收政策对税收征管的影响，货币政策对金融调控的影响，竞争政策对市场规制的影响等，都是非常巨大的，这是经济法的现代性特征在经济法运行方面的重要体现。②

三、司法影响弱化

经济法自身所具有的特征导致其难以直接适用现行司法制度。经济法对实施主体的特殊要求，决定了最古老和最具权威性的司法机构作为实施主体的局限性。虽然司

① 华国庆:《经济法学》(第三版)，法律出版社 2023 年版，第 46-47 页。

② 张守文:《经济法学》(第八版)，北京大学出版社 2024 年版，第 75 页。

法在维护当事人权利、处理民商事纠纷和行政纠纷方面有其独特优势，在审理刑事案件方面也无可替代，但司法权遵循不告不理、不主动介入社会纠纷（即被动性）原则，限制了其实施法律的范围。当竞争法、消费者法、劳动法、资源环境法、金融法和财税法等规范经营者和政府经济活动的法律大量出现后，司法的局限性也就日益凸显，特别是现行三大诉讼程序难以适应经济法实施的需要。首先，民事诉讼是根据民商法审理平等的民商事主体之间的人身或财产纠纷的程序，原告应当是与个人利益受到侵害案件有直接利害关系的公民、法人和其他组织。而违反《反垄断法》《反不正当竞争法》《广告法》《食品安全法》等经济法的行为，主要侵犯的是不特定多数人的利益，如果遵循传统的民事诉讼规定，则几乎无人能够提起诉讼。其次，根据《行政诉讼法》的规定，行政诉讼原告是行政行为相对人及与行政行为有利害关系的公民、法人或其他组织，可见行政诉讼也属于私益诉讼。但经济法规范的政府滥用权力限制竞争、违反预算、任意发行地方债、秘密采购、任意出让土地使用权或转让国有资产等行为，直接危害的是社会公共利益，而不是具体行政相对人的利益，而且在多数情况下缺乏具体的行政相对人。最后，刑事诉讼虽然是一种公益诉讼，但需要以行为人构成犯罪为条件，而且诉讼成本非常高。通过刑事诉讼追究犯罪人的刑事责任虽然是经济法实施的最为有效的途径，但是多数违反经济法的行为虽有社会危害性，却未达到犯罪程度，因而不可能通过刑事诉讼程序实现其目的。可见，传统的三大诉讼程序难以成为实施经济法的程序法。①

相较于传统部门法中强调司法的保障作用，经济法中司法因素的影响却相对较弱，原因在于，经济法面对的基本问题是如何有效解决市场失灵现象，解决这一问题较多是在执法阶段通过依法实施宏观调控和市场规制来进行的，这就需要经济法领域的积极执法。也就是说，由于经济法所解决的问题主要是克服市场失灵而促进经济发展，其实施主要还在行政领域，或者强调行政监管与司法程序的协作，所以经济法司法是有限度的。② 此外，经济法领域也没有像传统部门法领域那样，将较多的法律纠纷问题置于法院进行解决，这主要是因为以下两个原因：首先，经济法领域存在是否具有可诉性的问题，这深刻影响着法院对经济法案例的审理进度。经济法可诉性实现的障碍，以经济法纠纷是否能被法院接受处理为标准，可以分为不能诉的经济法纠纷和不愿诉的经济法纠纷两大类。不能诉的经济法纠纷，是指即使纠纷当事人将纠纷诉求司法解决，司法机关也不会受理的经济法纠纷，包括法律规定不能诉、法院认为自己不应当受理等。不愿诉的经济法纠纷，是指纠纷是否进入司法程序，有赖于当事人诉求于司法，其中，影响当事人选择司法途径解决经济法纠纷的障碍因素除了各类纠纷解决方式中普遍存在的成本过高、诉讼迟延等原因，“搭便车”心理也是其最重要的原因。经济法纠纷涉及的往往是有关公共利益的问题，很多违反经济法的行为损害的是多数人

---

① 薛克鹏：《经济法司法实施困境及体制创新》，载《法学论坛》2017 年第 5 期，第 22-29 页。

② 甘强：《〈民法典〉背景下的经济法司法发展进路》，载《当代法学坛》2023 年第 1 期，第 58-69 页。

的利益或者公共利益，这样，当某个受害人维护自己的权益而与加害人发生纠纷时，此时他维护的就不仅是自己的权益，还同时维护了其他受害人的利益，产生了正外部性。正是由于这种外部性的存在诱发了“搭便车”心理，每个权益受损的人都希望别人去维护权益、起诉侵权人，而自己坐享其成，其结果是大家都不愿意去起诉。[①] 其次，执法部门基于行政效率或扩张政府权力等因素的影响，更多时候选择采取准司法权前置等制度安排，使司法因素的影响“缩水”，进而使司法因素对经济法运行的影响相对弱化。

但无论如何，司法环节在各部门法的运行过程中都处于重要的一环，经济法也不例外，司法手段仍是经济法领域最终的救济手段，若法院等司法机构在经济法作用发挥中存在缺位，那么经济法的运行机制就会存在很多问题。现阶段受制于司法体制、认知因素和立法不足等因素影响，我国司法机构审理的经济法案件总体仍较少，但随着经济法立法逐渐完善和司法制度的不断改进，特别是有关经济法主体相关法律责任制度日益完备，司法因素在经济法运行中的作用也将愈发重要。我国于 2023 年修正的《民事诉讼法》第 58 条规定，对污染环境、侵害众多消费者合法权益等损害社会公共利益的行为，法律规定的机关和有关组织可以向人民法院提起诉讼。人民检察院在履行职责中发现破坏生态环境和资源保护、食品药品安全领域侵害众多消费者合法权益等损害社会公共利益的行为，在没有前款规定的机关和组织或者前款规定的机关和组织不提起诉讼的情况下，可以向人民法院提起诉讼。前款规定的机关或者组织提起诉讼的，人民检察院可以支持起诉。2022 年修正的《反垄断法》第 60 条第 2 款确立了反垄断民事公益诉讼制度，作为反垄断法社会实施机制核心机制的反垄断公益告发制度、反垄断民事公益诉讼制度、反垄断行政公益诉讼制度在很大程度上弥补了传统反垄断法二元实施机制的不足。[②] 这表明我国已经逐渐建立了针对公共利益的公益诉讼制度，该制度强化了法院在维护公共利益中的作用，对于经济法的司法适用也带来了重大革新。经济公益诉讼就是人民法院在当事人及其他诉讼参与人的参加下，按照司法程序，依法对个人或者组织违反经济法、侵犯国家经济利益、扰乱社会经济秩序的行为进行审理和判决，有效处理经济违法行为的活动。经济公益诉讼的目的在于对国家经济利益和社会经济秩序之维护，其原告可由与案件无直接利害关系的个人和组织担任，国家应以对原告实施奖励的方式推动经济公益诉讼。[③] 但由于现行立法中关于公益诉讼原告资格的规定较为严格，相关的配套制度也亟须改进和完善，目前公益诉讼制度及相关的实践活动仍处于探索和发展阶段，所以该制度的施行效果及如何在经济法领域有效实施有待观察，但可以期待的是，随着公益诉讼制度和经济法立法逐渐得到完善，

---

① 王新红：《经济法的可诉性障碍及其克服》，载《福建论坛（人文社会科学版）》2006 年第 8 期，第 131-133 页。

② 余彦：《反垄断法社会实施机制的反思与完善》，载《法商研究》2024 年第 2 期，第 169-185 页。

③ 施奕：《经济法视角下环境公共产品优化路径研究——以环境公益诉讼为中心》，载《北京化工大学学报（社会科学版）》2023 年第 4 期，第 54-70 页。

司法机关在经济法实施中的地位与作用必将进一步加大。

第二节　经济法的程序问题

一、经济法程序的一般理论

所谓程序是指按照一定的程式展开的顺序，程序通常被认为是“事情进行的先后次序”。从法学的角度来看，主要体现为按照一定的顺序、方式和步骤来作出法律决定的过程。其普遍形态是按照某种标准和条件整理争论点，公平地听取各方意见，在使当事人可以理解或认可的情况下作出决定。同时，现代法律程序具有四个基本特征，即对恣意的限制、理性选择的保证、“作茧自缚”的效应和反思性整合。总的来说，现代法律程序的基本要求是，处于平等地位的个人参与决定过程，发挥各自的角色作用，具有充分而对等的自由发言机会，从而使决定更加集思广益、更容易获得人们的共鸣和支持。①

经济法的运行也离不开相应的程序作为保障，法律程序也为经济法追求自身价值目标实现的过程提供了有效支持。例如，经济法中的程序性规定呈现出民主价值特征，即经济法律程序民主性的最重大表现就是相关利益主体的参与权，民主的法律程序使他们的尊严和利益得到保障。经济法中的程序性规定也呈现出效率价值，即经济法程序保障了经济个体的参与权利，将那些难以解决的实体问题转化为程序问题，通过将经济个体吸纳到公正而富有理性的程序中进行对话、沟通和妥协等方式，既可以有效地避免因实体内容难以把握而可能导致的社会不满，又可以使实体结果获得广泛接受而更容易落实，从而达到另一种“效率”状态。经济法中的程序性规定亦呈现出了权力制衡价值，经济法程序的权力制衡价值要求经济法将社团等主体纳入规范范围，确定它们各自的独立地位，设置它们权力运作的步骤和方式，保障各主体之间沟通和对话的途径。②

二、经济法程序的具体划分

经济法领域涉及的程序类型多样，包括诉讼程序、非诉讼程序，正式的程序、非正式的程序，以及经济法的立法程序、执法程序与司法程序等。其中最为典型的是诉讼程序和非诉讼程序。

诉讼程序中的正式程序，主要是指“三大诉讼”立法中的程序性制度，这也是学界研究较为成熟的领域。此外，人们对于非诉讼程序的研究也逐渐增多。例如，对于

① 季卫东：《法律程序的意义——对中国法制建设的另一种思考》，载《中国社会科学》1993 年第 1 期，第 83-103 页。

② 刘进：《经济法程序问题初探》，载《政治与法律》2002 年第 2 期，第 22-26 页。

仲裁程序、替代性纠纷解决方式（ADR）等领域知识的研究，使学界对于程序法的认识得到了深化。经济法涉及了上述诉讼程序与非诉讼程序中的诸多内容。

首先，在诉讼程序方面。当经济法领域的纠纷进入司法层面时，往往需要依据民事诉讼程序和行政诉讼程序予以解决。由于经济法中的部分纠纷和争议可以通过传统的诉讼程序来解决，这使部分学者认为在经济法中没有必要建立自己的诉讼制度体系；但也有学者认为需要根据经济法对法律程序提出的特殊要求，建立起适合经济法特色的特别诉讼制度体系，以形成经济法特有的诉讼程序制度。

其次，在非诉讼程序方面。非诉讼程序是对诉讼以外的其他各种纠纷解决方式、程序或制度的总称，20 世纪 80 年代以后，非诉讼程序在世界范围快速发展，形成了协商性纠纷解决的时代潮流，各种新型机制与传统仲裁、调解等方式相互融合，并从民事纠纷扩展至行政争议、刑事和解以及公共事件等领域。随着非诉讼程序法制化的进程，部分非诉讼程序被纳入司法系统，二者形成了衔接互补关系. 同时，民间自治性和行政性机制的正当性、功能、优势和特点也得到了重视及发挥，形成了国家与社会互动的多元化治理格局。① 经济法领域的诸多纠纷和争议实际上都是依据非诉讼程序才得以解决的，经济法执法环节中调制主体所实施的很多调制行为，如税法领域的税收征收管理程序，金融法领域的金融调控程序，以及预算领域的编制、审批、执行、调整、决算等程序，这些调制行为虽然在性质上与传统的诉讼程序存在显著差异，但这些调制行为也必须依据一定的调制程序来进行才符合要求。可见，在经济法领域，传统的诉讼程序、非诉讼程序均处于同等重要的地位，这也是经济法在程序上的特殊之处。

三、经济法中的公益诉讼问题

（一）公益诉讼制度的一般理论

为了更好地解决经济法中的纠纷和争议，诸多学者对公益诉讼给予了较多关注。所谓公益诉讼制度，是指根据法律的授权，国家、社会组织或者公民个人以原告的诉讼主体资格，对侵犯社会公共利益的行为向法院提起民事或者行政诉讼，通过法院的依法审理，追究违法者法律责任、实现社会公共利益的诉讼制度。该制度具有以维护社会公共利益为目的、原告具有多元性、原告地位特殊，以及原告的处分权受到一定限制等特征。公益诉讼历史悠久，为各国所重视。古罗马帝国时期，就有为保护社会公共利益的诉讼。继罗马法之后，法国 1806 年《民事诉讼法》和 1800 年《法院组织法》都规定检察机关可以为维护公共秩序提起公益诉讼。美国也是最早实行公益诉讼的国家之一，美国 1863 年《反欺骗政府法》规定任何个人或公司在发现有人欺骗美国政府、索取钱财后，有权以美国的名义控告违法的一方。美国国会 1890 年通过的《谢

① 范愉：《中国非诉讼程序法的理念、特点和发展前景》，载《河北学刊》2013 年第 5 期，第 138-145 页。

尔曼法》、1914 年的《克莱顿法》，均规定对反托拉斯法禁止的行为，除受害人有权起诉外，检察官也可以提起衡平诉讼，其他任何个人及组织都可以起诉。美国的《防止空气污染条例》《防止水流污染条例》《防止港口和河流污染条例》及《噪声控制条例》《危险货物运输条例》等都规定了公益诉讼。与此相适应，美国《区法院民事诉讼法规》第 17 条规定："法定情况下，保护别人利益的案件，也可以用美利坚合众国的名义提起。"这就从程序法上为公益诉讼架桥开路，并提供了切实、可靠的保证，可以说美国是当今世界上公益诉讼制度最完备的国家。[①] 公益诉讼制度在我国经济法领域同样有适用的余地，具体来说，首先，就我国经济法公益诉讼制度建设的政治基础来说，经济法公益诉讼制度是落实民治理念的必然要求，公民参与和行使的方式主要依靠公民的利益表达，反映在法律制度上，公益诉讼为公民提供了一条极好的参与国家经济事务的民治途径，是现代法治对公民权益保障不断深化的必然趋势。经济公益诉讼也是社会正义的具体体现，公益诉讼拓宽了公民参与司法活动的渠道，为实现社会正义奠定了良好的基础。其次，就我国经济法公益诉讼制度建设的经济基础来说，现代市场经济发展背景下，侵犯社会整体经济利益的案件比比皆是，但传统的诉讼程序要么使这些案件上告无门，要么被置之门外，无法得到法律的保障，造成有实体法无程序法这一"有名无实"的局面，对此必须变革现行的诉讼机制，创设一种新型的经济诉讼模式，即经济公益诉讼。[②]

从立法上看，公益诉讼不仅存在于宪法、行政法等传统公法领域，也存在于经济法领域。例如，德国、法国、意大利等国家的反不正当竞争法、消费者保护法规定的"团体诉讼"等，就属于经济法意义上的公益诉讼。此外，即使是英美法系国家，在市场规制法领域也存在公益诉讼。例如，美国 1890 年的《谢尔曼法》就规定，对于违法的公司，任何个人和团体都可以提起诉讼；作为《谢尔曼法》的补充，美国 1914 年的《克莱顿法》也规定，不只是受害人和检察官，任何组织和个人都可以起诉要求违法者停止违法行为。这些都属于关于公益诉讼的规定。当然，在美国的相关立法中还涉及其他类型的公益诉讼，如纳税人诉讼，即纳税人有权以私人身份，请求法院禁止违法支出公共资金行为的诉讼。上述各类公益诉讼，对于确保竞争法、财税法等调整目标的实现均具有重要意义。[③]

（二）公益诉讼制度在我国经济法领域的适用

虽然公益诉讼制度对于经济法来说具有举足轻重的作用，但是如何在经济法领域更好地适用公益诉讼制度，也面临着很多难题，主要表现为在法律理念和法律制度方面仍需克服诸多障碍，如原告资格问题、公益所指的范围等。具体来说，一是，原告

---

① 赵许明：《公益诉讼模式比较与选择》，载《比较法研究》2003 年第 2 期，第 68-74 页。

② 张潇潇：《试论经济公益诉讼建立的基础》，载《社会科学辑刊》2007 年第 4 期，第 92-95 页。

③ 张守文：《经济法学》（第八版），北京大学出版社 2024 年版，第 84 页。

的起诉资格于理不符、于法无据。通说认为，有资格作为原告向人民法院提起民事诉讼的人，必须是案件实体权利的享有者，但经济公益诉讼是在案件没有直接受害人，或者虽然有直接受害人，但其因各种原因不愿起诉或不能起诉的情况下，由法律授权的机关、团体或者个人提起的诉讼，其中，法律授权的机关、团体或者个人并非案件的直接利害关系人，他们提起诉讼的目的也并不是维护自身的实体利益。二是，法律责任制度不完备、法律制裁措施不力。例如，损害赔偿是常用的民事责任方式，但在垄断案件、不正当竞争案件、环境污染案件等这些大规模损害案件中，社会公共利益的损害难以精确计量，即使是个人利益的损害，也由于人数不确定而导致损害赔偿额的计算存在困难。三是，权力配置失当，法院公益维护能力有限。我国行政机关不仅具有对社会经济的调控权、管理权、监督权，还具有对经济违法行为的专属调查权和处罚权，行政权的强大适应了社会生活瞬息万变、必须高效及时作出反应的需要，但行政机关垄断对一切经济违法行为的调查处罚权力，却阻碍了公益诉讼社会调整作用的发挥，不利于对大规模损害案件的解决及对社会公共利益的维护。[①]

除此之外，经济法公益诉讼制度中所涉及的“公益”，在内涵上如何进行合理界定也尚未形成定论。经济法公益诉讼制度适用于哪些对象也面临界定困难的局面，对于经济法调控主体作出的抽象行政行为是否能提起诉讼，直接关系到当事人的合法权益保障。由此，适当扩大对宏观调控主体所作出抽象行为的司法审查权，就成为了有效应对经济法可诉性问题最为重要的方式。

本章小结

经济法的运行是由多个系统组成的，如经济法的立法系统、执法系统和司法系统等。从经济法的运行过程来说，立法工作始终处于基础性地位，在经济法的立法过程中需严格贯彻法定原则。当前，我国经济法领域的许多法律、法规亟须完善，未来仍应加快经济法立法步伐，及时制定正式的经济法法律、法规，在此过程中也应系统解决部分经济法法律、法规之间存在的冲突与矛盾，实现立法间的协调一致。根据我国经济法运行实际情况来看，执法成为我国经济法实施中较为显著的环节。相较于行政法对执法主体所呈现出的控制权力行使，经济法对执法主体来说更多的是一种授权法，政府机关在经济管理工作中所享有的权力较大，且深刻影响着市场经济中各类主体的行为。随着经济活动日益复杂，行政机关所享有的权力也呈现出持续扩张的趋势。经济法中主要涉及诉讼程序与非诉讼程序。另外，公益诉讼在经济法中的适用问题也得到了较多关注，各类公益诉讼对于确保竞争法、财税法等调整目标的实现，具有重要

① 刘桂清：《经济公益诉讼的两难境地——理性的选择与制度的阻碍》，载《学术论坛》2004 年第 1 期，第 158-162 页。

的意义。

学术视野

关于经济法立法，张守文[①]、刘凯[②]等学者提出了经济法立法统合论，认为《民法典》的制定引发了部门法法典化潮流，而经济法的立法统合，是基于解决现实问题的需要，是对相关经济法规范进行的“系统整合”。经济法统合性立法应该兼容法典化的体系化内核，规避其封闭性与滞后性，吸收分散立法的实践导向和回应性功能，克服其方法论缺失所引发的制度性缺陷，努力寻求一种渐进式、开放式的经济法立法的体系化路径。即在体系外部，合理衔接宪法、其他部门法与法律政策；在体系内部，涵摄各级统合法与单行法，鼓励各领域的单行法先行统合，构建以经济法总则为核心的一核多级的经济法体系。

实务参考

（1）信春鹰：十四届全国人大常委会履职学习专题讲座第三讲：不断完善中国特色社会主义法律体系　以良法促进发展　保障善治。[③]

（2）最高检发布“3·15”消费者权益保护检察公益诉讼典型案例　紧盯新业态食药安全问题　规范收费探店视频广告发布行为。[④]

（3）最高人民检察院关于印发《检察公益诉讼助力流域生态环境保护治理典型案例》的通知。[⑤]

思考题目

（1）经济法立法应如何更好地完善？

（2）简述经济法执法和司法之间的关系？

（3）经济法公益诉讼如何更好适用？

（4）简述经济法程序的具体划分。

---

① 张守文：《经济法的立法统合：前提与准备》，载《学术界》2020年第6期，第46-53页。

② 刘凯：《法典化背景下的经济法统合性立法》，载《法学》2020年第7期，第100-112页。

③ “不断完善中国特色社会主义法律体系　以良法促进发展　保障善治”，载中国人大网，http://www.npc.gov.cn/npc/c2/c30834/202304/t20230428_429137.html，2024年6月6日访问。

④ “最高检发布‘3·15’消费者权益保护检察公益诉讼典型案例　紧盯新业态食药安全问题　规范收费探店视频广告发布行为”，载最高人民检察院网站，https://www.spp.gov.cn/spp/xwfbh/wsfbt/202403/t20240315_649539.shtml#1，2024年6月6日访问。

⑤ “关于印发《检察公益诉讼助力流域生态环境保护治理典型案例》的通知”，载最高人民检察院网站，https://www.spp.gov.cn/xwfbh/dxal/202309/t20230904_627189.shtml，2024年6月6日访问。

第 二 编

市场规制法

第六章

市场监管法一般原理

【**本章摘要**】市场监管法是调整国家从社会整体经济利益出发，在维护市场秩序，调节市场结构，规范市场行为，保护和促进市场有效竞争过程中所产生经济关系的法律规范的总称。市场监管法具有重要的价值和功能。市场监管法的价值包括创新价值、开放价值、公平价值和效率价值。市场监管法的功能在于，通过市场监管法的有效实施，保障市场机制的有效发挥，缓解政府和市场间的张力，促进经济增长方式的转变，规范市场经营行为。市场监管法内容非常丰富、涉及面广，其体系主要包括竞争法、消费者权益保护法、价格法、产品质量法、特别要素与市场监管法律制度。

【**学习目标**】深入理解市场监管法的基本概念、理论体系、价值宗旨，掌握市场监管法在维护市场秩序、保护消费者权益和促进经济发展中的作用，厘清政府、市场主体和消费者的权力（利）与义务。

第一节　市场监管法的产生及其定义

一、市场监管法的产生及其发展规律

（一）市场监管法的产生

市场监管法的产生可以指市场监管法律规范最早出现的时点，也可以指市场监管法作为一个法律部门的最终产生。如果追溯市场监管法律规范的出现，则早在纪元前后，罗马就曾颁布关于粮食政策的法律，禁止粮行阴谋提高粮价。若从法律部门的层面上讲，只有资本主义进入垄断资本主义阶段，各种限制竞争行为成为经济生活中常见的现象，市场监管法律规范越来越多，市场监管法才完成质的转变，从散见于不同法律法规的零散规范发展成一个独立的法律部门。市场监管法的产生通常是指后者。

现代市场监管法最早产生于美国。由于铁路的发展，美国各地方市场扩张成为全国性市场，制造业企业从小作坊转变成高效率的大工厂，竞争的威力极度爆发出来，低效率的小企业面临着被逐出市场的危险，高效率的大企业则变得越来越强大，美国

进入了历史上第一次合并高潮。这在推动社会物质财富走向繁荣，给美国人民带来巨大好处的同时，也给社会造成了一些危害。铁路部门为了维持利润水平，恣意消减工人工资，工人生活状况急剧下滑，怨恨情绪开始蔓延滋长。美国农民的生活越来越困难，"在为了纯粹生存而进行的激烈而又不公平的战斗中，其他人成了垄断者，他们却仍然是软弱无力的竞争者。"① 受这种情绪的支配，农民开始了有组织的政治运动。

19 世纪 60 年代至 70 年代，美国出现了全国性的保护农民利益的秘密组织。在该组织的推动下，美国中西部地区的部分州政府通过了与铁路货运和客运有关的资费管制法，启动了美国政府对私人经济进行直接干预的进程，也预示着市场监管法的萌动。19 世纪 80 年代至 90 年代，美国出现了人民党主义运动。人民党主义更加激进，更加带有政治性，它宣告了美国自由传统的终结，直接促成了联邦政府对付"垄断问题"的政策的开始。② 为了消除弥漫全国的敌意，民主党与共和党皆提出了反托拉斯政策。1893 年，美国颁布了世界上第一部反托拉斯的《谢尔曼法》，③ 这部法律首次以独立完整的形式确立了反垄断法的地位，自此开创了市场监管法的时代。

（二）市场监管法的发展规律

市场监管法为适应社会需要而不断发展，在推动市场竞争、优化资源配置的同时，也呈现出明显的规律性特征。

1. 制度理念日趋合理

传统的监管起步于对公用企业监管的需求，主要目的是弥补自然垄断和市场机制间的冲突，表现为一种命令控制型监管。随着社会发展，援用市场框架来解释规制显得过于狭隘，导致其无法适当涵盖一系列社会和政治价值，这些价值在自由民主制社会中长期存在，可以视为宪法性的价值。④ 各国为增强本国企业的国际竞争力，对国内市场的控制日趋走向温和与宽容，更多的非经济价值开始反映于监管理论和实践，原有的监管理念发生了很大变化。这使市场监管法律制度的理念开始由命令控制向市场治理转变，社会主体逐渐参与市场监管和治理的过程，成为一种新的治理主体和力量。

2. 制度内容逐渐合理

早期的市场监管法是一种新生事物，其制度内容在诸多方面并不十分合理。如德国《反不正当竞争法》立法者认为"如果制定一条一般条款，那么这条条款根本就不可能得到实际适用"，⑤ 所以德国《反不正当竞争法》没有一般条款的规定，这在一定程度上降低了竞争法律制度的适应性。为了改变制度中的不合理因素，市场监管法借

---

① ［美］小贾尔斯·伯吉斯：《管制和反垄断经济学》，上海财经大学出版社 2003 年版，第 8 页。

② ［美］小贾尔斯·伯吉斯：《管制和反垄断经济学》，上海财经大学出版社 2003 年版，第 9 页。

③ 赖源河：《公平交易法新论》，中国政法大学出版社、元照出版公司 2002 年版，第 11 页。

④ ［英］罗伯特·鲍德温等：《牛津规制手册》，上海三联书店 2017 年版，第 42 页。

⑤ 邵建东：《德国反不正当竞争法》，中国人民大学出版社 2001 年版，第 7 页。

鉴了多学科研究成果，从内容上引入经济分析来增强评价产业组织及市场行为效果的能力。从制度实施上，市场监管法赋予了执法机构更大的裁量权。市场监管法的变革使其内容更加科学，弥补了市场机制的不足，更好地适应了社会发展的需求。

3. 制度体系日趋完备

美国的《反垄断法》"在诞生之初肩负着制约经济支配力量的任务"，而德国制定《反不正当竞争法》的目的在于禁止"具体的不正当行为"，因此早期市场监管法具有明显的针对性，除反不正当行为或者限制竞争行为外，对其他市场违法行为没有明确规定，造成了制度体系上的缺漏。随着社会的发展，各种新型市场行为层出不穷，为了适应这种情形，各国对市场监管法作出了相应的调整，慢慢地形成对消费者、产品质量等问题的关注，确立了相对完备的制度体系。当前，市场监管已经成为各国应对市场失灵，以及实现特定目标的有力手段，形成了能够涵盖社会经济各个方面的市场监管体系。

二、市场监管法的定义和特征

（一）市场监管法的定义

市场监管法是调整国家从社会整体经济利益出发，在维护市场秩序、调节市场结构、规范市场行为、保护和促进市场有效竞争过程中所产生经济关系的法律规范的总称。可见，市场监管法调整的是市场监管关系，这种市场监管关系不同于市场主体之间的关系。市场主体之间因市场行为而发生的关系具有平等性、自愿性，而市场监管关系的主体双方地位是不平等的，国家监管主体依职权从事行为，市场主体则只能被动接受监管，双方主体不存在平等和自愿性。

市场监管法有着深厚的存在基础，从经济学上看，市场无法解决自身存在的诸多问题，常常"失灵"，政府有必要对市场进行干预，市场机制与国家干预的有机结合是市场经济有效运行的基本保证。这就要求个人和国家保持合理的关系和格局，市场调节和国家干预密切配合，个人权利和国家权力处于均衡状态，个人自由和社会秩序相依而存。① 从法学上看，民法追求的个人本位和形式正义已无法应对社会中存在的问题，社会本位和实质正义需要关注整体结果公平，最大多数社会成员福利的增加已成为一种新的社会价值目标。国家对经济的干预，适当限制个人自由及追求社会实质正义，所有这些都需要市场监管法律制度来保证。

（二）市场监管法的特征

市场监管法属于微观干预，往往运用禁止性规范和义务性规范，直接干预市场行为和市场要素。市场监管法从微观上调整国家干预经济过程中所产生的社会关系，维

① 邱本:《经济法研究》（上卷），中国人民大学出版社 2008 年版，第 51 页。

护和促进社会经济结构与运行的协调、稳定和发展，这决定着市场监管法具有以下基本特征：

1. 市场监管法具有公共目的性

市场监管法以提高经济运行效率、维护社会公共利益为根本宗旨，这决定了它的根本出发点是社会全局福利的提高和国计民生的改善。从利益保护层面，它保护的不是某个人或某些人的利益，也不是局部或微观的利益，而是社会整体经济利益；从秩序维护层面，其着眼点不限于具体关系的协调，而在于市场机制的维护，市场机构的优化，整个社会秩序规范程度的提高；从经济发展层面，市场监管法的目的不是保护单个市场主体，也不是推动某个行业的发展，而重在推动所有行业经济实力的提升，整个社会经济效率的提高。

2. 市场监管法体现了国家对市场的干预

市场竞争对社会和经济的发展具有惊人的推动力，但是市场机制也存在着诸多失灵的领域，如它会出现自然垄断、外部性、信息不对称等现象。仅凭市场机制的自动调节，有效需求不足便是不可避免的，要想使资本主义经济从小于充分均衡过渡到充分均衡，就必须抛弃传统经济理论所信奉的自由放任经济信条，必须运用公权力以经济法律的形式对市场进行干预，使市场获得最理想的资源配置效率。市场监管法是国家对市场经济干预的法律表现，它运用竞争法、产品质量法、消费者权益保护法，以及其他法律制度对市场行为加以规范，以保证市场调节机制的正常发挥，恢复和确立良好的市场竞争秩序。

3. 市场监管法体现了国家对经济的微观干预

市场监管法主要以具体的市场行为为基点，通过消除破坏市场机制正常运作而市场本身又无法克服的现象，来实现微观经济的良性运转。因而，市场监管法的调整手段具有微观性，它往往作用于经济活动的某一局部或某一层面，通过对具体的市场主体行为设定义务性规范和禁止性规范，杜绝和禁止违背市场规律的经济行为。具体表现在，市场监管法通过国家直接介入市场运行的微观层面，通过改变市场主体的权利义务、干预市场主体的经营行为、设定市场进出标准等，调控经济结构，推动市场平稳运行，实现以公平竞争推动经济发展的目的。

第二节　市场监管法的价值和功能

一、市场监管法的价值

从市场经济发展的历史来看，理想状态下的市场和市场经济是不存在的。最优的市场运行模式在于尽可能地保障市场主体的平等地位和自由竞争，促进市场的统一和开放，保证市场规则能够持续发生效力，及时制止市场中的违法现象。市场监管法是通过维护自由公平的竞争机制和秩序，来促进经济发展和社会进步的，它不仅给整个市场经济运行带来了积极影响，而且形成了自己的价值体系。

（一）创新价值

我国经济处于新常态，创新是从根本上打开增长之锁的钥匙。创新包括思想观念创新、发展模式创新、机制体制创新、对外开放创新等。创新型市场要以实现创新驱动发展为导向，以提升自主创新能力为主线，以体制机制创新为动力，健全创新体系，突出效益效率。

市场监管法需要顺应创新市场的要求，体现创新经济的内在价值。市场监管法不仅可以为市场经济提供一般性的制度支持，它还可以构建科学发展的创新机制，健全有利于创新经济的制度体系等。例如，市场监管法可以支持市场要素合作创新的新模式，支持市场主体创新基础能力建设；丰富发展自主创新载体，为公共创新平台提供制度支撑；为优化自主创新环境，市场监管法可加大对初创型市场主体的支持力度，完善创业投资退出、收益保障和风险承担机制等。在这方面，我国可以发挥超大规模市场具有丰富应用场景和放大创新收益的优势，通过市场需求引导创新资源有效配置，促进创新要素有序流动和合理配置，完善促进自主创新成果市场化应用的体制机制，支撑科技创新和新兴产业发展。①

（二）开放价值

开放经济包含多个方面的含义：一是要向国际市场开放。我国经济改革就是从对外开放开始的，这要求我国经济必须紧跟世界经济潮流，融入世界分工体系，坚持国家对外开放的基本国策，利用国际的先进经验给自己的发展添加动力。二是国内经济的开放。随着改革开放的深入，我国区域间的贸易开放程度不断提高，区域经贸往来和合作不断增加，但是国内市场并未走向真正一体化，地区间市场壁垒仍然存在，出现地区市场分割和地方保护主义。② 我国要发展商品经济和市场经济，实现国内市场的一体化，必须提高国内市场本身的开放性。

开放价值已经成为市场监管法的一个重要价值。市场监管法应积极促进市场机制在经济内外循环中发挥显著的调节作用，增强外部导向性，加速生产要素在国内市场的流动。在制度保障上，市场监管法要从制度上提供对外开放通道，有效利用国内外投资，优化开放政策，以期达到开放经济的目的。

（三）公平价值

市场监管法的公平是指市场主体在追逐经济目标过程中，遵守平等的条件，运用

① 参见《中共中央　国务院关于加快建设全国统一大市场的意见》。

② 何雄浪、张泽义：《边界效应！国内市场一体化与区域壁垒》，载《工业技术经济》2014 年第 10 期，第 66 页。

公平的方式，获取与其努力程度相适应的结果。公平竞争是市场机制得以维续的基本动力，它包含有四项根本要求，即竞争起点公平、基于企业视角的竞争本身的公平、基于市场视角的竞争程序的公平及竞争结果的公平。[①] 公平价值的实现需要具备三个条件：第一，市场主体都要遵守规则。这一层面的含义主要是对规则存在的宣示，如我国《反垄断法》明确规定，中华人民共和国境内经济活动中的垄断行为，以及中华人民共和国境外的垄断行为，对境内市场竞争产生排除、限制影响的，都要遵守反垄断法。第二，市场主体遵守同样的市场规则。既然"规则规定了竞争的方法和程序，使竞争行为摆脱无序状态，成为可预期的、可信任的，有理性的"，[②] 那么，规则的不统一必然造成市场的混乱与无序，市场机制的作用也就无从体现。第三，任何市场主体都不得享有法律之外的特权。这都有赖于市场监管法予以确认和实施。

（四）效率价值

效率的实现有赖于良好的制度环境，以及对市场破坏行为的约束和限制，市场监管法正是适应这些需求而存在的，对确保良好市场环境和减少市场违法行为具有不可替代的作用。市场监管法的效率价值以发挥市场机制最大效用和追求经济高效率为基本目标，它既是市场监管具体制度必须遵守和达到的一个基本标准，又是市场主体从事市场行为必须遵守的法则和指南。在市场监管法中，效率价值的基本含义是：第一，市场监管法必须承认自由公平的竞争是经济效率的基础，为竞争机制发挥功能创造条件。第二，市场监管法干预经济时不得对经济效率构成破坏。这就要求，市场监管法在确定判断限制竞争行为以及其他违法行为的标准时，必须权衡这些行为正反两方面的社会经济效果，切实保证它们发挥提高经济效率的作用。

二、市场监管法的功能

（一）促进市场机制的有效发挥

市场机制是人类迄今为止最具效率和活力的经济运行机制和资源配置手段，它具有任何其他机制和手段不可替代的功能优势，没有什么东西可以取代市场来组织一个复杂的大型经济。当然，市场经济也有其局限性，市场既无心脏，也无头脑，它没有良心，也不会思考，没有什么顾忌。[③] 在市场经济中，价值规律可以调节生产资料和劳动分配，促进资源合理配置，但也会因为经营者对自身利益的追求而产生不正当行为，从而扰乱市场秩序。具体来看，经营者大多是分散经营，仅根据自身对市场的观察来

---

① Edwin J. Hughes, The Left Side of Antitrust: What Fairness Means and Why It Matters, 77 Marq. L. Rev. 265 (1994). 转引自郑鹏程：《欧美反垄断法价值观探讨——兼评〈中华人民共和国反垄断法（草案）〉第 1 条》，载《法商研究》2007 年第 1 期，第 97 页。

② 蒋悟真：《论竞争法的基本精神》，上海三联书店 2008 年版，第 159 页。

③ ［美］保罗·A.萨缪尔森、威廉·D.诺德豪斯：《经济学》（上册），中国发展出版社 1992 年版，第 78 页。

决定生产和经营，这显然具有一定的盲目性，往往会使社会处于无秩序状态，造成经济波动和资源浪费。市场监管法通过对市场经济的介入和干预，可以缓解市场内部的各种矛盾、避免社会资源浪费，对于市场机制的发挥具有重要意义。我国正处于构建新发展格局过程中，迫切需要加快建设高效规范、公平竞争、充分开放的全国统一大市场，建立全国统一的市场制度规则，促进商品要素资源在更大范围内畅通流动。

（二）推动政府和市场间的协调

政府监管可以通过促进、维持或模仿市场机制来优化资源配置，促进市场运行的稳定以及市场结构的均衡。然而，政府不能解决所有问题，市场调节自有它的优势，市场的制裁比政府的人为制裁更客观、更公正，也更有效。很多情况下市场法则办不到的，政府往往也办不到。政府监管有时候不能弥补市场的缺陷，反而会干扰市场机制的运行，甚至给市场造成更大的缺陷。并且，即使政府能够解决市场失灵的问题，也会受制于代理人信息能力的限制，使其政策偏离监管目标，造成不利后果。政治程序不仅会导致低效无能，而且还会特意扭曲以提高富人的利益。在市场上能挣钱的人在政治上一样会富有。① 因此，要想合理发挥市场机制和政府干预对市场经济的作用，就必须协调二者之间的关系，使之形成合力，共同推动市场经济的发展。

为了发挥市场机制和政府监管的合力，市场监管法可以合理确定市场监管的职责和范围，避免政府干预过多而影响市场经济的发展。解决政府失灵的关键是要发明一种新的政治技术和新的表现民主的方式，来对政府权力施加制度约束或宪法约束，以便控制官员机构的蔓延滋长和国家权力的日益膨胀。② 所以，市场监管法可有效缓解政府和市场间的张力。我国要建立有效市场和有为政府，因而，要坚持市场化、法治化原则，充分发挥市场在资源配置中的决定性作用，更好发挥政府作用，强化竞争政策基础地位，加快转变政府职能，以统一大市场集聚资源、推动增长、激励创新、优化分工、促进竞争。③

（三）规范市场交易行为

市场监管法明确规定了市场主体和市场监管主体的权利和行为界限，通过改变市场主体利益的分配来引导市场主体的行为选择，使主体获得激励，作出市场监管法所要求和期望的行为，满足社会经济关系的要求，形成理想的社会经济秩序。同时，市场监管法在承认各种主体利益的基础上，通过协调机制，使这些利益统一成社会整体经济利益，减少市场中的阻力和摩擦，构造出秩序井然的经济环境。市场监管法对市场行为的规范，一定程度上意味着某种关系相对的稳定性。结构的一致性、行为的规

---

① ［美］兰迪·T. 西蒙斯：《政府为什么会失败》，新华出版社 2017 年版，第 117 页。

② 方福前：《公共选择理论：政治的经济学》，中国人民大学出版社 2000 年版，第 202 页。

③ 参见《中共中央　国务院关于加快建设全国统一大市场的意见》。

则性、进程的连续性、事件的可预测性和人身财产的安全性,[①] 可以达到整个社会经济的最大化协调。

第三节 市场监管法的体系

一、市场主体准入制度

主体是构成市场的必要条件，是确保交易安全和市场良性运行的根本保证。进入市场的自由，实际上不仅受到社会、经济等许多条件的制约，而且也受到政策目的的制约。[②] 市场经济必须根据经济发展的需要对市场主体的形态予以法定化，减少市场固有的盲目性和市场主体非理性行为对市场的干扰和冲击。

广义的市场主体准入制度包括主体资格确认制度和狭义的市场主体准入制度。主体资格确认制度主要体现为市场主体的设立登记，通过登记制度，对市场主体形态及其资格进行确认，从而在市场主体与非市场主体，以及不同类型市场主体之间加以区分，并根据它们各自特点设定进入或退出市场的条件。狭义的市场主体准入制度是指市场主体只有经过行政审查，并获得批准才能从事交易的市场监管制度。狭义的市场准入制度不仅是主体进入市场环节的前置程序，还涵盖了进出市场的全过程，因而，该制度除包含主体进入市场的审批制度外，还应该包括主体进入市场后应遵循的一系列制度，如年检制度、资格认证制度、退出市场制度等内容。由于市场准入涉及特定行业，其具体规定大都在特定行业立法中予以体现，因而本书对市场准入制度不再专门介绍，其内容在相关制度中予以阐述。

二、竞争法律制度

市场经济和竞争绝不仅是为了提高企业的效率及社会福利，而且还与自由和民主有着密切的关系。[③] 在市场经济条件下，资源总是稀缺的，市场主体必须积极地参与到争夺活动中去才能获得生存和发展。它可以改变自己的生产方式，提高自己的生产效率，凭借成本或质量上的优势获取直接的经济利益，也可以设法扩大自己的市场份额，抬升自己的市场地位，采取不正当或限制竞争手段以获得超额利润。市场经济是法制经济，要发展市场经济就必须用法律手段来制止不正当竞争行为，预防和制止垄断行为。

竞争法包括反不正当竞争法与反垄断法两个部分。竞争法明确规定了各种限制竞争行为的性质、特征、表现形式及法律责任，又对竞争机构的执法体制、执法权限的

---

① 刘大洪、廖健求：《论市场规制法的价值》，载《中国法学》2004 年第 2 期，第 93 页。

② ［日］金泽良雄：《当代经济法》，辽宁人民出版社 1988 年版，第 196 页。

③ 王晓晔：《欧共体竞争法》，中国法制出版社 2001 年版，第 27 页。

确立、执法活动的方法和程序都作出了系统的规定，从而确保竞争机构执法的科学合理性。这不仅减少或消除了市场中的限制竞争行为，而且约束了政府对市场竞争的管理行为。我国现行竞争法主要有《反不正当竞争法》和《反垄断法》。

三、消费者权益保护制度

现代社会以抽象人格、法律面前人人平等、无身份区别保护为一般原则，但是消费者在市场交易中往往处于弱势地位，这种身份对一般原则构成了例外。从市场监管的意义上来说，立法者需要把弱势群体的法学定义置于我国已经制定或者应当制定的体现对弱者保护的具体法律中加以特定化。[①] 消费者在社会中往往享受不到充分的信息，权利实现也受到障碍，这就需要对其赋予更多的权利，或者要求经营者承担更多的义务。为保护消费者的合法权益，维护社会经济秩序，我国制定了《消费者权益保护法》。

四、产品质量监管制度

没有产品，市场主体间就无法完成交易，更无从形成市场。商品和服务不仅直接承载着市场主体的利益，而且关系到整个社会的公共利益。产品质量监管，是指有关国家指定的商品和服务质量专门机构，依照法定职权和法定程序，对产品质量所进行的监督性管理的制度。加强对商品和服务的监管可以保证市场中产品质量水平，保护消费者的合法权益，协调生产者、销售者与消费者之间的利益关系，维护社会经济秩序。该制度包括建立商品相关的各种标准；对生产原料、工艺等检验检疫；对产品和企业进行认证；对企业和产品质量进行监督检查；追究产品责任等内容。我国现行的产品质量监管法主要有《产品质量法》。

五、特别市场监管制度

特别市场监管制度是在市场监管一般规则的基础上，进一步关注到某些市场的特殊性，并根据市场行为的不同属性分别采用不同的制度。所以，特别市场监管法律规范的设立、制度的安排，乃至于法律体系的构建等，在很大程度上都会受到具体市场和交易形式的影响和支配。按照特定行业和行为来构建制度体系的结果，在客观上造成了“七十二行，行行有监管”的局面，特别市场监管法在内容上自然就显得相对庞杂。

从立法实践来看，我国的特别市场监管制度内容涉及特别市场及其要素的各个领域。这些法律、法规以及部门规章主要有：《广告法》《价格法》《土地管理法》《城市规划法》（已废止）、《房地产管理法》《城市房地产中介服务管理办法》（已废止）、《银行业监督管理法》《商业银行法》《证券法》《证券投资基金法》《保险法》等。受

---

① 李昌麒：《弱势群体保护法律问题研究》，载《中国法学》2004年第2期，第81页。

篇幅限制，本书主要阐述特别市场要素和特别市场监管法律制度。

本章小结

本章主要探讨了市场监管法的基本原理，旨在提供一个全面而深入理解市场监管法的大体框架。作为现代经济法律体系中不可或缺的一部分，市场监管法的目的在于规范市场行为，维护市场秩序，保障消费者权益，促进经济健康发展。本章通过梳理市场监管法的发展和规律，明确了市场监管法的基本概念，表明市场监管法不仅是对市场参与者行为的约束，更是一种对市场秩序的维护和保障。在制度体系上，大体分析了市场监管法的主要内容，既包括对市场准入的管理，确保市场主体的合法性和合规性；也包括对市场行为的监督，防止不正当竞争和垄断行为的发生。在权益保障上，市场监管法还承担着保护消费者权益和社会整体经济利益的重要职责，确保各方利益在市场交易中不受侵害。随着市场经济的不断发展，市场监管法的作用越来越凸显，它不仅是市场经济健康发展的基石，也是维护社会公平正义的制度保障。因此，必须高度重视市场监管法的建设和完善，为市场经济的繁荣发展创造更加良好的法治环境。

学术视野

市场监管法作为经济法的重要组成部分，公共利益说、规制俘虏说和公共选择理论等都对其提供了理论上的支撑。这些观点从不同角度揭示了市场监管的正当性，论证了市场监管法纠正市场失灵、保护公众利益的本质属性。市场监管法以国家干预为核心，主要关注微观经济主体的行为和市场秩序，旨在通过规范市场行为，实现社会整体经济利益的提高，促进新质生产力健康发展。市场监管法的实施依赖于明确的法律规则、公正的执法程序和有效的监督机制。作为国家干预经济活动的手段，市场监管法具有平衡市场自由与政府干预的价值和功能。

实务案例

（1）台州市某甲机动车驾驶培训有限公司、台州市某乙驾驶员培训有限公司诉台州市某丙汽车驾驶培训学校等十三家驾培单位、台州市某丁驾驶员培训服务有限公司横向垄断协议纠纷案［最高人民法院（2021）最高法知民终 1722 号］。

（2）党某诉孟州市某小吃店不正当竞争纠纷案［最高人民法院（2021）最高法民申 5163 号］。

（3）刘某诉北京某某公司、浙江某某公司买卖合同纠纷案［最高人民法院（2018）京 02 民终 8350 号］。

思考题目

（1）市场监管法产生的背景和条件是什么？

（2）简述市场监管法的概念与特征？

（3）如何理解市场监管法的价值？

（4）简述市场监管法的制度体系。

第七章 反垄断法律制度

【本章摘要】反垄断法是国家规制垄断行为的法律制度，是现代经济法的重要组成部分。反垄断法是指调整国家在规制垄断行为的过程中所发生的社会关系的法律规范的总称。反垄断法的基本特征主要表现为国家干预性、社会本位性和经济政策性。反垄断法旨在预防和制止垄断行为，保护市场自由竞争秩序，提高经济运行效率和保障消费者利益。本章主要从反垄断法的基本原理，垄断协议、滥用市场支配地位、经营者集中、行政垄断行为的法律规制制度，反垄断法的执法机关、规制原则、适用除外制度、法律责任制度及域外效力制度等几个方面展开论述，系统阐释了反垄断法律制度。

【学习目标】掌握反垄断法的概念、原则和构成体系。了解反垄断法基本特征，了解反垄断法立法概述，了解垄断协议、滥用市场支配地位行为、经营者集中、行政垄断行为，了解反垄断法实施制度。

第一节 反垄断法概述

一、垄断

（一）垄断的含义

垄断是一种与竞争对立存在的经济现象。早在亚里士多德的《政治学》一书中就使用了“垄断”和“竞争”的概念。[①] 在我国，这一词源自《孟子·公孙丑下》：“有贱丈夫焉，必求垄断而登之，以左右而罔市利。”[②] 在《布莱克法律词典》中，垄断包括两层含义：一是赋予某人或公司以特权或特别优势，使之获得从事某种特定商业或贸易、生产某种特定的物品或控制某种特定商品的全部供应的排他性权，指依法产生的垄断，如知识产权的垄断权、公用事业的特许经营权等；二是指一种市场结构，在

① 王明湖：《反不正当竞争法概论》，中国检察出版社 1994 年版，第 4 页。

② 孟雁北：《反垄断法》，北京大学出版社 2017 年版，第 23 页。

该种市场结构形式中只有一家或几家企业控制着某项产品或服务的全部销售，指市场竞争中产生的垄断，由于市场中相关主体力量不断增强而形成的阻碍竞争的状态。①

现代意义上垄断的概念首先来自经济学，是指在生产集中和资本集中高度发展的基础上，一个大企业或少数几个大企业对相应部门产品生产和销售的独占或联合控制。“垄断”一词被引入法律领域时，借用了经济学的界定，但也有显著变化。狭义上讲，垄断是指垄断状态，是一种市场结构形式。② 广义上讲，垄断包括垄断状态和垄断行为两个方面。法律领域更关注垄断行为，即形成或谋求垄断状态的各种行为，以及凭借垄断结构状态（垄断地位）实施的各种排除、限制竞争的行为，还包括几家企业通过协议等方式联合限制竞争的行为。

（二）垄断的类型

依据市场结构的差异，垄断分为独占垄断、寡头垄断和联合垄断。独占垄断又称完全垄断，指相关市场由一个经营者完全控制，不存在任何其他竞争者。寡头垄断指相关市场中存在为数不多的几家经营者，每个经营者都实行排他性控制，但彼此之间又存在竞争。联合垄断指两个以上经营者通过协议等形式联合控制某一相关市场。

依据产生原因的不同，垄断分为经济垄断、国家垄断、行政垄断、自然垄断等。经济垄断指市场主体依靠自身经济优势形成的垄断。国家垄断指国家对某些重要产业或产品的生产和市场进行直接控制，实行一定程度的独占或管理。行政垄断是行政机关或其授权的组织滥用行政权力，限制竞争的行为。自然垄断指由于自然条件原因，特定行业实施规模经济更有利于提高效率、降低成本而产生的垄断。

依据是否符合法律规定，垄断分为合法垄断和非法垄断。合法垄断指法律允许的垄断，如国家垄断。非法垄断指法律禁止的垄断。我国《反垄断法》规定了四种违法垄断行为，包括垄断协议、滥用市场支配地位、违法的经营者集中、行政垄断。

二、反垄断法的含义与特征

反垄断法，是指调整国家在规制垄断行为的过程中所发生的社会关系的法律规范的总称。广义上，反垄断法包含反垄断法律规范的所有法律文件；狭义上，反垄断法指集中规定反垄断法律规范的立法文件。反垄断法对保障市场经济的基石——竞争机制具有基础性作用。由此，一些国家称其为“经济宪法”“市场经济的基石”。反垄断法的基本特征主要表现为国家干预性、社会本位性和经济政策性。

（一）国家干预性

反垄断法的国家干预性，是指政府对市场上的垄断行为或者可能导致垄断的行为

① Black's Law Dictionary-English Edition, West Publishing Co., Thomson Business, 2004, p. 25.

② ［美］斯蒂格利茨：《经济学》，姚开建等译，中国人民大学出版社 1998 版，第 337 页。

进行干预和监管。反垄断法的国家干预不是对民商法所确认的财产权利、营业自由和契约自由的否定，而是为了更好地确保这种自由，是立足于社会整体利益而进行的调整，是为了实现实质的公平与正义。反垄断法的国家干预不是为了限制、消除经济自由而干预，而是为了扫除对经济自由的不正当限制以实现自由、公平的竞争而干预。[①]

（二）社会本位性

反垄断法的社会本位性，是指反垄断法对经济关系的调整立足于社会整体，以社会公共利益为本位。主要表现在：其一，在立法目的上，反垄断法不仅维护竞争者的合法权益，更维护市场竞争秩序和社会整体经济效率；其二，在适用范围上，反垄断法适用于对相关市场竞争具有排除、限制竞争效果的垄断行为；其三，在价值判断上，社会整体利益优先原则已成为衡量市场行为的重要标准，例如，德国《反对限制竞争法》规定，一些虽具有限制竞争效果，但对整体经济有更大好处或者有着显著的社会公共利益的企业合并，应当被批准实施。

（三）经济政策性

反垄断立法与国家经济政策密切相关，反垄断法的执法和司法活动也具有政策性和灵活性，同样的法条在不同的国家（地区）及不同国家（地区）的不同时期常呈现较大差异。反垄断法的经济政策性及由此派生的灵活性使反垄断法的实施难度增大。

除上述特征之外，反垄断法还是公法与私法相融合的法，调整手段具有综合性，也是实体法与程序法相融合的法。

三、反垄断法立法概述

（一）域外主要国家及地区的反垄断法立法概述

现代反垄断法最早产生于美国。1890 年美国颁布了世界上第一部反垄断法——《保护贸易及商业免受非法限制及垄断法》，即《谢尔曼法》。1914 年，美国颁布《克莱顿法》和《联邦贸易委员会法》，完善了反垄断法的程序条款和实体规定，并同时设立联邦贸易委员会（FTC）与联邦司法部共同执行反托拉斯法。另外，美国于 1936 年通过《罗宾逊—帕特曼法》规制价格歧视，于 1962 年颁布《反托拉斯民事程序法》，于 1974 年通过《反托拉斯诉讼程序和惩罚法》，于 1980 年通过《反托拉斯诉讼程序改进法》，并在 2023 年，由联邦司法部和联邦贸易委员会联合发布了最新的《合并指南》。

继美国之后，世界各国纷纷制定了反垄断法。1947 年，日本制定《禁止私人垄断及确保公正交易法》。1957 年，德国制定《反对限制竞争法》。1957 年，西欧六国签订

① 王先林：《知识产权与反垄断法——知识产权滥用的反垄断问题研究》，法律出版社 2001 年版，第 73 页。

《建立欧洲经济共同体条约》，即《罗马条约》，该条约的原第 85 条、第 86 条（现为《欧盟运行条约》第 101 条和第 102 条），对限制竞争协议和滥用市场支配地位行为予以规制。1980 年，韩国制定《规制垄断及公平交易法》。1980 年，我国台湾地区制定“公平交易法”。英国竞争法律框架由 1998 年制定的《竞争法》和 2002 年制定的《企业法》构成。

（二）我国反垄断法立法概述

我国最早关于反垄断的规范性文件是 1980 年发布的《国务院关于推动经济联合的暂行规定》（已废止）。随后，1993 年颁布的《反不正当竞争法》、1997 年颁布的《价格法》、1999 年颁布的《招标投标法》都包含垄断规制的内容。

2007 年 8 月 30 日，我国颁布《反垄断法》，共 8 章 57 条，2008 年 8 月 1 日开始施行，这是我国第一部实质意义上的反垄断立法。2022 年 6 月，我国对《反垄断法》进行修正，条款增至 70 条，自 2022 年 8 月 1 日起施行。主要修改内容包括：其一，总则部分将“鼓励创新”增列为反垄断法的立法目标；规定“强化竞争政策基础地位”；实现公平竞争审查制度入法。其二，实体规则部分，设置“安全港”制度，进一步完善纵向垄断协议的规制方法；垄断协议的组织者、帮助者被纳入违法主体范围；加强对平台经营者垄断行为的规制；经营者集中设置“停表制度”和分类分级审查制度。其三，责任规则部分，明确垄断协议的个人责任；针对垄断协议、违法实施经营者集中、阻碍反垄断调查的处罚标准大幅提升；设置“惩罚性处罚制度”；新增公益诉讼、社会信用等后续规制规则。

自 2008 年《反垄断法》施行以来，为细化反垄断法规定，相关部门制定了一系列配套规范性文件。2009 年，国务院反垄断委员会印发《关于相关市场界定的指南》。2019 年，国务院反垄断委员会颁布《横向垄断协议案件宽大制度适用指南》《垄断案件经营者承诺指南》《关于汽车业的反垄断指南》《关于知识产权领域的反垄断指南》。2021 年，国务院反垄断委员会颁布《关于原料药领域的反垄断指南》《关于平台经济领域的反垄断指南》，针对重点领域反垄断执法中遇到的重难点问题予以详细规定。2022 年，《反垄断法》修正后，市场监督管理总局通过颁布《禁止垄断协议规定》《禁止滥用市场支配地位行为规定》《经营者集中审查规定》《制止滥用行政权力排除、限制竞争行为规定》《禁止滥用知识产权排除、限制竞争行为规定》，对各类垄断行为的规制予以细化。

第二节　垄断协议规制制度

一、垄断协议的称谓和概念

垄断协议在不同的国家及地区有不同的称谓。美国《谢尔曼法》第 1 条规定：任何用来限制州际间或与外国之间的贸易或商业的合同（contract）、以托拉斯形式或其他形式的联合（combination）、共谋（conspiracy）都是非法的，任何人签订上述契约或从事上述联合或共谋，都是严重犯罪。欧盟将其称为“限制竞争协议”。法国《公平交易法》将其界定为“非法联合行为”。日本《禁止垄断法》称之为不正当交易限制。

垄断协议是指排除、限制竞争的协议、决定或其他协同行为。垄断协议的行为本质在于共谋行为参加者相互限制各自的竞争性经营活动。不同于滥用市场支配地位行为是违法者对市场中其他经营者的单方限制，经营活动相互限制的本质特征是垄断协议区别于滥用市场支配地位的关键。

二、垄断协议的构成要件

（一）垄断协议的主体要件

主体要件要求垄断协议的实施主体须为两个以上独立的经营者或行业协会。经营者是垄断协议的主要实施主体。行业协会在一定情况下为谋求行业成员的不正当利益实施或者组织成员企业达成实施垄断协议时，也构成垄断协议的主体要件。行业协会主要由具有竞争关系的经营者组成，也可能包括上下游经营者，或者具有其他业务联系的经营者。

（二）垄断协议的行为要件

垄断协议的行为要件包括两个方面：一是实质要件，即经营者间相互制约、彼此竞争的经营活动；二是形式要件，即经营者共同实施了以协议、决定或其他协同行为为表现形式的共同行为。

协议、决定、协同行为是经营者实施垄断协议的表现形式。协议是指经营者间达成的限制、排除竞争的合意。决定是指行业协会组织本行业经营者实施的垄断协议行为。协同行为是指经营者之间存在意思联络的协调一致行为。

（三）垄断协议的市场效果要件

市场效果要件要求经营者实施的共同行为须达到限制、排除相关市场竞争的后果或者具备排除、限制相关市场竞争的风险。在经营者达成并实施协议的情况下，需根据限制、排除相关市场竞争的实际情况判断协议的市场效果。在经营者达成但尚未实施协议的情况下，根据经营者达成协议的目的、内容进行判断。若协议内容具备限制、排除相关市场竞争的风险，则认定满足市场效果要件。

三、垄断协议的表现形式

（一）横向垄断协议

横向垄断协议，是指处于同一产业领域、同一交易环节、具有竞争关系的经营者之间达成的排除、限制竞争的协议。

1. 价格垄断协议

是指竞争者间达成的排除、限制市场价格竞争的协议。包括以下几种类型：（1）固定或者变更价格水平、价格变动幅度、利润水平或者折扣、手续费等其他费用；（2）约定采用据以计算价格的标准公式、算法、平台规则等；（3）限制参与协议的经营者的自主定价权；（4）通过其他方式固定或者变更价格。价格垄断协议属于严重的垄断行为，很多国家采用本身违法原则进行规制。

2. 限制商品的生产数量或者销售数量的协议

是指具有竞争关系的经营者间达成合意或采取协调行为对商品的供给量予以限制的协议。主要表现为：（1）以限制产量、固定产量、停止生产等方式限制商品的生产数量，或者限制特定品种、型号商品的生产数量；（2）以限制商品投放量等方式限制商品的销售数量，或者限制特定品种、型号商品的销售数量；（3）通过其他方式限制商品的生产数量或者销售数量。很多国家对该类协议依据本身违法原则予以规制。

3. 市场分割协议

是指生产或者销售同类产品的具有竞争关系的经营者间达成分割产品、产品销售地区和客户的协议，相互约束对方的经营活动，在相关市场限制竞争的垄断协议行为。表现为以下几种类型：（1）划分商品销售地域、市场份额、销售对象、销售收入、销售利润或者销售商品的种类、数量、时间；（2）划分原料、半成品、零部件、相关设备等原材料的采购区域、种类、数量、时间或者供应商；（3）通过其他方式分割销售市场或者原材料采购市场。原材料还包括经营者生产经营所必需的技术和服务。很多国家对市场分割协议依据本身违法原则进行规制。

4. 限制获取新技术、新设备或者限制开发新技术、新产品的协议

是指具有竞争关系的经营者就限制获取新技术、新设备或限制开发新技术、新产品达成的协议。具体包括：（1）限制购买、使用新技术、新工艺；（2）限制购买、租赁、使用新设备、新产品；（3）限制投资、研发新技术、新工艺、新产品；（4）拒绝使用新技术、新工艺、新设备、新产品；（5）通过其他方式限制购买新技术、新设备或者限制开发新技术、新产品。

5. 联合抵制交易

是指经营者无正当理由，与和自己具有竞争关系的其他经营者，共同拒绝同特定经营者进行交易或限制交易内容，或者要求其他经营者实施上述行为的垄断协议行为。包括以下情形：（1）联合拒绝向特定经营者供应或者销售商品；（2）联合拒绝采购或者销售特定经营者的商品；（3）联合限定特定经营者不得与其具有竞争关系的经营者进行交易；（4）通过其他方式联合抵制交易。

6. 平台企业实施的横向垄断协议

随着数字经济发展，国务院反垄断委员会于 2021 年 2 月 7 日颁发《关于平台经济

领域的反垄断指南》，意在规范平台企业实施的新型垄断协议行为。主要包括以下情形：(1) 利用平台收集并且交换价格[①]、销量、成本、客户等敏感信息；(2) 利用技术手段进行意思联络；(3) 利用数据、算法、平台规则等实现协调一致行为；(4) 其他有助于实现协同的方式。

为有效防止垄断协议行为，我国还针对知识产权、汽车业、原料药等领域出台了专门性指南，对特殊领域的横向垄断协议予以特别关注。另外，为预防和制止行业协会从事垄断行为，国务院反垄断反不正当竞争委员会也对行业协会实施的横向垄断协议予以细化。

(二) 纵向垄断协议

纵向垄断协议，是指处于同一产业不同流通环节的具有交易关系的经营者间达成的排除、限制相关市场竞争的协议。我国纵向垄断协议主要包括以下情形：

1. 转售价格维持协议

指处于同一产业不同环节上的经营者相互约定，就供给的商品转售与第三人时，或者第三人再为转售时，应遵守一定价格的协议。2022 年修正的《反垄断法》，其中明确了涉嫌违法行为人如果能够证明限定最低转售价格协议或固定转售价格协议不具有排除、限制竞争效果的，则不予禁止。该条款赋予了经营者抗辩权。与原《反垄断法》第 14 条相比，本次修正在纵向垄断协议一条中强调了对最低转售价格维持协议和固定转售价格维持协议的反竞争效果进行判断，上述协议如果被证明不具有排除、限制竞争效果的，则不予禁止。

2. 排他性交易协议

指制造商与销售商进行交易时约定，以交易方不与自己的竞争对手进行交易为条件同对方进行交易，从而在相关市场限制竞争的行为。排他性交易协议一般包括经销售商只向缔约制造商购买的独家购买协议、制造商只向缔约销售商供货的独家销售协议，以及双方相互约束不得向第三人供货、购货的互惠排他性交易协议三种类型。排他性交易协议需根据“合理原则”进行违法性判定。

3. 选择性交易协议

指经营者根据特定的资格标准选择交易对方的一种协议。选择性交易协议在欧洲是一种普遍的销售制度，主要适用于汽车、计算机、娱乐性电子产品、高档首饰、高档手表、高档化妆品等产业领域。欧盟在认定选择性销售的合法性方面形成了三个原则[②]：(1) 必要性原则，即生产商根据其产品的技术性能，为保障产品的质量和消费者能够正确地使用产品，对销售商在专业技术、销售人员及销售的物资条件等方面所作

---

① 该指南所称价格，包括但不限于商品价格以及经营者收取的佣金、手续费、会员费、推广费等服务收费。

② 王晓晔：《反垄断法》，法律出版社 2011 年版，第 152-153 页。

出的选择标准是必要的；（2）适当性原则，即为保障产品能够在良好条件下销售，生产商选择销售商的条件包括他们的专业知识、销售人员及销售的物资条件应当是恰当的，而不是过度的；（3）无歧视原则，即生产商或者供货商须无歧视地对待所有潜在的销售商。

4. 平台企业实施的纵向协议

具有竞争关系的平台经济领域经营者不得实施下列方式的纵向协议：（1）利用技术手段对价格进行自动化设定；（2）利用平台规则对价格进行统一规定；（3）利用数据和算法对价格进行直接或者间接限定；（4）利用技术手段、平台规则、数据和算法等方式限定其他交易条件，排除、限制市场竞争。同时，《禁止垄断协议规定》明确了经营者不得利用数据和算法、技术及平台规则等，通过对价格进行统一、限定或者自动化设定转售商品价格等方式达成垄断协议。

此外，《关于行业协会的反垄断指南》中对行业协会不得实施的纵向垄断协议情形予以细化。其一，固定向第三人转售商品的价格。行业协会不得组织本行业的经营者固定向第三人转售商品的价格水平、价格变动幅度、利润水平或者折扣、手续费等其他费用。其二，限定向第三人转售商品的最低价格。行业协会不得组织本行业的经营者限定向第三人转售商品的最低价格，或者通过限定价格变动幅度、利润水平或者折扣、手续费等其他费用限定向第三人转售商品的最低价格等。其三，国务院反垄断执法机构认定的其他垄断协议。

（三）组织、帮助型垄断协议

2022 年修正的《反垄断法》，新增第 19 条组织、帮助型垄断协议，该条规定："经营者不得组织其他经营者达成垄断协议或者为其他经营者达成垄断协议提供实质性帮助。"

组织、帮助型垄断协议分为组织型垄断协议和实质性帮助型垄断协议。经营者组织其他经营者达成垄断协议的情形包括：（1）在垄断协议达成或者实施过程中，对协议的主体范围、主要内容、履行条件等具有决定性或者主导作用。（2）经营者与多个交易相对人签订协议，使具有竞争关系的交易相对人之间通过该经营者进行意思联络或者信息交流，达成垄断协议。（3）通过其他方式组织其他经营者达成垄断协议。为其他经营者达成垄断协议提供实质性帮助的情形包括：提供必要的支持、创造关键性的便利条件，或者其他重要帮助。

国务院反垄断反不正当竞争委员会颁布的《关于行业协会的反垄断指南》第 8 条明确行业协会应当避免从事下列组织达成垄断协议的行为：（1）制定、发布含有排除、限制竞争内容的行业协会章程、规则、决定、通知、意见、标准、自律公约等；（2）通过会议、邮件、电话、函件、即时通讯工具等，召集、组织、推动经营者以书面、口头等形式达成含有排除、限制竞争内容的协议、决议、纪要、备忘录等；（3）通过会议、邮件、电话、函件、即时通讯工具等，召集、组织、推动经营者虽未订立协议或者决定，但达成排除、限制竞争的协调一致行为；（4）其他组织经营者达成垄断协议的行为。第 9 条明确规定行业协会应当避免从事下列组织实施垄断协议的行为：（1）采取设置入会要求、没收保证金、设定违约金、限制会员权益、取消会员资格、通报批评、联合抵制、暂停经营活动等惩戒措施，强迫经营者实施垄断协议；（2）采取将垄断协议实施情况与会员奖优评先挂钩等激励措施，引导经营者实施垄断协议；（3）行业协会自身或者通过第三方机构对经营者实施垄断协议情况进行监督监测；（4）采取搭建平台、设立专班、建立协调机制等保障措施，为经营者实施垄断协议提供便利性条件；（5）其他组织经营者实施垄断协议的行为。此外，在实践中还应对可能为本行业经营者达成、实施垄断协议提供便利性条件的高风险行为予以重视。第 10 条明确规定行业协会应当避免从事下列可能为本行业经营者达成、实施垄断协议提供便利性条件的高风险行为：（1）推动本行业的经营者交换、讨论竞争性敏感信息或者通报竞争性敏感信息；（2）发布行业内指导价、基准价、参考价、推荐价、预测价等具有引导性的价格，或者制定供本行业经营者参考的价格计算公式；（3）发布不实或者夸大的成本趋势、供求状况等市场行情信息。

第三节　滥用市场支配地位的法律规制

一、相关市场及市场支配地位的概念及界定

（一）相关市场

市场支配地位的认定，首先需要界定相关市场。相关市场，是指经营者在一定时期内就特定商品或者服务进行竞争的商品范围和地域范围。界定“相关市场”需要考虑以下三方面因素：

产品市场，是指具有竞争关系的产品的范围，既包括同种产品也包括可替代性产品。可替代性一般根据商品的性能、价格等要素从消费者需求和生产者供给方面判断。

地域市场，是指具有竞争关系的产品所在的地域范围。不同地域消费者的需求及偏好各不相同，通常经营者销售的范围与地域市场相吻合。

时间市场，是指竞争所发生的一定时期。在界定这些商品的相关市场时，需要充分考虑时间周期、知识产权保护期限、使用周期等时间影响因素。

（二）市场支配地位

市场支配地位，是指经营者在特定市场中具有支配、控制力量的市场地位。我国认定经营者是否具有市场支配地位时，主要采用市场结构标准加辅助标准，将经营者

在相关市场的份额作为认定市场地位的第一要素，并对市场支配地位的推定进行了限制。①

首先，根据经营者的市场份额推定市场支配地位。有下列情形之一的，可以推定经营者具有市场支配地位：一个经营者在相关市场的份额达到二分之一；两个经营者在相关市场的市场份额合计达到三分之二；三个经营者在相关市场的市场份额合计达到四分之三。另外，后两种情况中有的经营者市场份额不足十分之一的，不应当推定该经营者具有市场支配地位。

其次，考虑以下辅助性因素：（1）该经营者在相关市场的市场份额，以及相关市场的竞争状况；（2）该经营者控制销售市场或者原材料采购市场的能力；（3）该经营者的财力和技术条件；（4）其他经营者对该经营者在交易上的依赖程度；（5）其他经营者进入相关市场的难易程度。

二、滥用市场支配地位行为

（一）垄断价格

垄断价格，是指以不公平的高价销售商品或者以不公平的低价购买商品，具体包括垄断高价和垄断低价两种形式。垄断高价，是指具有市场支配地位的经营者滥用市场支配地位，没有正当理由使其商品长期处于超高价格的行为。垄断低价，是指具有市场支配地位的经营者为了排挤其他竞争者等，使商品低于正常价格销售的行为。认定垄断价格的基础是确定可比价格，方法包括：（1）以成本加合理利润为基础确定可比价格；（2）将具有可比性的其他商品的价格作为可比价格；（3）将处于竞争状态的其他市场上的同类商品价格作为可比价格；（4）将具有市场支配地位的经营者在过去尚未取得市场支配地位时的价格作为可比价格。

（二）掠夺性定价

掠夺性定价，是指具有市场支配地位的经营者为了排挤其他竞争者或者阻碍新的竞争者进入市场，无正当理由以低于成本的价格持续销售的行为。其行为要件包括：一是经营者在客观上以低于成本的价格销售商品；二是主观上具有排挤竞争对手的目的；三是无正当理由。掠夺性定价中的“正当理由”包括：降价处理鲜活商品、季节性商品、有效期限即将到期的商品或者积压商品的；因清偿债务、转产、歇业降价销售商品的；在合理期限内为推广新商品进行促销的；能够证明行为具有正当性的其他理由。

（三）差别待遇

差别待遇，是指具有市场支配地位的经营者，无正当理由，对条件相同的相对方

① 王晓晔：《反垄断法》，法律出版社 2011 年版，第 199 页。

设定不同交易条件的行为。差别待遇可分为两类：一类与价格有关，即价格歧视；另一类与价格无关，即在价格以外的其他交易条件上对相同的交易适用不同的待遇。实践中，经营者的差别定价行为并不全部属于反垄断法上的价格歧视行为。例如，对于购买数量较多的购买方给予更多的价格折扣，是合法正当的。而如果经营者采用忠诚折扣政策，[①] 即根据交易相对方对自己的忠诚度来确定价格折扣比例，则可能构成违法。

（四）搭售及附加不合理条件行为

搭售是指具有市场支配地位的经营者，无正当理由搭配销售与该商品无关的其他商品的行为。主要表现为：一是以协议的方式，即经营者与交易对象达成协议，买方购买一种产品时必须同时购买另一种产品；二是以技术的方式，即卖方通过技术手段，使买方在购买了前一种产品时必须同时购买后一种产品。搭售行为是否违反反垄断法，核心在于判断以下四个要件：(1) 作出搭售安排的经营者具有市场支配地位；(2) 搭售品与主售品是两个独立的商品，本来可以单独销售；(3) 搭售不存在客观合理性；(4) 搭售行为具有严重的反竞争效果。

附加不合理条件行为，是指具有市场支配地位的经营者销售时附加不合理交易条件的行为，如强迫交易相对人交纳预付款。

（五）拒绝交易

拒绝交易，是指具有市场支配地位的经营者无正当理由，拒绝和交易相对方交易的行为。拒绝交易行为可以表现为直接拒绝交易和间接拒绝交易。主要表现为：中断正在进行的交易、减少交易数量、拒绝新的交易、设定难以达成的交易条件、变相拒绝交易等。

拒绝交易行为并非必然违法。判断拒绝交易行为是否违法需要判断卖方从事该种行为是否存在正当理由。如果有正当理由，拒绝交易不违法。例如，因购买者有不守信用的危险而拒绝交易是合法的。

---

① 忠诚折扣政策与数量折扣政策不同，后者根据购买人的购买数量来确定折扣比例，购买数量越多，折扣比例越大，而前者根据购买方对经营者的忠诚度来确定折扣比例，购买方忠诚度越高，折扣比例越大。一般而言，忠诚度是指购买者在一段时间内，在特定经营者那里购买某种产品的数量占其购买该种产品的总量的比例。忠诚度与购买数量并不总是正相关的。例如，甲在一年内购买某种产品的总量是 2000 万元，从某经营者手里购买了 1000 万元的产品，则其对于该经营者的忠诚度是 50%。乙在某经营者手里购买了 2000 万元的同种产品，乙在该年内购买总量为 5000 万元，则乙对该经营者的忠诚度只有 40%，尽管乙在该经营者手里购买的数额比甲多，但忠诚度比甲低。根据数量折扣政策，乙应享受更高的折扣比例；根据忠诚折扣政策，乙则会享受更低的折扣比例。忠诚折扣政策有利于吸引购买者在特定经营者手里购买更多的产品，从而对其他具有竞争关系的经营者产生排挤效应，因而具有限制竞争的效果，往往受到反垄断法的禁止。

（六）限定交易

限定交易，是指具有市场支配地位的经营者没有正当理由，限定交易相对人只能与其进行交易或者只能与其指定的经营者进行交易。

拥有市场支配地位的经营者从事限定交易行为，可以分为两种情形。一是限定交易的对象产品是经营者拥有市场支配地位的产品或服务。一般是拥有市场支配地位的经营者为了排挤竞争对手，规定交易对象只能与其进行交易，不能与出售方的竞争对手交易。该种情形经常与拒绝交易的惩罚手段结合。二是限定交易的对象产品不是经营者拥有市场支配地位的产品，而是与交易本品存在紧密联系的关联产品或附属产品。经常发生在知识产权授权行为中，专利权人要求被许可人从专利权人处购买非专利材料，或者规定被许可人在专利技术基础上获得的创新技术只能转让给专利权人。

第四节　经营者集中的法律规制

一、经营者集中的概念

经营者集中，是指经营者合并、经营者通过获得股权或者资产的方式取得对其他经营者的控制权，或者经营者通过合同等方式取得对其他经营者的控制权或者能够对其他经营者施加决定性影响的情形。主要有三种情况：（1）经营者合并，即民法或者公司法意义上的合并。（2）通过收购股份或取得资产来获取对其他企业的控制，即收购企业与被收购企业（目标企业）在不改变各自的法律主体资格的前提下，通过改变股权或资产的方式取得对被收购企业的实际控制，成为事实上（而不是法律上）的同一主体。（3）两个或者两个以上的经营者在保留各自独立法律人格的前提下，通过协议、联营等方式形成控制与被控制的关系。

经营者集中具有双重的市场效果。一方面，有利于发展规模经济，降低企业成本，提高生产效率，增强企业竞争力，节约社会生产成本，提高社会经济效率。另一方面，可以使通过集中获得优越地位的经营者取得不公平的优势，阻碍其他经营者进入市场，消除竞争者，造成市场竞争受限。因此，为防止因经营者集中而导致市场支配地位的形成或者强化，许多国家均对该行为进行控制。

二、经营者集中的表现形式

根据经营者在经济活动中的相互关系，经济学通常将经营者集中分为横向集中、纵向集中和混合集中。

（一）横向集中

横向集中，又称水平集中，是指处于同一交易阶段具有竞争关系的经营者之间的集中。横向集中虽有利于实现规模经济，降低单位产品的成本，但也具有严重的反竞争影响。其一，减少相关市场中的竞争者，导致独占等垄断的形成；其二，提高市场进入壁垒，使市场多样化、差异化的创新经营受阻；其三，消费者商品或服务的选择空间缩小，产品和服务质量下降，技术创新低效，损害消费者合法权益。

（二）纵向集中

纵向集中，又称为垂直集中，是指处于不同市场交易阶段的经营者之间的集中，即同一产业中处于不同交易阶段，具有交易关系的经营者之间的集中。纵向集中在市场中具有双重效果。一方面，有助于供应方稳定销售渠道，购买方稳定原材料、半成品或者产品的来源，节约交易费用，提高企业生产效率；另一方面，纵向集中可能导致市场壁垒提高，正常价格机制失灵，从而使消费者的合法权益受到侵害，竞争机制遭到破坏，市场创新发展都可能受到减损。

（三）混合集中

混合集中是指处于不同市场的经营者之间的集中行为。混合集中一般不会影响和改变市场结构，而且生产不同产品的企业可以通过使用共同的销售渠道或在共同的研制和开发新产品中得到好处，可以改善企业间的资金流通，企业通过多样化的生产还可以减少市场风险。因此，混合集中行为在大多数情况下都是被允许的。只有当混合集中行为产生或者加强了市场支配地位，有可能限制市场竞争的时候，才会需要反垄断法对其进行规制。

三、经营者集中控制制度与程序

（一）经营者集中申报制度

1. 经营者集中的申报标准

在反垄断法中明确经营者集中的申报标准，既能使具有较大限制竞争可能性的经营者集中得到有效控制，又能使不具有限制竞争可能性的经营者集中及时、顺利进行，防止政府不必要干预，减少交易成本。①

我国《反垄断法》未具体规定经营者集中申报的标准，而是授权国务院制定具体规定。2008 年 8 月国务院发布《关于经营者集中申报标准的规定》对申报标准予以明确。2024 年为适应我国新经济发展需要，国务院对此规定进行修订，提高了经营者集中营业额申报标准。具体来看，经营者集中满足以下条件的，应当进行申报：（1）参与集中的所有经营者上一会计年度在全球范围内的营业额合计超过 120 亿元人民币，并且其中至少两个经营者上一会计年度在中国境内的营业额均超过 8 亿元人民币；

---

① 王先林：《竞争法学》，中国人民大学出版社 2009 年版，第 298 页。

（2）参与集中的所有经营者上一会计年度在中国境内的营业额合计超过40亿元人民币，并且其中至少两个经营者上一会计年度在中国境内的营业额均超过8亿元人民币。其中营业额的计算应当考虑银行、保险、证券、期货等特殊行业、领域的实际情况，具体办法由国务院反垄断执法机构会同国务院有关部门制定。经营者集中未达到国务院规定的申报标准，但有证据证明该经营者集中具有或者可能具有排除、限制竞争效果的，国务院反垄断执法机构可以要求经营者申报。

2. 经营者集中的申报主体和资料提交

经营者集中申报的主体是参与集中的当事人。在经营者合并中，参与合并的各经营者共同申报；在经营者控制中，由取得控制权或者是可以施加决定性影响的经营者申报，其他经营者加以配合。申报主体可以自行申报，也可以委托其他代理人依法申报。申请经营者集中，应当提交申请书、相关的认证文件、集中协议及相关文件、参与集中的经营者经会计师事务所审计的上一会计年度财务会计报告，以及国务院反垄断执法机构规定的其他文件、资料。经营者提交的文件、资料不完备的，应当在国务院反垄断执法机构规定的期限内补交文件、资料。经营者逾期未补交文件、资料的，视为未申报。

（二）经营者集中审查制度

1. 经营者集中的审查标准

反垄断执法机构在对经营者集中审查时，核心是判断集中是否会在相关市场具有排除、限制竞争效果。在审查中，需要考虑市场集中度、市场份额、市场进入障碍、经济效率、对消费者利益的影响、破产危险、国际竞争力等。这些因素较为复杂，既有量化标准，又有较为模糊的政策标准。

在不同的国家（地区）、不同的时期，经营者集中审查标准需考虑要素的侧重点不同。美国《克莱顿法》规定其审查标准为“其结果……可能实质性地削弱竞争或有助于在任何商业部门形成垄断”。在欧盟，除了根据市场份额评估集中对竞争的影响，还要结合消费者的需求、产品供应、潜在的竞争对手、市场进入障碍等因素作出分析。[①] 英国2002年《企业法》明确提出除某些特定情况外，所有合并都以竞争效果作为审核标准。

我国《反垄断法》第33条明确经营者集中审查应当考虑下列因素：第一，参与集中的经营者在相关市场的市场份额及其市场的控制力；第二，相关市场的市场集中度；第三，经营者集中对市场进入、技术进步的影响；第四，经营者集中对消费者和其他有关经营者的影响；第五，经营者集中对国民经济发展的影响；第六，国务院反垄断执法机构认为应当考虑的影响市场竞争的其他因素。

---

① 王先林：《竞争法》，中国人民大学出版社2009年版，第275页。

2. 分类分级审查制度

我国 2022 年修正《反垄断法》时引入了经营者集中分类分级审查制度，规定国务院反垄断执法机构应当健全经营者集中分类分级审查制度，依法加强对涉及国计民生等重要领域的经营者集中的审查，提高审查质量和效率。经营者集中分类是经营者集中分级的前提条件，具体来说，经营者集中分类是指根据行业导向或市场导向将经营者集中案件进行排列组合，划分成不同的类别；经营者集中分级则是按照一定的原则、标准和规律将其划分成层次有序的级别，其适用的审查规则因对应的级别不同而有所区分。

3. 经营者集中的审查程序

根据《反垄断法》的规定，国务院反垄断执法机构对经营者集中案件的审查分为初步审查和进一步审查。

（1）经营者集中的初步审查。初步审查具有筛选性质，经过初步审查可以将不具有显著限制竞争效果的案件作简易处理，提高执法效率。国务院反垄断执法机构应当自收到经营者提交符合要求的文件、资料之日起 30 日内，对申报的经营者集中进行初步审查，作出是否实施进一步审查的决定，并书面通知经营者。作出决定前，经营者不得实施集中；作出不实施进一步审查的决定或者逾期未作出决定的，经营者可以实施集中。

（2）经营者集中的进一步审查。国务院反垄断执法机构决定实施进一步审查的，应当自决定之日起 90 日内审查完毕，作出是否禁止经营者集中的决定，并书面通知经营者。作出禁止经营者集中的决定，应当说明理由。审查期间，经营者不得实施集中。具有下列情形之一的，国务院反垄断执法机构可以决定延长审查期限，但延长期限最长不得超过 60 日：①经营者同意延长审查期限的；②经营者提交的文件、资料不准确，需要进一步核实的；③经营者申报后有关情况发生重大变化的。

（3）经营者集中审查“停表”制度。我国在 2022 年修正《反垄断法》时，在经营者集中审查制度框架下引入了“停表”制度，增强了国务院反垄断执法机构处理某些特殊情形的期限弹性。有下列情形之一的，国务院反垄断执法机构可以决定中止计算经营者集中的审查期限，并书面通知经营者：①经营者未按照规定提交文件、资料，导致审查工作无法进行；②出现对经营者集中审查具有重大影响的新情况、新事实，不经核实将导致审查工作无法进行；③需要对经营者集中附加的限制性条件进一步评估，且经营者提出中止请求。自中止计算审查期限的情形消除之日起，审查期限继续计算，国务院反垄断执法机构应当书面通知经营者。

（4）反垄断执法机构作出审查决定。经营者集中具有或者可能具有排除、限制竞争效果的，国务院反垄断执法机构应当作出禁止经营者集中的决定。但经营者能够证明该集中对竞争产生的有利影响明显大于不利影响，或者符合社会公共利益的，国务院反垄断执法机构可以作出对经营者集中不予禁止的决定，同时可以决定附加限制性条件，以减少集中对市场竞争的不利影响。

第五节　行政垄断的法律规制

一、行政垄断的概念

行政垄断，指行政机关和法律、法规授权的具有管理公共事务职能的组织滥用行政权力、违反法律规定实施的排除、限制市场竞争的行为。

行政垄断和经济垄断的区别在于：（1）形成原因不同。行政垄断因行政权力的滥用而形成，经济垄断因经济因素而形成。（2）实施主体不同。行政垄断的实施主体是行政机关和法律、法规授权的具有管理公共事务职能的组织，经济垄断的实施主体是经营者。（3）实施力量来源不同。行政垄断主要依靠政府管制的权力实施，而经济垄断则依靠经营者在市场中形成的优势竞争力量实现。

二、行政垄断的构成要件

其一，实施者为行政主体。行政主体包括行政机关和法律、法规授权的具有管理公共事务职能的组织。行政机关一般指政府或政府部门，法律法规授权的具有管理公共事务职能的组织包括社会团体、事业单位，在个别情形下也可能是被授予管理公共事务职能的国有企业。

其二，存在滥用行政权力的行为。行政主体若在法定范围内根据法律规定的程序在符合法定目的前提下正当行使行政权力，即使导致排除或限制市场竞争的后果，也不会构成行政垄断，只有在行政主体滥用行政权力的前提下，才构成行政垄断。

其三，实际产生或有可能产生排除、限制市场竞争的后果。这是行政垄断的核心构成要件。行政垄断只有排除、限制了相关市场竞争或者具有排除、限制竞争风险的，才构成违法。

三、行政垄断的主要表现形式

（一）行政主体限定交易

行政机关和法律、法规授权的具有管理公共事务职能的组织不得滥用行政权力，限定或者变相限定单位或者个人经营、购买、使用其指定的经营者提供的商品。行政主体限定交易可分为直接限定和间接限定。前者指行政主体直接限定相关单位或个人只能与某个特定的经营者交易，而不能与其他经营者交易；后者指行政主体限定有权经营某项业务的经营者范围，从而达到限定相关单位或个人只能与特定经营者交易的目的。

（二）行政主体以签订合作协议、备忘录等方式排除、限制竞争

行政机关和法律、法规授权的具有管理公共事务职能的组织不得滥用行政权力，通过与经营者签订合作协议、备忘录等方式，妨碍其他经营者进入相关市场或者对其他经营者实行不平等待遇，排除、限制竞争。该类行为是我国 2022 年修正《反垄断法》时新增的类型。

（三）地区封锁

地区封锁行为，是指行政主体滥用行政权力，限制外地商品进入本地市场或本地商品流向外地市场，从而妨碍商品在地区之间的自由流通。此类行为的实质是为了获取不正当的地区利益，而将一个统一的全国大市场分割为各个孤立的小市场。不仅损害了相关经营者的经营自由权，而且不利于构建全国统一大市场。

地区封锁型行政垄断主要体现为：（1）对外地商品设定歧视性收费项目、实行歧视性收费标准，或者规定歧视性价格；（2）对外地商品规定与本地同类商品不同的技术要求、检验标准，或者对外地商品采取重复检验、重复认证等歧视性技术措施，限制外地商品进入本地市场；（3）采取专门针对外地商品的行政许可，限制外地商品进入本地市场；（4）设置关卡或者采取其他手段，阻碍外地商品进入或者本地商品运出；（5）妨碍商品在地区之间自由流通的其他行为。

（四）行政主体在招投标等领域的不当限制竞争行为

在实践中，行政主体为了帮助特定经营者在招标投标等领域中标，排斥、限制其他经营者，严重排除、限制市场竞争。对此，我国《反垄断法》第 42 条规定："行政机关和法律、法规授权的具有管理公共事务职能的组织不得滥用行政权力，以设定歧视性资质要求、评审标准或者不依法发布信息等方式，排斥或者限制经营者参加招标投标以及其他经营活动。"

（五）行政主体对外地经营者在本地投资的不当干预行为

我国《反垄断法》第 43 条规定："行政机关和法律、法规授权的具有管理公共事务职能的组织不得滥用行政权力，采取与本地经营者不平等待遇等方式，排斥、限制、强制或者变相强制外地经营者在本地投资或者设立分支机构。"具体情形包括：（1）拒绝、强制或者变相强制外地经营者在本地投资或者设立分支机构；（2）对外地经营者在本地投资的规模、方式以及设立分支机构的地址、商业模式等进行限制或者提出不合理要求；（3）对外地经营者在本地的投资或者设立的分支机构在投资、经营规模、经营方式、税费缴纳等方面规定与本地经营者不同的要求，在安全生产、节能环保、质量标准、行政审批、备案等方面实行歧视性待遇；（4）排斥、限制、强制或者变相强制外地经营者在本地投资或者设立分支机构的其他行为。

（六）行政主体强制经营者从事垄断行为

我国《反垄断法》第 44 条规定："行政机关和法律、法规授权的具有管理公共事务职能的组织不得滥用行政权力，强制或者变相强制经营者从事本法规定的垄断行为。"具体表现形式包括：指定交易、限定销售区域、限定销售对象、强制联合、设定不合理的准入条件、提供不公平的优惠政策等。

（七）行政主体排除、限制竞争的抽象性行政行为

我国《反垄断法》第 45 条规定："行政机关和法律、法规授权的具有管理公共事务职能的组织不得滥用行政权力，制定含有排除、限制竞争内容的规定。"抽象行政行为，是指行政主体制定和发布普遍性行为规范的行为。我国《反垄断法》第 45 条所指"规定"，应是行政机关和法律、法规授权的具有管理公共事务职能的组织制定的规章、规范性文件和其他政策措施。这些规范性文件如果含有排除、限制竞争的内容，同时又具有滥用行政权力的因素，则构成行政垄断，需要反垄断法进行规制。

第六节　反垄断法的实施制度

一、反垄断法的规制原则

（一）合理原则与本身违法原则

1. 合理原则

合理原则，是美国通过判例形成的一项违法判定原则，是指有些类型的垄断协议不被视为必然违法，其违法性需要根据垄断协议的行为后果、行为目的等进行具体分析，以一定交易领域限制竞争、损害社会整体经济效率及消费者利益为标准的违法判断原则。

运用合理原则对垄断协议违法性进行判断时，需衡平垄断协议对竞争产生的积极效果和消极效果，除需要判断垄断协议行为要件是否具备外，还需要判断上述行为的市场后果要件是否具备，即是否产生了在相关市场限制竞争的后果。由于反垄断法的价值目标具有多元化，由此，还需衡平市场竞争秩序与社会整体经济效益、经济效率与分配公平、经营者与消费者的利益。

2. 本身违法原则

本身违法原则，是在合理原则基础上，为提高特定类型垄断协议的规制效率发展起来的规制原则，是指某些类型的垄断协议只要行为存在，无须具体判断行为的市场效果，即被视为违法的一项原则。本身违法原则适用于横向价格、市场分割、限制产量、投标人间串通投标和维持最低转售价格等对市场调节机制具有基础性破坏作用的

协议。现今，美国、欧盟、日本等很多国家或地区均采用该原则对上述协议进行违法性判定。

在垄断协议的违法性判定中，本身违法原则具有以下几个方面的优越性：第一，给垄断协议案件带来明确和稳定的后果，增强垄断协议案件的预见性，提高法律威慑力，推动当事人和解，节约诉讼费用。第二，提高行政处罚或司法裁判的效率。执法机关根据本身违法原则裁定垄断协议案件，只要证明共谋行为存在即可，不必证明市场后果、行为是否合理。第三，原告享有极大的胜诉可能性。依据本身违法原则，原告只要证明该协议存在且属于本身违法的协议范围即可，被告无权对该行为是否具有合理性进行抗辩，原告免于提供被告行为效果的证据，极大地提高了胜诉可能性。

（二）结构主义与行为主义

1. 结构主义

对市场支配地位采取结构主义控制的代表国家是美国和日本。日本的结构主义控制集中体现为对垄断状态的规制。日本《禁止私人垄断及确保公正交易法》第 2 条和第 8 条对垄断状态的行为构成、法律责任进行了规定，强调了份额和拆分的作用。滥用市场支配地位行为在美国《谢尔曼法》中，体现为该法第 2 条的“垄断力”，美国对垄断力的规制介于结构主义控制和行为主义控制之间，在法律责任形式上，包括刑事罚金、自由刑、企业拆分、三倍惩罚性赔偿等。

2. 行为主义

对市场支配地位采取行为主义控制的国家或地区以中国、德国、法国和欧盟为代表。在行为主义控制理论下，经营者具有市场支配地位并不违法，只有当经营者滥用市场支配地位实施掠夺性定价、拒绝交易、搭售等违法行为时才违法。

产业组织理论中，哈佛学派更侧重于结构主义，芝加哥学派更侧重于行为主义。由于结构主义规制会带来破坏企业规模经济、对经济发展产生冲击等不利影响，总体上看，结构主义的影响日渐减弱已成为趋势。

（三）反垄断法的适用除外制度

反垄断法适用除外制度，是指基于某种特殊考虑，对特定主体或行为不适用反垄断法的一项法律制度。各国一般通过立法具体指明获得适用除外待遇的主体或行为的范围。在我国，《反垄断法》适用除外制度涉及以下几个方面：

一是知识产权正当行使行为。《反垄断法》第 68 条规定，经营者依照有关知识产权的法律、行政法规规定行使知识产权的行为，不适用本法；但经营者滥用知识产权，排除、限制竞争的行为，适用本法。

二是农业合作社行为。《反垄断法》第 69 条规定，农业生产者及农村经济组织在农产品生产、加工、销售、运输、储存等经营活动中实施的联合或者协同行为，不适用本法。

三是垄断协议的适用除外。《反垄断法》第 20 条规定了不适用垄断协议规制的情形：(1) 为改进技术、研究开发新产品的；(2) 为提高产品质量、降低成本、增进效率，统一产品规格、标准或者实行专业化分工的；(3) 为提高中小经营者经营效率，增强中小经营者竞争力的；(4) 为实现节约能源、保护环境、救灾救助等社会公共利益的；(5) 因经济不景气，为缓解销售量严重下降或者生产明显过剩的；(6) 为保障对外贸易和对外经济合作中的正当利益的；(7) 法律和国务院规定的其他情形。属于前五项情形，不适用反垄断法垄断协议的规定，经营者还应当证明所达成的协议不会严重限制相关市场的竞争，并且能够使消费者分享由此产生的利益。

四是滥用市场支配地位的适用除外。《反垄断法》第 22 条在规定禁止具有市场支配地位的经营者滥用市场支配地位行为时，均设定了“不公平”“没有正当理由”等限定，即当经营者能够证明其价格行为“公平”、其行为具有“正当理由”时，则可能不构成滥用。

（四）安全港规则

我国在 2022 年修正《反垄断法》时，针对纵向垄断协议引入了安全港规则，规定“经营者能够证明其在相关市场的市场份额低于国务院反垄断执法机构规定的标准，并符合国务院反垄断执法机构规定的其他条件的，不予禁止”。该规则具有两个方面的特点：第一，安全港规则只覆盖纵向垄断协议；第二，经营者在相关市场的市场份额是适用安全港规则的核心条件。

二、反垄断法行政执法

（一）反垄断法的执法主体

在欧盟、中国、日本、韩国等国家或地区，反垄断法的实施以行政执法为主。一些国家设立专门的执法机构，如欧盟竞争委员会、德国联邦卡特尔局、日本公正交易委员会、美国联邦贸易委员会等。在我国，国务院反垄断反不正当竞争委员会负责组织、协调、指导反垄断工作，主要履行拟定竞争政策，发布评估报告和反垄断指南等职责；国务院反垄断执法机构负责反垄断统一执法工作，根据工作需要，可以授权省、自治区、直辖市人民政府相应的机构负责有关反垄断执法工作。

（二）反垄断法的执法程序

1. 执法程序的启动

执法程序的启动有三种方式，一是主管机构依职权行使检查而启动；二是垄断行为被害人申请或者控告，执法机构依法受理后启动执法程序；三是其他的组织或者个人举报，依法受理后启动执法程序。

2. 反垄断调查

调查人员向反垄断执法机构主要负责人书面报告，经过批准后方可启动调查程序。实施调查的执法人员不得少于两人，并应当出示证件。调查过程应当制作笔录，并须被询问人或者被调查人签字。被调查人有权进行陈述，执法人员对商业秘密负有保密义务。在调查过程中，被调查的经营者作出承诺，在执法机构认可的期限内采取具体措施消除行为后果的，可以中止调查。被调查经营者确实履行承诺的，反垄断执法机构可以作出终止调查的决定；被调查的经营者未按照承诺履行的，反垄断执法机构应当决定恢复调查。2022 年修正《反垄断法》时，新增第 55 条规定："经营者、行政机关和法律、法规授权的具有管理公共事务职能的组织，涉嫌违反本法规定的，反垄断执法机构可以对其法定代表人或者负责人进行约谈，要求其提出改进措施。"

3. 审议

调查程序结束后，主管机构应当组织进行审议。审议过程中，被调查人可以查阅案卷、陈述意见，同时有机会提出申辩。主管机关应当认真听取其意见，对相关的事实、证据进行复核。

4. 作出决定

反垄断执法机构审议后应当作出决定。对于违法行为，应当宣布违法、无效，责令行为人停止违法行为，并采取相对应的制裁措施。对于涉嫌垄断行为的处理决定，主管机关可以向社会公布。对于合法行为，执法机构可依据法律认可其行为或者作出许可。

5. 执行

执行是最后一个阶段，也是自动进行的。被强制执行人不服该决定的，可以向上级机关申请复议或者向法院提起诉讼。对于不服该决定，又不提起复议或者诉讼的，主管机关可以依法进行强制执行。

（三）反垄断法的行政责任

行政责任是指国家行政机关对违反法律、法规和行政规章的单位和个人依据行政程序所给予的行政制裁。反垄断法的行政责任主要包括行政罚款、没收违法所得、责令停止违法行为、禁止从事特定的行为及拆分企业等。

对于经济性垄断，行政责任包括行为责任和经济责任。行为责任包括责令停止违法行为、责令恢复竞争状态等；经济责任包括没收违法所得和罚款。其中，罚款是最主要的行政责任方式。[①] 在确定罚款数额时，反垄断执法机构要综合考虑行为的性质、行为违法程度、行为人主观意图及行为的持续时间等因素。具体来看，经营者违法达成并实施垄断协议的，由反垄断执法机构责令停止违法行为，没收违法所得，并处上

① 李国海：《反垄断法实施机制研究》，中国方正出版社 2006 年版，第 193 页。

一年度销售额 1% 以上 10% 以下的罚款，上一年度没有销售额的，处 500 万元以下罚款；尚未实施所达成的垄断协议的，可以处 300 万元以下罚款；经营者的法定代表人、主要负责人和直接责任人员对达成垄断协议负有个人责任的，可以处 100 万元以下罚款；行业协会违法组织本行业的经营者达成垄断协议的，由反垄断执法机构责令改正，可以处 300 万元以下罚款，情节严重的，社会团体登记管理机关可以依法撤销登记。经营者滥用市场支配地位的，由反垄断执法机构责令停止违法行为，没收违法所得，并处上一年度销售额 1% 以上 10% 以下的罚款。经营者违法实施集中且具有或者可能具有排除、限制竞争效果的，由国务院反垄断执法机构责令停止实施集中、限期处分股份或者资产、限期转让营业以及采取其他必要措施恢复到集中前的状态，处上一年度销售额 10% 以下的罚款；不具有排除、限制竞争效果的，处 500 万元以下的罚款。对于行政垄断，由上级机关责令改正，对直接负责的主管人员和其他直接责任人员依法给予处分，反垄断执法机构可以向有关上级机关提出依法处理的建议。

三、反垄断法的民事责任

（一）反垄断法私人执行的概念及功能

反垄断法的私人执行是指垄断行为受害人对垄断行为人追究民事责任。反垄断法的私人执行是与公共执行相对的，是指受到垄断行为影响的自然人或者组织向法院提起民事诉讼或者通过仲裁方式来执行反垄断法。反垄断法的私人执行制度起源于美国《谢尔曼法》和《克莱顿法》最先规定的三倍损害赔偿制度。随后，欧盟、德国、加拿大、日本等国家和地区纷纷引入。

反垄断法私人执行的功能主要有：其一，推动反垄断法的实施，私人主体直接参与市场竞争，对有关企业的反竞争行为更敏感，具有提起诉讼的积极性。其二，节约反垄断法的行政执法成本。其三，制约和弥补反垄断执法机构的执法行为，缓和执法资源与违法活动之间有限与无限的矛盾，弥补反垄断执法的不足。其四，有助于受害人得到合理的赔偿。①

（二）反垄断法民事责任的内容

民事责任是指民事主体因违反合同或者不履行其他民事义务所应承担的民事法律后果。反垄断法上的民事责任主要有排除侵害、损害赔偿和请求返还不当得利三种类型。

反垄断法上的损害赔偿责任具有特殊性。其一，对于赔偿额度，多数国家和地区采取实际损害赔偿，如中国、日本、欧盟；也有一些国家或地区采取惩罚性赔偿原则，如美国、我国台湾地区。其二，对于损害赔偿的请求权人，一般允许“间接购买者”

① 商务部条法司：《反垄断法理论与中外案例评析》，北京大学出版社 2008 年版，第 448-449 页。

(包括消费者) 提起，突破了传统“直接利害关系人”的原则。其三，对于主观过错要件，一般不要求垄断行为人存在主观过错，只要垄断行为存在即可。

在我国，2022 年修正的《反垄断法》第 60 条引入了反垄断民事公益诉讼制度。根据该条规定，我国反垄断民事公益诉讼制度具有如下特点：(1) 有权提起反垄断民事公益诉讼并以原告身份参加此类诉讼的主体是设区的市级以上人民检察院，其他任何主体均无权提起；(2) 提起反垄断民事公益诉讼的前提是经营者实施垄断行为，并且损害社会公共利益。

（三）反垄断法民事诉讼程序

反垄断民事诉讼是反垄断法实施的重要渠道，也是人民法院重要的审判领域。近年来，反垄断执法司法工作的社会关注度日益提高，反垄断民事诉讼的相关规则也随之逐渐发展完善。2012 年《最高人民法院关于审理因垄断行为引发的民事纠纷案件应用法律若干问题的规定》主要规定了垄断民事案件诉讼制度的基本框架，但对于《反垄断法》实体条款的司法适用未作解释和规定，难以满足审判实践需要。2020 年《最高人民法院关于审理因垄断行为引发的民事纠纷案件应用法律若干问题的规定》在此基础上进行修正。2022 年修正的《反垄断法》明确规定，加强反垄断执法司法，依法公正高效审理垄断案件。2024 年，为了适应反垄断法的最新修改和实践需要，《最高人民法院关于审理垄断民事纠纷案件适用法律若干问题的解释》公布并施行，对反垄断法民事诉讼制度作出细化规定。

一是垄断民事纠纷案件的界定，是指自然人、法人或者非法人组织因垄断行为受到损失以及因合同内容或者经营者团体的章程、决议、决定等违反反垄断法而发生争议，依据反垄断法向人民法院提起民事诉讼的案件。垄断民事纠纷的起诉方式包括两种，原告既可以依据反垄断法直接向人民法院提起民事诉讼，也可以在反垄断执法机构认定构成垄断行为的处理决定作出后向人民法院提起民事诉讼。

二是管辖方面，在级别管辖上，第一审垄断民事纠纷案件，由知识产权法院和最高人民法院指定的中级人民法院管辖。在地域管辖上，垄断民事纠纷案件的地域管辖，根据案件具体情况，依照民事诉讼法及相关司法解释有关侵权纠纷、合同纠纷等的管辖规定确定。在案件移送上，案件立案时的案由并非垄断民事纠纷，人民法院受理后经审查发现属于垄断民事纠纷，但受诉人民法院并无垄断民事纠纷案件管辖权的，应当将案件移送有管辖权的人民法院。两个以上原告因同一垄断行为向有管辖权的同一人民法院分别提起诉讼的，人民法院可以合并审理。两个以上原告因同一垄断行为向有管辖权的不同人民法院分别提起诉讼的，后立案的人民法院发现其他有管辖权的人民法院已先立案的，应当裁定将案件移送先立案的人民法院；受移送的人民法院可以合并审理。

三是在证据认定方面，反垄断执法机构认定构成垄断行为的处理决定在法定期限内未被提起行政诉讼或者已为人民法院生效裁判所确认，原告在相关垄断民事纠纷案件中据此主张该处理决定认定的基本事实为真实的，无须再行举证证明，有相反证据足以推翻的除外。当事人可以向人民法院申请一至二名具有案件所涉领域、经济学等专门知识的人员出庭，就案件的专门性问题进行说明。当事人可以向人民法院申请委托专业机构或者专业人员就案件的专门性问题提出市场调查或者经济分析意见。该专业机构或者专业人员可以由双方当事人协商确定；协商不成的，由人民法院指定。人民法院可以参照民事诉讼法及相关司法解释有关鉴定意见的规定，对该专业机构或者专业人员提出的市场调查或者经济分析意见进行审查判断。一方当事人就案件的专门性问题自行委托有关专业机构或者专业人员提出市场调查或者经济分析意见，该意见缺乏可靠的事实、数据或者其他必要基础资料佐证，或者缺乏可靠的分析方法，或者另一方当事人提出证据或者理由足以反驳的，人民法院不予采信。在具体垄断行为的证明责任方面：其一，对于相关市场界定，原告主张被诉垄断行为违反反垄断法的，一般应当界定相关市场并提供证据或者充分说明理由。同时，原告所提供证据的证明力足以证明：（1）被诉垄断协议的经营者具有显著的市场力量；（2）被诉滥用市场支配地位的经营者具有市场支配地位；（3）被诉垄断行为具有排除、限制竞争效果时，可以不再对相关市场界定进一步承担举证责任。其二，原告主张被诉垄断行为属于滥用市场支配地位的，应对被告在相关市场内具有支配地位和被告滥用市场支配地位承担举证责任，应举证证明：（1）经营者在较长时间内维持明显高于市场竞争水平的价格，或者在较长时间内商品质量明显下降却未见大量用户流失，且相关市场明显缺乏竞争、创新和新进入者；（2）经营者在较长时间内维持明显超过其他经营者的较高市场份额，且相关市场明显缺乏竞争、创新和新进入者。被告以其行为具有正当性为由抗辩的，应当承担举证责任。其三，在反竞争效果的抗辩方面，被告对排除、限制竞争效果提出抗辩的，应对：（1）被诉垄断协议能够实现相关目的或者效果；（2）被诉垄断协议为实现相关目的或者效果所必需；（3）被诉垄断协议不会严重限制相关市场的竞争；（4）消费者能够分享由此产生的利益承担证明责任。

（四）诉讼时效

因垄断行为产生的损害赔偿请求权诉讼时效期间，从原告知道或者应当知道权益受到损害以及义务人之日起计算。原告向反垄断执法机构举报被诉垄断行为的，诉讼时效从其举报之日起中断。反垄断执法机构决定不立案、撤销案件或者决定终止调查的，诉讼时效期间从原告知道或者应当知道该事由之日起重新计算。反垄断执法机构调查后认定构成垄断行为的，诉讼时效期间从原告知道或者应当知道反垄断执法机构认定构成垄断行为的处理决定确定发生法律效力之日起重新计算。

四、反垄断法的刑事责任

垄断行为的刑事责任包括有期徒刑、罚金或没收财产。美国、日本、加拿大等国家均在反垄断法中针对垄断行为规定了刑事责任。同时，也有不少国家直接将垄断行为的刑事责任规定在刑法中。我国原《反垄断法》没有规定刑事责任，2022 年修正《反垄断法》时，新增第 67 条规定："违反本法规定，构成犯罪的，依法追究刑事责任。"另外，我国《刑法》第 223 条规定了串通投标罪，投标人相互串通投标报价，损害招标人或者其他投标人利益，情节严重的，处 3 年以下有期徒刑或者拘役，并处或者单处罚金。投标人与招标人串通投标，损害国家、集体、公民的合法利益的，依照前款的规定处罚。

五、反垄断法的域外效力

（一）反垄断法域外效力的概念

反垄断法的域外效力，是指外国企业在本国域外实施的垄断行为，排除、限制了本国国内的市场竞争，本国对外国企业在域外的垄断行为行使管辖权。反垄断法的效力范围突破了属人主义和属地主义的管辖原则，目的在于防止发生在本国管辖范围以外的垄断行为对本国经济产生影响。具体来看，反垄断法不但对国内经营者在域内外实施的垄断行为、国外经营者在国内实施的垄断行为享有管辖权，还对国外经营者在国外实施的垄断行为享有管辖权。反垄断法的域外效力，主要是基于经济全球化、一体化后，一国经营者的经营活动，有可能会对他国国内市场带来限制竞争的效果。

（二）国外反垄断法的域外适用

反垄断法的域外效力起源于 1945 年美国铝公司垄断案，美国确定了"效果理论"原则，即无论垄断行为在哪里发生，只要对美国国内经济产生影响，都可以适用美国反托拉斯法。当然，这种域外效力会对其他国家主权带来影响，后来美国法院通过"合理管辖原则"对其进行完善，适用中除考量效果外，还需考量国家间的礼让，对本国和他国的影响等因素。现今，各国为了减少适用域外效力所带来的执法冲突，开始强化各国间的反垄断法执法合作，以增进反垄断法执法上的协调。

（三）我国反垄断法的域外适用

我国《反垄断法》第 2 条明确规定："中华人民共和国境内经济活动中的垄断行为，适用本法；中华人民共和国境外的垄断行为，对境内市场竞争产生排除、限制影响的，适用本法。"这一条文明确了我国反垄断法不仅适用于我国境内发生的垄断行为，而且也适用于我国境外发生但对我国市场竞争能够产生排除、限制竞争影响的垄断行为。

第七节　公平竞争审查制度

2016 年 6 月 1 日，国务院发布《关于在市场体系建设中建立公平竞争审查制度的意见》（以下简称《意见》），要求建立公平竞争审查制度。2017 年 10 月 23 日，经国务院同意，国家发展改革委、财政部、商务部、工商总局、国务院法制办联合印发了《公平竞争审查制度实施细则（暂行）》。2021 年 7 月 8 日，经国务院同意，市场监管总局、国家发展改革委、财政部、商务部、司法部联合修订了《公平竞争审查制度实施细则》（以下简称《实施细则》）。此次修订对公平竞争审查中存在的漏洞进行了填补，对一些标准进行了重新明确，对相关实务产生一定影响。2022 年 8 月 1 日，国家将建立健全公平竞争审查制度作为新的条款纳入新修正的《反垄断法》之中。2024 年 6 月 6 日，国务院总理李强签署的《公平竞争审查条例》（以下简称《审查条例》），填补了这一制度高位阶立法的空白。这一系列纲领性文件为健全完善公平竞争审查制度提供了方向指引和行动指南，同时也为法学研究设定了重大的时代性学术命题和使命，可见其重要性与实施的必要性。

一、公平竞争审查制度的基本内容

（一）审查主体

《审查条例》中规定的公平竞争审查制度的审查主体是“行政机关和法律、法规授权的具有管理公共事务职能的组织”，并将这类主体统称为起草单位。根据《立法法》的规定，国务院制定行政法规，国务院各部、委员会和具有行政管理职能的直属机构可以制定部门规章，设区以上的地方政府可以设定地方性法规。按照《意见》和《立法法》的规定，这些行政主体在制定市场竞争政策的过程中，要求其实行自我审查。因此，这类的行政主体就是制定政策的审查主体。根据《意见》规定，未经自我审查的政策不得出台，因此，政策制定的机关也就是政策审查的主体。根据《审查条例》的规定，拟由部门出台的政策措施，由起草单位在起草阶段开展公平竞争审查。拟由多个部门联合出台的政策措施，由牵头起草单位在起草阶段开展公平竞争审查。

而为了防止政策制定机关“监守自盗”，《意见》中还加入了“在条件成熟时组织开展第三方评估”。也就是说，在审查过程中，如果审查主体认为自己难以保证审查结果的完整性或者是为使审查更加客观、公正，可以引入第三方审查主体。这种审查主体设定在制度实施初期具有一定程度的科学性。这是因为在短期内迅速组建起具有专业性且执法经验充足的审查机关存在比较大的困难，与此同时，规章等规范性政策存量巨大、耗时多，需耗费大量人力、物力、财力，不利于政策落实，而在部门或者政府内部自行组建，进行自我审查则兼具经济效益与较高可行性。因此，目前由政策制定部门内部设定审查主体虽然有一定局限，但仍具有可取性。

（二）审查对象

公平竞争审查制度的审查对象是指各地区、各部门，以及法律法规授权的具有管理公共事务职能的组织，在制定市场准入、产业发展、招商引资、招标投标、政府采购、经营行为规范、资质标准等涉及市场主体经济活动的规章、规范性文件和其他政策措施时，应当进行公平竞争审查；对行政法规和国务院制定的政策措施、政府部门负责起草的地方性法规，由起草部门在起草过程中进行公平竞争审查，未经公平竞争审查不得提交审议。《意见》将审查的对象集中在涉及市场主体经济活动领域规章以下的文件或者政策措施，《审查条例》将起草涉及经营者经济活动的法律、行政法规、地方性法规、规章、规范性文件及具体政策措施（统称政策措施），审查对象符合我国目前的立法现状。在我国，涉及市场竞争的规范性文件和政策措施数量庞杂且制定主体专业素养参差不齐，所以将其作为审查的对象具有现实意义。

（三）审查方式

从《意见》中可以看出，政策制定机关在政策制定过程中，要严格对照审查标准进行自我审查，在条件允许的情况下可以请求第三方进行审查。形式上按照“自我审查+外部监督”的方式进行审查。即公平竞争审查制度的审查方式是指在政策制定过程中，政策制定机关应当进行事前自我检查，国家发展改革委等部门对此加强指导，同时加强信息公开，强化社会监督。由于审查的对象数量多且涉及面广，这种模式不仅能有效降低审查成本，提高公平竞争审查制度的实施效率，而且能够在源头上抑制限制竞争政策的出台，保障市场公平竞争，符合我国现实的国情需要。

即便我国在审查机制的选择上考虑我国法治建设需求及审查实践，将自我审查确定为核心的审查机制，还是通过制度中设计外部监督机制的模式，为外部审查机制的适用提供了法律依据。根据《意见》《实施细则》及实施指南的规定，相当于外部审查机制的第三方评估机制被设定，它在公平竞争审查制度中具有补充性、矫正性和再审查性作用。自我审查机关应及时全面地公开公平竞争审查报告，为外部审查机制发挥监督作用提供便利。《审查条例》新增了抽查机制，为强化公平竞争审查工作提供监督保障。

公平竞争审查对象包括政策制定机关制定市场准入、产业发展、招商引资、招标投标、政府采购、经营行为规范、资质标准等涉及市场主体经济活动的规章、规范性文件和其他政策措施、行政法规，以及国务院制定的其他政策措施和地方性法规。可见，公平竞争审查制度涉及多种审查主体。当某种活动存有多元主体参与时，组织性的规制必须清楚告知潜在的参与者应当通过何种方式进行有序参与。若有必要把由多元化责任主体组成的审查责任归纳为一种模式，可以称为公平竞争审查制度的设立模式。从世界各国现行公平竞争审查制度设立模式来看，公平竞争审查制度的设立模式分为独立型模式和混合型模式。独立型模式是指不依附于或不内置于其他制度，而自成体系的设立模式。混合型模式是指公平竞争审查制度没有自成体系，而是依附于或内置于其他制度。

（四）审查标准

《意见》中明确从市场准入和退出、商品和要素自由流动、影响生产经营成本、影响生产经营行为4个大类标准进行审查，并制定了“十八不得”的详细标准，为制度的实施奠定了基础。《审查条例》同样设定4大类审查标准，并提出如果存在“对公平竞争影响更小的替代方案，并能够确定合理的实施期限或者终止条件的，可以出台”。在审查标准细化的几大板块中，市场准入和退出标准将直接影响进入市场经营者的数量，决定市场的竞争程度；商品和要素流动标准反映了只有充分发挥竞争机制的作用，促进商品和要素在全国统一大市场自由流动，才能实现资源配置效益最大化和效率最优化；影响生产经营成本标准则体现了成本和价格决定经营者利润这一现实，因此有关政策措施如税收优惠、财政补贴、低息贷款一旦影响经营者生产成本和价格，就会改变经营者之间竞争条件；影响生产经营行为标准主要反映在政府机关不得强制经营者从事垄断行为，或者为经营者从事垄断行为创造便利条件，破坏市场公平竞争。

（五）例外规定

《意见》还对例外情形进行了明确规定，指出以下情形的政策措施，如果具有排除和限制竞争的效果，在符合规定的情况下可以实施：第一，保障并维护国家安全，有利于加强国防建设的；第二，以扶贫救助、解决温饱为目的的社会保障行为；第三，实现能源资源节约、生态环境保护等公益行为；第四，法律法规提及的其他情形。同时，《意见》明确，对于围绕公平竞争审查而制定与实施的政策措施，各级政府及其部门在清理规范性文件时，也要对政策措施给市场环境及公平竞争产生的影响进行客观评估与分析。即为促进欠发达地区经济发展，提高当地人民生活水平实施的政策措施，或者为维护国家利益和社会公共利益实施的政策措施，即使具有一定的排除和限制竞争效果，也可以实施，政策制定机关要逐年评估上述政策措施的实施效果，未达到预期效果的政策措施，应当及时停止或者进行调整。

二、公平竞争审查制度的价值

市场经济是一种受法律保障的竞争经济，竞争在市场经济体制中处于核心地位，是市场经济的最高权威。竞争机制是否得到充分良好的发挥，关乎市场能否在资源配置中起决定性作用，关乎市场机制能否高效运行，关乎国民经济能否又好又快发展。在以发展动能转换和国家治理现代化为主要特征的新时代背景下，构建一个自由、公平、有序、健康的市场环境，为竞争机制蓬勃发展提供沃壤是当下研究的重要议题，因此，确立竞争性政策基础性地位是历史的必然选择。

在秩序价值层面，公平竞争审查制度是在规制抽象行政性限制竞争行为领域的创新之举，由反垄断执法机构或其他机构通过分析、评价拟定中或现行公共政策可能或已经产生的竞争影响，提出不妨碍政策目标实现而对竞争损害最小替代方案的制度。其旨在解决政府因过度干预或者不合理干预而损害竞争的问题，以保障各类市场主体平等使用生产要素，公平参与市场竞争，体现了维护竞争秩序是公平竞争审查制度的基础价值所在。

在自由价值层面，公平竞争审查制度作为反垄断制度建设中的重要一环，无论是从以公平竞争审查手段推进政府规制治理体系完善的新动力角度出发，还是从其保护市场参与主体自由、公平竞争权的角度出发，又或是从国家治理结构安排的制度革新等角度出发，意义都不言而喻。

在公平价值层面，公平竞争审查制度旨在竞争政策逐步确立的基础上，通过约束政府行为，对政府干预经济的各项制度安排、公共政策或措施，根据一定的标准，提前予以分析、评价和审查，逐步清理和废除其中妨碍统一市场和公平竞争的部分，以保障市场主体的公平竞争，建立统一开放、竞争有序的现代市场体系。而公平正义的实现正是法所追求的终极价值。

本章小结

反垄断法律制度是国家为了预防和制止垄断行为，保护市场竞争的自由和公平，鼓励创新，提高经济运行效率，维护消费者利益和社会公共利益而设立的一系列法律规范和制度安排。反垄断法的规制对象通常包括垄断协议行为、滥用市场支配地位行为、经营者集中行为和行政垄断行为。除实体制度外，反垄断法基本制度框架还包括实施制度，主要包括反垄断法执行机构的设置、法律责任制度和实施程序制度等，保证了私人实施和公共实施的有效运转。此外，与其他法律领域相比，反垄断法还具有显著的域外适用效力。反垄断法作为“经济宪法”，是规制垄断行为、维护市场竞争秩序的基础性法律规范，在市场经济健康运行过程中发挥着保驾护航的重要作用。公平竞争审查制度是在竞争政策逐步确立的基础上，对政府干预经济的各项制度安排、公共政策或措施，根据一定的标准，提前予以分析、评价和审查，以维护市场公平竞争；其基本内涵可以从审查对象、审查方式、审查标准、例外规定四个方面加以概括。

学术视野

对垄断进行规制。各国（地区）反垄断法产生了两种不同的立法模式，即结构主义和行为主义的立法模式。划分结构主义和行为主义立法模式的标准主要有：第一，反垄断法的立法目的。根据一个国家（地区）反垄断法的立法宗旨是直接维护和创设竞争性的市场结构，还是制裁反竞争的行为来区分结构主义和行为主义。立法宗旨直接维护市场结构的反垄断法是结构主义立法，立法宗旨主要是制裁反竞争行为的反垄断法则属行为主义立法。第二，违法构成要件。根据反垄断法规定的违法构成要件是否包含市场行为要素来进行划分，不包含市场行为要素的违法构成是结构主义立法，而包含市场行为要素的违法构成是行为主义立法。第三，反垄断法的调整方法。根据反垄断法有没有结构性的制裁方法来进行区分，如解散大企业等。有结构性制裁方法的是结构主义立法，没有结构性制裁方法的是行为主义立法。结构主义和行为主义立法模式的划分并没有权威性的分类标准，相对来说，根据违法构成要件的不同来进行划分可能更为妥当。

实务参考

（1）2021 年阿里巴巴滥用市场支配地位实施“二选一”垄断行为案（国家市场监督管理总局行政处罚决定书国市监处〔2021〕28 号）。[①]

（2）腾讯收购小红书股权违法实施经营者集中案（国市监处〔2021〕59 号）。[②]

思考题目

（1）简述垄断协议的具体类型。

（2）市场支配地位如何界定？

（3）简述经营者集中申报及审查制度。

（4）简述行政垄断的表现形式。

（5）简述垄断行为的法律责任。

① “国家市场监督管理总局行政处罚决定书”，载中国市场监管报网，https://baijiahao.baidu.com/s?id=1696614383640389568&wfr=spider&for=pc，2024 年 8 月 1 日访问。

② “腾讯收购小红书股权违法实施经营者集中案”，载国家反垄断局网站，https://www.samr.gov.cn/cms_files/filemanager/samr/www/samrnew/fldys/tzgg/xzcf/202204/t20220424_341567.html，2024 年 8 月 3 日访问。

第八章

反不正当竞争法律制度

【本章摘要】反不正当竞争法律制度是市场规制法律体系的重要组成部分，反不正当竞争法是国家为促进和保护竞争，通过规制不正当竞争行为来调整竞争关系及与竞争有密切关系的其他社会关系的法律规范的总称。反不正当竞争法律责任包括民事责任、行政责任、刑事责任等。本章通过阐述反不正当竞争法的基本理论，以商业混淆行为、不当商业宣传行为、商业诋毁行为、商业贿赂行为、侵犯商业秘密行为、不正当有奖销售行为、网络不正当竞争行为等典型不正当竞争行为的规制制度作为重点，结合反不正当竞争法的实施制度，全面构建反不正当竞争法律体系。

【学习目标】结合《反不正当竞争法》规定，了解反不正当竞争法的概念、体系及其与反垄断法的关系，掌握典型不正当竞争行为的具体类型、构成要件及法律责任等。了解反不正当竞争法与反垄断法的区别与联系。

第一节　反不正当竞争法基本问题概述

一、反不正当竞争法的概念

反不正当竞争法是国家为促进和保护竞争，通过规制不正当竞争行为来调整竞争关系及与竞争有密切关系的其他社会关系的法律规范的总称。

反不正当竞争法有广义和狭义之分。在我国，狭义的反不正当竞争法仅指《反不正当竞争法》，专门规制不正当竞争行为。广义的反不正当竞争法即实质意义上的反不正当竞争法，是规制不正当竞争行为的相关法律、行政法规、行政规章、地方性法规、司法解释等各类法律渊源的总称。

我国反不正当竞争法律体系以《反不正当竞争法》为核心，辅之以相关法律、行政规章、地方性法规及司法解释，相关法律如《消费者权益保护法》《价格法》《广告法》《招标投标法》；行政规章如《关于禁止仿冒知名商品特有的名称、包装、装潢的不正当竞争行为的若干规定》《关于禁止侵犯商业秘密行为的若干规定》《关于禁止商业贿赂行为的暂行规定》《规范促销行为暂行规定》；地方性法规如《河南省反不正当竞争条例》《山西省反不正当竞争条例》《四川省反不正当竞争条例》；司法解释如《最高人民法院关于适用〈中华人民共和国反不正当竞争法〉若干问题的解释》。

二、反不正当竞争法与反垄断法的关系

反不正当竞争法与反垄断法的联系体现在，一方面，两者是竞争法律制度的重要组成部分，对维护经营者和消费者的合法权益，维护市场竞争秩序都发挥着积极作用。另一方面，在市场竞争过程中，两者可能会发生转换，特定经营者可能通过不正当竞争行为获得竞争优势，从而产生垄断，制止不正当竞争行为可以将垄断消灭在萌芽之中。

但两者又存在许多不同之处，这也导致我国采取分别立法的模式。首先，基本价值取向不同。虽然二者都是为了维护竞争，但前者是维护公平竞争，防止部分经营者以违反商业道德等不正当手段从事市场竞争，导致竞争过度，侧重于具体场合下微观竞争秩序的稳定。后者是维护自由竞争，防止部分经营者获取垄断地位而采用多种方式排除、限制竞争，导致竞争不足，侧重于宏观竞争状态的维持。其次，规制对象不同。反不正当竞争法的规制对象是不正当竞争行为，既包括七种典型不正当竞争行为，也包括《反不正当竞争法》总则第 2 条原则性规定下的不正当竞争行为。而反垄断法的规制对象是垄断行为，具体包括垄断协议、滥用市场支配地位、经营者集中等。最后，规制方法不同。反不正当竞争法以民事制裁为主，主要是事后规制，多以私人提起民事损害赔偿诉讼而启动调查。而反垄断法以行政制裁为主，既包括事前规制，如对行政主体制定的涉及市场主体经济活动的规定进行公平竞争审查；也包括事后规制，如反垄断执法机构依法对涉嫌垄断行为进行调查。

三、不正当竞争行为的界定与构成要件

不正当竞争行为有广义和狭义之分，广义的不正当竞争行为包含垄断行为在内，狭义的不正当竞争行为则与垄断行为并列，我国采用狭义概念。根据《反不正当竞争法》的规定，不正当竞争行为是指经营者在生产经营活动中，违反反不正当竞争法规定，扰乱市场竞争秩序，损害其他经营者或者消费者的合法权益的行为。而《反不正当竞争法》第 2 条第 1 款规定经营者应遵守法律和商业道德，故综合来看，不正当竞争行为的范畴，既包括法律明文规定的行为，即《反不正当竞争法》第二章所列举的典型不正当竞争行为，也包括法律没有明文规定，但在实质内容上违背商业道德的行为。在司法实践中，对于法律没有明文禁止的新型不正当竞争行为，司法机关往往适用《反不正当竞争法》第 2 条的原则性规定进行规制，认定其构成不正当竞争，故对于司法机关而言，第 2 条相当于一般条款。而运用一般条款认定竞争行为是否正当，核心是判断经营者是否违反商业道德。《关于适用〈中华人民共和国反不正当竞争法〉若干问题的解释》第 3 条规定，商业道德指特定商业领域普遍遵循和认可的行为规范。

同时指出人民法院应当结合案件具体情况，综合考虑行业规则或者商业惯例、经营者的主观状态、交易相对人的选择意愿、对消费者权益、市场竞争秩序、社会公共利益的影响等因素，依法判断经营者是否违反商业道德。

关于不正当竞争行为的构成要件，可从主体、主观方面、客体、客观方面四个部分予以概括。第一，不正当竞争行为的主体是经营者，《反不正当竞争法》规定经营者指从事商品生产、经营或者提供服务的自然人、法人和非法人组织。第二，不正当竞争行为所侵害的客体是三重利益，包括其他经营者利益、消费者利益和社会公共利益。其中对其他经营者利益的侵害往往是直接的，既包括侵害特定经营者的利益（如商业诋毁、侵犯商业秘密），也包括侵害不特定经营者的利益（如虚假宣传）；而对于消费者利益的侵害有时是直接的，有时则是间接的；对社会公共利益的损害体现为对市场竞争秩序造成的破坏。第三，不正当竞争行为的主体在主观方面一般具有过错。不正当竞争行为从性质上来说是一种侵权行为，侵犯三重利益，故行为人在主观方面应具有过错。事实上，行为人实施不正当竞争行为往往是为了谋取商业利益而主动实施的，所以在绝大多数情况下表现为故意。第四，不正当竞争行为的客观方面表现为行为人实施了违反商业道德和法律的行为。虽然不正当竞争行为的具体表现形式存在差异，但从本质上来说，都违反了法律，或者说违反了法律背后所体现的商业道德，即经营者在生产经营过程中应遵循自愿、平等、公平、诚信的原则，反不正当竞争法是商业道德法律化的结果。

四、反不正当竞争法律责任制度

反不正当竞争法律责任包括民事责任、行政责任、刑事责任等。

一是民事责任方面。《反不正当竞争法》第 17 条规定了不正当竞争行为的民事责任。根据该条规定，责任承担主体和提起诉讼主体是经营者，赔偿数额的计算方法按照其因被侵权所受到的实际损失确定，实际损失难以计算的，按照侵权人因侵权所获得的利益确定。赔偿数额还应当包括经营者为制止侵权行为所支付的合理开支。经营者恶意实施侵犯商业秘密行为，情节严重的，可以在按照上述方法确定数额的一倍以上五倍以下确定赔偿数额及惩罚性赔偿。同时在民事责任、行政责任与刑事责任的承担顺位上，规定民事责任优先。

二是行政责任方面。具体处罚措施包括责令停止违法行为、罚款、吊销营业执照、没收违法商品、没收违法所得、消除影响等。同时，《反不正当竞争法》规定了从轻、减轻或者不予行政处罚的情形，体现宽严相济的立法精神。

三是刑事责任方面。《反不正当竞争法》对不正当竞争行为的刑事责任作出了比较笼统的规定，具体要结合《刑法》中的相关罪名进行分析，如第 140 条生产销售伪劣产品罪、第 219 条侵犯商业秘密罪等，对于监督检查部门的工作人员滥用职权、玩忽职守的，则需要依照第 397 条追究其刑事责任。

第二节　商业混淆行为规制制度

一、商业混淆行为的认定

（一）商业混淆行为的概念

商业混淆行为是指在生产经营活动中，经营者擅自使用与他人的商业标识相同或者近似的标识，导致或者可能导致其商品或者服务与他人的商品或者服务相混淆的行为。作为一种典型的不正当竞争行为，商业混淆的本质特征在于擅自使用他人的商业标识、盗用他人商业标识上所凝结的商业信誉或者商品声誉，从而导致市场上相关商品或者服务的混淆，导致消费者的误认、误购。

（二）商业混淆行为的特征

商业混淆行为的特征包括：

第一，商业混淆的主体是经营者。商业混淆行为具有主体特定性，行为主体通常是从事市场交易活动的经营者，如企业或个人。行为主要发生在特定的具有市场优势的经营者身上及其特定的商品上，目的是掠夺他人的经营优势。

第二，被混淆的对象是具有一定影响的标识。“标识”包括四种：商品标识、主体标识、互联网领域中特殊标识及其他商业标识或者非用于商业活动的标识。从商业混淆的对象来看，商业混淆的目的是开展竞争性经营活动，经营者通过对他人具有商业价值的商业标识进行混淆，从而导致消费者或者用户的误认误购，拓宽自己的市场，以获取竞争优势。

第三，混淆行为的手段是擅自使用。“使用”包括对他人具有一定影响的标识作相同使用和近似使用两种情况。“擅自使用”是指未经权利人同意的使用，若经营者使用他人具有一定影响的标识依法征得了权利人的同意，那么该行为不构成商业混淆行为。商业标识是区分不同商品或服务项目的重要标志，而混淆行为容易使消费者产生误认，一般购买者或者用户施以普通的注意力就会发生误认或者混淆。

第四，商业混淆行为的后果是产生市场混淆或淡化他人商业标识。商业混淆的后果可能存在以下三种情形：(1) 导致他人将此商品误认为是彼商品而引起的混淆；(2) 导致对商品的生产经营者和服务提供者的关联关系，以及担保关系的混淆；(3) 虽未引起混淆，但“搭便车”或者淡化了他人商业标识的区别性。

（三）商业混淆行为的表现形式

商业混淆行为本身在本质上具有欺骗性。混淆行为的核心在于误导，即经营者通过种种不实手段对自己的商品或服务作虚假表示、说明或承诺，使用户或消费者产生误解。这些手段包括但不限于以下几种类型：

1. 假冒他人商业标识的行为

假冒他人商业标识的行为是指，未经商业标识的权利人许可，在同一种商品或近似商品上使用与其商业标识相同的标识，或者擅自使用其他经营者受国家法律保护的合法商业标识（如商标、商号、企业名称、服务标记等），导致消费者混淆和市场混乱的行为。主要特征包括：

（1）未经授权：假冒者未经原商业标识权利人的许可或授权，擅自使用。

（2）混淆性：假冒者使用的商业标识与原商业标识相同或相似，足以使公众对商品或服务的来源产生误认。

（3）主观故意：假冒者明知自己的行为会侵犯他人的合法权益，但仍然故意为之。

（4）损害性：假冒行为不仅损害了被假冒者的商业信誉和市场份额，还误导了消费者，破坏了市场的公平竞争环境。

假冒他人商业标识不仅是一种不正当竞争行为，同时也是一种侵权行为，它侵犯了被假冒者的合法权益，同时也误导了消费者，破坏了市场的公平竞争环境。反不正当竞争法应当注意对一定范围内已经知名的未注册商标予以保护，特别在互联网时代，对未注册商标的假冒行为时有发生，应当予以重视。

2. 其他混淆行为

《反不正当竞争法》中规定了“其他混淆行为”，是对擅自使用他人具有一定影响的标识之外其他足以引起消费者误认的所有混淆行为。这为今后实践中可能出现的新型商业混淆行为提供了法律依据。

二、商业混淆行为的法律责任

关于商业混淆行为的法律责任，《反不正当竞争法》作出了系统而具体的规定。一方面，通过不正当竞争行为均应承担的法律责任条款进行了规定；另一方面，对商业混淆行为的法律责任进行了具体规定。

（一）民事责任

经营者实施商业混淆行为，给他人造成损害的，应当承担民事责任。民事责任的赔偿数额按照其因被侵权所受到的实际损失确定；实际损失难以计算的，按照侵权人因侵权所获得的利益确定。权利人因被侵权所受到的实际损失、侵权人因侵权所获得的利益难以确定的，由人民法院根据侵权行为的情节判决给予权利人500万元以下的赔偿。赔偿数额还应当包括经营者为制止侵权行为所支付的合理开支。

（二）行政责任

经营者实施商业混淆行为，由监督检查部门责令停止违法行为，没收违法商品。

违法经营额5万元以上的，可以并处违法经营额5倍以下的罚款；没有违法经营额或者违法经营额不足5万元的，可以并处25万元以下的罚款。情节严重的，吊销营业执照。经营者登记的企业名称违反《反不正当竞争法》规定的，应当及时办理名称变更登记；名称变更前，由原企业登记机关以统一社会信用代码代替其名称。

（三）刑事责任

通常情况下商业混淆行为本身并不会直接构成《刑法》所规定的犯罪行为，但是在实践上此类行为往往会伴随销售伪劣产品、假冒注册商标等严重行为的发生，如果该类行为达到了构成犯罪的标准，则可能依据《刑法》的相关规定构成如假冒注册商标罪、销售伪劣商品罪等追究刑事责任。

由于商业混淆行为还可能涉及商标侵权、消费者利益侵害等，因此在对其进行规制的过程中可能发生与知识产权法和消费者权益保护法等法条相竞合的现象。《反不正当竞争法》是规制市场秩序的基本法，按照特别法优于一般法的原则，对商业混淆行为进行规制时，优先考虑适用特别法，根据特别法的规定承担特定的法律责任。

第三节　不当商业宣传行为规制制度

一、不当商业宣传行为的认定

（一）不当商业宣传行为的概念

不当商业宣传行为包括虚假的商业宣传行为和引人误解的商业宣传行为，是指经营者为了谋取交易机会或者竞争优势，提供与实际商品或服务内容不相符的虚假信息或者引人误解的信息，导致或者足以导致购买者对商品或服务产生错误认识的行为。这种行为严重违反诚实信用原则，违反公认的商业准则，是一种严重的不正当竞争行为。

《保护工业产权巴黎公约》第10条之2规定了在经营商业中使用会使公众对商品的性质、制造方法、特点、用途或数量易于产生误解的表示或说法，应予以禁止。世界知识产权组织《反不正当竞争保护示范条款》据此将不当商业宣传称为“误导公众行为”，其在第4条阐释了“误导”的概念及可能作用的情形。美国《联邦贸易委员会法》第5条将不当商业宣传归属于“商业领域的不公平竞争方法和不公平或欺诈行为或做法”。英国《交易表示法》确立了禁止虚假交易表示、不当价格对比等不当价格表示的违法行为等规范不当商业宣传的规则。德国《反不正当竞争法》第5条规定了“误导性的交易行为”。日本《不正当竞争防止法》对虚假宣传行为作了明确规定，《禁止垄断法》《不当赠品及不当表示防止法》又对引人误解的商品标识作了禁止性规定。

（二）不当商业宣传行为的特征

首先，不当商业宣传发生在商业活动中，与市场竞争密切相关，非商业性或者与市场竞争无关的虚假或引人误解的宣传不属于反不正当竞争法所规制的范畴。其次，不当商业宣传的内容是对商品或者服务的市场信息进行不真实的或者引人误解的散布和传递。这些信息涉及商品或服务的性能、功能、质量、销售情况、用户评价、曾获荣誉等各个方面，会直接或间接地影响特定的交易行为。最后，不当商业宣传会产生引人误解的后果，这种后果可能是已经发生的致人误认误购的现实情况，也可能是足以引起消费者或者用户误认误购的可能性。

（三）不当商业宣传行为的认定原则

1. 后果原则

后果原则是指某种商业宣传，无论内容的真假，只要产生或者可能产生误导的后果，即在事实上导致消费者产生虚假的认识、理解或印象，即构成不当商业宣传。不当商业宣传的“不当”不仅指宣传内容的不当，还指宣传结果的不当，内容真实但却引人误解的宣传同样受反不正当竞争法的规制。

2. 普通注意力原则

普通注意力原则是指对不当商业宣传的认定应以被宣传者的普通注意力为判断标准。商业宣传通常是向一般消费大众作出的，而一般消费大众在购买商品或者接受服务时，欠缺仔细分析宣传内容的注意力能力，仅能以普通注意力所得的印象作为选购的基础。在具体运用该原则时，应当考虑被宣传人知识水平和所处环境的迥异，对影响被宣传人注意力能力的各种因素予以合理的考虑。

3. 整体观察原则

整体观察原则是指在认定不当商业宣传行为时，对宣传中所提供的内容应以其在整体上带给消费者的印象是否会造成误解进行判断，而非逐字逐句进行文法上的解读。经营者经常通过宣传的方式介绍、推荐商品或服务，引导、刺激消费者购买其商品或服务，一般消费者看到宣传内容后，往往只会留下大致且模糊的印象，并以此作为消费购买的依据。

（四）不当商业宣传行为的构成要件

1. 行为主体

不当商业宣传的主体可以是进行商品或者服务宣传的经营者，还可以是以其他方法进行不当商业宣传以帮助其他经营者的经营者。

电子商务的快速发展及网络消费的日益成熟，网络平台领域的不正当竞争行为逐渐引起关注。一些经营者雇佣他人为其“刷单炒信”，加剧网络消费买卖双方的信息不对等，使消费者很难对网络销售商品或服务的基本要素进行甄别。因此，《反不正当竞争法》第 8 条除规定经营者不得对商品的销售状况、用户评价作虚假或者引人误解的商业宣传外，还专门规定了经营者不得通过组织虚假交易等方式帮助其他经营者进行虚假或者引人误解的商业宣传。

2. 侵害客体

作为不正当竞争行为，不当商业宣传行为侵害的客体是消费者合法权益、其他经营者的公平竞争权等合法权益和社会经济秩序。

3. 主观方面

不当商业宣传行为主观方面表现为故意，不存在过失的情况，并且行为人具有谋取交易机会或者竞争优势的动机，具有误导他人购买商品或服务的目的。

4. 客观方面

不当商业宣传行为在客观方面表现为对商品或服务作了虚假或引人误解的商业宣传，并产生了欺骗、误导购买者的后果或者可能性。如果对商品或服务某些信息的宣传虽不真实，但对购买者的购买决策不足以产生实质性影响，那么对该不当商业宣传不宜认定为不正当竞争行为。

对商品或服务作虚假商业宣传，是指经营者宣传的商品或服务信息与实际情况不符合；对商品或服务作引人误解的商业宣传，通常是指经营者在宣传中使用了含糊不清或者具有多重语义的表述，或者表述虽然真实，但仅陈述了部分事实，足以使普通购买者产生错误的联想。对于宣传陈述信息虚假，但属于宣传艺术夸张表达的，普通群众能够正确理解其含义和用意的宣传，不应被认定为不当商业宣传。

宣传的形式包括广告和非广告两种。非广告形式主要包括：(1) 冒充顾客进行欺骗性诱导，如电商平台“刷单”行为；(2) 进行虚假或者引人误解的现场演示；(3) 提供含有虚假或者引人误解内容的商品资料；(4) 利用大众传播媒体进行虚假的宣传报道；(5) 利用商品介绍性活动进行不当宣传，如在新闻发布会、产品鉴定会、座谈会中；(6) 利用商品交易活动进行不当宣传，如在展览会、展销会、博览会交易活动中。

二、不当商业宣传行为的法律责任

不当商业宣传行为的法律责任形式包括停止宣传行为、行政罚款、民事赔偿等，危害严重的虚假广告的经营者还要承担刑事责任。

（一）民事责任

《反不正当竞争法》第 17 条作了原则性规定，即经营者因不正当竞争行为给他人造成损害的，应当依法承担民事责任。

（二）行政责任

经营者对其商品作虚假或者引人误解的商业宣传，或者通过组织虚假交易等方式帮助其他经营者进行虚假或者引人误解的商业宣传的，由监督检查部门责令停止违法行为，处20万元以上100万元以下的罚款；情节严重的，处100万元以上200万元以下的罚款，可以吊销营业执照。应当承担行政责任的两类主体包括：一类是直接进行虚假宣传的经营者；另一类是通过组织虚假交易等方式帮助其他经营者从事虚假宣传的经营者。

需要注意的是，《反不正当竞争法》规制的商业宣传行为，是指经营者直接或者间接地介绍自己所推销的商品或服务的活动。商业宣传包括商业广告，经营者通过商业广告实施的虚假或引人误解的商业宣传，也可能构成不正当竞争行为。但鉴于商业广告已由《广告法》进行了专门规制，因此《反不正当竞争法》规定，对属于发布虚假广告的商业宣传依照《广告法》的规定追究法律责任。

（三）刑事责任

《广告法》第55条第4款规定，利用广告对商品服务作虚假宣传构成犯罪的，依法追究刑事责任。该条衔接《刑法》第222条“虚假广告罪”的相关规定。

第四节　商业诋毁行为规制制度

一、商业诋毁行为的认定

（一）商业诋毁行为的概念

商业诋毁行为又称商业诽谤行为，是指经营者自己或者利用他人，通过编造、传播虚假信息或者误导性信息等不正当手段，对竞争对手的商业信誉进行恶意的诋毁、贬低，以削弱其市场竞争能力并为自己谋取不正当利益的行为。这是一种典型的不正当竞争行为，与诚实信用原则等商业道德相悖。一方面，商业诋毁行为会损害竞争对手商誉、市场竞争优势等合法权益，使其失去交易伙伴和消费者，并损失大量利润乃至破产；另一方面，商业诋毁行为也欺骗了社会公众，使消费者无法了解事实真相，造成市场公平秩序的人为扭曲。

商业诋毁行为的对象是他人的商誉。商誉一般是指社会公众对特定的经营者的经营能力、经营状况、资信状况、商品及服务质量等经营素质的客观评价。商誉与特定经营者或其商品、服务相联系，主要涉及特定经营者的市场形象，是经营者形象和外在表现与社会认同，从而成为经营者的重要的无形资产和市场竞争力的重要组成部分。商誉主要包括商业信誉和商品信誉。商业信誉是指经营者通过公平竞争和诚实经营所取得的社会综合评价。商品声誉是指经营者制造或者销售的某种特定商品所获得的社会评价。

商业诋毁行为是反不正当竞争法所普遍禁止的行为。1896年，德国颁布了世界上

第一部《反不正当竞争法》，率先将商业诋毁行为纳入了竞争法规范之中，其第 4 条的竞争参与者的保护中提及的“不正当交易”正是指商业诋毁行为。《保护工业产权巴黎公约》规定，在商业经营中损害竞争者的营业场所、商品或工商业活动的信誉的虚假陈述属于三项特别应予禁止的不正当竞争行为。世界知识产权组织《反不正当竞争保护示范条款》第 5 条对典型性诋毁内容作了列举。日本《不正当竞争防止法》第 2 条将商业诋毁行为界定为“陈述或散布损害有竞争关系的他人经营上的信用的虚假事实的行为”。

（二）商业诋毁行为的特征

首先，诋毁行为本身具有竞争上的意义。商业诋毁一般发生在竞争者之间，或基于竞争的目的产生，或以损害竞争者的竞争优势为目的，也可能以其他方式与竞争发生密切联系。其次，诋毁行为的具体形式表现为捏造、散布虚假事实或采取其他方法。如经营者采用文字、语言等形式，通过各种渠道，制造谣言、歪曲事实，并在市场上公开陈述、散布，诋毁竞争对手的人格，贬低竞争对手的商品或服务的质量等。最后，诋毁行为的后果是损害了经营者的商业信誉。这种损害既包括对经营者人身权的损害，也包括对经营者经济利益的损害；既包括已经产生的现实损害，也包括足以引起损害的可能性。

（三）商业诋毁行为的构成要件

1. 行为主体

商业诋毁行为的主体是经营者。不仅要求行为人本身是经营者，而且要求行为人与受害者之间具有狭义上的竞争关系，即竞争对手。这是反不正当竞争法上的商业诋毁行为区别于民法上的一般侵害名誉权行为的关键。

实施商业诋毁的主体，可以是经营者自己，也可以是经营者唆使、收买的其他组织和个人。当经营者利用他人实施诋毁竞争对手商誉的行为时，被唆使、收买或者欺骗的行为人的行为，应视为该经营者的行为。就具体实施行为人而言，其作为共同违法者，同样应承担相应的法律责任。

2. 行为侵害的客体

商业诋毁行为侵害的直接客体是作为竞争对手的特定经营者的商誉。同时，这种侵害也伴随着对竞争对手公平竞争权的侵犯。

3. 主观方面

商业诋毁行为的主观过错性不言而喻，但就过错的具体形态是仅由故意构成，还是故意与过失都能构成，学界存在不同的看法。一些学者认为商业诋毁行为的主观方面为故意而不存在过失，虽然经营者也可能过失造成竞争对手商誉的损害，但其由此承担的是侵权法上的责任，该种过失行为并不构成诋毁竞争对手商誉的不正当竞争行为。另一些学者认为，商业诋毁行为在主观方面既可以是故意，也可以是过失。诋毁行为的主要方式是“捏造”和“传播”，前者肯定是故意的，但后者既可以是故意也可以是过失。美国、日本均有关于过失构成商业诋毁行为的规定。总体来说，故意和过失都可能构成商业诋毁行为。

4. 客观方面

根据《反不正当竞争法》的规定，商业诋毁行为在客观方面表现为捏造、传播虚假信息或者误导性信息。捏造意味着凭空编造，既包括捏造、传播全部虚假或者误导性信息的情形，也包括恶意歪曲、夸大或者虚构部分事实的情形。传播是对捏造的事实加以散布。商业诋毁以捏造事实为起点，没有捏造也就没有传播。需要指出的是，捏造、传播的内容一般是虚假信息，如果内容真实，即使对他人的商誉造成了影响，也不构成本节所称的商业诋毁行为。

商业诋毁的表现形式具有多样性，主要包括：（1）广告。作为一种覆盖面最广、受众最多的信息载体，利用广告形式进行商业诋毁往往是对竞争对手商誉造成最大损害的一种诋毁形式，如刊登对比性广告或声明性广告、召开新闻发布会等。（2）信函。通过信函的形式，行为人可将捏造的虚伪事实向特定或者不特定的经营者或消费者投寄，进行商业诋毁。（3）产品说明书、传单、小册子。这些形式因无须像广告形式进行审查，而所起的影响又很大，所以也常被采用。（4）语言。如唆使他人在公众中传播、散布不实消息，使公众对竞争对手的商品或服务失去信赖，以便使自己的同类产品取而代之。（5）虚假投诉。行为人还可能会组织人员，以顾客或者消费者的名义，向有关监督管理部门作关于竞争对手产品质量低劣、服务质量差、侵害消费者权益等情况的虚假投诉，以达到贬损其商誉的目的。

商业诋毁行为的后果是使被诋毁者的商誉受到损害，即被诋毁者的商业形象或商品形象方面的社会评价降低或者有降低的可能性。已造成的经济损失并非认定商业诋毁行为的必要条件。

二、商业诋毁行为的法律责任

（一）民事责任

商业诋毁行为作为一种侵权行为，可以适用民法中的有关规范，如民法中保护自然人、法人的名誉权、荣誉权等的规定，都可以为商业诋毁受害人提供法律救济。《反不正当竞争法》中的民事责任主要依据第17条的一般规定进行处理，除损害赔偿外，还有停止侵害、赔礼道歉、恢复商誉、消除影响等责任形式。

（二）行政责任

经营者实施商业诋毁行为，损害竞争对手商业信誉、商品声誉的，由监督检查部门责令停止违法行为、消除影响，处10万元以上50万元以下的罚款；情节严重的，处

50 万元以上 300 万元以下的罚款。由于商业诋毁是一种欺骗性的信息行为，采取必要的措施消除影响以恢复公平的市场竞争秩序可以充分体现《反不正当竞争法》的立法目的。

（三）刑事责任

我国《刑法》第 221 条规定了损害商业信誉、商品声誉罪。捏造并散布虚伪事实，损害他人的商业信誉、商品声誉，给他人造成重大损失或者有其他严重情节的，处 2 年以下有期徒刑或者拘役，并处或者单处罚金。同时《刑法》第 231 条就商业诋毁行为的单位犯罪作了进一步说明，单位构成犯罪的，对单位判处罚金，并对其直接负责的主管人员和其他直接责任人员进行相应的处罚。

第五节　商业贿赂行为规制制度

一、商业贿赂行为的认定

（一）商业贿赂行为的概念

商业贿赂是指经营者在市场交易过程中，通过给付财物或者利益等手段，收买、利诱对交易有决定权或者决定性影响的单位和个人，以获取交易机会或竞争优势的行为。商业贿赂行为不仅包括给予对方金钱、财物等，还包括提供免费旅游、豪华娱乐项目、服务等非财产性利益。其行为一般具有隐蔽性的特征。

商业贿赂行为是一种典型的不正当竞争行为，经营者通过向受贿者提供回扣、非法佣金等手段，获取不正当的交易机会，这种行为不仅扭曲了市场的公平竞争机制，还损害了消费者和其他经营者的合法利益，严重影响了市场经济的正常发展。

（二）商业贿赂行为的构成要件

1. 行为主体

商业贿赂行为的主体包括行贿者和受贿者双方。行贿者是指商业活动中的经营者。《反不正当竞争法》中明确规定经营者是指从事商品生产、经营或者提供服务的自然人、法人和非法人组织。现行《反不正当竞争法》打破了以往对经营者“经营性”的限定，拓宽了经营者的范畴，将原本未被纳入的某些非营利性主体，如政府机构、社会团体和慈善机构等的商业贿赂行为也纳入了法律的监管范围，从而使贿赂行为的主体界定更为合理与全面。同时，《反不正当竞争法》第 7 条规定：“经营者的工作人员进行贿赂的，应当认定为经营者的行为；但是，经营者有证据证明该工作人员的行为与为经营者谋取交易机会或者竞争优势无关的除外。”实践中，违反商业贿赂条款的经营者通常是法人或非法人组织，其行贿行为需要通过工作人员来实施。从而导致经营者行贿和经营者工作人员行贿在表象上都体现为工作人员的行为。该规定不仅明确了商业贿赂经营者主体责任，同时鼓励经营者采取积极措施，如内部培训、不定期抽查等，加强反商业贿赂合规建设。便于切实排除那些员工个人行为的贿赂，为经营者提供了一定的抗辩空间。

受贿者具体分为以下三类：（1）交易相对方的工作人员，这是最典型、最常见的受贿主体。（2）受交易相对方委托办理相关事务的单位或者个人，这类主体与交易相对方之间存在委托关系，并承担一定的信任责任。如果他们收受贿赂，将违背这种信任责任，影响交易相对方的利益。（3）利用职权或者能够影响交易的单位和个人。该项规定的主体指的是通过行使行政职能而影响交易的行为。

2. 目的要件

《反不正当竞争法》明确规定，商业贿赂的目的是谋取交易机会或者竞争优势，行为人主观上希望该结果发生，并为此采取积极的行动，因此商业贿赂主观上只能是故意，而不能是过失。回顾我国《反不正当竞争法》的发展历程，1993 年规定商业贿赂的目的是“销售或者购买商品”；经 2017 年修订后，商业贿赂的目的规范变为“谋取交易机会或者竞争优势”。与 1993 年的表述相比，2017 年修订后的表述更为准确，涵盖范围更广，能够全面覆盖实践中商业贿赂行为的具体目的，更符合商业贿赂作为典型不正当竞争行为的特征。另外，商业贿赂的目的本身并没有不正当性和可责性，其不正当性来自商业贿赂行为中为达到目的而使用的不正当手段。

3. 手段要件

商业贿赂行为是行为人给付财物或者利益的手段。商业贿赂的手段多种多样，除了直接的财物贿赂，还包括如考察接待、性招待、提供落户资格等非物质性利益。这些手段具有一定的隐蔽性，经常以合法的形式来进行掩盖，导致商业贿赂行为的查处和认定十分困难。“其他手段”这一表述在法律条文中通常作为兜底条款，用以涵盖那些未被明确列出但实质上属于商业贿赂行为的其他形式。然而，由于“其他手段”缺乏具体的解释和参考标准，执法机关在实际操作中可能会出于谨慎而避免轻易认定某些行为属于“其他手段”。因而在实践中，法律对非物质性利益的商业贿赂行为的规制力度可能不如对物质性贿赂行为的规制力度。商业贿赂行为的复杂性和多样性，使其合法与非法的界限模糊，确实需要执法机关在具体案件中进行细致的甄别和判断。例如，一些看似合法的促销活动或奖励措施，可能在实质上也能构成商业贿赂。

（三）商业贿赂行为的典型表现形式

1. 回扣

回扣是指经营者销售商品时在账外暗中以现金、实物或者其他方式退给对方单位或者个人的一定比例的商品价款。回扣一直被认为是最经典的商业贿赂表现形式，回扣来源于商品本身的价款，这是其区别于其他商业贿赂行为的主要表现。2017 年修订的《反不正当竞争法》删除了回扣的具体规定，将其规定为“账外暗中”的一种具体形式。根据《反不正当竞争法》的相关规定，如果回扣的给付和收受不是公开透明，且没有如实入账，就可能构成商业贿赂。例如，如果销售人员为了促成交易，私下给予采购人员一定比例的回扣，这种行为就属于商业贿赂。

2. 未入账的佣金和折扣

经营者在交易活动中，可以以明示方式向交易相对方支付折扣，或者向中间人支付佣金。经营者向交易相对方支付折扣、向中间人支付佣金的，应当如实入账。接受折扣、佣金的经营者也应当如实入账。佣金是指经营者在市场交易中因中间人提供交易服务而给予其的一种报酬，佣金不发生在交易双方之间，如实入账的折扣、佣金不属于商业贿赂。就折扣而言，折扣本身是商家常用的促销手段，但如果折扣的给付不是基于正常的商业考虑，而是为了排斥竞争对手，或者作为变相的贿赂手段，就可能构成商业贿赂。

二、商业贿赂行为的法律责任

1. 民事责任

《反不正当竞争法》第 17 条规定，经营者实施不正当竞争行为给他人造成损害的，应当依法承担民事责任。

2. 行政责任

经营者实施商业贿赂行为，由监督检查部门没收违法所得，处 10 万元以上 300 万元以下的罚款。情节严重的，吊销营业执照。在行政责任方面，随着社会的发展和对商业贿赂行为危害性认识的加深，对其的行政处罚力度也不断加强。同时，还有可能被监督检查部门记入信用记录，并予以公示。

3. 刑事责任

《刑法》第 163 条规定了非国家工作人员受贿罪，数额较大的处 3 年以下有期徒刑或者拘役；数额巨大或者有其他严重情节的，处 3 年以上 10 年以下有期徒刑，并处罚金；数额特别巨大或者有其他特别严重情节的，处 10 年以上有期徒刑或者无期徒刑，并处罚金。第 164 条规定了对非国家工作人员行贿罪，数额较大的，处 3 年以下有期徒刑或者拘役，并处罚金；数额巨大的，处 3 年以上 10 年以下有期徒刑，并处罚金。当商业贿赂行为数额较大构成犯罪时，可以依据《刑法》的规定追究刑事责任，反映了我国法律对于商业贿赂行为的严厉打击的态度。

第六节　侵犯商业秘密行为规制制度

一、侵犯商业秘密行为的认定

（一）商业秘密的概念

商业秘密是指不为公众所知悉，具有商业价值，并经权利人采取相应保密措施的技术信息、经营信息等商业信息。所谓“权利人”是指依法对商业秘密享有所有权或者使用权的自然人、法人或非法人组织。“商业信息”，从广义的角度看，是指能够反映商业经济活动情况，同商品交换和管理有关的各种消息、数据、情报和资料的统称；从狭义的角度看，是指直接反映商品买卖活动的特征、变化等情况的各种消息、情报、资料的统称。

商业秘密是随着市场经济发展和竞争的展开而逐渐形成的一个法律术语，随着私有制和商品经济的发展，经营者在长期的生产经营活动中逐渐积累了技术诀窍和经营信息，这些信息具有独特的商业价值，但又不为公众所知悉，为了保护这些信息的机密性，经营者采取了各种保密措施，从而形成了商业秘密。在市场经济中，企业之间的竞争异常激烈，为了在竞争中取得优势，企业需要不断创新和改进自己的技术和管理方法，这些创新和改进所形成的独特信息，如产品设计、生产流程、销售策略等，往往成为企业的核心竞争力，为了保护这些核心竞争力，企业需要采取保密措施，确保这些信息不被竞争对手获取。

（二）商业秘密的特征

《与贸易有关的知识产权协议》（以下简称TRIPS协议）第39条第2项对商业秘密作出了规定，分别包括新颖性、商业价值性和保密措施。新颖性和商业价值性是将商业秘密与一般商业信息区分开来的条件，而保密措施则是主观上具有保护该商业秘密的意图及行为。从TRIPS协议的规定来看，这三项特征密切相关。《反不正当竞争法》第9条规定的商业秘密为：不为公众所知悉、具有商业价值、经权利人采取相应保密措施。由此，商业秘密的特征可从以下角度理解。

1. 秘密性

秘密性是商业秘密最核心的特征，也称之为“非公知性”，是指作为商业秘密的特定信息不为公众所知悉，他人无法通过公开的渠道获取，并且也不能被一般人查明探清，这也是商业秘密得以受到法律保护的前提条件。

商业秘密的秘密性主要体现在两个方面，即主观秘密性和客观秘密性。商业秘密的主观秘密性指的是商业秘密的权利人或持有者具有对该秘密予以保密的主观愿望。

通常以权利人是否在客观上采取相应的保密措施来判断是否具有保密的主观愿望，并且所采取保密措施必然是与该商业秘密的商业价值、获取难易程度等相对等的措施。一般认为这种秘密性是相对的，而非绝对不公开的，因为在实践中，一项商业秘密在管理和使用中很难做到完全保密、没有任何人员知晓，如内部雇员、合作对象、政府审批机关人员等都有可能接触到商业秘密。因此，只要商业秘密在合理的范围内处于秘密状态，就是符合秘密性的要求的。商业秘密的客观秘密性是指该信息在客观上尚未被公众所了解，且也不能通过公开渠道获取。商业秘密的“不为公众所知悉”也是按照客观标准进行认定的，即该信息事实上没有被公众知晓，而不是自认为是秘密但实际上已经被公众知晓。

2. 非物质性

商业秘密是无形的，作为一种技术信息或经营信息，其本身并不具备特定的物质表现形态，通常需要借助一定的物质载体表现出来。商业秘密通常以客户名单、供应商信息、制造过程、配方、设计、市场策略、价格策略、财务数据等表现出来，其载体通常有形，而内容则是无形的，所以商业秘密实质上为一种无形资产。正是由于这一特征，商业秘密的保护显得更为重要，因为一旦失窃或者被破坏，就很难恢复到初始的状态，信息的载体可能被追回，但信息往往很难追回。

3. 经济性

商业秘密必须是具有商业价值的内容，运用商业秘密可以为所有人创造出经济上的价值，能够给所有人带来现实的或潜在的经济收益。经济性最本质的体现是权利人会因掌握该商业秘密而保持竞争优势。商业秘密的经济性包括现实的经济利益和将来使用商业秘密可能体现出来的潜在的经济利益。实用价值也是经济性的另一种表现，实用价值指的是商业秘密的客观有用性。实用性与经济性密切相关，实用性是经济性的基础。与竞争优势无关的价值信息不能构成商业秘密，因为商业秘密是使经营者取得竞争优势的信息，与此无关的信息，即使由经营者作为秘密进行管理，也不是商业秘密，但是可以构成隐私或国家机密等。

4. 管理性

商业秘密的管理性又称为保密性，商业秘密之所以成为商业秘密，是权利人通过保密管理措施得以实现，若权利人对其掌握的信息并未进行管理或没有人为的保密措施，那么该信息也无法作为商业秘密而存在。采取保密措施是商业秘密维持其秘密性的客观要求，是权利人对其合法拥有或使用的信息采取必要、合理的保密措施的实际状态。这是一种既客观存在又体现了权利人对信息的主观态度的事实状态。管理性首先是一种客观事实，同时反映了权利人将商业信息作为商业秘密保护的意图。虽然保密措施是保持和维护商业秘密秘密性的手段，但管理性与保密措施在性质上属于不同的范畴，管理性是商业秘密的客观状态属性，而保密措施是权利人对商业秘密的态度和采取的行动。

（三）商业秘密的分类

《反不正当竞争法》第 9 条规定："本法所称的商业秘密，是指不为公众所知悉、具有商业价值并经权利人采取相应保密措施的技术信息、经营信息等商业信息。"由此商业秘密可以被分为三类：技术秘密、经营秘密以及其他商业秘密。

1. 技术秘密

技术秘密具有技术性特征，是不为人知并具有商业价值的技术信息，也被称为"专有技术"或"技术诀窍"，主要包括尚未公开和取得工业产权法律保护的制造某种产品或者应用某项工艺以及产品设计、工艺流程、配方、质量控制和管理方面的技术知识。技术秘密包括但不限于：产品配方、工艺流程、技术秘诀、设计、图纸（含草图）、试验数据和记录、计算机程序等。它们都是凭借经验或技能产生的，在工业化生产中适用的技术情报、数据或知识。

2. 经营秘密

经营秘密亦称"行业秘密"，是指能为企业在同业竞争中取得优势地位、带来高于同业水平经济利益的，不为公众所知、需要防止泄漏的经验、技巧、方法和信息、资料。经营秘密的内容非常实用，但保护难度极大。这是因为企业经营秘密通常是长期积累或独具特色的，经过实践检验的成熟经验、技巧、方法和信息，从内容上来说，其范围既广又杂，缺乏规范性，极易被泄露。

3. 其他商业秘密

除了技术秘密和经营秘密，还包括其他一些重要的商业信息，这些商业信息不为公众所知悉，具有商业价值，并且权利人已经采取了相应的保密措施。作为一种兜底条款，"其他商业秘密"并没有典型的表现形式，但在现实中存在的既不属于技术秘密也不属于经营秘密的商业秘密，都可以援引该条款予以规制。

（四）侵犯商业秘密行为的表现形式

1. 以不正当手段获取他人商业秘密

不正当手段主要包括盗窃、贿赂、欺诈、胁迫、电子侵入或者其他不正当手段。同时包括但不限于单位内部人员盗窃、外部人员盗窃、内外勾结盗窃等手段。以利诱手段获取商业秘密，通常指行为人向掌握商业秘密的人员提供财物或其他优惠条件，诱使其向行为人提供商业秘密。以胁迫手段获取商业秘密，是指行为人采取威胁、强迫手段，使他人在受强制的情况下提供商业秘密。

2. 恶意披露他人商业秘密

以不正当手段非法获取他人商业秘密的行为人将其所获取的他人商业秘密予以披露，公开泄露其商业秘密。

3. 不正当使用或允许他人使用权利人的商业秘密

违反约定或者违反权利人有关保守商业秘密的要求，披露、使用或者允许他人使用其所掌握的商业秘密。这通常发生在雇佣关系或合同关系中，员工或合同方违反了保密协议或保密要求，将商业秘密泄露给他人。

4. 第三人侵犯商业秘密

指第三人明知或应知转让获得的商业秘密是不当取得，或未经授权取得后披露、使用或准许他人使用，仍予以受让或披露、使用的行为。这里的第三人有主观上的恶意。

二、侵犯商业秘密行为的法律责任

（一）民事责任

通常而言，受损经营者的赔偿数额应按其遭受的实际损失确定，然而对于恶意侵犯商业秘密情节严重的行为，《反不正当竞争法》规定了惩罚性赔偿制度，可以在按上述方法确定数额的 1 倍以上 5 倍以下确定赔偿数额。同时，对于权利人因该侵权行为所遭受的损失难以确定的或者侵权人侵权获利难以确定的侵犯商业秘密行为，由人民法院根据该侵权行为的具体情况判决给予 500 万元以下的罚款。

（二）行政责任

商业秘密一旦受到侵害，仅依靠民事赔偿有时难以补救，此时需要监管部门的介入。经营者及其他自然人、法人和非法人组织违反《反不正当竞争法》第 9 条规定侵犯商业秘密的，由监督检查部门责令停止违法行为，没收违法所得，处 10 万元以上 100 万元以下的罚款；情节严重的，处 50 万元以上 500 万元以下的罚款。

（三）刑事责任

对于严重的侵犯商业秘密行为，仅有民事责任和行政责任尚不足以达到充分惩戒作用。基于此，根据《刑法》的相关规定，侵犯商业秘密，情节严重的，处 3 年以下有期徒刑或者拘役，并处或者单处罚金；造成特别严重后果的，处 3 年以上 7 年以下有期徒刑，并处罚金。此外，对于单位犯罪的，对单位判处罚金，并对其直接负责的主管人员和其他直接责任人员，依照上述规定处罚。

第七节　不正当有奖销售行为规制制度

一、不正当有奖销售行为的概念与认定

“有奖销售”是经营者的一种促销手段，包括抽奖式有奖销售和附赠式有奖销售。

抽奖式有奖销售是指经营者以抽签、摇号、游戏等带有偶然性或者不确定性的方法，决定消费者是否中奖的有奖销售行为。而附赠式有奖销售则是指经营者向满足一定条件的消费者提供奖金、物品或者其他利益的有奖销售行为。有奖销售作为一种市场营销手段，在促进销售增长和刺激经济发展方面有一定推动作用，但如果市场大量推行鼓励这种射幸心理的有奖销售，会对市场公平竞争产生不利影响。所以各国普遍禁止不正当有奖销售行为。

不正当有奖销售行为具有以下特征：

（1）行为主体是经营者。有奖销售作为一种促销手段，是经营者针对购买者采取的一种行为，是两个主体之间的一种活动，所以该行为的主体特定于经营者和购买者，该主体以外的人提供奖品或奖金，不构成有奖销售。

（2）主观上存在故意的心理状态，以促销商品或服务为目的。有奖销售中经营者所提供的奖励具有特定的目的性，即扩大销售和增加利润，政府或公益部门进行的有奖募捐或其他奖励行为，不属于有奖销售。

（3）行为人在客观上实施了法律所禁止的有奖销售行为。客观行为的存在是法律规制的前提，只有行为人客观上实施了有奖销售行为，法律才能对其作出评价。

（4）行为侵害了正常的竞争秩序，损害了其他经营者的公平竞争权。这是对行为效果的要求，达到损害竞争的效果是构成不正当有奖销售的要件之一。

二、不正当有奖销售行为的表现形式和法律责任

（一）不正当有奖销售行为的表现形式

虽然有奖销售在市场竞争中是一种常见的促销手段，但法律对经营者从事的有奖销售活动有明确规定。我国《反不正当竞争法》第 10 条对不正当有奖销售行为的表现形式作出了规定，主要包括抽奖式有奖销售和附赠式有奖销售。

1. 抽奖式有奖销售

抽奖式有奖销售，也称悬赏销售。它是指销售方以抽奖等带有偶然性的方法决定购买方是否中奖并提供奖品或奖金的销售方式。抽奖式有奖销售利用购买者的博弈心理推销商品，容易导致社会风气的败坏。更有甚者利用有奖销售推销劣质产品。因此，各国对抽奖式有奖销售都有相应的规制措施和具体的规定，如德国《附赠法令》禁止以抽奖方式推销商品或服务，或为招揽顾客集体乘坐旅游车而在每辆车中提供免费座位等。我国《反不正当竞争法》只对以抽取奖项为形式的有奖销售进行了规制，其可分为以下三种情况：

一是欺骗性有奖销售行为，即“采用谎称有奖或故意让内部人员中奖的欺骗方式进行有奖销售”。“谎称有奖”是经营者对外诈称其销售商品设有奖项以招揽顾客，实际上并未设奖或者未设其对公众宣传所称的奖项。“故意让内部人员中奖”是指将中奖号码作特殊处理，使其只能由内定的人员得到。广大购买者从理论上均有中奖的可能

性，但实际上却无法得奖。欺骗性有奖销售是有名无实的欺骗行为。

二是利用有奖销售推销质次价高的商品。所谓质次价高的商品，是指由工商行政管理部门根据同期市场同类商品的价格、质量和购买者的投诉进行认定的商品。利用有奖销售推销质次价高商品的行为违背了诚实信用的商业道德，利用消费者的谋算心理习惯获取不当利益，必须予以制止。

三是高额奖项的有奖销售。所谓高额奖项的有奖销售，是指经营者设立的奖品或奖券超过正常商业惯例，以远远高于所推销商品价值的本末倒置方式进行竞争的不正当行为。各国法律一般不禁止有奖销售，是因为该促销方式在一定程度上可以活跃市场、刺激消费，但是通常对允许设奖的金额有所限制，其必须与所促销的商品价值相适应。对此限度的规定各国并不一致。我国《反不正当竞争法》规定，抽奖式的有奖销售最高奖的金额不得超过 5 万元，包括现金和非现金形式的物品或其他经济利益，超过该数值的应当加以禁止。

2. 附赠式有奖销售

附赠式有奖销售是经营者销售商品或提供服务时，附带性地向用户提供物品、金钱或其他经济利益的行为。它的主要表现形式包括免费样品、随物赠送、加量不加价、回邮赠送等。这种市场营销手段在各大传统节日被广泛采用，目的是有效刺激消费者购买商品或接受服务。在附赠式有奖销售中，经营者所提供的赠品有多种形式，但一般分为现金和物品。物品包括与所购物品完全相同的物品或小样，还包括同种类物品和完全与所售物品不相关的物品。现金则除了以货币形式出现，现在较为普遍的是有价证券，如只能在特定经营者经营场所内并在某一特定时段内消费的购物券。

大多数国家对附赠式有奖销售规定的是赠品只能限制在一定的限度之内，有些国家甚至原则上禁止在销售商品时采取免费或以支付金额形式向消费者赠送利益或服务。但这种禁止利用不正当赠品引诱顾客不等于杜绝一切赠品，在竞争法规定的限额和条件下，允许赠送价值不大的广告赠品，而且在产品的广告性说明上必须明确标示是“赠品”或“样品不得出售”等字眼。附赠式有奖销售的一个显著特点是公开性。通常在附赠式有奖销售活动开展前，经营者会通过各类媒体如广播、电视、报纸杂志或者是告示、海报等方式对该活动进行强有力的宣传，最大程度地吸引消费者前去购买。同时，关于活动的形式、具体数额、参加范围、领取赠品的要求等具体问题都会十分明确地告知消费者，这就区别于商业贿赂的暗箱操作。

（二）不正当有奖销售行为的法律责任

我国《反不正当竞争法》第 22 条规定了不正当有奖销售行为的法律责任，根据该条规定，经营者实施不正当有奖销售行为，由监督检查部门责令停止违法行为，处 5 万元以上 50 万元以下的罚款。

第八节　网络不正当竞争行为规制制度

一、网络不正当竞争行为的认定

（一）网络不正当竞争行为的含义和特点

网络不正当竞争行为就是利用网络从事生产经营活动，但违反商业道德，利用技术手段或其他方式妨碍、破坏其他经营者合法提供网络产品或者服务正常运行的行为。网络不正当竞争行为有以下特点：一是经营方面，具有利用网络从事生产经营活动的特点；二是手段方面，利用技术手段或其他方式来影响用户选择或产生其他不利影响；三是行为特征方面，该行为妨碍、破坏了其他经营者合法提供的网络产品或服务的正常运行。

（二）网络不正当竞争行为的分类

根据行为的具体类型，网络不正当竞争行为可以分为传统不正当竞争行为和新型不正当竞争行为。传统不正当竞争行为指的是互联网领域发生的符合我国《反不正当竞争法》中规定的六种典型不正当竞争行为，即商业混淆行为、商业贿赂行为、不当商业宣传行为、侵犯商业秘密行为、不正当有奖销售行为和商业诋毁行为等典型不正当竞争行为在网络空间的体现。新型不正当竞争行为指的是网络市场中不属于前述六种情形的不正当竞争行为，实践中常见的具体类型有强制跳转行为、恶意干扰用户行为、恶意不兼容行为等。

传统的不正当竞争行为和新型不正当竞争行为是网络不正当竞争行为最基本的分类。除此之外，依据侵害对象的不同，网络不正当竞争行为还可以分为侵害竞争者利益的行为、侵害消费者利益的行为、侵害市场参与者利益的行为；依实施主体的不同，网络不正当竞争行为可以分为经营者直接实施的行为和间接实施的行为。

（三）网络新型不正当竞争行为

传统网络不正当竞争行为可以看作是传统不正当竞争行为在互联网领域的延伸，网络新型不正当竞争行为是必须依赖技术手段才能实施的，且与网络运营市场的商业模式存在很强的关联性。我国《反不正当竞争法》第 12 条就是关于网络新型不正当竞争行为的规制制度。典型的网络新型不正当竞争行为包括以下几类：

1. 插入链接、强行跳转行为

插入链接、强行跳转行为指的是未经其他经营者同意，在其合法提供的网络产品或服务中，插入链接、强制进行目标跳转。插入链接与页面跳转是递进关系，就是利用技术手段，在网页中插入其他相似网页的链接，用户主动点击链接，就会跳转到该网页。这一行为的关键是“强制”，即违背了用户的原本意愿，进行目标跳转不是用户主动的行为。如果跳转的页面所提供的内容不能满足用户的需求，用户就会离开，这就劫持了流量；如果跳转的页面可以满足用户的需求，则跳转的页面就搭了别人的“便车”。

2. 恶意干扰客户端软件的行为

恶意干扰客户端软件的行为是指客户端软件利用其控制用户的优势地位，通过诱导、欺骗、强迫等手段由用户修改、拦截、屏蔽、卸载竞争对手的产品或服务，达到打击竞争对手目的的行为。需要注意的是，若出于公益目的或者保护用户的目的等非恶意的主观意图而实施该行为的，不属于不正当竞争行为。恶意干扰客户端软件的行为具有以下特点：一是平台利用软件技术优势或综合性业务扩张能力制约其他软件的运行；二是被干扰的产品或服务具有合法性；三是利用了用户的非专业性，以诱导、欺骗或者强迫等手段使用户作出违反其本意的行为。

3. 恶意不兼容行为

软件的恶意不兼容行为，是经营者利用自身的技术优势排斥其他辅助性软件加载和使用的行为。网络领域，软件不兼容是常态，通常指程序导致两个或多个软件不能同时运行。一些情况下的软件不兼容是软件开发者为了保护用户安全而设计的；另一些情况下的不兼容是经营者为了排除其他竞争软件、牟取不法利益而设计的。合理的不兼容不违背竞争法的宗旨，不具备违法性，反之则构成不正当竞争。判断一个不兼容行为是不是合理的，可以依据以下三个标准：一是软件互斥的不可避免性；二是排斥代码嵌入的非针对性；三是因干扰而产生的对技术的破坏性。互联网恶意不兼容行为关键在对“恶意”的认定：一是无技术性证据证明使用软件将产生危险性后果，但提示存在危险；二是预知用户从事某种行为的结果直接或间接损害其他经营者软件适用及其权益。

4. 其他行为

这类行为是指其他妨碍、破坏其他经营者合法提供的网络产品或者服务正常运行的行为。这是关于网络不正当竞争行为的兜底条款。网络技术快速发展，现实中的行为复杂多变，设置兜底条款可以有效应对实践的发展变化。特别是近年来数据竞争问题频发，如实践中经常发生的非法抓取、利用用户数据的行为，劫持流量行为，误导、欺骗、强迫用户修改、关闭、卸载其他经营者合法提供的网络服务行为等。

二、网络不正当竞争行为的法律责任

（一）民事责任

《反不正当竞争法》没有关于网络不正当竞争行为法律责任的专门规定，在民事责任方面适用该法第 17 条关于不正当竞争行为民事责任的一般规定。即按照实际损失进行赔偿，难以计算实际损失的，按照侵权利益确定。

（二）行政责任

《反不正当竞争法》专门规定了针对网络领域不正当竞争的行政责任，责任形式包括责令停止违法行为与罚款。在《反不正当竞争法》增加网络领域的不正当竞争行为规制条款之前，我国相关主管部门也曾设置了一些关于网络不正当竞争行为的行政责任。例如，工信部制定的《规范互联网信息服务市场秩序若干规定》中规定了网络不正当竞争的行政责任，责任形式包括责令改正、警告、罚款，并将行政处罚情况向社会公告。

第九节　反不正当竞争法的实施

一、反不正当竞争执法机构及其职权

（一）反不正当竞争执法机构

我国为实施《反不正当竞争法》，在中央层面由国务院建立“反不正当竞争协调机构”，而具体的执法机关有两类，一类是专门的执法机构，2018 年以前是工商行政管理机关，2018 年国务院机构改革后，具体执法机关变成了市场监督管理机关；另一类是特殊的监管执法机构，如银行法、保险法、证券法等规定的监督管理部门。这两类监管机关之间是分类监管而不是联合监管或联合执法的关系。

（二）反不正当竞争执法机构的职权

《反不正当竞争法》规定县级以上监督监察部门对不正当竞争行为，可以进行监督检查。这些监督检查部门享有的法定职权包括：（1）进入涉嫌不正当竞争行为的经营场所进行检查；（2）询问被调查的经营者、利害关系人及其他有关单位、个人，要求其说明有关情况或者提供与被调查行为有关的其他资料；（3）查询、复制与涉嫌不正当竞争行为有关的协议、账簿、单据、文件、记录、业务函电和其他资料；（4）查封、扣押与涉嫌不正当竞争行为有关的财物；（5）查询涉嫌不正当竞争行为的经营者的银行账户。

同时，《反不正当竞争法》同时规定，监督检查部门实施监督检查职权时，应当向监督检查部门的主要负责人书面报告并经过其批准。采取查封、扣押与涉嫌不正当竞争行为有关的财物以及查询涉嫌不正当竞争行为的经营者的银行账户等职权时，应当向设区的市级以上人民政府监督检查部门主要负责人书面报告，并经过批准。监督检查部门及其工作人员要履行出示证件、保守秘密、及时公开查处结果等职责。

（三）反不正当竞争执法的方式和手段

反不正当竞争执法方式与手段主要包括以下四种：

（1）依法行使监督管理职责。在法律法规授权范围内，市场监督管理部门可以综合运用行政调查、行政强制、行政裁决等法定行政权力。对市场不正当竞争主体，可以视情况进行调查，采取相应的调查手段，获取证据后进行处罚，或者对遭受损害的市场主体和消费者进行救济。

（2）出台部门规章及配套文件。市场经济不断发展变化，而法律具有稳定性。要想让行政执法不断适应市场的变化，可以通过出台部门规章或者颁布指导性的规范性执法文件来细化规范内容，满足行政执法的需要。

（3）开展专项执法行动。反不正当专项执法行动主要是以某个时期的类型违法案件为中心，进行集中整治。例如，2014 年下半年，原国家工商行政管理总局部署全国工商系统，集中开展“红盾网剑”专项行动，重点打击网络领域的不正当竞争行为。专项执法行动是我国特色的执法活动，它对于快速解决类型违法的问题有立竿见影的效果，但容易造成“雨过地皮湿”，也容易令经营者产生“风雨过后更自由”的投机心理，类型化不正当竞争行为容易卷土重来。

（4）发布执法典型案例。市场监督管理部门有权公布典型执法案例，为执法人员提供参照，还能为市场主体的经营活动提供指引，同时能够规范反不正当竞争行政执法的裁量尺度。此外，可以对发布的案例进行解释，说明其典型性的理由和指导意义。但需注意的是，市场监督管理部门发布的典型案例与最高人民法院发布的指导性案例不同，其指导意义只是宣传教育，并不是规范上的指导。

二、反不正当竞争法律责任制度

（一）民事责任制度

《反不正当竞争法》的民事责任制度主要规定其第 17 条，主要包括四个方面内容：

第一，不正当竞争行为的责任主体和索赔主体都是经营者。经营者违反《反不正当竞争法》的规定，给他人造成损害的，应当依法承担民事责任。经营者的合法权益受到不正当竞争损害，可以向人民法院提起诉讼。

第二，赔偿数额的计算。因不正当竞争受到损害的经营者的赔偿数额，按照其因被侵权所受到的实际损失确定；实际损失难以计算的，按照侵权人因侵权所获得的利益确定。

第三，惩罚性赔偿。经营者恶意实施侵犯商业秘密行为，情节严重的，可以在按照上述方法确定数额的 1 倍以上 5 倍以下确定赔偿数额。赔偿数额还应当包括经营者为制止侵权行为所支付的合理开支。

第四，法定赔偿。经营者违反《反不正当竞争法》第 6 条、第 9 条规定，权利人因被侵权所受到的实际损失、侵权人因侵权所获得的利益难以确定的，由人民法院根据侵权行为的情节判决给予权利人500万元以下的赔偿。

（二）行政责任制度

市场主体的不正当竞争行为不仅侵害竞争对手和消费者的私人利益，还会侵害社会公共利益，需要国家干预，因此对不正当竞争行为规定了行政责任，主要体现在《反不正当竞争法》第18条到第30条，具体内容如下：

经营者实施混淆行为的，由监督检查部门责令停止违法行为，没收违法商品。违法经营额5万元以上的，可以并处违法经营额5倍以下的罚款；没有违法经营额或者违法经营额不足5万元的，可以并处25万元以下的罚款。情节严重的，吊销营业执照。

经营者实施商业贿赂行为的，由监督检查部门没收违法所得，处10万元以上300万元以下的罚款。情节严重的，吊销营业执照。

经营者实施虚假或引人误解的商业宣传行为的，由监督检查部门责令停止违法行为，处20万元以上100万元以下的罚款；情节严重的，处100万元以上200万元以下的罚款，可以吊销营业执照。

经营者实施侵犯商业秘密行为的，由监督检查部门责令停止违法行为，没收违法所得，处10万元以上100万元以下的罚款；情节严重的，处50万元以上500万元以下的罚款。

经营者实施不正当有奖销售行为的，由监督检查部门责令停止违法行为，处5万元以上50万元以下的罚款。

经营者实施商业诋毁行为的，由监督检查部门责令停止违法行为、消除影响，处10万元以上50万元以下的罚款；情节严重的，处50万元以上300万元以下的罚款。

经营者实施网络不正当竞争行为的，由监督检查部门责令停止违法行为，处10万元以上50万元以下的罚款；情节严重的，处50万元以上300万元以下的罚款。

同时，《反不正当竞争法》还规定了责任的减轻制度：经营者主动消除或者减轻违法行为危害后果的，依法从轻或者减轻行政处罚；违法行为轻微并及时纠正，没有造成危害后果的，不予行政处罚。

（三）刑事责任制度

《反不正当竞争法》第31条对不正当竞争行为的刑事责任作了原则性规定，即构成犯罪的，依法追究刑事责任。详细的规定散见于《刑法》之中，主要有第三章第一节规定的“生产、销售伪劣商品罪”，第163条、第164条规定的“商业贿赂犯罪”，第221条规定的“损害商业信誉、商品信誉罪”，以及第222条规定的“虚假广告罪”等。

同时，需要特别注意的是，《反不正当竞争法》还规定了责任竞合的处理方法：经营者应当承担民事责任、行政责任和刑事责任，其财产不足以支付的，优先用于承担民事责任。

本章小结

反不正当竞争法是国家为促进和保护竞争，通过规制不正当竞争行为来调整竞争关系及与竞争有密切关系的其他社会关系的法律规范的总称。狭义的反不正当竞争法仅指《反不正当竞争法》，专门规制不正当竞争行为。本章在介绍反不正当竞争法基本问题的基础上，分别论述了七种典型不正当竞争行为，即商业混淆行为、不当商业宣传行为、商业诋毁行为、商业贿赂行为、侵犯商业秘密行为、不正当有奖销售行为以及网络不正当竞争行为，着重论述了它们的概念、特征、表现以及法律责任等问题。学习本章内容，需要把握不正当竞争行为这个主线，因为法律规范是通过规范人的行为来调整人与人之间的关系的。反不正当竞争法调整市场竞争规制关系，也是通过规范经营者的市场竞争行为来实现的。规范行为，不仅涉及行为的主体、主观方面、客体、客观方面等角度来认定不正当竞争行为，还涉及行为的法律责任与追究程序，因此在最后一节增加了反不正当竞争法的实施制度，主要论述反不正当竞争法的执法机构、职权以及法律责任。

学术视野

关于商业诋毁行为的主观过错形态，学界存在不同的观点，一些学者认为商业诋毁行为的主观方面为故意而不存在过失，虽然经营者也可能过失造成竞争对手商誉的损害，但其由此承担的是侵权法上的责任，该种过失行为并不构成诋毁竞争对手商誉的不正当竞争行为。另一些学者认为商业诋毁行为在主观方面既可以是故意，也可以是过失，美国、日本均有关于过失构成商业诋毁行为的规定。从诋毁行为的要点看，其主要方式是“捏造”和“传播”，前者肯定为故意，但后者既可以是故意也可以是过失。因此，总体来说，故意和过失都能构成商业诋毁行为。

实务参考

（1）“西门子”仿冒混淆纠纷案——仿冒混淆行为的认定［最高人民法院（2022）最高法民终312号］。

（2）开德阜国际贸易（上海）有限公司与阔盛管道系统（上海）有限公司等侵害商标权、虚假宣传纠纷案［上海知识产权法院（2015）沪知民终字第161号］。

（3）加多宝（中国）饮料有限公司与广州王老吉大健康产业有限公司虚假宣传纠纷案［最高人民法院（2017）最高法民再151号］。

思考题目

（1）试析反不正当竞争法与反垄断法的关系。

（2）简述不正当竞争行为的构成要件。

（3）试述我国反不正当竞争的法律责任制度。

（4）网络不正当竞争行为有什么特点?

（5）反不正当竞争执法机构可以采取哪些执法手段?

第九章

消费者权益保护法律制度

【本章摘要】 在市场经济下，消费主导生产对国家经济发展具有根本性影响。消费者是出于生活消费需要而购买、使用商品和接受服务的个体社会成员。随着商品经济的发展，信息不对称等因素使消费者在交易中处于弱势地位。因此，为了保护消费者的正当权益，维护市场经济秩序，消费者权益保护法应运而生。消费者权益保护法，是市场规制法的重要部门法，通过保护消费者权益、规制经营者的市场行为，促进社会主义市场经济健康发展。本章阐述了消费者权益保护法的基本原理、消费者权利、经营者义务、消费者权益的国家保护和社会保护，以及消费者权益受损的法律救济。

【学习目标】 了解消费者权益保护法的基本概念、基本原理和主要构成内容。深入理解消费者权益保护法律制度的核心理念和基本原则。掌握消费者权利和经营者义务。熟悉消费者权益保护机制。

第一节　消费者权益保护法的基本原理

一、消费者与消费者权益保护法

（一）消费者概念的界定

在市场经济下，消费主导生产对国家经济发展具有根本性影响。消费包括生活消费和生产消费。生活消费，是指个人对生活资料的消耗。生产消费，是指人们在生产过程中对生产资料的消耗。

消费者作为市场经济的参与者，与政府和企业共同构成了市场经济的重要力量。根据我国《消费者权益保护法》的规定，消费者是为了生活消费需要购买、使用商品或者接受服务的个体社会成员。消费者应当满足以下三个方面的条件。

第一，消费主体须是购买、使用商品或接受服务的自然人。消费者特指购买、使用商品或接受服务的自然人，法人及社会组织虽可购买商品，但非消费者权益保护法的保护对象。将消费者限于自然人，有助于维护消费者弱势地位，保障其合法权益。

同时，消费者不仅限于购买者，还包括使用者。

第二，消费客体须是由经营者提供的商品和服务。消费客体包括商品和服务两种。消费的商品或服务，应是从经营者处获得的，既包括消费者通过支付对价从经营者处获得的有偿商品和服务，也包括经营者的赠品或者赠送的服务。对此，我国《消费者权益保护法实施条例》规定，经营者以奖励、赠送、试用等形式向消费者免费提供商品或者服务，也应当保证商品或者服务符合保障人身、财产安全的要求。

第三，消费性质须是生活消费。消费性质的限定主要是为了将生活消费与生产消费，消费者与生产者、经营者区别开来。另外，根据我国《消费者权益保护法》的特别规定，农民购买、使用直接用于农业生产的生产资料时，可以视为消费者，受消费者权益保护法调整。

（二）消费者权益保护法的概念和特点

消费者权益保护法，是指以保护消费者权益为宗旨，在调整保护消费者合法权益过程中发生的社会关系的法律规范的总称。该法具有以下三个方面的特征：

第一，消费者权益保护法具有特定的调整对象，即消费关系和与消费关系相关的关系。消费关系，即经营者与消费者之间在购买、使用商品或接受服务过程中发生的关系，包括消费者对经营者的违法行为进行求偿及消费者对经营者活动的监督。消费关系相关的关系，包括国家机关与经营者之间的关系及国家机关与消费者之间的关系。

第二，消费者权益保护法强调实质公平，在权利义务配置上具有明显的倾向性。与民商法强调形式公平、对市场主体予以平等保护有所不同，消费者权益保护法强调实质公平，针对消费者的弱势地位给予其倾斜保护。因此赋予消费者更多权利，课以经营者更多义务。

第三，消费者权益保护法除规定私力救济外，更强调国家公权力的介入。消费者权益纠纷不仅是消费者和经营者之间的个体权益纠纷，更涉及消费者整体权益保护和市场经济秩序维护。因此，该法运用公权力纠正经营者与消费者地位不对等问题，给予消费者特殊保护。

二、消费者权益保护法的立法概况

20 世纪五六十年代，世界范围内的消费者运动兴起。消费者保护立法以美国、日本和英国最为典型。美国早在 1906 年就颁布了《纯净食品和药品法》；日本则于 1968 年制定了世界上第一部专门性的消费者权益保护法律，即《保护消费者基本法》；英国于 1987 年制定了专门的《消费者保护法》。除消费者保护法外，关于消费者保护的各项规定也散见于产品质量法、反垄断法、反不正当竞争法等法律规范中，共同构成了消费者保护的法律体系。

在我国，消费者运动及消费者保护立法产生较晚。1984 年 12 月，我国成立中国消费者协会，随后各省、市、县的消费者协会相继成立。1993 年 10 月 31 日，我国颁布

《消费者权益保护法》，并于2009年8月和2013年10月进行了两次修正。此外，我国颁布的一系列经济法律，如《产品质量法》《反不正当竞争法》《反垄断法》等，都从不同角度对消费者权益予以了一定保护。随着新型消费发展，2024年《消费者权益保护法实施条例》颁布，推动了金融、电子商务、直播带货、物业、维修、快递、网约车等领域的消费者权益保护立法完善。

三、消费者权益保护法的基本原则

（一）自愿、平等、公平、诚实信用和依法交易原则

该原则是市场交易的基本原则，同时也是经营者必须遵守的义务。该原则要求在市场交易中双方当事人应处于实质平等地位，秉承自愿、公平，讲求诚信，采用法律规定的方法进行交易，不得强买强卖，不得采用欺诈、胁迫或其他方法损害消费者的合法权益。

（二）对消费者予以特别保护原则

消费者权益保护法基于消费者的弱势地位，突破了传统法律形式上平等保护的思想，给予消费者倾斜保护，实现对实质公平的追求。在制度设计上赋予了消费者完备的权利，对经营者规定了详尽的义务，同时设计了一系列解决纠纷的救济手段。

（三）国家保护和社会监督相结合的原则

在消费者权益保护法中，国家通过赋予市场监管机关、司法机关对经营者活动进行监督管理，对违法行为进行行政、刑事制裁等权限，实现对消费者权益的国家保护。同时，国家也倚重各种消费者权益保护组织及大众传媒等社会力量，通过强化社会监督，共同保护消费者的相关权益。

第二节　消费者权利

1983年，国际消费者联盟组织决定将每年3月15日定为“国际消费者权益日”。此后，各国不断补充完善消费者的权利，形成了现今消费者权利体系。具体来看，消费者享有以下方面的权利。

一、安全保障权

安全保障权，是指消费者在购买、使用商品和接受服务过程中人身及财产安全不受侵犯的权利。从保障的权利内容看，安全保障权包括人身安全权和财产安全权，前者指消费者在消费过程中生命、健康和身体不受损害的权利，后者指消费者在消费过

程中财产不受损害的权利。从保障的环节看，安全保障权贯穿购买环节和使用环节。安全保障要求不仅适用于一般的商品和服务，也适用于以奖励、赠送、试用等形式向消费者免费提供的商品或者服务。经营者要对经营场所及设施采取必要的安全防护措施，并设置相应的警示标识。消费者在经营场所遇到危险或者受到侵害时，经营者应当给予及时、必要的救助。

二、真情知悉权

真情知悉权，是指消费者享有知悉其购买、使用的商品或者接受的服务的真实情况的权利。消费者在购买商品或接受服务时，有权了解商品和服务的真实情况，包括价格、产地、性能等详细信息。我国相关法律规定，经营者通过网络、电视、电话、邮购等方式提供商品或者服务的，应在其首页、视频画面、语音、商品目录等处以显著方式标明或者说明其真实名称和标记。由其他经营者实际提供商品或者服务的，还应当向消费者提供该经营者的名称、经营地址、联系方式等信息。

三、自主选择权

自主选择权，是指消费者有权根据自己的意愿自主选择商品和接受服务的权利。自主选择权包括以下四个方面的内容：一是有权自主选择商品和服务的提供者；二是有权选择商品品种和服务方式；三是有权自主决定购买或者不购买任何一种商品，接受或不接受任何一项服务；四是有权自主对商品和服务进行比较、鉴别和挑选。自主选择权，旨在禁止任何形式的强买强卖，禁止任何违背消费者意愿兜售商品和服务的行为。经营者可以为消费者正确地行使选择权提供各种信息和咨询意见，但不得代替消费者作出决定或以暴力、胁迫、限制人身自由等方式或者利用技术手段强迫消费者作出决定。消费者对于经营者搭售行为，可以合理合法拒绝；对于“自动续费”项目，拥有随时取消或变更的权利。

四、公平交易权

公平交易权，是指消费者在购买商品或接受服务过程中，享有获得公平交易条件的权利。公平交易权主要体现在以下四个方面：一是经营者提供的商品或服务应当具备公众普遍认同的功能或质量；二是商品或服务的价格必须合理；三是商品计量必须正确，不得缺斤少两，不得降低服务水准；四是对于经营者强制交易的行为，消费者有权拒绝。网络消费中存在的“批量点赞”“虚构测评”“好评返现”“删除差评”等“刷单炒信”行为、“大数据杀熟”行为均严重损害了消费者的公平交易权。消费者权益保护法对上述行为予以禁止。

五、依法求偿权

依法求偿权，是指消费者因购买、使用商品或者接受服务受到人身、财产损害的，享有依法获得赔偿的权利。我国《消费者权益保护法》针对欺诈行为和缺陷产品责任专门规定了惩罚性赔偿责任。对于发生欺诈行为的，应当增加赔偿消费者购买商品价款或接受服务费用的 3 倍，不足 500 元的为 500 元。对于缺陷产品责任则实行所受损失双倍以下的惩罚性赔偿。

六、反悔权

反悔权，又称冷静期制度，是指消费者在购买取得商品后的一定时间内，享有单方面无理由解除买卖合同，退还所购商品的权利。我国《消费者权益保护法》间接规定了反悔权的行使条件：首先，反悔权适用于通过网络、电视、电话、邮购等方式销售的商品，但不适用于定制商品、鲜活易腐品、数字化商品（如已下载或拆封的音像制品、软件）、报纸期刊以及消费者在购买时确认不宜退货的其他商品。经营者不得限缩法定的无理由退货范围，应当显著标注不适用的商品，并允许消费者在购买时确认是否适用无理由退货。其次，退货商品需保持完好，即商品本身无损，而非仅是包装完好。消费者为查验或确认品质而进行的合理调试不影响退货。再者，消费者应当在收到商品后 7 日内行使反悔权，无需解释原因。经营者应在收到退货后 7 日内退还商品价款。最后，为防止滥用反悔权，除非另有约定，退回商品的运费由消费者承担。

七、依法结社权

依法结社权，是指消费者享有依法成立维护自身合法权益的社会团体的权利。1984 年，中国消费者协会成立。目前，我国的消费者社会团体主要包括中国消费者协会和地方各级消费者协会。对侵害消费者权益的行为，中国消费者协会以及在省、自治区、直辖市设立的消费者协会，可以支持消费者起诉或直接向人民法院起诉。

八、接受教育权

接受教育权，是指消费者享有获得有关消费和消费者权益保护方面知识的权利。具体包括两方面：一是消费者享有如何选择和使用商品或接受服务、商品的成分以及价格等方面知识的权利；二是消费者享有自身受到侵害时如何寻求救济知识的权利。

九、获得尊重权

获得尊重权，是指消费者在购买商品和接受服务过程中，享有人格尊严、风俗习惯以及个人隐私等获得尊重的权利。现实生活中存在着众多侵犯消费者人格尊严的行为，如超市搜身事件，不仅使消费者的人格尊严受到了侵犯，更有甚者会限制消费者的人身自由。

十、批评监督权

批评监督权，是指消费者享有对商品和服务以及保护消费者权益工作进行监督的权利。行使对象包括经营者和从事消费者保护工作的国家机关。行使内容主要包括两个方面：一是对经营者提供的商品和服务的经营活动进行监督；二是对相关国家机关及其工作人员的消费者保护工作进行监督。消费者投诉、举报应当遵守法律、法规和有关规定，不得利用投诉、举报牟取不正当利益，侵害经营者的合法权益，扰乱市场经济秩序。

十一、个人信息受保护权

个人信息受保护权，是指在购买商品和接受服务过程中，消费者应当享有提供的信息得到保护、不得随意被泄露的权利。根据《侵害消费者权益行为处罚办法》（2020年修订版）的规定，消费者的个人信息是指经营者在提供商品或者服务活动中收集的消费者的姓名、性别、职业、出生日期、身份证件号码、住址、联系方式、收入和财产状况、健康状况、消费情况等能够单独或者与其他信息结合能够识别消费者的信息。消费者的生物识别、宗教信仰、特定身份、医疗健康、金融账户、行踪轨迹等信息以及不满14周岁未成年人的个人信息等敏感个人信息，受法律法规保护。

第三节　经营者义务

一、安全保障的义务

安全保障义务，指经营者应当确保其所提供的商品和服务符合保护消费者人身、财产安全要求的义务。在我国，经营者的安全保障义务主要包括：其一，提供的商品或服务（包括以奖励、赠送、试用等形式向消费者免费提供的商品或者服务）必须满足人身、财产安全的基本要求；其二，对于可能带来风险的商品或服务，经营者需向消费者提供真实、明确的警示和正确使用方法，对于仅存在瑕疵但不影响使用的赠品，经营者只需履行告知义务；其三，对于经营场所及其设施，经营者应采取必要的安全防护措施，并设置警示标识，在消费者遇到危险时提供及时救助；其四，一旦发现商品或服务存在缺陷，可能危及人身、财产安全的，经营者应立即报告行政部门、告知消费者，并采取停止销售、警示、召回、无害化处理、销毁、停止生产或者服务等措施。采取召回措施的，生产或者进口商品的经营者应当制定召回计划，发布召回信息，明确告知消费者享有的相关权利，保存完整的召回记录，并承担消费者因商品被召回所支出的必要费用。商品销售、租赁、修理、零部件生产供应、受委托生产等相关经营者应当依法履行召回相关商品的协助和配合义务。

为加强对未成年人的保障，《消费者权益保护法实施条例》规定，经营者提供网络游戏服务的，应符合国家关于网络游戏服务相关时段、时长、功能和内容等方面的规定和标准，针对未成年人设置相应的时间管理、权限管理、消费管理等功能，在注册、登录等环节严格进行用户核验，依法保护未成年人身心健康。

二、信息提供、身份标明的义务

信息提供、身份标明的义务，是指经营者承担的提供商品或服务相关信息，表明自己真实身份的义务。具体包括：第一，经营者应当真实、全面提供与商品或服务相关的信息，不得作虚假或引人误解的表示。经营者须对商品质量、性能、用途等作真实全面说明，对消费者询问作出真实明确答复，并明码标价。通过网络等方式提供服务或金融服务的经营者，还须提供经营地址、联系方式等关键信息。第二，经营者应标明真实名称和标记，租赁柜台或场地的经营者亦须标明真实身份。出租者应建立管理制度，核验、更新、公示经营者信息，供消费者查询。

《消费者权益保护法实施条例》加强了平台交易、直播带货等场景下经营者的信息披露义务：第 9 条禁止虚假宣传，包括虚构经营者资质、交易信息、经营数据等，并禁止“刷单炒信”行为；第 13 条要求直播带货经营者在其首页、视频画面等处显著标明真实身份，如由其他经营者提供服务，还需提供其相关信息；第 15 条特别关爱老年消费者，禁止虚假宣传，禁止虚构或者夸大商品或服务的治疗、保健、养生等功效，诱导老年人购买不符合需求的商品或服务。

三、不得从事不公平、不合理的交易的义务

不得从事不公平、不合理交易的义务，是指经营者应当确保价格、质量、计量等交易条件公平合理，不得价格歧视、强制交易或使用格式条款侵害消费者利益等的义务。在网络消费方面，《消费者权益保护法实施条例》第 9 条第 2 款明确禁止“大数据杀熟”行为，规定经营者不得在消费者不知情的情况下对同一商品服务在同等交易条件下设置不同的价格或者收费标准；第 11 条明确禁止“强制搭售”行为，规定经营者不得利用技术手段强制或者变相强制消费者购买商品、接受服务，通过搭配、组合等方式提供商品服务的，应当以显著的方式提请消费者注意。

在格式条款的使用方面，《消费者权益保护法》和《消费者权益保护法实施条例》规定：第一，要求经营者在使用格式条款时，显著提醒消费者注意与其有重大利害关系的内容，并应消费者要求进行说明；第二，明确了无效格式条款的条件，包括免除经营者责任、加重消费者责任、限制消费者变更合同、限制诉讼或仲裁选择、限制选择其他经营者商品或服务，以及利用技术手段强制交易等情形。

另外，经营者收取押金应约定退还方式、程序和时限，不得设置不合理条件。消费者要求退押金且符合条件的，经营者应及时退还。违约时，扣除押金应以实际损失为准。服务自动展期或续费前，经营者应显著提醒消费者。

四、听取意见和接受消费者监督的义务

经营者在提供商品和服务过程中应当听取消费者的意见，接受消费者的监督。消

费者监督是督促经营者改善经营管理，提高产品和服务质量，实现消费者主权的最有力保证。对经营者行为的有效监督依赖于经营者的积极配合，经营者应当通过提供意见簿等途径听取消费者的意见。

五、出具凭证和单据的义务

经营者在提供商品和服务过程中，应当按照国家规定或者商业惯例向消费者出具发票等购货凭证或者服务单据；消费者索要发票等购货凭证或者服务单据的，经营者必须出具。出具凭证和单据，一方面有利于防止经营者偷税漏税；另一方面，在经营者与消费者之间发生纠纷时，可以作为消费者维权的一项重要证据使用。

六、质量等担保的义务

质量担保义务包括明示担保义务和默示担保义务。明示担保要求商品和服务符合正常使用标准，除非消费者已知瑕疵且该瑕疵不违法。默示担保则要求经营者提供的商品和服务质量与其宣传一致。根据《消费者权益保护法实施条例》的规定，经营者以商业宣传、产品推荐、实物展示或者通知、声明、店堂告示等方式提供商品或者服务，对商品或者服务的数量、质量、价格、售后服务、责任承担等作出承诺的，应当向购买商品或者接受服务的消费者履行其所承诺的内容。对于机动车、计算机等耐用商品或装修装饰服务，消费者发现瑕疵发生争议时，由经营者承担举证责任。

七、退货、修理、更换等义务

退货、修理、更换等义务是指经营者提供的商品或者服务不符合质量要求，经营者依照国家规定或当事人间约定应消费者的要求进行退货、更换、修理等的义务。《消费者权益保护法实施条例》细化了经营者的“三包”义务：一是要求经营者与消费者约定的有效期限不低于国家规定，自交付或安装完成之日起计算，更换后有效期重新计算，修理时间不计入；二是退货款项应按发票等凭证显示的价格退清，不一致时按实际支付价格退清。

在“三包”义务下，经营者的退货义务与消费者“反悔权”所涉及的经营者无条件退货义务有所不同：（1）两者适用的商品范围不同。前者适用于所有类型的商品；后者仅适用于经营者采用网络、电视、电话、邮购等方式销售的商品。（2）两者适用的退货理由不同。前者是以经营者提供的商品或服务不符合质量要求为条件；后者无须说明任何理由。（3）两者承担运费的方式不同。前者由经营者承担退货所需运费；而后者由消费者承担退货所需运费。（4）两者保护的权益侧重点不同。前者侧重于确保商品的质量符合要求，重点保障消费者的公平交易权；后者侧重于保障消费者的真情知悉权。

八、尊重消费者人格尊严的义务

尊重消费者人格尊严的义务是指经营者应当尊重消费者的人格尊严、民族风俗习惯的义务。人格尊严与自由是消费者应当享有的一项基本人权。由此，经营者在经营活动中不得对消费者进行侮辱、诽谤，不得搜查消费者的身体及其携带的物品，不得侵犯消费者的人身自由。

九、保护消费者个人信息的义务

《消费者权益保护法》要求经营者收集、使用信息须合法、正当、必要，明示目的、方式和范围，经消费者同意，并公开规则。经营者须严格保密信息，防止泄露、丢失，一旦发生泄露应立即补救。未经消费者同意，不得发送商业信息。《消费者权益保护法实施条例》规定，经营者不得过度收集消费者个人信息，不得采用一次概括授权、默认授权等方式，强制或者变相强制消费者同意收集、使用与经营活动无直接关系的个人信息。经营者处理包含消费者的生物识别、宗教信仰、特定身份、医疗健康、金融账户、行踪轨迹等信息以及不满 14 周岁未成年人的个人信息等敏感个人信息的，应当符合有关法律、行政法规的规定。未经同意，经营者不得向消费者发送商业性信息或拨打商业性电话。消费者同意接收后，经营者应提供取消方式，一旦消费者选择取消，经营者应立即停止发送。

十、预付款领域的义务

《消费者权益保护法实施条例》明确规定了在预付式消费领域中经营者的义务。(1) 设立“书面合同”义务。经营者以收取预付款方式提供商品或者服务的，应当与消费者订立书面合同，约定商品或者服务的具体内容、价款或者费用、预付款退还方式、违约责任等事项。(2) 强化“按约履行”的义务。经营者收取预付款后，应当按照与消费者的约定提供商品或者服务，不得降低商品或者服务质量，不得任意加价。经营者未按照约定提供商品或者服务的，应当按照消费者的要求履行约定或者退还预付款。(3) 明确“事中告知”的义务。经营者出现重大经营风险，有可能影响经营者按照合同约定或者交易习惯正常提供商品或者服务的，应当停止收取预付款。经营者决定停业或者迁移服务场所的，应当提前告知消费者，提前 30 日在其经营场所、网站、网店首页等醒目位置公告经营者的有效联系方式等信息。(4) 赋予消费者合同解除权。消费者依照国家有关规定或者合同约定，有权要求经营者继续履行提供商品或者服务的义务，或者要求退还未消费的预付款余额。

十一、直播带货领域的义务

在直播带货领域，《消费者权益保护法实施条例》作出了详细规范：一是强化信息披露，要求经营者清晰标明真实名称、标记，并提供实际提供商品服务的经营者信息，确保消费者明确“谁在带货”和“带谁的货”。二是完善平台管理，直播营销平台须建立消费者保护制度，明确争议解决机制，并提供必要信息以协助消费者维权。三是规范营销行为，直播间运营者和直播营销人员发布的商业广告须遵守《广告法》规定，履行广告发布者、广告经营者或者广告代言人的义务。

第四节　消费者权益的国家保护和社会保护

一、消费者权益的国家保护

（一）立法方面的保护

消费者权益保护领域的立法活动，不仅涉及我国立法机关制定、修改《消费者权益保护法》，也包括制定配套法规、规章和各类强制性标准，以及司法机关制定有关消费者权益保护的司法解释。消费者权益保护的立法要正确处理好消费者权益保护法与竞争法、民商法的关系，处理好制度设计与执法、司法实践的关系等。

（二）行政管理方面的保护

各级人民政府应当加强对消费者权益保护工作的组织、领导和协调，并加强监督，预防并制止危害消费者人身财产安全情况的发生。市场监督管理部门或其他有关行政部门应畅通投诉举报渠道，及时处理并加强信息分析，开展消费预警。各部门应协同配合，依法对商品服务实施监管，查处违法行为；重视消费者和消费者协会的意见，及时调查处理；定期抽检产品并公示结果；一旦发现危害消费者人身财产安全的商品和服务，应当责令经营者采取立即停止销售、警示、召回、无害化处理、销毁、停止生产或者服务等措施。

（三）司法方面的保护

司法救济是国家利用强制力保护消费者合法权益的手段。当消费者合法权益受到侵害，消费者可以到司法机关提起民事诉讼；如果违法行为侵害了众多消费者的权益，消费者协会可以直接提起民事公益诉讼；如果构成犯罪，司法机关可对其追究刑事责任。

（四）消费者保护的协调机制

为了加强消费者保护工作，我国建立了“消费者权益保护工作部际联席会议”的协调机制，由市场监管总局牵头，涵盖26个部门和单位，旨在统筹协调全国消费者权益保护工作，推进重大政策、措施的实施，指导并监督相关部门履行职责，解决重大问题和消费事件。

二、消费者权益的社会保护

（一）消费者组织的保护

消费者组织，是依法成立的对商品和服务进行社会监督、保护消费者合法权益的非营利性、公益性自治性团体。自 1891 年“纽约消费者协会”成立起，消费者保护组织在世界范围内逐渐发展壮大。中国消费者协会于 1984 年成立，随后全国各省、市、县也成立了消费者协会。在我国，消费者协会的职责包括提供消费信息和咨询服务、参与制定相关法律、参与监督检查、反映消费者问题、调解投诉、支持诉讼等。《消费者权益保护法实施条例》还规定消费者协会可开展比较试验、消费调查等活动，并首次将消费投诉信息公示上升为法定义务。

（二）新闻媒体的监督

消费者权益社会保护的另一个渠道是新闻媒体的监督。首先，大众传播媒介应确保新闻报道的真实性，不得与经营者杜撰虚假信息。其次，大众传播媒介应确保新闻报道的时效性，不得抓住一些经营者的“污点”不放，沦为其他竞争者打击竞争对手的工具。最后，大众传播媒介应确保新闻报道的准确性，不得通过引导影响消费者的价值判断。同时，任何单位和个人不得干涉新闻机构为保护消费者合法权益而采取的曝光行为。

第五节　消费者权益受损的法律救济

一、消费者权益争议的解决途径

消费者权益争议的解决途径主要有以下几种：（1）消费者与经营者达成和解协议。经营者可以通过建立健全首问负责、先行赔付、在线争议解决等制度，及时预防和解决消费争议。（2）请求消费者协会进行调解。消费者协会的调解协议不具有法律约束力，需要双方自觉履行。（3）向有关行政部门投诉。行政部门应在 7 个工作日内处理投诉，受理投诉后消费者和经营者同意调解的，要在受理之日起 60 日内完成调解。（4）向仲裁机构申请仲裁。双方当事人采用仲裁方式解决的，必须在事前签订有仲裁协议或制裁条款。（5）向人民法院提起诉讼。无论有没有上述前置程序，当事人均可以向法院起诉。在经营者侵害众多消费者权益的情况下，国家和省级消费者协会可以提起公益诉讼。

二、经营者承担责任的规则

在消费者权益争议解决过程中，根据以下规则确定应承担法律责任的经营者：

（1）在一般性消费者权益争议中，销售者承担先行赔付义务。消费者在购买商品和接受服务过程中遭受损害的，可以向销售者要求赔偿。销售者赔偿后，属于生产者责任或者属于向销售者提供商品的其他销售者责任的，销售者有权向生产者或者其他销售者追偿。

（2）缺陷产品致消费者遭受损害的，销售者和生产者承担连带责任。消费者因商品缺陷遭受损害的，可以向销售者要求赔偿，也可以向生产者要求赔偿。属于销售者责任的，生产者可以向销售者追偿；属于生产者责任的，销售者可以向生产者追偿。

（3）经营者发生变更的，由变更后的经营者承担责任。消费者在购买、使用商品和接受服务的过程中，合法权益受到损害，而经营者发生合并或分离的，可以向变更后承受其权利义务的经营者要求赔偿。

（4）使用他人的营业执照从事经营活动致消费者损害的，营业执照持有人与租借人承担连带责任。该种情形，消费者可以要求营业执照使用人承担损害责任，也可以要求营业执照持有人承担责任。

（5）展销会举办者、柜台出租者的特殊责任。由于展销会具有一定的期限性，消费者在展销会或租赁柜台购买商品或接受服务受损，可向销售者、服务者或展销会举办者、柜台出租者要求赔偿。展销会结束或租赁期满后，消费者仍可向展销会的举办者、柜台的出租者要求赔偿。展销会举办者、柜台出租者赔偿后，有权向销售者或服务者追偿。

（6）网络平台提供者的特殊责任。消费者在网络平台购物或服务受损，可向销售者或服务者索赔。若网络平台无法提供销售者或服务者真实信息，消费者可向网络平台索赔。网络平台若作出更利于消费者的承诺，应当履行承诺。网络平台赔偿后，有权向销售者或服务者追偿。

（7）发布虚假广告的经营者及相关主体的责任。其一，提供商品或服务的经营者的基础性责任。经营者进行虚假宣传致消费者遭受损害的，消费者可向经营者索赔。其二，广告经营者、发布者的信息提供义务及相关赔偿责任。广告经营者、发布者发布虚假广告的，消费者可以请求行政主管部门予以惩处。广告经营者、发布者无法提供经营者真实信息，亦须赔偿。若广告涉及生命健康商品或服务，且造成损害，广告经营者、发布者须与经营者承担连带责任。其三，鉴证广告中鉴证人的相关责任。鉴证人若推荐虚假广告商品或服务并导致消费者损害的，同样须与经营者承担连带责任。

三、民事法律责任

（一）适用民事责任的情形

经营者提供商品或者服务有下列情形之一的，承担民事责任：（1）商品存在缺陷的；（2）不具备商品应当具备的使用性能而出售时未作说明的；（3）不符合在商品或者其包装上注明采用的商品标准的；（4）不符合商品说明、实物样品等方式表明的质量状况的；（5）生产国家明令淘汰的商品或者销售失效、变质的商品的；（6）销售的商品数量不足的；（7）服务的内容和费用违反约定的；（8）对消费者提出的修理、重作、更换、退货、补足商品数量、退还货款和服务费用或者赔偿损失的要求，故意拖延或者无理拒绝的；（9）法律、法规规定的其他损害消费者权益的情形。

（二）赔偿性民事责任

1. 侵犯人身权的民事责任

经营者在提供商品或服务的过程中造成消费者或其他人人身伤害的，应当支付医疗费、治疗期间的护理费、因误工减少的收入等费用；造成残疾的，还应当支付残疾者生活自助具费、生活补助费、残疾赔偿金以及由其扶养的人所必需的生活费等费用；造成死亡的，应当支付丧葬费、死亡赔偿金以及由死者生前扶养的人所必需的生活费等费用。如果经营者侵害了消费者的人格尊严或者侵犯消费者人身自由的，应当停止侵害、恢复名誉、消除影响、赔礼道歉，并赔偿损失。

2. 侵犯财产权的民事责任

侵犯财产权的民事责任主要有以下四个方面：一是经营者所提供的商品或服务，对消费者的财产造成损害的，应当按照法律的规定或者当事人之间的约定承担修理、重做、更换、退货、补足商品数量、退还货款和服务费用或者赔偿损害等民事责任。二是经营者以预收款等方式提供商品或服务的，应该按照其约定提供。若未按约定提供，应按照消费者的要求履行义务或者退回预付款，并且承担利息以及消费者必须支付的合理费用。三是经行政部门认定为不合格的商品，经营者应按消费者的要求退货。四是经营者未尽到安全保障义务造成消费者损害的，应当承担侵权赔偿责任。

（三）惩罚性民事责任

1. 欺诈行为的惩罚性赔偿责任

经营者在提供商品或服务中欺诈消费者，应增加赔偿至购买价款的 3 倍，不足 500 元按 500 元计。欺诈是指一方当事人故意告知对方虚假情况，或故意隐瞒真实情况，诱使对方当事人作出错误意思表示。但商品或服务的非关键性瑕疵除外。若消费者通过非法手段骗取赔偿或敲诈勒索，不适用欺诈赔偿规定，将依法处理。若构成犯罪，将追究刑事责任。

2. 提供缺陷产品的惩罚性赔偿责任

经营者明知商品或者服务存在缺陷，仍然向消费者提供，造成消费者或者其他受害人死亡或者健康严重损害的，受害人有权要求经营者依照《消费者权益保护法》第 49 条、第 51 条等法律规定赔偿损失，并有权要求所受损失 2 倍以下的惩罚性赔偿。

四、行政责任

（一）适用行政责任的情形

经营者有下列情形之一，应当承担行政责任：(1) 提供的商品或者服务不符合保障人身、财产安全要求的；(2) 在商品中掺杂、掺假，以假充真，以次充好，或者以不合格商品冒充合格商品的；(3) 生产国家明令淘汰的商品或者销售失效、变质的商品的；(4) 伪造商品的产地，伪造或者冒用他人的厂名、厂址，篡改生产日期，伪造或者冒用认证标志等质量标志的；(5) 销售的商品应当检验、检疫而未检验、检疫或者伪造检验、检疫结果的；(6) 对商品或者服务作虚假或者引人误解的宣传的；(7) 拒绝或者拖延有关行政部门责令对缺陷商品或者服务采取停止销售、警示、召回、无害化处理、销毁、停止生产或者服务等措施的；(8) 对消费者提出的修理、重作、更换、退货、补足商品数量、退还货款和服务费用或者赔偿损失的要求，故意拖延或者无理拒绝的；(9) 侵害消费者人格尊严、侵犯消费者人身自由或者侵害消费者个人信息依法得到保护的权利的；(10) 法律、法规规定的对损害消费者权益应当予以处罚的其他情形。

（二）行政责任的主要内容

1. 一般责任

经营者实施上述违法行为侵害消费者权益的，由市场监督管理部门或者其他有关行政部门责令改正，并可以单处或并处警告、没收违法所得、处以违法所得 1 倍以上 10 倍以下的罚款。没有违法所得的，处 50 万元以下的罚款；情节严重的，责令停业整顿、吊销营业执照。经营者有上述违法违规情形的，除依照法律、法规规定予以处罚外，处罚机关应当记入信用档案，向社会公布。经营者对处罚决定不服的，可以申请行政复议或者提起行政诉讼。经营者违反法律规定，应当承担民事赔偿责任和缴纳罚款、罚金，其财产不足以同时支付的，先承担民事赔偿责任。

2. 特殊责任

根据《消费者权益保护法实施条例》规定，经营者具有以下情形，其他有关法律、法规对处罚机关和处罚方式有规定的，依照法律、法规的规定执行；法律、法规未作规定的，由市场监督管理部门或者其他有关行政部门责令改正，可以根据情节单处或者并处警告、没收违法所得、处以违法所得 1 倍以上 5 倍以下的罚款。没有违法所得的，处以 30 万元以下的罚款；情节严重的，责令停业整顿、吊销营业执照。(1) 违反“自动付费”和商品明细的告知义务，通过“强制搭售”或者其他强制、变相强制手段侵害消费者自主选择权，通过商业宣传、产品推荐等方式宣传售卖却没有真实履行承诺，违反传统电商和直播带货领域的各项义务侵害消费者权益；(2) 网络游戏服务经营者未尽到未成年人保护义务；(3) 利用“霸王条款”侵害消费者权益；(4) 各种理由推脱“七日无理由退货”相关义务、不合理方式收取押金、没有履行营业信息变更的提示告知义务。

《消费者权益保护法实施条例》设立了预付式消费的专门罚则。规定经营者违反预付式消费相关义务的，由有关行政部门责令改正，可以根据情节单处或者并处警告、没收违法所得、处以违法所得1倍以上10倍以下的罚款。没有违法所得的，处以50万元以下的罚款；情节严重的，责令停业整顿、吊销营业执照。对于预收费用后卷款跑路的，还将依法列入严重违法失信名单。

五、刑事责任

经营者在提供商品或者服务过程中，严重违反法律规定，触犯《刑法》的，应当依法追究刑事责任。根据我国《消费者权益保护法》的规定，（1）经营者提供商品或服务致人重伤或者死亡，构成犯罪的，依法追究其刑事责任；（2）经营者采用暴力、威胁等方法阻碍有关行政部门工作人员依法执行职务的，应当依法追究刑事责任；（3）国家机关工作人员玩忽职守或者对经营者侵犯消费者合法权益的行为进行包庇，情节严重，构成犯罪的，依法应当追究刑事责任。

本章小结

消费者权益保护法，是指以保护消费者权益为宗旨，调整保护消费者合法权益过程中发生的社会关系的法律规范的总称。消费者权益保护法的基本原则包括：自愿、平等、公平、诚实信用和依法交易原则，对消费者予以特别保护原则，国家保护和社会监督相结合的原则。消费者权益保护法作为市场规制法的重要组成部分，具有丰富、全面的规制体系，其规定了消费者的权利、经营者的义务、国家与社会的责任，以及争议解决和法律责任等内容。其中，消费者的权利和经营者的义务是这一制度体系的核心，我国法律对此分别进行了详细规定，旨在保护基本人权和规范市场行为；国家和社会也承担着保护消费者权益的责任，包括立法、执法、司法和消费者组织的作用等；在争议解决方面，法律提供了多元化的救济途径，并明确了责任主体；在责任承担方面，违法者须承担赔偿性和惩罚性法律责任。总的来说，消费者权益保护法在保障消费者权益、规范市场秩序和促进社会经济发展中发挥着不可替代的作用。

学术视野

在消费者身份界定方面，“知假买假者”应否属于消费者？我国《消费者权益保护法》并未予以明确规定。2013年12月9日颁布的《最高人民法院关于审理食品药品纠纷案件适用法律若干问题的规定》第3条规定，因食品、药品质量问题发生纠纷，购买者向生产者、销售者主张权利，生产者、销售者以购买者明知食品、药品存在质量问题而仍然购买为由进行抗辩的，人民法院不予支持。现今，在我国食品药品领域，“知假买假者”按照消费者对待。在其他领域，我国现行法律虽尚未作出明确规定，但国家市场监管总局、最高人民法院均表明“职业打假人”不属于消费者。“知假买假者”虽然在一定程度上有利于抑制经营者的欺诈行为，但该类主体在交易中并不处于信息、知识等弱势地位，因此，从消费者权益保护法的立法目的和消费者须满足“生活消费”要件出发，“知假买假者”不应当成为消费者。

实务参考

（1）罗某诉江门市某汽车销售服务有限公司买卖合同纠纷案——4S 店隐瞒车辆保险事故获判车价三倍赔偿［广东省江门市中级人民法院（2022）粤 07 民终 4310 号］①

（2）重庆市人民检察院第一分院支持重庆市消费者权益保护委员会诉某汽车销售公司设置不公平格式合同条款损害消费者权益民事公益诉讼案［重庆市第一中级人民法院（2023）渝 01 民初 555 号］。②

思考题目

（1）《消费者权益保护法》的基本原则是什么？

（2）如何理解消费者的权利？

（3）简述经营者的义务。

（4）平台经济给消费者权益保护带来哪些新问题？针对此我国建立了哪些保障措施？

（5）消费者权益争议解决的途径有哪些？

① 人民法院案例库参考案例，载“人民法院案例库”，https://rmfyalk.court.gov.cn/dist/view/content.html?id=rpzlpNlw7%252B%252BxyYoC8HEIwru%252BoocmZ3ZhFvvTgGgNemE%253D&lib=ck&qw=%EF%BC%882022%EF%BC%89%E7%B2%A407%E6%B0%91%E7%BB%884310%E5%8F%B7，2024 年 6 月 6 日访问。

② “3·15”消费者权益保护检察公益诉讼典型案例，载最高人民检察院网站，https://www.spp.gov.cn/spp/xwfbh/wsfbt/202403/t20240315_649539.shtml#2，2024 年 6 月 6 日访问。

第十章

特别市场要素法律制度

【本章摘要】特别市场规制法是指国家在监管特别交易过程中所产生的社会关系的法律规范的总称。市场规制法除了关注市场规制中通行的一般性问题和具有普适性的调整关系，还需要进一步关注某些市场的特殊性，并根据交易行为的不同属性采用不同制度。通过特别市场监管制度，保障和提高产品质量、有效规范价格行为和价格机制、确保广告的真实合法、保证食品安全，是营造良好市场秩序和确保市场经济健康发展的基本要求，而这些要求仅通过市场机制的自发调节作用难以实现。因此，为了全面实现市场规制的目标，我国通过制定法律规范，确立了特别市场监管的法律制度。

【学习目标】了解特别交易市场监管法律制度是如何丰富和完善市场规制法的功能与作用的。熟悉产品质量、价格、广告与食品安全监管等制度的主要内容。掌握特别交易规制的基本制度，了解相关市场规制的主要内容。

第一节　产品质量监管法律制度

一、产品质量法律相关概念界定

（一）产品与产品质量的界定

在产品质量法中，界定“产品”的含义及范围至关重要，这不仅关系到产品责任范围的大小、政府监管的力度，也关系到消费者的何种利益受到保护。根据我国2018年修正的《产品质量法》的规定，产品是指经过加工、制作，用于销售的产品。由此可见，天然产品、未经加工的初级农产品、不动产均不属于“产品”的范围。同时，我国《产品质量法》规定，建设工程、军工产品不属于产品，但建设工程使用的建筑材料、建筑构配件和设备属于产品。

产品质量是指产品所应具有的，符合人们一定要求的各种能力和特性的总和。产品质量包括明示和默示两种：明示的产品质量是指产品应当满足广告、样品、合同、说明书等明确规定的质量要求；默示的产品质量是指产品应当满足该类产品按照其功能、用途等具有的基本特性和功能。

产品质量明确揭示了产品满足人们需要的属性。一般来看，产品质量应当具有以下五个方面的属性：(1) 使用性，是指产品在一定条件下满足消费者使用的预定目的或用途的能力。(2) 安全性，是指产品在正常的销售、储存、使用、运转过程中，保证不损害人身及财产的能力。(3) 可维修性，是指产品出现故障后，其性能能够获得恢复的能力。(4) 可靠性，是指产品在规定的时间、条件下，完成规定功能的能力。一般包括持久力、效率、使用寿命等方面。(5) 经济性，是指投入与产出的效益能力，即产品的设计、制造、使用等付出的成本与可获得的利益的程度。

（二）产品质量法的界定

在我国，产品质量法是指调整产品在生产、销售、消费过程中因产品质量发生的监督管理关系和责任关系的法律规范的总称。我国于 1993 年开始施行《产品质量法》，随后在 2000 年、2009 年、2018 年，对该法进行了三次修正。

我国产品质量法调整的产品质量法律关系包括两个方面：一是产品质量监督管理法律关系；二是产品质量责任法律关系。前者是发生在产品生产者、销售者与相关行政机关之间的监管与被监管的关系；后者是发生在产品生产者、销售者与消费者之间关于产品交易的关系。我国的产品质量法作为稳定市场秩序、保护消费者合法权益不可或缺的法律规范，现已经形成了以《产品质量法》为主，以《食品安全法》《药品管理法》《农产品质量安全法》等为补充的法律体系框架。该法律体系确立了产品质量监管体制，明确了产品质量监管的具体措施，设定了产品质量违法行为的法律责任。

二、产品质量监管法律制度概述

（一）产品质量监管法律制度的概念

产品质量监管制度是指产品质量立法确立的对产品质量的形成、维持和提高进行监督管理的主体、方式、程序等方面的制度安排。

产品质量监管的主体是依法享有行政职权的国家机关，客体是在生产、销售、消费过程中的产品质量，内容是监管主体采取各种措施维护产品质量管理秩序，预防、纠正、打击违法行为。国外的产品质量立法，多体现为产品责任立法；在我国，产品质量立法除包括产品责任外，还包括产品质量监督管理。我国的产品质量立法不仅强调事后责任追究，也强调事前、事中的监管保障，全方位确保产品质量，稳定市场秩序，维护消费者的合法权益。

（二）产品质量监管法律制度的地位

产品质量监管法律制度的地位，可以从多个角度加以认识：

第一，产品质量监管法律制度是以解决产品质量问题为目标的制度。当前，我国已转向高质量发展阶段。[①] 社会主要矛盾已经转化为人民日益增长的美好生活需要和不平衡、不充分的发展之间的矛盾，发展中的矛盾和问题集中体现在发展质量上。这就要求我们必须把发展质量问题摆在更为突出的位置，着力提升发展质量和效益。[②] 党的二十大报告把高质量发展作为全面建设社会主义现代化国家的首要任务，经济高质量发展当然要求有高质量的供给，通过特别市场要素法律制度，鼓励企业创新，提升自主研发能力。而确保并不断提高产品质量又是高质量供给的应有之义。多年来，我国虽然在产品质量工作方面采取了许多措施，并取得了显著的成效，但产品质量低、经济效益差、物质消耗高，仍然是我国经济发展中的突出问题。因此，产品质量立法，一方面，为政府监管产品质量提供正当性依据；另一方面，对政府监管产品质量的监管行为进行规范，防止政府在产品质量监管中侵犯经营者自主权，尽量充分发挥市场在解决产品质量问题中的作用。

第二，产品质量监管法律制度是我国产品质量法的重要内容。为了确保和提高产品质量，保护消费者的权益，各国都十分重视产品质量关系的法律调整，但市场经济发达国家的产品质量立法，更多表现为产品责任法。产品责任法，是指调整缺陷产品导致人身和财产损害所产生的民事赔偿关系的法律规范的总称。我国产品质量法的独特优势在于：不但明确了产品的生产者或销售者对其生产或经销的产品因缺陷致人损害所应承担的民事责任，涉及生产者和销售者管理产品质量以及国家和社会监管产品质量等问题；而且除规定产品责任外，还对衡量产品质量的基准、生产者和销售者保障产品质量、国家和社会监管产品质量等问题作出规定。

第三，产品质量监管法律制度是保护消费者权益的重要法律制度。产品质量法与消费者权益保护法密切相关。产品质量法的立法重点在于从保障产品的安全性、实用性等质量特性的角度，构建包括产品质量监管在内的制度，它与我国制定的侧重于确立消费者保护的政策基准、调整消费合同关系的《消费者权益保护法》，共同以消费者权益保护为立法宗旨。

（三）产品质量监督管理体制

产品质量监督管理体制是指规定产品质量监督管理机构的设置及权限划分的制度。

2018 年 3 月 17 日，十三届全国人大一次会议表决通过了国务院机构改革方案，该方案将国家工商行政管理总局的职责、国家质量监督检验检疫总局的职责、国家食品药品监督管理总局的职责等加以整合，组建国家市场监督管理总局，作为国务院直属机构。同时，将国家质量监督检验检疫总局的出入境检验检疫管理职责和队伍划入海关总署。国家认证认可监督管理委员会、国家标准化管理委员会职责划入国家市场监

① 《中共中央关于制定国民经济和社会发展第十四个五年规划和二〇三五年远景目标的建议》，人民出版社 2020 年版，第 3 页。

② 习近平：《关于〈中共中央关于制定国民经济和社会发展第十四个五年规划和二〇三五年远景目标的建议〉的说明》，载《人民日报》2020 年 11 月 4 日，第 2 版。

督管理总局。2018 年 4 月 10 日，国家市场监督管理总局正式挂牌。

按照产品质量法的规定，结合国务院机构改革方案的相关内容，我国产品质量监管机构的构成分为国家市场监督管理总局产品质量安全监督管理司，以及县级以上地方人民政府市场监督管理机构。

具体来看，在国家层面，市场监督管理总局产品安全质量监督管理司享有以下几方面的职权：负责拟订国家重点监督的产品目录并组织实施；承担产品质量国家监督抽查、风险监控和分类监督管理工作；指导和协调产品质量的行业、地方和专业性监督；承担工业产品生产许可管理和食品相关产品质量安全监督管理工作；承担棉花等纤维质量监督工作；县级以上的地方市场监督管理局产品质量安全监督管理部门主管本行政区域内的产品质量安全监督工作。

产品质量监督管理机构主要从宏观和微观两个层面行使监管职能。宏观上通过加强对产品质量工作的规划和指导，引导生产者、经营者重视产品质量管理，提高产品质量；微观上通过依法行使职权，采取措施，预防、查处违反产品质量法规定的行为，从事前、事中、事后全方位遏制违法行为。

三、生产者、销售者的产品质量义务

（一）生产者的产品质量义务

1. 产品内在质量担保义务

根据我国《产品质量法》规定，生产者承担如下产品内在质量的担保义务：确保产品具备安全性；产品不存在危及人身、财产安全的不合理的危险；有保障人体健康和人身、财产安全的国家标准、行业标准的，应当符合该标准；确保产品具备应当具备的使用性能，但是，对产品存在使用性能的瑕疵作出说明的除外；符合在产品或者其包装上注明采用的产品标准，符合以产品说明、实物样品等方式表明的质量状况。

2. 明确产品标识、包装义务

第一，生产者应当确保产品或者其包装上的标识真实，并符合下列要求：有产品质量检验合格证明；有中文标明的产品名称、生产厂厂名和厂址；根据产品的特点和使用要求，需要标明产品规格、等级、所含主要成分的名称和含量的，用中文相应予以标明；需要事先让消费者知晓的，应当在外包装上标明，或者预先向消费者提供有关资料；限期使用的产品，应当在显著位置清晰地标明生产日期和安全使用期或者失效日期；使用不当，容易造成产品本身损坏或者可能危及人身、财产安全的产品，应当有警示标志或者中文警示说明。但是，需要注意的是，裸装的食品和其他根据产品的特点难以附加标识的裸装产品，可以不附加产品标识。

第二，生产者应当履行好特殊产品的包装、标识义务。对于易碎、易燃、易爆、有毒、有腐蚀性、有放射性等危险物品以及储运中不能倒置和其他有特殊要求的产品，其包装质量必须符合相应要求，依照国家有关规定作出警示标志或者中文警示说明，标明储运注意事项。

（二）销售者的产品质量义务

1. 严格遵守进货检查验收制度

销售者应当建立并执行进货检查验收制度，验明产品合格证明和其他标识，并确保销售的产品标识符合《产品质量法》的相关规定。销售者在进行检查验收时，不但需要检验产品是否具有合格证明以及相应的质量标识，也要对产品进行感官和内在质量的检验。

2. 采取必要措施保持产品质量

销售者在收到产品后，应当采取必要措施，保持销售产品的质量。销售者应当根据不同产品的具体特点，采取必要的储存措施、运输措施，如防雨、防晒、控制温度等必要措施，保证产品原有质量。

3. 不得违反法律的禁止性规定

销售者不得销售国家明令淘汰并停止销售的产品和失效、变质的产品；销售者不得伪造或者冒用认证标志等质量标志；销售者销售的产品，不得掺杂、掺假，不得以假充真、以次充好，不得以不合格产品冒充合格产品。

四、产品质量监督管理的主要制度

产品质量监督管理制度是指产品质量监督管理的主体、程序、方式等方面的法律制度。产品质量监督管理的主体是依法享有行政职权的国家机关，客体是在生产、销售、消费过程中的产品质量，内容是监管主体采取各种措施维护产品质量管理秩序，预防、纠正、打击违法行为。

（一）产品质量检验制度

产品质量检验是指依据特定的标准，通过科学、合理的方法，检测产品的各项特性，以获取产品质量是否合格的活动。这里的“标准”，可以是国家标准、行业标准、地方标准或企业标准，但有强制性标准的产品，必须按强制性标准检验。

根据产品质量检验主体的不同，产品质量检验分为生产经营者自行检验和第三方检验。自行检验是指生产方生产、经销的产品，其质量检验应当合格，不得以不合格产品冒充合格产品。第三方检验是指由生产方和购买方以外的产品质量检验机构对产品质量进行的检验。这种检验通常只在特定的情况下、针对特定的产品适用，并且其主要目的不在于建立生产经营者的质量保证体系，而在于获取特定产品的质量信息，以便为产品质量纠纷处理和产品质量监管提供决策的依据。

常见的第三方检验的情形有：在产品质量争议中，由当事人申请或争议处理机关决定由检验机构对争议产品的质量进行检验；在产品质量认证中，为查明特定产品是否具备获得认证的资格，须由相关检验机构进行检验；在产品质量抽查中，可以根据情况委托检验机构对抽查的产品进行检验。

《产品质量法》对第三方检验的规定，集中体现在产品质量检验机构的组织和活动要求上，具体涉及以下三项内容：（1）产品质量检验机构的资格。产品质量检验机构必须具备相应的检测条件和能力，经省级以上人民政府市场监督管理部门或其授权的部门考核合格后，方可承担产品质量检验工作。（2）产品质量检验机构的性质。从事产品质量检验的社会中介机构必须依法设立，不得与行政机关和其他国家机关存在隶属关系或者其他利益关系。（3）产品质量检验机构的工作规范。即必须依照有关标准，客观、公正地出具检验结果。

（二）产品质量认证制度

产品质量认证是指由认证机构证明产品质量、服务质量、管理体系符合相关技术规范、相关技术规范的强制性要求或者标准的合格评定活动。产品质量认证制度是我国产品质量监督管理制度中一项重要的第三方质量监督制度。

《产品质量法》规定了企业质量体系认证和产品质量认证。企业质量体系认证是指认证机构根据企业的申请，依照规定的质量管理和质量保证标准，对企业的产品质量保证能力和质量管理水平进行评定，对符合要求的企业颁发认证证书的活动。企业质量体系认证的认证对象是企业的质量管理体系。

产品质量认证是指认证机构依据产品标准和技术要求，对符合相应标准和技术要求的产品颁发认证证书和认证标志的活动。产品质量认证的认证对象是产品的质量。产品质量认证分为安全认证和合格认证。安全认证是以国家规定的强制性安全标准为依据针对涉及人体健康、生命和财产安全的产品中有关安全的项目进行认证。合格认证是指根据相关标准或技术要求对产品的性能进行认证。

产品质量认证机构应当依照国家规定对准许使用认证标志的产品进行认证后的跟踪检查；对不符合认证标准而使用认证标志的，要求其改正；情节严重的，取消其使用认证标志的资格。

根据2020年11月29日公布的《国务院关于修改和废止部分行政法规的决定》，我国对产品质量实行自愿认证与强制认证相结合的制度。按照规定，任何法人、组织和个人可以自愿委托依法设立的认证机构进行产品、服务、管理体系认证。同时，为了维护国家安全、防止欺诈行为、保护人体健康或者安全、保护动植物生命或者健康、保护环境，我国设有“中国强制性认证”（China Compulsory Certification，简称“3C 认证”或“CCC 认证”）。根据该制度，国家规定相关产品必须经过认证的，应当经过认证并标注认证标志后，方可出厂、销售、进口或者在其他经营活动中使用。

国家对必须经过认证的产品，统一产品目录，统一技术规范的强制性要求、标准和合格评定程序，统一标志，统一收费标准。统一的产品目录由国务院认证认可监督管理部门会同国务院有关部门制定、调整，由国务院认证认可监督管理部门发布，并会同有关方面共同实施。列入目录的产品，必须经国务院认证认可监督管理部门指定的认证机构进行认证。

（三）产品质量标准化管理制度

产品质量的标准化管理，是产品质量标准以及与产品质量有关的其他标准的制定、实施活动的总称。标准化管理是实现产品质量管理专业化、社会化和现代化的前提，也是促进技术进步，改进产品质量，提高社会经济效益的基本保障。

依据制定主体及适用范围的不同，产品质量标准分为国家标准、地方标准、行业标准和企业标准。按照我国《标准化法》的规定，对于没有国家标准而又需要在全国某个行业范围内统一的技术要求，应当制定行业标准；对于没有国家标准和行业标准的工业产品安全、卫生要求，可以制定地方标准；已有国家标准和行业标准的，国家鼓励企业制定严于国家标准和行业标准的企业标准，在企业内部适用。

依据标准性质的不同，产品质量标准分为强制性标准和推荐性标准。强制性标准是根据国家规定必须遵循的标准。推荐性标准是指由执行者自行决定是否适用的非强制性的标准。在我国，除强制性标准之外的标准均为推荐性标准。对于可能危及人体健康和人身、财产安全的工业产品，必须符合保障人体健康和人身、财产安全的国家标准、行业标准；未制定国家标准、行业标准的，必须符合保障人体健康和人身、财产安全的要求；禁止生产、销售不符合保障人体健康和人身、财产安全的标准和要求的工业产品。

（四）产品质量监督检查制度

产品质量监督检查是指依法进行监督检查的行政机关以抽查为主要方式对产品的质量状况进行检查的活动。

1. 监督抽查的产品

监督抽查的产品主要有三类：（1）可能危及人体健康和人身、财产安全的产品；（2）影响国计民生的重要工业产品；（3）消费者、有关组织反映有质量问题的产品。

2. 监督抽查的主体

监督抽查工作由国务院产品质量监督部门规划和组织，县级以上地方产品质量监督部门在本行政区域内也可以组织监督抽查。国家监督抽查的产品，地方不得另行重复抽查；上级监督抽查的产品，下级不得另行重复抽查。国务院和省、自治区、直辖市人民政府的产品质量监督部门应当定期发布其监督抽查的产品的质量状况公告。

3. 监督抽查的实施

第一，监督抽查应具有随机性。即不得事先通知被查企业；样品应当在市场上或者企业成品仓库内的待销产品中随机抽取。对依法进行的产品质量监督检查，生产者、销售者不得拒绝。第二，根据监督抽查的需要，可以对产品进行检验。生产者、销售者对抽查检验的结果有异议的，可自收到检验结果之日起15日内向实施监督抽查的市场监督管理部门或者其上级市场监督管理部门申请复检，由受理复检的市场监督管理部门作出复检结论。为防止借抽查之名加重被检查人的负担，检验抽取样品的数量不得超过检验的合理需要，并不得向被检查人收取检验费用，监督抽查所需检验费用按照国务院规定列支。

4. 对监督抽查的产品质量不合格的处理

依法进行监督抽查的产品质量不合格的，由实施监督抽查的市场监督管理部门责令其生产者、销售者限期改正。逾期不改正的，由省级以上人民政府市场监督管理部门予以公告；公告后经复查仍不合格的，责令停业，限期整顿；整顿期满后经复查，产品质量仍不合格的，吊销营业执照。监督抽查的产品有严重质量问题的，依照《产品质量法》的规定处罚。此外，为了使社会及时了解产品质量状况，充分发挥产品监督抽查的督促作用，《产品质量法》还规定，国务院和省、自治区、直辖市人民政府的市场监督管理部门应当定期发布其监督抽查的产品的质量状况公告。

第二节　价格监管法律制度

一、价格监管法律制度概述

（一）价格监管法律制度的定义

价格监管法律制度，是国家在对价格制定、执行进行监督和管理过程中形成的制度安排，涉及国家对价格制定、执行进行监督管理过程中的各种关系。从价格形成的角度来看，它包括对经营者确定价格的经营者定价监督，也包括对价格主管机构制定政府定价和政府指导价的监督；从价格运行角度看，价格关系包括经营者相互间，以及他们与消费者之间因提供商品或服务而发生的价格关系的监督；从价格规制的过程看，它涵盖了价格主管机构间的权限配置关系，以及规制机构行使权力过程中与市场主体发生的价格管理关系。

我国价格监管的基本法律制度，主要由《价格法》构建，但该法不适用于一切价格和价格行为。因为广义上的价格包括商品、服务和生产要素价格，但考虑到利率、汇率、保险费率、证券及期货价格有很大的特殊性，需要进行专门立法来规范，因而不适用《价格法》。同时，鉴于国家机关和经授权的事业单位的行政性收费情况复杂，其中有的属于价格性质的收费，有的则属于税收性质的收费，需要区别情况进行清理、规范和严格管理，因此，国家机关行使行政职能和事业单位经授权行使行政职能进行收费，不适用《价格法》，具体管理办法由国务院另行制定。综上，《价格法》中的价格，是狭义的价格，包括商品价格和服务价格。商品价格是指各类有形产品和无形资产的价格；服务价格是指各类有偿服务的收费。

价格监管法律制度不仅能够规范价格行为，发挥价格合理配置资源的作用，而且能够稳定市场价格总水平，保护消费者和经营者的合法权益，促进社会主义市场经济健康发展。为了实现这些目标，国家实行并逐步完善由市场形成价格的机制，支持和促进公平、公开、合法的市场竞争，维护正常的价格秩序。

（二）价格监管法律制度的地位

第一，优化资源的流向和配置。市场决定资源配置是市场经济的一般规律，市场经济本质上就是市场决定资源配置的经济。① 确立规范价格行为的监管制度的目的之一，就在于通过反映市场供求状况和资源稀缺程度的价格信号引导来实现市场配置资源的决定性作用，进而营造公平竞争环境，使价格配合其他市场机制，真正成为市场配置资源的有效工具。

第二，保护消费者和经营者的合法权益。十八大以来，党和国家不断强调以人民为中心的发展思想，指出："发展为了人民，这是马克思主义政治经济学的根本立场。"② 国家实行并完善宏观经济调控下主要由市场形成价格的机制，是建立和完善社会主义市场经济体制的应有之义。这就要求价格的制定应当符合价值规律，大多数商品和服务价格应实行市场调节价。由于市场调节价是由经营者自主制定，通过市场竞争形成价格，经营者之间的价格竞争会变得更加广泛和激烈，价格不正当竞争和价格垄断等价格违法行为也可能变得更加普遍，进而损害其他经营者的公平、自由竞争权和消费者的合法权益。此外，对极少数重要和特殊的商品、服务实行政府指导价和政府定价，其主要目的之一，在于维护消费者的权益；政府在实施定价行为方面失职，或者经营者不予执行政府指导价和政府定价，都会直接损害消费者的权益。这就要求为规范价格行为、政府查处价格违法行为提供依据，进而保护消费者和经营者的合法权益。

第三，稳定市场、调控价格总水平。价格总水平是指一个国家或地区在一定时期（如年、季度、月）内全社会所有商品和服务价格变动状态的平均或综合情况，一般用价格指数来度量。稳定市场价格总水平是价格总水平调控的目标，也是国家重要的宏观经济政策目标。价格监管虽然针对的是微观的价格行为，但这其中对诸如哄抬价格、推动商品价格过快上涨等价格违法行为的查处，无疑有利于宏观上稳定市场价格总水平。此外，价格监管中获得的反映供求状况和资源稀缺程度的价格信息，对于有效实施价格总水平调控，也会产生积极的作用。价格监管法律制度通过对价格监管的确认，使与价格总水平调控相关的价格监管活动能够切实开展，进而促进价格总水平调控目标的实现。

---

① 习近平：《关于〈中共中央关于全面深化改革若干重大问题的决定〉的说明》，载《〈中共中央关于全面深化改革若干重大问题的决定〉辅导读本》，人民出版社 2013 年版，第 71 页。

② 《习近平关于社会主义经济建设论述摘编》，中央文献出版社 2017 年版，第 30-31 页。

二、价格行为监管

（一）价格行为分类监管

价格行为分类是根据市场与政府在价格形成上的分工、价格监管机构的设置及其职权划分，以利于价格监督管理的一种活动。价格行为分类的依据主要是价格行为主体以及价格形成的途径和机制。

按照《价格法》的规定，我国价格被分为市场调节价、政府指导价、政府定价三种形式。在这三种价格形式中，市场调节价是最主要的，市场中绝大多数商品和服务项目均实行市场调节价，只有不适于在竞争中形成价格的极少数商品和服务项目才实行政府指导价和政府定价。与此相对应，我国的价格行为被分为经营者价格行为和政府定价行为。

（二）经营者价格行为规制

根据《价格法》的规定，除适用政府指导价或者政府定价的商品和服务外，商品和服务价格实行市场调节价，由经营者自主制定。根据经营者价格行为的特点，经营者价格行为规制主要包括赋予经营者价格权利、要求经营者承担价格义务，以及确立经营者价格违法行为类型等三个方面。

1. 经营者价格权利

市场经济条件下，大多数商品和服务的价格通过竞争来形成，直接受价值规律的支配。在这种背景下，经营者只有对市场信息和商品供求状况及时作出反应，才能制定出合理的商品和服务价格，发挥价格对资源的指引作用。为此，赋予经营者充分的价格权利，是对经营者价格行为进行规制的第一要务。

按照《价格法》第 11 条的规定，经营者在制定价格中享有下列权利：（1）自主制定属于市场调节的价格；（2）在政府指导价规定的幅度内制定价格；（3）制定属于政府指导价、政府定价产品范围内的新商品的试销价格，特定产品除外；（4）检举、控告侵犯其依法自主定价权利的行为。

2. 经营者价格义务

经营者行使价格权利，一方面会推动商品价格的市场化，达到合理配置资源的效果；另一方面自主定价也可能造成价格总水平波动幅度较大。因而，在赋予经营者价格权利的同时，《价格法》还规定了经营者的价格义务。

一般意义上，经营者应依据生产经营成本和市场供求状况，按照公平、合法和诚实信用的原则来制定价格。经营者应当努力改进生产经营管理，降低生产经营成本，为消费者提供价格合理的商品和服务，并在市场竞争中获取合法利润。经营者还应根据其经营条件建立、健全内部价格管理制度，准确记录与核定商品和服务的生产经营成本，不得弄虚作假。

具体而言，经营者需要承担的价格义务包括：（1）遵守法律、法规，包括《价格法》以及与价格相关的其他法律、法规和规章；（2）执行依法制定的政府指导价和政府定价；（3）执行法定的干预措施和紧急措施，如农产品的政府保护价等；（4）对商品和服务明码标价，不得在标价之外加价出售商品，不得收取任何未予标明的费用。

3. 经营者价格违法行为的类型

经营者价格和义务为经营者价格行为提供了根本指导，为了进一步明确经营者定价行为的边界，《价格法》及相关规定还明确列举了经营者不得从事的价格行为类型，从另一个方面划定了经营者价格行为的空间。

根据《价格法》《价格违法行为行政处罚规定》等规定，经营者不得有下列不正当价格行为：（1）互相串通、操纵市场价格，损害其他经营者或者消费者的合法利益；（2）除依法降价处理鲜活商品、季节性商品、积压商品等商品外，为了排挤竞争对手或者独占市场，以低于成本的价格倾销，扰乱正常的生产经营秩序，损害国家利益或者其他经营者的合法权益；（3）捏造、散布涨价信息，哄抬物价，推动商品价格过高上涨；（4）利用虚假的或者使人误解的价格手段，欺骗消费者或者其他经营者与其交易；（5）提供相同商品或者服务，对具有同等交易条件的其他经营者实行价格歧视；（6）采取抬高等级或者压低等级等手段收购、销售商品或者提供服务，变相提高或者压低价格；（7）违反法律、法规的规定牟取暴利；（8）法律、行政法规禁止的其他不正当价格行为。

（三）政府定价行为规制

政府定价行为是指省级以上人民政府价格主管部门、有关部门和经省级人民政府授权的市、县人民政府依法制定或者调整实行政府指导价、政府定价的商品和服务价格的行为。单纯依靠市场来调节价格是不足以确保经济稳定、健康、快速发展的，政府定价行为可以引导和规范市场价格，规范市场主体行为，保障消费者利益和维护社会稳定。

1. 政府定价的范围

政府定价的范围是规范政府定价行为的基础，政府只能在法律规定的范围内对相关商品和服务定价。《价格法》第 18 条规定，政府在必要时可以实行政府指导价或者政府定价的商品和服务包括：与国民经济发展和人民生活关系重大的极少数商品价格；资源稀缺的少数商品价格；自然垄断经营的商品价格；重要的公用事业价格；重要的公益性服务价格。

为了使政府定价行为更加规范，我国还规定了政府定价的目录制，即政府指导价、政府定价的定价权限和具体适用范围，以中央和地方的定价目录为依据。根据该规定，国务院价格主管部门和其他有关部门，按照中央定价目录规定权限和具体适用范围制定政府指导价、政府定价，其中重要的商品和服务价格的政府指导价、政府定价应当经国务院批准。省、自治区、直辖市人民政府价格主管部门和其他有关部门，应当按照地方定价目录规定的定价权限和具体适用范围制定在本地区执行的政府指导价。市、县人民政府可以根据省、自治区、直辖市人民政府的授权，按照地方定价目录规定的定价权限和具体范围制定在本地区执行的政府指导价、政府定价。

2. 政府定价的依据和程序

为了提高政府价格决策的科学性和透明度，促进政府价格决策的民主化和规范化，政府定价还必须有合理的根据与程序。政府定价应当依据有关商品或者服务的社会平均成本和市场供求状况、国民经济与社会发展要求以及社会承受能力，实行合理的购销差价、批零差价、地区差价和季节差价；开展价格、成本调查，听取消费者、经营者和有关方面的意见。价格主管部门对政府指导价、政府定价的价格、成本调查时，有关单位应当如实反映情况，提供必需的账簿、文件以及其他资料。

在程序方面，政府在制定关系群众切身利益的公用事业价格、公益性服务价格，以及自然垄断经营的商品价格时，应当建立听证会制度，由政府价格主管部门主持，征求消费者、经营者和有关各方的意见，论证其必要性、可行性。政府价格决策听证应当遵循公正、公开、客观和效率的原则。经营者或其主管部门制定的价格需要听证时，应当按照定价权限的规定向政府价格主管部门提出书面申请。对于公开举行的听证会，政府价格主管部门可以先期公告举行听证会的时间、地点和主要内容，价格决策部门定价时应当充分考虑听证会提出的意见。政府价格主管部门应当向社会公布定价的最终结果。

三、价格监管机构及其职权

价格监管机构是依法负责价格监督管理工作的政府机构。健全的价格监管机构是国家管理和监督价格活动的根本保证，是确保价格规制制度得以实施的必要条件。根据《价格法》，国务院价格主管部门统一负责全国的价格工作，国务院其他有关部门在各自的职责范围内，负责有关的价格工作；县级以上地方各级人民政府价格主管部门负责本行政区域内的价格工作，县级以上地方各级人民政府其他有关部门在各自的职责范围内，负责有关的价格工作。价格主管机构的职权是：

第一，价格水平的监管。政府监管价格水平可以促进社会分配效率，刺激企业优化生产要素组合，实现最大化生产效率，维护企业发展潜力。为适应价格监督和管理的需要，在重要商品和服务价格显著上涨或者有可能显著上涨时，国务院和省、自治区、直辖市人民政府可以对部分价格采取限定差价率或者利润率、规定限价、实行提价申报和调价备案等干预措施。政府监管价格水平的方式有投资回报率监管和最高限价监管。投资回报率监管是指价格监管机构在对企业价格水平作出必要分析后，根据影响价格因素的实际情况，确定企业的投资回报率，并作为企业特定时期内定价依据的监管模式；最高限价监管是指价格监管机构根据社会需求和企业生产状况，确定产品或服务销售的最高价格，企业不得高于该价格销售产品和服务的监管模式。我国采用的主要是后一种价格水平监管模式。

第二，价格结构的监管。由于不同产业在社会经济中的地位和作用存有差异，许多产业具有公益性特点，政府往往对居民用户采取较低的管制价格政策，而对生产性企业，特别是服务性企业则制定了较高的价格政策，从而形成与需求结构相适应的价格结构。为了缓和需求峰谷对供给市场的影响，达到节约投资和充分利用现有生产能力的目的，可以对需求高峰和低谷使用不同的价格监管措施。同样，由于使用量的大小与生产供应成本的反向关系，价格监管机构允许经营者在合理的限度内对不同用户采取不同的价格策略，以更好地促进经营者的生产活动。

第三，价格行为的监管。价格监管机构的一项重要职能是对价格行为的监管，确保经营者价格行为符合法律规定，维护市场秩序，避免造成价格市场的波动。根据《价格法》的规定，价格主管机构依法规定商品和服务的作价原则、作价办法，指导、监督业务主管部门和下级人民政府的价格工作；检查、处理违反价格法的行为；协调处理其他有关部门之间，下级政府之间的价格争议；建立价格信息网络，开展价格信息服务工作。

四、价格监督检查和法律责任

（一）价格监督检查

价格行政执法监督检查，由县级以上各级人民政府价格主管部门实施。政府价格主管部门进行价格监督检查时，可以行使以下职权：询问当事人或者有关人员，并要求其提供证明材料和与价格违法行为有关的其他资料；查询、复制与价格违法行为有关的账簿、单据、凭证、文件及其他资料，核对与价格违法行为有关的银行资料；检查与价格违法行为有关的财物，必要时可以责令当事人暂停相关营业；在证据可能灭失或者以后难以取得的情况下，可以依法先行登记保存，当事人或者有关人员不得转移、隐匿或者销毁。

经营者接受政府价格主管部门的监督检查时，应当如实提供价格监督检查所必需的账簿、单据、凭证、文件以及其他资料。政府价格主管部门工作人员不得将依法取得的资料或者了解的情况用于依法进行价格管理以外的任何其他目的，不得泄露当事人的商业秘密。

（二）价格违法行为的法律责任

经营者不执行政府指导价、政府定价以及法定的价格干预措施、紧急措施的，责令改正，没收违法所得，可以并处违法所得 5 倍以下的罚款；没有违法所得的，可以处以罚款；情节严重的，责令停业整顿。经营者有操纵市场价格等不正当行为的，责令改正，没收违法所得，可以并处违法所得 5 倍以下的罚款；情节严重的，责令停业整顿，或者由市场监督管理机关吊销营业执照。经营者因价格违法行为致使消费者或者其他经营者多付价款的，应当退还多付部分；造成损害的，应当依法承担赔偿责任。经营者违反明码标价规定的，责令改正，没收违法所得，可以并处5000元以下的罚款。经营者被责令暂停相关营业而不停止的，或者转移、隐匿、销毁依法登记保存的财物的，处相关营业所得或者转移、隐匿、销毁的财物价值1倍以上3倍以下的罚款。

第三节　广告监管法律制度

一、广告监管法律制度概述

（一）广告监管法律制度的定义

根据我国法律规定，广告监管中的广告性质上属于商业广告，是指商品经营者或者服务提供者通过一定媒介和形式直接或者间接地介绍自己所推销的商品或者服务的商业活动。

商业广告的目的在于引起人们对特定商品的关注，使人们了解这些商品并对其产生认同和需求，因而，商业广告必然包含有所要宣传商品、服务或经营者的各种信息。一方面，在逐利本能驱动下，商业广告可以促进商品信息传播，推动社会经济发展；另一方面，商业广告存在扭曲正常市场竞争机制，损害市场主体积极性等潜在弊端。为了保护消费者的权益，促进广告业的健康发展，维护公平、有序的市场环境，各国都会对商业广告进行监督和管理，形成广告规制制度。

广告市场的规制对象是广告活动，其主体包括广告主、广告经营者、广告发布者和广告代言人等。广告主是广告行为的发起人，是指为推销商品或者服务，自行或者委托他人设计、制作、发布广告的自然人、法人或者其他组织；广告经营者是指接受委托提供广告设计、制作、代理服务的自然人、法人或者其他组织；广告发布者是指为广告主或者广告主委托的广告经营者发布广告的自然人、法人或者其他组织；广告代言人是指广告主以外的，在广告中以自己的名义或者形象对商品、服务做推荐、证明的自然人、法人或者其他组织。

广告主、广告经营者、广告发布者从事广告活动，应当遵守法律、法规。诚实信用、公平竞争是广告规制制度对广告活动的基本要求，也是确立广告规制制度秉持的基本原则。

（二）广告监管法律制度的功能

党的十九届四中全会提出要加强市场监管，维护公平竞争的市场环境。广告监管法律制度是市场规制法律制度的重要内容，它与市场规制的其他法律制度共同维护社会经济秩序，并促进广告业的健康发展。

首先，广告监管法律制度有利于维护市场公平竞争环境。广告监管法律制度有利于规制通过广告手段实施的虚假或者引人误解的商业宣传，以及诋毁他人商誉的不正当竞争行为，维护公平的市场竞争环境。

其次，广告监管法律制度有利于实现广告活动规范化，广告业的健康发展，对于促进社会主义市场经济具有重要意义。

最后，广告监管法律制度是维护消费者权益不可或缺的制度。《消费者权益保护法》从消费者保护政策基准、调整消费合同的角度，为消费者权益提供倾斜性保护。在经济生活中，经营者利用广告损害消费者合法权益的现象时有发生，经营者利用广告推销假冒伪劣产品，传达虚假或者引人误解的广告信息，欺骗或者误导消费者作出错误的选择，会直接损害消费者合法权益。对这些行为，《消费者权益保护法》等法律确立了其民事责任，但这毕竟是事后的民事救济制度，事前、事中的预防和行政责任追究，都需要借助广告监管法律制度来实现。因此，广告监管法律制度与其他相关法律一道，为保护消费者权益提供保护。

二、广告准则

（一）广告的一般准则

广告的一般准则，是指各种广告均应遵循的共同性标准和要求。广告的一般准则主要有：

第一，真实。广告的主要目的是宣传信息，对信息最首要的要求就是真实。广告应当实事求是地介绍商品或者服务，不得含有虚假内容，不得欺骗、误导消费者和社会公众，广告主应当对广告内容的真实性负责。《广告法》规定，广告使用数据、统计资料、调查结果、文摘、引用语等引证内容的，应当真实、准确，并表明出处；引证内容有适用范围和有效期限的，应当明确表示；广告涉及专利产品或者专利方法的，应当标明专利号和专利种类，禁止使用未授予专利权的专利申请和已经终止、撤销、无效的专利做广告；广告发布者向广告主、广告经营者提供的覆盖率、收视率、点击率、发行量等资料应当真实。另外，广告代言人在广告中对商品、服务做推荐、证明，应当依据事实，符合广告法和有关法律、行政法规规定，并不得为其未使用过的商品或者未接受过的服务做推荐、证明。

第二，准确、清晰。广告表达的内容应当清晰，不得含糊其词、模棱两可，不得含有虚假或者引人误解的内容，不得欺骗、误导消费者。在广告内容方面，广告中对商品的性能、功能、产地、用途、质量、成分、价格、生产者、有效期限、允诺等或者对服务的内容、提供者、形式、质量、价格、允诺等有表示的，应当准确、清楚、明白；广告中表明推销的商品或者服务附带赠送的，应当明示；法律、行政法规规定广告中应当明示的内容，应当显著、清晰表示。在广告形式方面，广告应当具有可识别性，能够使消费者辨明其为广告。可识别性要求大众传播媒介不得以新闻报道形式变相发布广告。

第三，合法。广告的内容必须符合我国有关法律、法规及国家其他有关规定的要求。按照我国规定，广告不得有下列情形：使用中华人民共和国国旗、国歌、国徽、军旗、军歌、军徽；使用或变相使用国家机关或者国家机关工作人员的名义或形象；使用“国家级”“最高级”“最佳”等用语；损害国家的尊严或者利益，泄露国家秘密；妨碍社会安定，损害社会公共利益；危害人身、财产安全，泄露个人隐私；妨碍社会公共秩序或者违背社会良好风尚；含有淫秽、色情、赌博、迷信、恐怖、暴力的内容；含有民族、种族、宗教、性别歧视的内容；妨碍环境、自然资源或者文化遗产保护；损害未成年人和残疾人的身心健康；贬低其他生产经营者的商品或者服务；法律、行政法规规定禁止的其他情形。

（二）广告的特殊准则

广告的特殊准则是指涉及特殊商品和服务广告应当遵循的特殊标准和基本要求。《广告法》针对我国现实经济生活中的实际情况，结合国际惯例，对药品、保健食品、医疗器械、医疗广告、农药、化妆品、烟草、酒、食品等商品广告的准则进行了规定。

1. 药品、保健食品、医疗器械、医疗广告

这些广告不得含有表示功效、安全性的断言或者保证；说明治愈率或者有效率；与其他药品、医疗器械的功效和安全性或者其他医疗机构比较；利用广告代言人做推荐、证明；含有法律、行政法规规定禁止的其他内容。同时，药品广告的内容不得与国务院药品监督管理部门批准的说明书不一致，并应当显著标明禁忌、不良反应。

2. 保健食品广告

对于保健食品广告，我国采取了严格的监管措施，规定了较为详细的行为准则。这类广告不得含有以下内容：表示功效、安全性的断言或者保证；涉及疾病预防、治疗功能；声称或者暗示广告商品为保障健康所必需；与药品、其他保健食品进行比较；利用广告代言人做推荐、证明；法律、行政法规规定禁止的其他内容。保健食品广告应当显著标明“本品不能代替药物”。

3. 农药、兽药、饲料和饲料添加剂广告

为了避免农药、兽药、饲料和饲料添加剂广告对使用方构成误导，此类广告不得含有以下内容：表示功效、安全性的断言或者保证；利用科研单位、学术机构、技术推广机构、行业协会或者专业人士、用户的名义或者形象做推荐、证明违反安全使用规程的文字、语言或者画面；法律、行政法规规定禁止的其他内容。

4. 烟草和酒类广告

禁止在大众传播媒介或者公共场所、公共交通工具、户外发布烟草广告；禁止向未成年人发送任何形式的烟草广告；禁止利用其他商品或者服务的广告、公益广告，宣传烟草制品名称、商标、包装、装潢以及类似内容；烟草制品生产者或者销售者发布的迁址、更名、招聘等启事中，不得含有烟草制品名称、商标、包装、装潢以及类

似内容。

根据酒类产品对人们产生的影响，酒类广告不得含有以下内容：诱导、怂恿饮酒或者宣传无节制饮酒；出现饮酒的动作；表现驾驶车、船、飞机等活动；明示或者暗示饮酒有消除紧张和焦虑、增加体力功效。

5. 教育、培训广告

教育、培训广告的准则主要体现为禁止性规定。这类广告不得对升学、通过考试、获得学位学历或者合格证书，或者对教育、培训的效果作出保证性承诺；不得宣传有考试机构或者其工作人员、考试命题人员参与教育、培训；不得利用科研机构、学术机构、行业协会、专业人士、受益者的名义做推荐、证明。

6. 招商等有投资回报预期的商品或者服务广告

这类广告必须对可能存在的风险以及风险责任的承担有合理提示或者警示；不得对未来效果、收益或者与其相关的情况作出保证性承诺，不得明示或者暗示保本、无风险或者保收益等，国家另有规定的除外；不得利用学术机构、行业协会、专业人士、受益者的名义做推荐、证明。

7. 房地产广告

这类广告不得含有升值或者投资回报的承诺；不得以该项目到达某一具体参照物的所需时间表示项目位置；不得违反国家有关价格管理的规定；不得对规划或者建设中的交通、商业、文化教育设施以及其他市政条件做误导宣传；面积应当表明为建筑面积或者套内建筑面积；房源信息应当真实。

8. 农作物种子、林木种子、草种子、种畜禽、水产苗种和种植养殖广告

此类广告关于品种名称、生产性能、生长量或者产量、品行、抗性、特殊使用价值、经济价值、适宜种植或者养殖的范围和条件等方面的表述应当真实、清楚、明白；不得做科学上无法验证的断言；不得含有表示功效的断言或者保证；不得对经济效益进行分析、预测或者做保证性承诺；不得利用科研机构、学术机构、技术推广机构、行业协会或者专业人士、用户的名义或者形象做推荐、证明。

三、广告监管的主要制度

（一）广告监管体制

我国已经形成了系统化的广告监管体制，是由政府监管、企业自我监管、行业自律监管和社会监督等构成的一个整体。《广告法》规定，国务院市场监督管理部门主管全国的广告监督管理工作，国务院有关部门在各自的职责范围内负责广告管理相关工作。县级以上地方市场监督管理部门主管本行政区域的广告监督管理工作，县级以上地方人民政府有关部门在各自的职责范围内负责广告管理相关工作。

市场监督管理部门履行广告监督管理职责，可以行使的职权包括：对涉嫌从事违

法广告活动的场所实施现场检查；询问涉嫌违法当事人或者其法定代表人、主要负责人和其他有关人员，对有关单位或者个人进行调查；要求涉嫌违法当事人限期提供有关证明文件；查阅、复制与涉嫌违法广告有关的合同、票据、账簿、广告作品和其他有关资料；查封、扣押与涉嫌违法广告直接相关的广告物品、经营工具、设备等财物；责令暂停发布可能造成严重后果的涉嫌违法广告；法律、行政法规规定的其他职权。

广告行业组织依照法律、法规和章程的规定，制定行业规范，加强行业自律，促进行业发展，引导会员依法从事广告活动，推动广告行业诚信建设。

（二）广告审查

广告审查是指在某些特殊广告发布前对广告的内容依法进行审核的活动。广告审查是广告监管中的事前监管方式，目的在于提前防止广告违法行为的发生。

医疗、药品、医疗器械、农药、兽药和保健食品，此类商品具有特殊性，需要由政府监管机关进行强制的行政审查，以确保特殊商品的广告真实、合法。广告主申请广告审查，应当依照法律、行政法规向广告审查机关提交有关证明文件。广告审查机关应当依照法律、行政法规规定作出审查决定，并应当将审查批准文件抄送同级市场监督管理部门。广告审查机关应当及时向社会公布批准的广告。任何单位或者个人不得伪造、变造或者转让广告审查批准文件。

（三）广告违法行为查处

涉嫌违反广告法的行为，由县级以上人民政府市场监督管理部门依法进行调查，并对认定为违反广告法的行为，根据法律规定和违法情况的不同，给予责令停止发布广告、责令改正、责令消除影响、没收违法所得、没收广告费用、罚款、暂停广告发布业务、撤销广告审查批准文件、吊销营业执照等行政处罚。

（四）广告活动的社会监督

我国《广告法》规定，任何单位或者个人有权向市场监督管理部门和有关部门投诉、举报违反广告法的行为，市场监督管理部门和有关部门应当向社会公开受理投诉、举报的电话、信箱或者电子邮件地址。接到投诉、举报的部门应当自收到投诉之日起 7 个工作日内予以处理并告知投诉、举报人。消费者协会和其他消费者组织对违反广告法规定、发布虚假广告侵害消费者合法权益，以及其他损害社会公共利益的行为，依法进行社会监督。

第四节　食品安全法律制度

一、食品安全法律制度概述

（一）食品安全监管的定义

食品安全监管是指国家、地方政府或者食品监管部门对食品生产、加工、销售和消费环节进行监督、管理的行为和措施。其目的是保证食品的安全、卫生和质量，保证消费者健康权益，维护社会秩序和公共安全。

市场是资源配置的有效机制，但市场不是万能的，单靠市场的内在驱动，存在着诸多“市场失灵”的地方，在巨额利润的引诱下，会暴露出种种食品安全问题，冲击公众对国产食品行业的信任度。这也就为政府干预提供了必要和可能，法律规制就是政府干预的有效手段。

2009 年，第十一届全国人民代表大会常务委员会第七次会议通过《食品安全法》，该法是对《食品卫生法》的修改和完善。《食品安全法》酝酿三年、历经四审，与原《食品卫生法》相比，在以下方面都有创新：立法理念实现了从食品“卫生”到食品“安全”的转变；建立食品安全风险评估和监测制度；统一食品安全标准，规范信息披露；强化生产经营者为食品安全第一责任人，规范食品生产、运输、销售等各个环节；建立消费者权益救济渠道，提高了赔偿标准；建立了风险预警预报制度；强化了监管部门的责任。《食品安全法》的颁布施行，对于保证食品安全，保障公众身体健康和生命安全，具有重要意义。

食品安全问题关系着人民生命和健康，如果无法保证食品的安全可靠，那么公众在购买与使用过程中会充满疑虑与担心。公众不得不将更多的时间和精力花费在对食品安全性的鉴别上，造成社会资源的极大浪费，也影响了政府在公众心中的权威性与公信力。从构建和谐社会及提升社会福利的角度来看，有必要对食品安全加强监管。

（二）食品安全监管的功能

1. 维护经济秩序、平衡食品安全的外部性

正规厂商生产并出售合乎标准的食品，在解决了消费者的饮食问题的同时，还给消费者带来了食品消费的满足感和食品卫生的安全感，由此正规厂商可以给消费者带来正外部性。然而，当消费者不能准确分辨优质产品和伪劣产品时，就可能凭借着正规厂商留下的印象而购买了伪劣的食品，结果给非正规厂商带来收益。不法的食品供应个人或厂商的行为可以损害他方，而无须承担招致损害的机会成本，同时还可以得到正规厂商带来的边际收益。

但是，伪劣产品在消费者心目中留下的恶劣印象还导致其会对市场上的正规产品也产生怀疑，从而给正规厂商带来负外部性。外部性是导致市场低效率的原因之一，没有办法通过市场机制自动设置价格来管制，需要政府干预。政府干预的原则是“外部效应内部化”，即构筑食品安全制度，让产生外部正效应的行为人获得比在市场自由作用下更多的收益，让产生外部负效应的行为人承担比在市场自由作用下更多的成本，从而维护市场的正当竞争环境。

2. 避免市场经济中产生的信息不对称，维护消费者权益

在市场交易中，生产者和消费者对于食品品质信息的掌握程度是不同的。理论上，食品作为一种日常必需品，每天要发生大量的购买行为，因此通过生产者和消费者重复博弈，食品市场最终可以改变信息不对称产生的市场低效率。

但是，食品是一种特殊的商品，消费者即使通过观察、购买和使用，对有些品质属性仍旧是无法判断的，这些属性就是信任属性。例如，消费者无法证实诸如标签、声明的可信度，只能寄希望于企业凭借着自身的社会责任感与诚信度，依靠接收到的信息进行简单的自我识别。

在市场机制下，不法个人和厂商通常缺乏披露真实情况的动机，这可能导致食品质量问题。为了保障消费者获得安全、卫生且适宜消费的食品，食品监管制度显得尤为重要。通过对违反规定的企业和个人实施法律制裁，可以维护正常的市场秩序，保护合法经营者的权益，从而促进经济的健康、持续发展。因此，食品安全监管制度旨在平衡交易双方的信息获取水平，避免信息不对称造成的信息优势方对劣势方的剥削。

3. 维护国家经济安全

国家经济安全主要是指国民经济整体运行的安全。食品安全直接关系国家的经济安全。如果爆发食源性疾病，既会损害人民的身体健康，又给社会带来了沉重的经济负担，给国家经济安全乃至世界经济安全造成威胁。食品安全是食品行业发展的基本保障。在食品安全越来越受到关注的情况下，如果食品安全得不到有效保障，将会对我国食品行业乃至整个国民经济产生不利影响。因此，通过食品安全监管制度，可以规制食品安全问题中存在的大量假冒伪劣现象和扰乱经济秩序的行为。避免不法厂商以低成本生产质量低劣或者假冒的产品，防止其产品与正规厂商生产的合乎标准的产品一起在市场上流通，既可以维护正规厂商的经济利益和信誉机制，又能够培育好社会主义市场经济并维护国家的经济安全。

二、食品安全监管的主要制度

（一）食品认证准入制度

根据《认证认可条例》（2003 年修改）的规定，认证是指由认证机构证明产品、服务、管理体系符合相关技术规范、相关技术规范的强制性要求或者标准的合格评定活动。国家对认证认可工作实行在国务院认证认可监督管理部门统一管理、监督和综

合协调下，各有关方面共同实施的工作机制。2018 年发布的《国家市场监督管理总局职能配置、内设机构和人员编制规定》中规定了国家市场监督管理总局负责统一管理、监督和综合协调全国认证认可工作，建立并组织实施国家统一的认证认可和合格评定监督管理制度。具体来说，国家市场监督管理总局认证监督管理司负责拟定实施认证和合格评定监督管理制度；规划指导认证行业发展并协助查处认证违法行为；组织参与认证和合格评定国际和区域性组织活动。

（二）食品生产准入制度

1. 食品生产准入制度的一般规定

食品生产准入制度，实际上就是对食品生产的许可制度，国家对食品生产经营实行许可制度。除销售食用农产品之外，从事食品生产、食品销售、餐饮服务，也应当依法取得许可。

根据 2018 年 7 月 30 日开始施行的《国家市场监督管理总局职能配置、内设机构和人员编制规定》，国家市场监督管理总局食品生产安全监督管理司负责分析掌握生产领域食品安全形势，拟订食品生产监督管理和食品生产者落实主体责任的制度措施并组织实施。这说明，该部门成为实际上承担食品生产准入监管责任的部门。同时，该部门还负责组织食盐生产质量安全监督管理工作、开展食品生产企业监督检查、查处相关重大违法行为、指导企业建立健全食品安全可追溯体系。

县级及以上地方政府的食品药品监督管理部门在必要时，应对申请人的生产经营场所进行现场核查。若符合相关条件，则予以许可；若不符合，则不予许可，并出具书面说明。一般情况下，食品生产经营许可的有效期为 5 年。若食品生产经营者的条件发生变化，不再符合要求，应立即采取整改措施；若存在食品安全事故的潜在风险，应立即停止相关经营活动，并向当地县级市场监督管理部门报告。如需重新办理许可手续，应依法申请。县级以上市场监督管理部门应加强对食品生产经营者的日常监督检查；若发现其不符合要求，应责令立即整改，并依法处理；若其已不符合许可条件，应依法撤销相关许可。

2. 食品生产许可的特殊规定

对于食品生产加工小作坊和食品摊贩等从事食品生产活动，应当符合《食品安全法》规定的与其生产经营规模、条件相适应的食品安全要求，保证所生产的食品卫生、无毒、无害，食品药品监督管理部门应当对其加强监督管理。食品生产加工小作坊和食品摊贩等的具体管理办法由省、自治区、直辖市制定。法律、法规对食品生产加工小作坊和食品摊贩的生产许可另有规定的，依照其规定。

另外，生产食品相关产品应当符合法律、法规和食品安全国家标准。对直接接触食品的包装材料等具有较高风险的食品相关产品，按照国家有关工业产品生产许可证管理的规定实施生产许可。质量监管部门应当加强对食品相关产品生产活动的监督管理。

除此之外，国家市场监督管理总局还设有特殊食品安全监督管理司，负责分析掌握保健食品、特殊医学用途配方食品和婴幼儿配方乳粉等特殊食品领域安全形势，拟订特殊食品注册、备案和监督管理的制度措施并组织实施，组织查处相关重大违法行为。

3. 食品安全风险监测制度

食品安全风险监测，是指通过系统地、持续地对食品污染、食品中有害因素，以及影响食品安全的其他因素进行样品采集、检验、结果分析，尽早发现食品安全问题，为食品安全风险研判和处置提供依据的活动。它具有系统性和持续性两大特点。

根据《食品安全法》第 14 条的规定，实施食品安全风险监测的相关主体是国务院食品安全监督管理部门和卫生行政部门。食品药品监督总局组织开展本系统食品安全风险监测工作，指导督促省级食品药品监督部门以及风险监测技术机构相关工作。食品药品监督总局在指定的机构设立食品安全风险监测工作秘书处，承担风险监测数据汇总、分析等日常事务性工作。

根据《食品安全法》第 15 条的规定，承担食品安全风险监测工作的技术机构应当根据食品安全风险监测计划和监测方案开展监测工作，保证监测数据真实、准确，并按照食品安全风险监测计划和监测方案的要求报送监测数据和分析结果。食品安全风险监测工作人员有权进入相关食用农产品种植养殖、食品生产经营场所采集样品、收集相关数据。采集样品应当按照市场价格支付费用。《食品安全风险监测管理规范（试行）》第 14 条、第 15 条中也详细规定了食品安全风险监测技术承检机构的相关权利和义务。

4. 食品安全风险评估制度

（1）食品安全风险评估通报制度。《食品安全法》规定，食品安全风险评估结果是制定、修订食品安全标准和对食品安全实施监督管理的科学依据。食品安全风险评估是一个多学科性工作，也是一项技术性和科学性很强的学术研究工作，因此对这项制度进行法律方面的研究也就具有很大的现实意义。《食品安全法》第 19 条规定：“国务院食品安全监督管理、农业行政等部门在监督管理工作中发现需要进行食品安全风险评估的，应当向国务院卫生行政部门提出食品安全风险评估的建议，并提供风险来源、相关检验数据和结论等信息、资料。属于本法第十八条规定情形的，国务院卫生行政部门应当及时进行食品安全风险评估，并向国务院有关部门通报批评结果。”同时，《食品安全法》第 20 条规定：“省级以上人民政府卫生行政、农业行政部门应当及时相互通报食品、食用农产品安全风险监测信息。国务院卫生行政、农业行政部门应当及时相互通报食品、食用农产品安全风险评估结果等信息。”

（2）食品安全风险评估预警制度。《食品安全法》第 21 条规定：“食品安全风险评估结果是制定、修订食品安全标准和实施食品安全监督管理的科学依据。经食品安全风险评估，得出食品、食品添加剂、食品相关产品不安全结论的，国务院食品安全监督管理等部门应当依据各自职责立即向社会公告，告知消费者停止食用或者使用，并采取相应措施，确保该食品、食品添加剂、食品相关产品停止生产经营；需要制定、修订相关食品安全国家标准的，国务院卫生行政部门应当会同国务院食品安全监督管理部门立即制定、修订。”第 22 条进一步规定：“国务院食品安全监督管理部门应当会同国务院有关部门，根据食品安全风险评估结果、食品安全监督管理信息，对食品安全状况进行综合分析。对经综合分析表明可能具有较高程度安全风险的食品，国务院食品安全监督管理部门应当及时提出食品安全风险警示，并向社会公布。”

（3）食品生产经营许可证制度。国家对食品生产经营实行许可制度。从事食品生产、食品销售、餐饮服务，应当依法取得食品生产许可、食品销售许可、餐饮服务许可。销售食用农产品，不需要取得许可。食品生产经营许可的有效期为 5 年。食品生产经营者的生产经营条件发生变化，不符合食品生产经营要求的，食品生产经营者应当立即采取整改措施；有发生食品安全事故的潜在风险的，应当立即停止食品生产经营活动，并向所在地县级质量监督、工商行政管理或者食品药品监督管理部门报告；需要重新办理许可手续的，应当依法办理。县级以上质量监督、工商行政管理、食品药品监督管理部门应当加强对食品生产经营者生产经营活动的日常监督检查；发现不符合食品生产经营要求情形的，应当责令立即纠正，并依法予以处理；不再符合生产经营许可条件的，应当依法撤销相关许可。县级以上地方人民政府食品安全监督管理部门应当依照《行政许可法》的规定，审核申请人提交的《食品安全法》第 33 条第 1 款第 1 项至第 4 项规定要求的相关资料，必要时对申请人的生产经营场所进行现场核查；对符合规定条件的，准予许可；对不符合规定条件的，不予许可并书面说明理由。

（4）食品检验制度。食品检验是为了保障人们饮食安全，而专门针对食品所开展的一项检验活动，其概念分为广义和狭义两种。食品检验涉及多个方面，包括检验主体、对象、方法、性质等，所以检验活动具有多重特性。食品检验制度能否良好运行，直接关系到食品安全问题，影响到人们的身体健康，可谓意义重大。食品检验是食品安全监督管理的基础，是食品安全监督管理的重要技术手段，在查验不合格食品、有毒食品和预防食源性疾病的发生等方面起着积极作用。食品安全监管部门可以通过定期和不定期的食品抽检来检验在市场上流通的食品的安全状况，根据食品检验报告对食品企业采取一定的行政处罚等措施，促使食品企业改善食品质量，进而督促食品生产经营者进一步规范自己的行为。食品检验是食品安全的有力保障。食品是人们生存所必需的产品，食品的安全性关系到人们的身体健康乃至生命安全。食品检验活动是食品进入市场流通的最后一个环节，因此食品检验必须严格按照法律规定的程序进行。食品检验主体通过对食品的原料、添加剂、成分的质量和安全性进行检验，根据检验的结果认定食品是否符合质量标准，剔除市场中不符合食品质量标准的产品，保证进入市场的食品是安全健康的。

三、食品安全法律责任

（一）食品安全法律责任概述

1. 食品安全法律责任的定义

食品安全法律责任，就是相关法律专门机关对违反食品安全法律法规的行为造成的危害性质依法进行认定，从而让违反食品安全法的行为人承担不利的法律后果，使受害人的合法权益得到保护，恢复被损害的法律关系的机制。

2. 食品安全法律责任的适用原则

（1）民事赔偿责任优先原则。在适用食品安全法律责任的实践中，可能会出现民事赔偿责任、行政处罚和刑事责任的竞合，而违法者可能因财产不足难以同时承担上述责任的情况。对此，《食品安全法》确立了民事损害赔偿优先得到救济的原则，确保了受害人先得到补偿，从而保障受害人的合法权益。

（2）严格责任与过错责任相结合的归责原则。对违反食品安全法律的生产者适用无过错原则，而对违反食品安全法律的销售者则适用过错原则。

（3）食品安全法律责任是食品安全法律体系重要组成部分，是对违反法律义务的行为实施制裁的重要手段，具有强制力、威慑力和执行力。食品安全关系国计民生，事关社会和谐稳定，对食品安全涉及的法律义务进行明确并加以落实，具有十分重大的社会意义。

（二）违反食品生产经营规定的法律责任

民事责任主要包括：人身损害赔偿责任、财产损害赔偿责任、连带责任。食品生产经营者违反食品安全法律法规，生产、销售不合格食品，给消费者造成人身、财产或者其他损害的，依法承担赔偿责任。连带责任主要适用以下具体情形：集中交易市场的开办者、柜台出租者和展销会举办者未履行许可证审查义务，本市场发生食品安全事故的，应承担连带责任；社会团体或其他组织及个人在虚假广告中向消费者推荐食品损害了消费者合法权益的，与生产经营者承担连带责任；发布虚假广告使消费者合法权益受到损害的，广告主承担民事责任，广告经营者、发布者明知或应知广告是虚假的，承担连带责任。

惩罚性赔偿责任，即生产经营者生产或故意销售不符合食品安全标准的食品，损害了消费者的合法权益的，消费者除了要求赔偿损失，还可以向生产者或销售者要求支付价款10倍的赔偿金。

行政责任主要包括：违反许可制度的行政责任，违反生产经营范围的行政责任，未建立记录、标签等制度的行政责任等。生产经营者违反相关法律法规所负行政责任主要有：警告，没收违法所得、违法生产经营的食品和用于违法生产经营的工具、设备、原料等物品，罚款，吊销许可证。

刑事责任主要包括违反许可制度违法生产、销售不符合标准食品、违反广告制度的刑事责任。依据我国《刑法》，食品生产经营者生产、销售不符合食品安全标准的食品，足以造成严重食物中毒事故或者其他严重食源性疾病的，处 3 年以下有期徒刑或者拘役，并处罚金；对人体健康造成严重危害或者有其他严重情节的，处 3 年以上 7 年以下有期徒刑，并处罚金；后果特别严重的，处 7 年以上有期徒刑或者无期徒刑，并处罚金或者没收财产。

（三）违反食品检验规定的法律责任

食品检验机构、食品检验人员出具虚假检验报告的，由授予其资质的主管部门或者机构撤销该食品检验机构的检验资质，并依法对检验机构直接责任人和主管人员给予撤职或开除的处分。该种处罚方式为双罚制，其法律依据为食品检验机构、食品检验人员有提供客观、公正检验报告的法定义务，食品检验机构和食品检验人员对检验报告人员共同责任制；此外，违法聘用不具有食品检验资格的工作人员的，由相关主管部门或机构撤销检验机构的检验资格，此种处罚为单罚制。

（四）违反食品进出口规定的法律责任

《食品安全法》对违反食品进出口规定的法律责任涉及食品进出口企业、地方政府、监管部门、检验检疫机构四位一体的责任体系，责任形式涵盖了违反食品进出口安全规定应承担的政治、法律和社会责任。企业是市场的主体，应当成为食品安全问题的第一责任人；地方政府负有领导和协调本地区进出口食品安全监管的职责；有关食品安全监管部门各负其责。食品企业在进出口食品时违反规定所负的法律责任主要有：警告，没收违法所得、进出口食品，罚款，吊销许可证。

本章小结

党的十九届三中全会提出，要深化市场化改革，完善现代市场体系，发挥市场在资源配置中的决定性作用，更好地发挥政府作用。特别市场规制法是指国家在监管特别交易过程中所产生的社会关系的法律规范的总称。在市场要素法律制度中，要完善产权保护制度，促进各类市场主体公平竞争，体现共同富裕的理念，促进资源公平分配。除特别合同规制法律制度之外，特别市场规制制度是按照特定行业或行为来构建自己的体系的。按照特定行业和行为来构建制度体系的结果，在客观上造成了“七十二行，行行有规制”的局面，特别市场规制法在内容上自然就显得相对庞杂，且已超越了民商法和其他传统法的作用范围。因此，包括产品质量监管、价格监管、广告监管、食品安全监管在内的这些法律制度，它们规范的设立、制度的安排、结构的组合，乃至于法律体系的构建等，在很大程度上都会受到具体市场和交易形式的影响和支配。

特别市场规制法对于保障国家经济的稳健运行有着不可或缺的作用，它与市场规制一般法一起推动着经济和市场的微观运行。

学术视野

我国对产品质量规制采取的是产品质量法立法体例，是产品责任+产品质量监管。因为在市场经济高速发展的今天，仅靠市场机制和事后的民事责任追究制度，不能完全解决产品质量问题，必须强化产品质量监管，就产品质量建立起事前、事中和事后的保障体系，唯此才能切实确保和不断提高产品质量。因此，制定既包括产品质量监管，又包括产品质量责任（含生产者和销售者的产品质量义务和责任、产品责任等）两方面内容的法律，才更符合我国的实际。由此可见，在我国，产品质量监管法律制度与产品质量责任法律制度共同构成我国产品质量法的制度体系。

实务参考

（1）开阳县市场监督管理局查处贵州某农业发展有限公司生产经营不符合食品安全标准的菜籽油案（〔2023〕开市监食处字第32号）。

（2）上海市市场监督管理局查处上海某餐饮管理有限公司广告违法案（沪市监广罚字〔2023〕第45号）。

思考题目

（1）《产品质量法》中，产品的含义是什么？

（2）生产者的产品质量责任和义务有哪些？

（3）销售者的产品质量责任和义务有哪些？

（4）试述我国产品质量监督管理体系。

（5）试述广告的一般准则。

第十一章
特别市场监管法律制度

【本章摘要】特别市场交易超越了民商法和其他传统法的作用范围，需要市场监管法对其进行专门的规范和调整。在特别市场中，房地产行业对社会经济的发展起着重要的推动作用，货币市场、证券市场和保险市场则是市场资金融通的重要途径，它们构成了特别市场监管的主要对象。特别市场监管法不仅细化和完善了市场监管法的调整范围和功能，而且在一定程度上实现了市场监管法与相邻部门法律在调整目的和方法上的协调。本章结合房地产、银行、保险以及证券市场的特有属性，分析其市场监管中的主要特点，重点阐述了这些市场监管中特有的制度架构和制度内容。

【学习目标】通过本章学习，要求掌握房地产、银行、保险以及证券市场监管法律制度的一般原理及其制度内容，并能够灵活运用相关知识观察和解读社会现实，形成一定的解决实际问题的能力。

第一节　房地产监管法律制度

一、房地产监管法律制度概述

房地产是由土地、建筑物以及其上的权利所组成的财产类别。房地产业是围绕房地产资源进行开发、建设、交易、管理和服务的行业。它不仅包括新房的建设和销售，还包括二手房交易、物业管理、中介服务等多个环节，是国民经济中的一个重要部分。房地产市场受到经济环境、政策调控、金融条件等多种因素的影响。房地产监管法律制度是一套用于规范房地产市场行为、保障房地产行业健康发展，并通过法律手段对房地产开发、经营、交易、使用等全过程有效管理和监督的制度集合。在我国，房地产监管法律体系涵盖了多个层次和维度，体现出基本法与专门法相结合、监管干预与私权保护相结合、经济效益和社会效益相统一的特点。

房地产监管法律制度的目的在于保护相关主体的利益，维护市场秩序，推动社会经济的健康发展。为实现房地产市场监管的上述目的，房地产市场监管应遵循公正公平原则、公开透明原则、依法监管原则、预防与惩处相结合原则，以及市场导向与政府调控相协调原则等。在这些目标和原则的指导下，国家会根据社会发展的现实情形对房地产市场进行适应性结构调整和转型升级，提高市场的整体素质和竞争力，促进房地产市场的健康、稳定发展。近年来，我国要“坚持以需求为导向，调整供应结构，满足不同收入家庭的住房需要”；“坚持在国家统一政策指导下，各地区因地制宜，分别决策，使房地产业的发展与当地经济和社会发展相适应，与相关产业相协调，促进经济社会可持续发展”。①

房地产行业的监管涉及多个政府部门和相关机构，住房和城乡建设部主要负责制定房地产市场的相关政策和法规，指导全国房地产市场的健康发展，促进住房建设和房地产业转型升级等职责；自然资源部主要负责土地资源的规划、管理和监督等，以确保土地资源的合理利用和可持续发展。此外，中国人民银行与国家金融监督管理总局还会通过货币政策、信贷政策对房地产金融领域进行监管，包括住房贷款、房企融资以及金融机构开展房地产相关业务的监管等。在地方层面，住房和城乡建设局以及房地产管理局具体负责落实上级政策，对辖区内房地产开发企业资质管理、房地产交易、预售许可、产权登记、房屋租赁、物业管理等进行日常监管。

二、土地使用权法律监管

（一）建设用地使用权

建设用地使用权指单位或者个人依法对国家所有或集体所有的土地享有在一定期限内进行建设并使用该土地的权利。建设用地使用权的标的土地主要包括城市土地、工矿仓储用地、商业服务业用地以及其他非农建设用地等，这些土地一般通过招标、拍卖、挂牌等方式进行市场化的有偿出让，或者在特定条件下由政府划拨给符合条件的使用者。使用权人在规定的范围内有权占有、使用、收益，并可依法转让、出租、抵押其土地使用权。根据《民法典》的规定，建设用地使用权期限届满后，可以通过续期或其他合法方式继续使用土地。

建设用地使用权的取得有出让和划拨两种方式。出让是我国建设用地使用权的主要取得方式之一，是指国家将国有土地使用权在一定期限内通过市场竞争机制转让给土地使用者，并收取土地出让金的方式。建设用地使用权的出让方式主要包括招标出让、拍卖出让、挂牌出让、协议出让等。招标出让是指县级以上地方人民政府国土资源行政主管部门发布招标公告，邀请特定或者不特定的法人、自然人或其他组织参与投标，通过评审投标文件来确定建设用地使用权的最终受让人。这种方式注重参投者的资质、方案设计、技术力量、资金实力等因素，适用于大型公共设施、重要基础设施等项目的土地使用权出让。拍卖出让是由县级以上地方人民政府国土资源行政主管

① 参见《国务院关于促进房地产市场持续健康发展的通知》。

部门发布公告，公开举行拍卖会，竞买人在指定时间和地点进行公开竞价，最终出价最高者获得建设用地使用权。拍卖出让方式着重体现市场的竞争性和公开性，尤其适用于地理位置优越、市场需求强烈、适宜商业开发的土地。挂牌出让是指国土部门在指定场所公布拟出让地块的详细情况和出让条件，接受多个意向用地者在一定期限内提交报价单报价，报价期结束时，出价最高的竞买人获得建设用地使用权。挂牌出让的过程更为连续和平稳，有利于吸引更多的潜在投资者。协议出让是在符合法律法规和土地利用规划前提下，对于不宜采用招标、拍卖、挂牌方式的情形，市、县级人民政府国土资源行政主管部门可以直接与土地使用者协商，达成一致意见后签订建设用地使用权出让合同。

划拨通常是国家为了公共利益或社会公益事业而给予特定主体使用的土地。划拨土地使用权一般是无偿的，无须支付土地出让金，但需要经过县级以上人民政府的审批。划拨土地使用权往往限定了特定的用途，如国家机关办公用地、军事用地、城市基础设施用地、公益事业用地以及国家重点扶持的能源、交通、水利等基础设施用地等。

根据《城市房地产管理法》和《民法典》等相关法律法规的规定，商业、旅游、娱乐和商品住宅等经营性用地，原则上必须通过招标、拍卖或者挂牌方式出让。同时，土地使用权出让应当坚持节约集约用地原则，防止闲置浪费土地资源。

（二）宅基地使用权

宅基地使用权特指农村集体经济组织成员依法享有的，在集体所有的土地上建造个人住宅及其附属设施的权利。宅基地使用权具有鲜明的身份属性和社会福利性质，主要用于保障农民基本居住需求，不能随意进入市场交易。使用权人在获得批准后，可在指定的宅基地上建房居住，但原则上不允许用于非居住用途的建设和经营活动。

不同于建设用地使用权可以通过市场自由交易，宅基地使用权的转让受到严格限制。根据现行法规，宅基地使用权一般不得转让给集体经济组织以外的人员，也就是说，非集体经济组织成员不能通过购买等方式获取宅基地使用权。随着农村土地制度改革的推进，部分地区试点探索宅基地“三权分置”，允许在符合规划和用途管制的前提下，适度放活宅基地和农民房屋使用权，但这并不意味着全面放开宅基地使用权的市场交易。

三、房地产开发过程的监管

（一）建设用地的规划与审批

开发单位或个人初步选定拟开发的地块，向当地规划和自然资源部门提交项目建议书或可行性研究报告。规划部门结合土地利用总体规划、城市总体规划、控制性详细规划等进行用地选址的合理性评估和预审。通过预审后，开发商委托具有资质的设计单位编制详细的规划设计方案，包括总平面图、建筑方案、交通流线、绿化景观、市政设施配套等内容。设计方案初步完成后，规划部门将方案予以公示，征求公众意见，必要时举行听证会，听取各方对设计方案的意见和建议。公示期满无异议或修改完善后，规划审批机关对设计方案进行全面审查，包括但不限于用地性质、容积率、绿地率、建筑密度、建筑高度等指标是否符合规划要求。

规划审批通过后，开发商需向土地管理部门申请土地使用权，政府土地管理部门根据规划批准情况，将土地纳入年度用地计划，通过法定方式公开出让土地使用权。开发商在取得土地使用权后，根据土地出让合同和规划条件，向有关机构申请《建设工程施工许可证》。开发商获得上述许可后，方可正式开工建设。房地产项目在启动前，还需进行环境影响评价，并根据《环境影响评价法》的要求，获得环保部门的审批。

（二）开发建设过程中的质量和安全监管

质量和安全监管贯穿房地产开发建设的整个过程，但重点是施工阶段的质量与安全监管和竣工验收阶段的监管。

施工阶段的质量与安全监管包括实体质量、施工过程、安全文明施工以及信息化监管。实体质量监控指对建筑材料、构配件和设备进场进行抽查，确保产品质量符合国家和行业标准，实行见证取样送检制度。施工过程的监管指通过日常巡查、专项检查、第三方监测等方式，对地基基础、主体结构、装饰装修等关键环节的质量和安全进行实时监控。安全文明施工要求督促施工单位严格执行安全生产规章制度，排查安全隐患，强化施工过程中的职业健康安全防护。信息化监管指利用现代信息技术，如远程视频监控系统，对施工现场进行实时监管。

在工程完工后，监管机构应督促建设单位组织设计、施工、监理等责任主体进行竣工验收，确保工程质量达到国家和合同约定的标准，未经竣工验收合格的项目不得投入使用。

四、房地产交易市场的监管

（一）房地产买卖监管

我国实行房地产登记制度，通过不动产登记簿确认房地产的所有权、使用权及其他物权状态。该制度是政府为了实现社会总需求和社会总供给之间的平衡，保证国民经济持续、稳定、协调增长，运用计划、财政、税收、金融等手段对社会经济进行的调节和控制。房地产登记的内容包含但不限于：买卖双方基本信息、房地产位置、面积、结构、用途、价款及付款方式、交房期限、过户时间、违约责任等条款。《民法典》和《城市房地产管理法》对房地产买卖合同的订立、效力、履行、变更、解除等方面作出了详细规定。

交易双方在完成合同签订后，需要按照国家规定缴纳相关税费，如契税、增值税、印花税等，然后前往不动产登记中心办理过户登记手续，完成房地产权属的转移。共有房地产或已出租房地产在出售时，其他共有人或承租人依法享有同等条件下的优先购买权。这是对弱势一方权益的保护，确保他们在同等条件下能优先获得购买机会。

（二）房地产租赁监管

租赁是出租人将租赁物交付承租人使用、收益，承租人支付租金的经济活动。出租人要对出租房地产享有所有权或合法使用权，按约定将符合使用条件的房屋交付承租人使用，并承担租赁物的维修保养义务。出租人有权按照租赁合同收取租金。承租人则需要按约定使用租赁物，支付租金，并在租赁期间保持租赁物的安全和完好，租赁期满后将租赁物归还给出租人。

《民法典》第 705 条规定，租赁期限不得超过二十年。超过二十年的，超过部分无效。租赁期满后，当事人可以续订租赁合同。在租赁期间，非因承租人原因致使租赁物毁损灭失的，承租人可以请求减少租金或者不支付租金。我国法律遵循“买卖不破租赁”原则，即租赁物在租赁期间发生所有权变动的，不影响租赁合同的效力。对于特定类型的房地产租赁，如公租房、廉租房、商业租赁等，国家制定了专门的法规政策进行管理和规制，如《公共租赁住房管理办法》《廉租住房保障办法》等，以满足不同社会群体的住房需求，并确保租赁市场的稳定与健康发展。

（三）房地产交易合同的监管

房地产交易合同是指买卖双方就房地产买卖事宜所达成的书面协议，是双方权利和义务的法定依据。房地产交易合同作为买卖双方明确各自权利和义务的法律依据，必须采用书面形式。书面形式不仅有助于确保双方对合同内容的明确理解，也便于在发生争议时提供有效的证据。书面合同可以是传统的纸质合同，也可以是电子合同或其他符合法律规定的书面形式。房地产交易合同的内容应当全面、准确、具体，以便明确双方的权利和义务，保障交易的顺利进行。具体来说，房地产交易合同应包含合同双方基本信息、房地产基本信息、交易价格及支付方式、交付时间和方式、违约责任、争议解决方式等。为了确保合同的合法性和有效性，房地产交易合同还应符合相关法律法规的规定，如房地产登记、产权变更、税费缴纳等方面的要求。

房地产交易合同的履行与监督是确保合同目的得以实现，保障买卖双方权益的重要环节。为了确保合同的顺利履行，双方应当遵循诚实信用原则，按照合同约定的内容和要求履行义务。在房地产交易合同中，买卖双方的履行义务主要包括：（1）支付义务，买方应按照合同约定的时间、方式和金额支付购房款项；（2）交付义务，卖方应按时交付房屋，并保证房屋符合合同约定的质量标准和使用要求；（3）配合义务，双方应相互配合，如办理房屋过户手续、提供必要的证明文件等，确保交易的顺利进行。

房地产交易合同的监督主要包括以下几个方面：（1）内部监督。买卖双方应建立内部监督机制，定期对合同履行情况进行检查，确保各项义务得到及时履行。（2）外部监督。相关政府部门和行业协会应加强对房地产交易合同的外部监督，如开展合同检查、受理投诉举报等，确保交易行为的合法性和规范性。（3）法律监督。当合同履行过程中出现争议或纠纷时，双方可以通过法律途径解决。

（四）房地产交易信息公开与透明化

房地产交易信息公开与透明化是保障消费者权益、维护市场秩序和促进公正交易的重要措施。房地产开发商或二手房业主在销售房源时，必须公布真实的房源信息，如产权状况、面积、使用年限、抵押情况、规划用途、装修标准等，以减少信息不对称。二手房交易实行网上签约备案，确保每一笔交易都在政府部门监管的网络平台上进行，实时记录交易状态，可有效防止"一房多卖"现象，保护购房者利益。从看房、议价、签订合同直至办理过户手续，整个流程应当标准化、规范化并对外公开，便于交易双方及社会公众监督。房地产交易价格需真实反映市场价值，不得虚高报价或私下加价，有的地方甚至建立了官方指导价或者成交价公示系统。

五、房地产权属登记与物业管理

（一）不动产统一登记及其实施

不动产统一登记制度是规范不动产登记行为，保障不动产权利人合法权益的重要制度。不动产统一登记制度的核心目标是整合原先分散在不同政府部门的不动产登记职能，内容包括四个方面：一是机构统一。设立统一的不动产登记机构，负责办理土地、房屋、林地、草原、海域等各类不动产权利的登记工作。二是簿册统一。制定统一的不动产登记簿，所有不动产权益变动均须记载于此，形成完整、连贯的产权链条记录。三是依据统一。依照统一的法律法规和标准进行登记，如《不动产登记暂行条例》及其实施细则、操作规范等。四是信息平台统一。建立全国联网的不动产登记信息管理基础平台，实现数据共享，提高登记效率和服务质量，并有利于加强对不动产市场的宏观调控和市场监管。除此之外，权利人申请不动产登记时，需按照统一规定的流程提交相关材料，完成权属调查、申请、审核、登簿、发证等一系列程序。

实施不动产统一登记制度，不仅有利于维护市场经济秩序，保障不动产交易安全，减少纠纷，也有助于加强反腐败力度、追踪和监督大额财产来源合法性，从而遏制非法收入和隐匿财产的行为。我国已全面实现不动产统一登记。

（二）物业服务行业监管与业主权益保障

我国住房和城乡建设部负责全国物业管理活动的指导和监督。地方各级人民政府的住房和城乡建设行政主管部门负责本行政区域内物业管理活动的监管工作。监管内容包括物业服务企业的资质审核、服务标准设定、违规行为查处、物业服务合同的规范执行，以及处理业主与物业服务企业之间的纠纷等。

业主有权选择符合资质要求的物业服务企业，与其签订物业服务合同，按照合同约定接受相应的服务；有权参与物业管理重大事项的决策，包括但不限于制定和修改管理规约、业主大会议事规则，选举和罢免业主委员会成员；有权监督物业服务企业的服务质量和费用收取，对于不符合合同约定的服务可以主张权利，如有必要可以通过法律途径解决争议。

此外，政府还通过定期检查、评级考核、信用体系建设等方式强化对物业服务企业的日常监管，并鼓励业主积极参与社区治理，共同维护和谐宜居的居住环境。随着社会治理现代化的推进，各地也在探索数字化、智能化的物业管理模式，进一步提升物业管理水平和业主满意度。

第二节　银行业监管法律制度

一、银行业监管概述

银行业监管分广义和狭义两种理解。从狭义上讲，银行业监管是指国家金融监管机构对银行业金融机构的组织及其业务活动进行监督和管理的总称。而广义的银行业监管则不仅包括国家金融监管机构对银行业金融机构的外部监管或他律监管，也包括银行业金融机构的内部监管或自律监管。银行业监管具有确保银行业的稳健运作、保护金融系统的稳定性和保障金融消费者权益的功能。我国将“防范化解金融风险特别是防止发生系统性金融风险”视为金融工作的根本性任务。为此，我国“依法将所有金融活动全部纳入监管”“全面强化机构监管、行为监管、功能监管、穿透式监管、持续监管”“消除监管空白和盲区，严格执法、敢于亮剑，严厉打击非法金融活动”。[①] 我国实施银行业监管的主体是国家金融监管机构，如中国人民银行、国家金融监督管理总局；银行业监管客体是所有参与银行业市场活动的主体及其业务活动，即银行业金融机构及其业务活动。

在监管内容上，我国银行业监管主要集中在市场准入监管、市场运营监管以及市场退出监管三个环节。[②] 市场准入监管是指政府或金融监管机构对银行进入金融市场的条件、程序和标准进行监督和管理的一系列措施和规定，内容主要涉及审批机构设立、注册资本、任职资格、业务范围等。市场运营监管是指对银行在市场中开展业务活动的过程进行监督和管理的一系列措施和规定，旨在确保银行的业务活动合法、规范、安全，从而防范银行机构的风险，内容包括银行机构资本适度和资本构成、资产质量

① 参见 2023 年中央金融工作会议上习近平总书记的讲话。

② 何贝倍：《我国银行业监管法律体系的制度分析》，社会科学文献出版社 2015 年版，第 31 页。

状况、支付能力和盈利情况等。银行市场退出监管是指监管机构对银行撤出市场或停止经营的过程进行监督和管理的一系列措施和规定。

二、银行业监管体制

（一）分业型金融监管体制

美国是分业型金融监管的代表国家。美国银行监管机构主要包括货币监理署、联邦储备系统和联邦存款保险公司。货币监理署是美国最早的联邦级银行管理机构，也是国民银行的首要管理机构，主要负责对国民银行进行审批、监督、检查。联邦储备系统主要由联邦储备委员会、联邦储备银行和联邦公开市场委员会等组成。其中，联邦储备委员会是联邦储备系统的核心机构，负责制定货币政策和对金融实施监督管理；联邦储备银行是执行联邦储备系统政策的银行；联邦公开市场委员会的主要工作是利用公开市场操作影响市场上货币的储量。联邦存款保险公司的职能是给银行和储蓄机构的存款提供保险，识别和监控存款保险基金中的风险，限制银行和储蓄机构倒闭对经济和金融体系的影响。

（二）集中型金融监管体制

英国是集中型金融监管的典型代表。在这种模式下，英国的银行监管机构主要是金融政策委员会、审慎监管局和金融行为监管局。金融政策委员会是英格兰银行的下设机构，负责识别、监督并采取行动消除或减少英国金融体系的系统性风险，向英格兰银行或其他监管机构提出建议。审慎监管局作为英格兰银行的组成部分，主要负责监督包括银行在内的各种金融机构，保障金融机构的安全和稳健，促进英国经济的国际竞争力及其中长期增长。金融行为监管局负责监管银行、保险及投资事业，保护消费者，增强民众对金融系统的信心，保证金融体系的健康。

（三）我国银行监管体制

我国银行监管制度经历了一个由表及里的渐进变革过程，大致可以分为三个阶段：(1) 1948—1977 年，大一统的银行经营管理阶段。这一时期的金融监管属于高度集中的计划管理体制下的管制型金融监管，因还未确立市场经济，所以基本上不存在现代意义上的银行监管。(2) 1978—1992 年，中央银行履行综合监管职能阶段。随着不断向前推进的经济金融体制改革进程，我国初步形成了以中国人民银行为中心，以国家专业银行为主体，其他金融机构并存、分工协作的新型金融组织体系，由此我国中央银行监管向前迈进一大步。这一时期银行监管主要围绕市场准入进行，重在审批银行设立新的分支机构。(3) 1993 年至今，分离监管模式的确立和完善时期。《中国人民银行法》的颁布与施行标志着中央银行监管地位的确立。2003 年，国务院设立中国银行业监督管理委员会，统一监管银行业金融机构。2018 年，中国银行业监督管理委员会与中国保险监督委员会合并为中国银行保险监督管理委员会。2023年，根据中共中央、国务院印发的《党和国家机构改革方案》，在中国银行保险监督委员会的基础上组建了国家金融监督管理总局，负责银行业的监督和管理。目前，我国的银行业监管机构为中国人民银行和国家金融监督管理总局。

三、商业银行的监管

（一）商业银行及其经营风险

商业银行是依照法律设立的专门吸收公众存款、从事贷款和汇兑等货币信用业务的金融机构。商业银行实行自主经营、自担风险、自负盈亏、自我约束，以获取利润为经营目的和发展动力。目前，我国的商业银行主要包括四类：一是传统的国有控股商业银行，即中国工商银行、中国农业银行、中国建设银行和中国银行。二是全国性的或区域性的股份制商业银行，如光大银行、交通银行、招商银行、广东发展银行等。三是由城乡信用合作社入股组建的城市和农村的合作银行。四是外商投资的商业银行，包括外资商业银行、中外合资商业银行和外国银行分行。

银行业是一个高风险的特殊行业，根据巴塞尔银行监管委员会颁布的《有效银行监管的核心原则》，商业银行面临的风险主要包括：(1) 信用风险，指的是借款人或其他对手方无法按时或完全偿还贷款或其他债务的风险，主要源于借款人违约、经济衰退、行业萎缩或其他因素；(2) 市场风险，是指金融市场价格波动引起的风险，包括利率风险、汇率风险和股票价格波动等；(3) 流动性风险，指的是银行在需要大量现金时无法迅速满足这种需求的风险，多是由于存款撤回、借款人违约或其他因素导致的；(4) 操作风险，是指内部流程、系统故障、人为错误或欺诈行为等导致的风险；(5) 合规风险，是指银行未能遵守各种法律和监管要求而导致的罚款、诉讼风险以及对声誉的损害；(6) 战略风险，是指由于银行战略规划的失误或不足导致的风险，如果银行的战略决策不当，可能会导致业务扩张不顺利或盈利能力下降。

（二）商业银行的准入

根据《商业银行法》的规定，设立商业银行，应当具备下列条件：有符合《商业银行法》和《公司法》规定的章程；有符合法定的注册资本最低限额；有具备任职专业知识和业务工作经验的董事、高级管理人员；有健全的组织机构和管理制度；有符合要求的营业场所、安全防范措施和与业务有关的其他设施；符合其他审慎性条件。设立商业银行，应当经国务院银行业监督管理机构审查批准。申请人应当向国务院银行业监督管理机构提交申请书、可行性研究报告以及需提交的其他文件、资料。未经国务院银行业监督管理机构批准，任何单位和个人不得从事吸收公众存款等商业银行业务，任何单位不得在名称中使用“银行”字样。

（三）商业银行的退出

我国银行业金融机构退出市场的方式主要包括：暂时退出的接管、原有业务继续经营的并购重组及停止经营的解散、撤销和破产。商业银行因解散、被撤销和被宣告破产而终止。

商业银行的接管是指银行陷入财务困境或无法满足监管要求时，监管机构采取控制措施，接管该银行的管理权，并进行相应的重组、整顿或清算的活动。根据《商业银行法》规定，商业银行已经或者可能发生信用危机，严重影响存款人的利益时，国务院银行业监督管理机构可以对该银行实行接管。接管的目的是对被接管的商业银行采取必要措施，以保护存款人的利益，恢复商业银行的正常经营能力。接管由国务院银行业监督管理机构决定，并组织实施。在接管期间接管组织行使商业银行的经营管理权力，接管期限届满，国务院银行业监督管理机构可以决定延期，但接管期限最长不得超过两年。

解散是指已经成立的金融机构因其章程的规定或法定事由而丧失经营能力，取消其法人资格的过程。商业银行因分立、合并或者出现公司章程规定的解散事由需要解散的，应当向国务院银行业监督管理机构提出申请，并附解散的理由和支付存款的本金和利息等债务清偿计划。商业银行经国务院银行业监督管理机构批准后解散。商业银行解散的，应当依法成立清算组，进行清算，按照清偿计划及时偿还存款本金和利息等债务。国务院银行业监督管理机构监督清算过程。

商业银行的破产是指其无法偿还债务或资产负债表出现重大不平衡，导致无法继续正常运营的状态。商业银行不能支付到期债务，经国务院银行业监督管理机构同意，由人民法院依法宣告其破产。商业银行被宣告破产的，由人民法院组织国务院银行业监督管理机构等有关部门和人员成立清算组，进行清算。商业银行破产清算时，在支付清算费用、所欠职工工资和劳动保险费用后，应当优先支付个人储蓄存款的本金和利息。

（四）商业银行的审慎监管

商业银行是经营货币、提供支付中介服务的特殊企业，银行业金融机构的经营活动必须采取极为审慎的态度，国家对银行业也必须采取比一般工商企业更为严格、更为审慎的监管。这种审慎性，除了市场准入要求比其他企业具有更为严格的条件，还体现在对银行业金融机构“经营管理的审慎性”所实行的严格监管上。

银行业的审慎监管是通过两方面内容实现的：一是通过银行等金融机构执行监督管理机构制定的审慎经营规则，加强内部风险管理；二是通过监督管理机构检查金融机构的审慎经营规则的执行情况，进行审慎评估并及时进行风险预警和控制。由此可见，确定审慎经营规则是审慎监管的基础。银行业金融机构的审慎经营规则，由法律、行政法规规定，也可以由国务院银行业监督管理机构依照法律、行政法规制定。

中国已制定了一系列相对完整的审慎经营规则，其内容涉及商业银行经营的各个方面，包括风险管理、内部控制、资本充足率、资产质量、损失准备金、风险集中、关联交易、资产流动性等方面的内容。为了实施这些规则，在存款业务方面，商业银行办理个人储蓄业务时，应当遵循存款自愿有息、取款自由以及为存款人保密的原则；在办理单位存款业务时，应当保障其自主支配权；同时商业银行应按照中国人民银行规定的存款利率的上下限以确定存款利率并予以公告。在贷款业务方面，商业银行贷款实行审查制，对借款人的借款用途、偿还能力、还款方式等情况进行严格审查；实行担保制，严格审查保证人的偿还能力、抵押物或质物的权属及价值；实行合同制，银行应与借款人订立书面合同约定相关事项。在结算业务方面，我国法律规定，除国家允许使用现金结算外，一般经济往来均应办理转账或票据结算。商业银行办理清算事项应按照法律规定并收取适当的手续费。

（五）商业银行的法律责任

商业银行如果未能遵守金融监管机构的规定，可能会面临罚款、暂停业务、吊销许可证等行政处罚。监管机构可能还会对违规行为的相关人员进行行政处罚或者禁止其从事金融行业工作。商业银行如果侵犯客户权益，如未经客户同意擅自泄露客户信息、不当收费、欺诈销售等，可能会面临民事赔偿责任、行政处罚。在涉及反洗钱和反恐怖融资时，商业银行如果未能有效履行反洗钱和反恐怖融资的义务，可能会面临高额罚款、丧失信誉，甚至会承担刑事责任。监管机构通常会要求银行建立严格的客户身份验证和交易监控制度，以防止洗钱和恐怖融资活动。

四、政策性银行的监管

（一）政策性银行

政策性银行是由政府设立或者控股的金融机构，其主要目的是支持政府的经济政策目标和国家发展战略。政策性银行不以营利为目的，意在贯彻、配合政府社会经济政策或意图，在特定的业务领域内直接或间接地从事政策性融资活动，为政府发展经济、促进社会进步提供有效的经济管理工具。目前，我国政策性银行主要有中国进出口银行和中国农业发展银行，国家开发银行被定位为开发性金融机构，从政策性银行序列中剥离。

政策性银行的基本特征可以概括为以下四个方面：（1）国家背景。政策性银行的第一特征是以国家信用为背景，通常由政府设立或者直接控股，由政府提供担保来提高政策性银行的信用等级。（2）财政支持。政策性银行的资本金一般由财政拨付并随时追加，资本充足率高于商业银行。（3）定向融资。政策性银行通常向特定领域或者特定类型的客户提供定向融资，为政府重点项目和产业提供资金支持。（4）社会责任。除了经济利益，政策性银行通常还承担着一定的社会责任，如推动就业、减少贫困、促进可持续发展等。

（二）政策性银行的监管制度

基于政策性银行的特殊性，对政策性银行的监管不能简单地模仿商业银行的监管模式，而是要结合其自身特点，重点监管政策性银行中银行性与政策性协调的问题。政策性银行监管需要从业务范围、资金来源、独立运作以及风险控制四个方面去考量。

第一，业务范围的监管。与商业银行不同，政策性银行的根本目的是实施政策性金融，政策性银行应优先投向国家重点发展而商业银行无力承担的产业。因此，监管机构会对政策性银行的业务进行审查，以确保其融资项目符合国家战略发展方向，同时也要求其风险管理和合规性符合要求。

第二，资金来源的监管。与商业银行主要以存款作为资金来源不同，政策性银行的资金来源特殊，一般不接受存款，也不接受民间借款。政策性银行的融资模式有两类，一是财政直接融资模式，二是以国家信用为依托的市场融资方式。我国政策性银行资金来源的主要渠道是通过发行金融债券获得资金的方式。

第三，独立运作的监管。政策性银行虽然是政府的银行，但其仍需符合独立运作、自主选择的要求。政策性银行应建立严格的项目评审制度和决策程序，在政府支持的产业方向和范围内，在保证财务稳健的前提下自主经营。

第四，风险控制的监管。在金融危机或其他重大风险事件发生时，监管机构会采取措施来稳定金融市场和保护金融体系稳定，政策性银行也需参与其中。政策性银行需要防范的风险包括流动性风险、利率风险和信用风险。特别需要注意的是，政策性银行的风险造成的后果并非仅限于危及自身利益，还会传导给其他金融机构，从而造成系统性风险。

五、银行内控与行业自律

银行内控是为了实现银行的自我约束，要求银行业金融机构强化其内部风险控制的制度。银行应当遵循监管机构颁布的内控和合规要求。内控和合规要求通常涵盖风险管理、财务报告等多个方面，确保银行业金融机构在运营中不违反相关法律的规定。银行应当不断改进其内部控制制度，从而适应不断变化的市场环境和监管要求。

除金融机构的自我约束外，银行业还应特别加强行业工会或行业协会实施的自律规则。目前，全国和地方性银行业同业公会已建立，它们作为自律组织在银行业监管中也发挥着重要作用。自律组织的全体成员共同参与制定行为规范，并共同遵守，实行自我约束、自我保护。就专业熟悉程度、与金融运作的联系紧密度、规范领域的广度及监管手段方面而言，自律与政府监管相比，有其自身的特点，能发挥其独特的作用。① 银行日常经营中出现的问题可以由行业协会按照市场规则解决，也可以由行业协

① 顾功耘：《经济法教程》，上海人民出版社 2013 年版，第 720 页。

会进行沟通和协调。同时，行业协会自律作用的发挥不仅有利于遏制银行之间的恶性竞争，而且可以从整体上维护银行业的良性竞争环境。银行内控与行业自律结合使银行业在内部管理和行业合规方面取得平衡，更好地服务客户、保护利益相关方的利益，最终实现整个金融体系的稳定和健康发展。

第三节　保险市场监管制度

一、保险市场监管制度概述

保险是指投保人根据合同约定，向保险人支付保险费，保险人对于合同约定可能发生的事故因其发生所造成的财产损失承担赔偿保险金责任，或者当被保险人死亡、伤残、疾病或者达到合同约定的年龄、期限等条件时承担给付保险金责任的商业保险行为。保险以危险的存在为前提，以取得经济补偿为目的，其结果是由不特定的多数人来分担个人遭遇危险所受到的损失。因而，保险制度对于人类化解风险，求得安全平顺具有重要意义。为了规范保险活动，保护保险活动当事人的合法权益，维护社会经济秩序和社会公共利益，促进保险事业的健康发展，对保险业进行监督管理是非常必要的。

保险市场监管制度，是指国家有权机构对保险主体和保险经营活动进行监督管理的制度。我国最初仅颁布了一些单项的保险法规，直到 1992 年通过《海商法》，才首次以法律的形式对海上保险作了规定。随着经济发展的需要，1995 年全国人民代表大会常务委员会颁布了《保险法》，较为完整、系统地规定了保险制度。该法采取保险业和保险合同一体立法的体例，包含了保险监管的内容。2002 年《保险法》做了首次修正，后于 2009 年、2014 年、2015 年进行了三次修改，至此，形成了我国保险监管的基本制度体系。

保险当事人之间进行保险交易以及保险人相互之间进行再保险交易会形成相应的保险市场。尽管《保险法》规定，保险业和银行业、证券业、信托业实行分业经营、分业管理，保险公司与银行、证券、信托业务机构分别设立，但作为现代金融市场重要组成部分的保险市场，仍关系到整个金融体系的稳健运行，保险资金的运用不仅局限于保险市场本身，而且会对证券市场等产生重要影响。保险市场的这种特点，决定着保险市场的监管不仅是对保险当事人利益的平衡，对保险市场经营行为的监管，而且要对保险偿付能力进行评价，对保险市场给金融市场和社会经济带来的影响进行评估。为此，当前我国的保险市场监管主要包括市场主体监管、保险经营监管、保险违法行为监管等内容，但同时又引入了从整个金融市场来评价相关行为的制度和理念。

二、保险市场准入监管

保险市场准入是政府依据一定的规则，为了实现保险业公共服务政策，克服市场失灵，允许保险市场主体及交易对象进入保险市场领域，而对其进行的直接控制或干预的活动。保险公司是构成保险市场的基本主体，保险公司只有符合法律规定的条件才能从事保险经营活动，从而产生了市场准入监管问题。

（一）准入条件

在组织形式方面，保险公司应当采用股份有限公司和国有独资公司的组织形式；在主体资格方面，保险公司必须事先获得主管机构的批准，并在企业登记机关处进行登记，才能成为市场主体，有资格从事保险经营行为。《保险法》规定，设立保险公司应当经国务院保险监督管理机构批准，国务院保险监督管理机构审查保险公司的设立申请时，应当考虑保险业的发展和公平竞争的需要。可见，非经批准，任何单位和个人不得经营商业保险业务。

设立保险公司必须符合法定的条件，这些条件包括：（1）主要股东具有持续盈利能力，信誉良好，最近 3 年内无重大违法违规记录，净资产不低于人民币 2 亿元；（2）有符合《保险法》和《公司法》规定的章程；（3）有符合法律规定的注册资本；（4）有具备任职专业知识和业务工作经验的董事、监事和高级管理人员；（5）有健全的组织机构和管理制度；（6）有符合要求的营业场所和与经营业务有关的其他设施；（7）法律、行政法规和国务院保险监督管理机构规定的其他条件。

（二）准入程序

设立保险公司必须遵循法律规定的程序，向国务院保险监督管理机构提出书面申请。发起人在提出设立保险公司的申请时，应当提交的材料有：（1）设立申请书。申请书应当载明拟设立的保险公司的名称、注册资本、业务范围等。（2）可行性研究报告。（3）筹建方案。（4）投资人的营业执照或者其他背景资料，经会计师事务所审计的上一年度财务会计报告。（5）投资人认可的筹备组负责人和拟任董事长、经理名单及本人认可证明。（6）国务院保险监督管理机构规定的其他材料。

国务院保险监督管理机构应当对设立保险公司的申请进行审查，自受理之日起 6 个月内作出批准或者不批准筹建的决定，并书面通知申请人。决定不批准的，应当书面说明理由。申请人应当自收到批准筹建通知之日起 1 年内完成筹建工作；筹建期间不得从事保险经营活动。

筹建工作完成后，申请人具备《保险法》规定的设立条件的，可以向国务院保险监督管理机构提出开业申请。国务院保险监督管理机构应当自受理开业申请之日起 60 日内，作出批准或者不批准开业的决定。决定批准的，颁发经营保险业务许可证；决定不批准的，应当书面通知申请人并说明理由。

（三）分支机构的设立

保险公司在中华人民共和国境内设立分支机构，应当经保险监督管理机构批准。

保险公司分支机构不具有法人资格，其民事责任由保险公司承担。保险公司申请设立分支机构，应当向保险监督管理机构提出书面申请，并提交法律规定的材料。保险监督管理机构应当对保险公司设立分支机构的申请进行审查，自受理之日起 60 日内作出批准或者不批准的决定。决定批准的，颁发分支机构经营保险业务许可证；决定不批准的，应当书面通知申请人并说明理由。

经批准设立的保险公司及其分支机构，凭经营保险业务许可证向工商行政管理机关办理登记，领取营业执照。保险公司及其分支机构自取得经营保险业务许可证之日起 6 个月内，无正当理由未向工商行政管理机关办理登记的，其经营保险业务许可证失效。

（四）市场退出

保险公司因分立、合并需要解散，或者股东会、股东大会决议解散，或者公司章程规定的解散事由出现，经国务院保险监督管理机构批准后解散。保险公司解散，应当依法成立清算组进行清算。保险公司企业法人不能清偿到期债务，并且资产不足以清偿全部债务或者明显缺乏清偿能力的，经国务院保险监督管理机构同意，保险公司或者其债权人可以依法向人民法院申请重整、和解或者破产清算；国务院保险监督管理机构也可以依法向人民法院申请对该保险公司进行重整或者破产清算。

保险公司破产财产在优先清偿破产费用和共益债务后，其清偿顺序是：（1）所欠职工工资和医疗、伤残补助、抚恤费用，所欠应当划入职工个人账户的基本养老保险、基本医疗保险费用，以及法律、行政法规规定应当支付给职工的补偿金；（2）赔偿或者给付保险金；（3）保险公司欠缴的其他社会保险费用和所欠税款；（4）普通破产债权。破产财产不足以清偿同一顺序的清偿要求的，按照比例分配。破产保险公司的董事、监事和高级管理人员的工资，按照该公司职工的平均工资计算。

经营有人寿保险业务的保险公司，除因分立、合并或者被依法撤销外，不得解散。经营有人寿保险业务的保险公司被依法撤销或者被依法宣告破产的，其持有的人寿保险合同及责任准备金，必须转让给其他经营有人寿保险业务的保险公司；不能同其他保险公司达成转让协议的，由国务院保险监督管理机构指定经营有人寿保险业务的保险公司接受转让。转让或者由国务院保险监督管理机构指定接受转让人寿保险合同及责任准备金的，应当维护被保险人、受益人的合法权益。

三、保险经营监管

保险公司从事保险活动必须遵守法律、行政法规，尊重社会公德，不得损害社会公共利益。保险活动当事人行使权利、履行义务应当遵循诚实信用原则。保险公司应当在国务院保险监督管理机构依法批准的业务范围内从事保险经营活动，保险人不得兼营人身保险业务和财产保险业务。但是，经营财产保险业务的保险公司经国务院保险监督管理机构批准，可以经营短期健康保险业务和意外伤害保险业务。

（一）保险准备金监管

保险准备金是指保险公司为了保证能够按照合同约定履行保险赔偿或给付义务，根据法律规定或业务需要，从保险费或盈余中提取的一定数量的基金，用以确保保险公司具备与其保险业务规模相应的偿付能力。《保险法》对保险公司提存保险准备金作出了规定，其内容包括：（1）提取保证金的数额。根据法律规定，保险公司应当按照其注册资本总额的百分之二十提取保证金。（2）提取保证金的标准和条件。保险公司应当根据保障被保险人利益、保证偿付能力的原则，提取各项责任准备金。（3）保证金的管理。保险公司应将保证金存入指定账户，统一使用。

（二）保险偿付能力监管

保险公司偿付能力是指保险公司偿还债务的能力。保险公司应当具有与其业务规模和风险程度相适应的最低偿付能力。为了保证保险公司的偿付能力，《保险法》作出明确要求，保险公司的认可资产减去认可负债的差额不得低于国务院保险监督管理机构规定的数额；低于规定数额的，应当按照国务院保险监督管理机构的要求采取相应措施达到规定的数额。经营财产保险业务的保险公司当年自留保险费，不得超过其实有资本金加公积金总和的 4 倍。保险公司对每一危险单位，即对一次保险事故可能造成的最大损失范围所承担的责任，不得超过其实有资本金加公积金总和的百分之十；超过的部分应当办理再保险。

为了科学监管保险公司的偿付能力，国务院保险监督管理机构制定了偿付能力充足率的标准，规定了保险公司偿付能力的监管指标和体系。偿付能力充足率，是指保险公司的实际资本与最低资本的比率。保险公司的最低资本，是指保险公司为应对资产风险、承保风险等风险对偿付能力的不利影响，依据规定而应当具有的资本数额。保险公司的实际资本，是指认可资产与认可负债的差额。

保险公司应当具有与其风险和业务规模相适应的资本，确保偿付能力充足率不低于 100%。根据保险公司偿付能力状况，保险公司被分为三类，并实施分类监管：（1）不足类公司，指偿付能力充足率低于 100% 的保险公司；（2）充足Ⅰ类公司，指偿付能力充足率在 100% 到 150% 之间的保险公司；（3）充足Ⅱ类公司，指偿付能力充足率高于 150% 的保险公司。

（三）保险公司内部监管

保险公司的风险具有系统性，它不仅会影响当事人的利益，而且会传递给其他保险公司，甚至于整个金融系统，影响社会的稳定和发展，因而，保险公司风险必须处于可控范围内。

保险公司的资金运用必须稳健，遵循安全性原则，其资金运用只能限于银行存款，买卖债券、股票、证券投资基金份额等有价证券，投资不动产，以及国务院规定的其他资金运用形式；保险公司的控股股东、实际控制人、董事、监事、高级管理人员不得利用关联交易损害公司的利益；保险公司应当按照国务院保险监督管理机构的规定，真实、准确、完整地披露财务会计报告、风险管理状况、保险产品经营情况等重大事项。

保险公司从事保险销售的人员应当品行良好，具有保险销售所需的专业能力。保险公司应当建立保险代理人登记管理制度，加强对保险代理人的培训和管理，不得唆使、诱导保险代理人进行违背诚信义务的活动。保险公司及其分支机构应当依法使用经营保险业务许可证，不得转让、出租、出借经营保险业务许可证。保险公司应当按照国务院保险监督管理机构的规定，公平、合理拟订保险条款和保险费率，不得损害投保人、被保险人和受益人的合法权益。保险公司应当按照合同约定和本法规定，及时履行赔偿或者给付保险金义务。保险公司开展业务，应当遵循公平竞争的原则，不得从事不正当竞争，不得从事法律禁止的行为。

四、保险市场监管措施

（一）一般措施

保险监督管理机构依法履行职责，可以采取的措施包括：对保险公司、保险代理人、保险经纪人、保险资产管理公司、外国保险机构的代表机构进行现场检查；进入涉嫌违法行为发生场所调查取证；询问当事人及与被调查事件有关的单位和个人，要求其对与被调查事件有关的事项作出说明；查阅、复制与被调查事件有关的财产权登记等资料；查阅、复制保险公司、保险代理人、保险经纪人、保险资产管理公司、外国保险机构的代表机构以及与被调查事件有关的单位和个人的财务会计资料及其他相关文件和资料；对可能被转移、隐匿或者毁损的文件和资料予以封存；查询涉嫌违法经营的保险公司、保险代理人、保险经纪人、保险资产管理公司、外国保险机构的代表机构以及与涉嫌违法事项有关的单位和个人的银行账户；对有证据证明已经或者可能转移、隐匿违法资金等涉案财产或者隐匿、伪造、毁损重要证据的，经保险监督管理机构主要负责人批准，申请人民法院予以冻结或者查封。

保险监督管理机构依法进行监督检查或者调查，其监督检查、调查的人员不得少于 2 人，并应当出示合法证件和监督检查、调查通知书；监督检查、调查的人员少于 2 人或者未出示合法证件和监督检查、调查通知书的，被检查、调查的单位和个人有权拒绝。保险监督管理机构依法履行职责，被检查、调查的单位和个人应当配合。保险监督管理机构工作人员应当忠于职守，依法办事，公正廉洁，不得利用职务便利牟取不正当利益，不得泄露所知悉的有关单位和个人的商业秘密。

（二）保险公司的整顿和接管

整顿和接管是监管机构对保险公司采取的一种行政救助行为，目的在于对被整顿和接管的保险公司采取必要措施，以保护投保人和被保险人利益，恢复保险公司经营能力。根据《保险法》规定，保险公司未依照保险法规定提取或者结转各项责任准备金，或者未依照保险法规定办理再保险，或者严重违反保险法关于资金运用的规定的，又没有按照保险监督管理机构的指令限期改正的，保险监督管理机构可以决定选派保险专业人员和指定该保险公司的有关人员组成整顿组，对公司进行整顿。整顿决定应当载明被整顿公司的名称、整顿理由、整顿组成员和整顿期限，并予以公告。在整顿过程中，被整顿保险公司的日常业务应接受整顿组的监督，被整顿公司的负责人及有关管理人员在行使职权时亦需要接受整顿组的监督。整顿期间，被整顿保险公司可以继续进行原有业务的经营，但是，国务院保险监督管理机构可以根据保险公司及其实际情况，对被整顿公司的原有业务进行调整，并停止保险公司接受新业务，调整资金运用。经整顿，被整顿保险公司确实纠正了相关违法行为，并能够恢复正常经营状况的，整顿组可以提出报告，经国务院保险监督管理机构批准，结束整顿，并由国务院保险监督管理机构予以公告。

保险公司违反法律规定，可能或者已经危及保险公司偿付能力的，保险监督管理机构可以对该保险公司实行接管。接管的目的是对被接管的保险公司采取必要措施，以保护被保险人的利益，恢复保险公司的正常经营。国务院保险监督管理机构可以对保险公司实行接管的情形包括：公司的偿付能力严重不足的；违反保险法规定，损害社会公共利益，可能严重危及或者已经严重危及公司的偿付能力的。被接管的保险公司的债权债务关系不因接管而变化。接管期限届满，被接管的保险公司已恢复正常经营能力的，由国务院保险监督管理机构决定终止接管，并予以公告。

保险公司在整顿、接管、撤销清算期间，或者出现重大风险时，国务院保险监督管理机构可以对该公司直接负责的董事、监事、高级管理人员和其他直接责任人员通知出境管理机关依法阻止其出境；申请司法机关禁止其转移、转让或者以其他方式处分财产，或者在财产上设定其他权利。

第四节　证券市场监管制度

一、证券市场监管与证券市场监管法

证券市场监管是指证券市场监督管理机构对证券市场主体、客体及行为进行监督管理，使其秩序化的总称。在证券市场中，市场主体的判断和交易瞬间即可完成，二者的关联性极强，容易引发连锁性效应，造成市场行为的趋同性，并最终造成市场的剧烈波动。同时，证券市场有着为实体产业提供资金的功能，又关联着整个金融市场，证券市场与其他市场的紧密关系，使其风险非常容易传导到其他市场，从而影响整个社会经济的稳定发展。因而，各国都会制定相关法律以对其进行监管，规范证券市场。

证券市场监管法是调整监管机构对证券市场主体、客体及行为进行监督管理过程中所发生经济关系的法律规范的总称。由于证券市场监管的复杂性，证券监管法的渊源非常多样，既有法律法规、部门规章，也有行业自律性的规定。我国的证券监管法经历了一个逐步完善的过程。我国的证券市场最初是作为试点率先在上海和深圳开始建设的，因而，早期的证券监管法主要体现为地方性法规，如《上海市证券交易管理办法》和《深圳市股票发行和交易管理办法》等。随着我国经济的发展，证券市场也逐渐繁荣，1998 年第九届全国人民代表大会常务委员会第六次会议通过《证券法》，建立了我国证券监管的基本制度，该法经过多次修改，对我国证券市场的发展起到了巨大的推动作用。除《证券法》外，我国《公司法》《证券投资基金法》以及国务院颁布的相关规定中，都包含证券监管的法律规范，它们共同构成了我国证券监管的制度体系。

目前，我国社会经济发展进入新阶段，证券市场在促进实体经济发展、支持创业创新方面作用日益重要，《证券法》为适应新常态的需要，按照简政放权的总体要求，取消了部分不适应市场实际的限制性、禁止性规定，在实行股票发行注册制、维护投资者合法权益、推动资本市场持续健康发展等方面作出合理规定，为进一步完善证券行业基础金融功能，推动证券市场的创新和发展提供广阔的空间。为此，我国提出要强化重要金融基础设施建设与统筹监管，统一监管标准，健全准入管理。选择运行安全规范、风险管理能力较强的区域性股权市场，开展制度和业务创新试点，加强区域性股权市场和全国性证券市场板块间的合作衔接。推动债券市场基础设施互联互通，实现债券市场要素自由流动。①

二、证券发行市场监管

（一）证券发行制度

证券市场的健康发展需要有合格的交易主体和交易客体，为了确保证券交易的正常进行，各国都会对证券发行进行审核，以保护投资者的利益，维护市场的公正和公平，减少市场交易中的系统性风险，从而形成了不同的证券审核制度。

根据对发行人申报资料的审查方式，各国证券发行审核制度可被分为核准制和注册制。核准制是指证券监管机构依法对证券发行的申请及有关材料进行实质性审查，对符合法定条件的申请，予以批准发行的审查制度。核准制的特点在于，证券监管机构对证券发行享有独立的审查权，发行证券必须符合法定的实质条件才能获得批准，在出现违法情形后发行证券可被撤销，但监管机构无须承担责任。核准制可以减少由于信息或专业知识缺乏而给投资者造成的负面影响，有利于保护投资者利益，但核准制容易使投资者产生对监管机构的依赖，影响理性投资者的培养和成熟市场机制的形

---

① 参见《中共中央　国务院关于加快建设全国统一大市场的意见》。

成，因而被广为诟病。

注册制是指发行人将发行证券的有关信息依法予以披露，证券监管机构仅对申报材料的全面性、真实性、准确性和及时性进行审查，证券即可获得发行的审查制度。注册制认为，投资者是自我利益的最佳判断者，自律自治的市场本身可以确保证券发行活动的正常进行，因而，政府应尽量减少介入证券发行的过程，证券监管机构只对发行人的申请材料进行形式审查，发行证券的价值由投资者自行评价，发行人需对投资者承担相应法律责任。注册制将信息公开作为制度基础，有助于提高投资者的能动性，减少政府的干预，从而提高证券发行的效率和市场机制的发挥，但投资者根据发行信息作出选择，风险自负，需要投资者具备更多的投资知识，承担更大的投资责任，不利于对投资者的保护。

我国的证券发行审核制度经历了一个发展过程。20 世纪 90 年代，我国实行的是额度管理和指标管理，前者主要由国务院证券监督管理机构确定社会融资总额度并分配到各省，省政府再选择和确定发行股票的企业；后者是由国务院证券监督管理机构确定发行上市的企业家数，省级政府推荐预选企业，证券监督管理机构对符合条件的企业进行审核批准。后来，我国证券发行实行的是核准制，由发行审核委员会对发行人的申请材料进行初审，提出审核意见，在此基础上证监会进行核准股票发行申请。2013 年，我国开始提出推进股票发行注册制改革，注册制改革涉及发行审核委员会制度、多层次资本市场体系的构建、证券服务机构地位、打击证券违法行为等多方面问题。为发挥资本市场服务实体经济的基础功能，2015 年 12 月 27 日第十二届全国人民代表大会常务委员会第十八次会议决定，授权国务院对拟在上海证券交易所、深圳证券交易所上市交易的股票的公开发行，调整适用《证券法》关于股票公开发行核准制度的有关规定，实行注册制度。《证券法》第 9 条明确规定，公开发行证券，必须符合法律、行政法规规定的条件，并依法报经国务院证券监督管理机构或者国务院授权的部门注册。

（二）股票发行的条件

根据《公司法》的规定，以发起设立方式设立股份有限公司的，发起人应当认足公司章程规定的公司设立时应发行的股份。以募集设立方式设立股份有限公司的，发起人认购的股份不得少于公司章程规定的公司设立时应发行股份总数的百分之三十五；法律、行政法规另有规定的，从其规定。

公司首次公开发行新股，应当符合下列条件：（1）具备健全且运行良好的组织机构；（2）具有持续经营能力；（3）最近 3 年财务会计报告被出具无保留意见审计报告；（4）发行人及其控股股东、实际控制人最近 3 年不存在贪污、贿赂、侵占财产、挪用财产或者破坏社会主义市场经济秩序的刑事犯罪；（5）经国务院批准的国务院证券监督管理机构规定的其他条件。上市公司发行新股，应当符合经国务院批准的国务院证券监督管理机构规定的条件，具体管理办法由国务院证券监督管理机构规定。

（三）公司债券的发行条件

发行公司债券必须符合下列条件：（1）具备健全且运行良好的组织机构；（2）最近3年平均可分配利润足以支付公司债券一年的利息；（3）国务院规定的其他条件。公开发行公司债券筹集的资金，必须按照公司债券募集办法所列资金用途使用；改变资金用途，必须经债券持有人会议作出决议。公开发行公司债券筹集的资金，不得用于弥补亏损和非生产性支出。上市公司发行可转换为股票的公司债券，除应当符合上述条件外，还应当符合经国务院批准的国务院证券监督管理机构规定的上市公司发行新股的条件。但是，按照公司债券募集办法，上市公司通过收购本公司股份的方式进行公司债券转换的除外。

有下列情形的，不得再次发行债券：（1）对已公开发行的公司债券或者其他债务有违约或者延迟支付本息的事实，仍处于继续状态；（2）违反证券法规定，改变公开发行公司债券所募资金的用途。

三、证券交易市场监管

（一）证券上市制度

证券上市是指发行人已发行的有价证券，经批准在证券交易所公开挂牌交易。上市证券的发行人称为上市公司。

上市公司希望公司证券上市交易的，应当向证券交易所提出上市申请，经证券交易所审核同意后，双方签订上市协议，并按照协议规定安排上市。上市公司申请证券上市交易，应当满足证券交易所上市规则规定的条件。证券交易所上市规则规定的条件，应包含对发行人的经营年限、财务状况、最低公开发行比例和公司治理、诚信记录等方面的要求。上市后的证券，如果出现证券交易所规定的终止上市情形，应当按照证券交易所的业务规则终止上市交易。证券交易所决定终止证券上市交易的，应当及时公告，并报国务院证券监督管理机构备案。如果上市公司对证券交易所作出的不予上市交易或者终止上市交易决定存有异议，可以向证券交易所设立的复核机构申请复核。

（二）禁止的证券交易行为

1. 内幕交易行为

内幕交易行为是指知悉证券交易内幕信息的知情人员（内幕人员）和非法获取内幕信息的其他人员违反法律规定，泄露内幕信息，根据内幕信息买卖证券或者建议他人买卖该证券的行为。《证券法》明确规定，证券交易活动中，涉及发行人的经营、财务或者对该发行人证券的市场价格有重大影响的尚未公开的信息，为内幕信息。禁止证券交易内幕信息的知情人和非法获取内幕信息的人利用内幕信息从事证券交易活动。

证券交易内幕信息的知情人和非法获取内幕信息的人，在内幕信息公开前，不得买卖该公司的证券，或者泄露该信息，或者建议他人买卖该证券。《证券法》还列举了内幕知情人员的范围。内幕交易行为给投资者造成损失的，应当依法承担赔偿责任。

2. 操纵市场行为

操纵市场行为是指行为人为获取利益或转嫁风险，利用所掌握的资金、信息等优势或者滥用职权影响证券交易价格或证券交易量的行为。操纵市场的行为构成主要包括：(1) 行为人具有资金优势、持股优势或者利用信息优势；(2) 具体行为表现为联合或者连续买卖，或者以事先约定的时间、价格和方式相互进行证券交易，或者不以成交为目的，频繁或者大量申报并撤销申报等；(3) 对投资者交易行为产生了诱导效果，使之作出错误的投资决策。操纵证券市场行为给投资者造成损失的，应当依法承担赔偿责任。

3. 欺诈客户行为

欺诈客户行为是指证券公司及其从业人员在证券交易中损害客户利益的欺诈行为。在本质上，欺诈客户行为是一种违背客户真实意思表示，损害客户利益的行为，主观上往往具有欺诈故意。在客观方面，欺诈行为可以表现为：违背客户的委托为其买卖证券、不在规定时间内向客户提供交易的书面确认文件、为谋取佣金收入使客户进行不必要的证券买卖等。欺诈客户行为给客户造成损失的，行为人应当依法承担赔偿责任。

4. 传播虚假信息行为

虚假信息会扰乱证券市场秩序，影响投资者的投资决策和效果。根据《证券法》的规定，任何单位和个人不得编造、传播虚假信息或者误导性信息，扰乱证券市场。证券交易场所、证券公司、证券登记结算机构、证券服务机构及其从业人员，证券业协会、证券监督管理机构及其工作人员，在证券交易活动中不得作出虚假陈述或者信息误导。各种传播媒介传播证券市场信息应当真实、客观，不得具有误导目的或效果。传播媒介及其从事证券市场信息报道的工作人员应当忠实履行其工作职责，不得违背工作职责进行证券买卖。编造、传播虚假信息或者误导性信息，扰乱证券市场，给投资者造成损失的，应当依法承担赔偿责任。

四、证券市场监管体制

（一）证券市场监管体制的主要类型

证券市场监管体制是指证券市场监管过程中，有关权力设定和职责划分的方式和组织制度。证券市场监管体制在整个证券法律制度中具有重要的地位，其有效性和规范性影响着整个证券市场的有序和稳定。证券市场的监管受国家金融监管体制，乃至于社会经济发展状况的影响，因而，不同国家确立了不同的监管体制，大体来看，可分为三种类型。

1. 政府集中统一监管体制

集中统一监管体制是指政府通过制定专门的证券市场管理法规，并设立全国性的专门政府部门或证券监管机构，从而实现对证券市场集中管理的一种体制。这种模式以美国、日本等国为代表，政府在证券市场的管理中居于主导地位，但并不排除证券交易所和证券商协会等自律组织参与市场监管，只是相较而言处于辅助地位。例如，美国的证券交易委员会是一个独立的、具有准司法权的机构，其主席由总统任命，对国会负责，负责管理全国范围内的证券发行和交易活动。除证券交易委员会以外，美国证券监管组织还包括一些私人非营利性机构和自律组织，主要负责监测在其各自市场上的交易并监督其他成员的活动。

集中统一监管体制的优缺点非常明显：专门的证券市场管理法规、统一的监管口径，使市场行为有法可依，有助于秩序化市场的形成，但监管者超脱于市场，掌握的信息相对有限，往往脱离实际，缺乏效率；监管机构的地位超脱，可以更好地实现公平、公正、公开价值，协调整个证券市场，打破地域监管界限，防止市场的无序竞争和混乱，但监管机构对市场上发生的突发事件反应相对较慢，可能会处理不及时，影响其效用的发挥；监管机构注重对投资者利益的保护，但监管机构的配合往往难以与其他机构相协调，监管的成本相对高昂。

2. 自律型监管体制

自律型监管体制是指证券市场监管主要由证券业协会、证券交易所等组织承担，政府不设立全国性的证券管理机构，除通过一些必要的立法来规范外，很少干预证券市场。这种模式以英国、荷兰等为代表，自律组织通常拥有对违法违规行为的处置权力，其发布的各种规则在实质发挥着对市场交易行为的规范和约束作用，从而起到填补或替代法律的作用。例如，英国的证券监管职责分别由金融行为监管局、审慎监管局、自律组织等多层次机构来实行。金融行为监管局采取了更为主动和强硬的监管方法，负责对风险金融服务进行干预，但自律监管组织仍承担着很多监管职责。

自律型监管体制同样有着明显的优缺点，不同国家在实践过程中都在积极寻求方法使其趋利避害。自律型监管体制允许市场主体参与制定证券市场监管规则，可以使监管规则更切合实际，有利于规则的自觉遵守和维护，但市场主体参与制定规则往往具有明显的倾向性，对会员利益的保护比较重视，容易忽略对投资者利益的保护；市场交易规则由市场主体制定和修改，可以将政府潜在的不当监管，以及给市场造成的危害降到合理限度，但监管者的地位不超脱，证券市场的公平、公正原则就难以得到充分体现；自律机构对市场违法行为可以作出更为迅速的反应，及时采取有效措施，对于保证市场的有效运转发挥着重要的作用，但监管手段软弱，不能协调全国证券市场发展，区域市场之间很容易产生摩擦，容易导致不必要的混乱局面。

3. 中间型监管体制

相较于集中统一型和自律型监管体制，中间型监管体制采取了相对折衷的模式，在兼采两种体制优势的基础上，又尽力回避了其中的矛盾和冲突。中间型监管体制主要以德国、意大利等国为代表，它既强调了政府集中监管的职能，又发挥了市场主体的自我约束，有利于培养市场主体的积极性。例如，德国实行全能银行制度，证券业与银行业相互混合经营，证券监管与银行监管也紧密结合在一起，主要由中央银行来承担。为了规范证券监管活动，德国颁布了《证券交易法》，对全能银行的证券业务进行了规范和监管。在此基础上，德国还建立了以证券交易所为主体的自律监管制度，证券上市、信息披露、市场交易等都由交易所负责监管，形成了证券业务大部分由证券市场自我调剂和自我管理的局面。

证券监管体制并没有绝对的优劣之分，只要与一个国家的政治体制、经济需求，乃至于文化传统相适应，都能很好地推动社会的发展。值得注意的是，随着各国证券市场规模的扩大，直接融资比例的增加，建立完善的市场机制和培育合格的市场主体已经成为证券监管追求的目标。因而，以自律管理为基础、政府监管为指导的证券监管体制正在成为发展趋势，我国如何进一步完善自己的证券监管体制也成了一个重要课题。

（二）我国的证券监管体制

根据我国《证券法》及其他有关法律、法规规定，我国证券市场监管体制具有如下两个特点：(1) 实行国家集中统一监管制度，由国务院证券监督管理机构，即中国证券监督管理委员会依法对全国证券市场实行集中统一监督管理。(2) 证券业协会、证券交易所的自律管理。证券业协会是证券业的自律性组织，是社会团体法人。证券交易所是提供证券集中竞价交易的场所，是不以营利为目的的会员制事业法人。从性质上说，证券交易所是证券经营行业的自律管理机构。这说明，我国证券市场的自律性管理不仅包括证券业协会的自律管理，也包括证券交易所的自律管理。

本章小结

本章明确了房地产、银行、保险和证券等市场的定义和特征，强调了它们在整个市场经济中的特殊地位和作用，并从监管目标、监管原则、监管主体和监管对象等方面，对其监管制度进行了系统梳理。力争通过制度论述，揭示出特别市场监管在维护市场秩序、保护消费者权益、推动社会主义市场经济健康发展等方面的价值和意义。在内容具体安排上，本章详细分析了特别市场监管法律制度的运行机制，包括监管措施、监管手段和监管机制等。先是分析了土地交易、房地产开发与销售、房地产租赁、物业管理等方面的监管制度；随后梳理了商业银行的准入与退出，商业银行的审慎监管、风险管理、内部控制等制度；接着围绕保险业务的许可、保险公司的经营行为、保险资金的运用等监管要求展开讨论；最后在证券市场方面，分析了证券发行、交易、信息披露、内幕交易等监管制度。基于这些监管制度的论述，我们应当认识到特别市场监管制度在推动金融市场健康发展的同时，还要随着社会经济的变化和创新不断改革和完善，以适应新的市场环境和挑战。

学术视野

特别市场在具体制度理念上存在着很大的差异，房地产监管着重于土地资源的合理利用、市场稳定与健康发展以及消费者权益保护；银行监管则聚焦于银行业的稳健运行和金融风险的防范；保险监管以公众利益保护为核心，强调偿付能力监管和市场秩序的维护；而证券监管则坚持“公平、公开、公正”原则，致力于维护市场秩序和投资者利益。但是，以上这些都是从不同角度强调了市场经济的整体性和公共利益的重要性，它们不仅是理解相关市场监管制度的理论依据，也为监管制度的完善和发展指明了方向，是特别市场健康、稳定和可持续发展的基本保障。

实务参考

(1) 上海某公司诉青岛某房地产公司房屋买卖合同纠纷案［最高人民法院（2021）最高法民再200号］。

(2) 潘某诉某银行股份有限公司某支行借记卡纠纷案［四川省南充市中级人民法院（2021）川13民终4307号］。

(3) 南京某保险公司诉上海某保险公司再保险合同纠纷案［最高人民法院（2020）最高法民申6025号］。

思考题目

(1) 简述建设用地使用权期限届满前的收回。

(2) 试述银行业监督管理法的特征。

(3) 简述保险公司偿付能力监管。

(4) 简述注册制背景下我国证券发行中的信息披露制度。

第 三 编

宏观调控法

第十二章

宏观调控法概述

【本章摘要】本章是对宏观调控法一般原理的阐述，主要介绍了宏观调控和宏观调控法的概念，宏观调控法的理论基础、地位和体系，宏观调控法的基本原则和调整方法等。宏观调控法是指调整在国家对宏观经济调控过程中所发生的各种社会关系的法律规范的总称。宏观调控法是国家依法干预国民经济运行的一项重要的制度设计。在对宏观调控法进行制度设计时，立法者应当充分考虑国家干预理论以及相关的市场失灵理论和政府失败理论，并将此作为宏观调控法的理论基础。宏观调控法的原则包括调控法定原则、宏观效益原则、平衡优化原则、统分结合原则。

【学习目标】通过本章学习，要求理解宏观调控法概念、理论基础和地位，掌握宏观调控法的基本原则和调整方法。了解宏观调控主体的国家性、宏观调控目的的宏观性、宏观调控手段的综合性及其具体内涵。

第一节　宏观调控

宏观调控是指政府为了实现社会总需求和社会总供给之间的平衡，保证国民经济持续、稳定、协调增长，运用计划、财政、税收、金融等手段对社会经济进行的调节和控制。

一、宏观调控

宏观经济调控行为具有以下特征。

（一）宏观调控主体的国家性

宏观调控的主体是国家，并具体由国家立法机关、政府机关等来承担。首先，宏观调控主体只能是依法设立的机关，非国家机关一般不能成为宏观调控主体。宏观调控主体必须是履行国家宏观经济调控职能的特定国家机关，它享有宏观调控职权，履行宏观调控职责。其次，宏观调控主体按照其宏观调控具体的职能和作用的大小，可以划分为宏观调控立法主体、宏观调控决策主体、宏观调控实施主体、宏观经济调控监督主体和宏观经济调控权利救济主体。[①]

（二）宏观调控目的的宏观性

宏观调控是对社会总供给和社会总需求所进行的调节和控制。社会总供给和社会总需求能否保持平衡，对国民经济能否健康运行有着极为重要的影响。如果社会总供给大于社会总需求，就会造成社会资源的浪费；如果社会总需求大于社会总供给，则会造成物价全面上涨，从而可能引起社会生活的动荡。为使国民经济健康运行，就必须努力保持社会总供给与社会总需求的平衡，必须加强宏观调控。在进行宏观调控过程中，国家应当综合各种市场信息进行处理，并在此基础上作出宏观调控决策，以此将社会个体的经济行为纳入宏观经济调控的轨道，从而使国民经济总体的供求关系逐步趋于平衡，实现宏观调控的预期目标。

（三）宏观调控手段的综合性

宏观调控的系统性决定其调控手段具有综合性。对宏观经济进行调控，仅靠单一的手段往往力有不逮。各国在对宏观经济进行调控的过程中，通常会采用不同的手段，其中包括政策性手段和法律性手段。政策性手段具有相应的灵活性，它可以对宏观调控起着更为适时的作用；法律手段具有相对的稳定性，它对宏观调控起着更为理性的作用。在宏观调控中，政策性手段和法律性手段都是不可或缺的。具体而言，宏观调控法的调控手段包括：计划、财政、税收、金融、固定资产投资、产业、国有资产管理、外贸、资源和能源等。

二、宏观调控法的概念

宏观调控法是指调整在国家对宏观经济调控过程中所发生的各种社会关系的法律规范的总称。简言之，宏观调控法就是调整宏观经济调控关系的法律规范的总称。

（一）宏观调控法的调整对象是宏观经济调控关系

宏观经济调控关系是指国家对宏观经济运行进行调控时所产生的各种社会关系，包括计划调控关系、财政调控关系、税收调控关系、金融调控关系、固定资产投资调控关系、产业调控关系、国有资产管理调控关系、外贸调控关系、资源调控关系、能源调控关系等。在这些关系中，国家或国家授权机关始终是居于宏观调控主体的地位，并据此决定着宏观经济调控的内容和走向。

---

① 刘定华、肖海军：《宏观调控法律制度研究》，人民法院出版社2003年版，第102页。

（二）宏观调控法一般是指经济法律规范的总称

在“宏观调控法”一词中，“宏观”特指宏观经济；“调控”特指国家对宏观经济运行进行的调节和控制行为；“法”一般指实质意义上的法，即法律规范的总称，日常语汇中有时也被用于指形式意义上的法。一方面，作为部门法或者实质意义上的宏观调控法，是指调整在国家对国民经济总体活动进行调节和控制过程中发生的经济关系的法律规范的总称。另一方面，作为形式意义上的宏观调控法，则是指宏观调控方面的法律、法规等规范性文件。有时，还特指宏观调控基本法律，如德国《经济稳定与增长促进法》、美国《充分就业和国民经济平衡增长法》等。①

三、宏观调控法的理论基础

宏观调控法是国家干预经济的基本手段之一。宏观调控法是国家依法干预国民经济运行的一项重要的制度设计。在对宏观调控法进行制度设计时，立法者应当充分考虑国家干预理论以及相关的市场失灵理论和政府失败理论，并将此作为宏观调控法的理论基础。

（一）国家干预理论

国家干预理论起源于20世纪30年代，由英国著名的经济学家凯恩斯提出，后经其学生和支持者的阐释、修改和发展而趋于完善。该理论认为，在现代资本主义条件下，市场机制已不能充分发挥自动调节的作用，仅靠市场调节已无法解决社会总供给和社会总需求的失衡问题，为此，国家应当运用财政政策、税收政策、金融政策对国民经济实行全面的干预和调节，从而使社会总供给与社会总需求趋于平衡，以达到既无通货膨胀又无失业现象的经济稳定增长目标。

（二）市场失灵理论

市场失灵理论不仅研究市场调节无法解决的社会总供给与社会总需求失衡的问题，而且研究政府如何运用经济政策解决这一总量失衡问题。市场经济之所以需要宏观调控，是由市场经济的性质决定的，从根本上说就是由市场失灵决定的。市场经济不能始终自动均衡，市场调节无法克服盲目性，市场经济无法自给自足，市场经济无法实现社会公平，市场经济无法主动直接促进社会公共利益，市场经济的产生、存在和发展需要加强宏观调控。②

（三）政府失败理论

政府失败是以布坎南为代表的公共选择学派在分析市场经济条件下政府干预行为

---

① 杨紫烜：《经济法》，北京大学出版社、高等教育出版社2008年版，第420页。

② 邱本：《经济法研究（下卷：宏观调控法研究）》，中国人民大学出版社2008年版，第16-22页。

局限性时所设计的一个主题，也是公共选择理论的核心。政府失败理论则主要研究政府运用经济政策调节经济总量失衡问题时出现的调控失败、官僚主义问题以及解决方案。在宏观调控法中，政府失败理论要求宏观调控行为要符合法定原则和适度原则，宏观调控行为应受到实体法和程序法的约束，以实现宏观调控综合效果的最优化。

诚然，无论是国家干预理论，还是与其相关的市场失灵理论和政府失败理论，尽管都是以经济政策作为解决经济总量失衡、调控失败、官僚主义的手段，但其理论的内涵，并不排斥以法律手段解决上述问题。这种不排斥的属性，为宏观调控法奠定了相应的理论基础。现行的许多宏观经济调控的法律规范，都是由宏观经济调控政策转化而成。这一现象在一定程度上说明，宏观调控法和宏观调控政策的理论基础都是国家干预理论及相关的市场失灵理论和政府失败理论。

第二节　宏观调控法的地位和体系

一、宏观调控法的地位

（一）宏观调控法在经济法体系中的地位

在法的体系中，经济法是一个独立而重要的法律部门；在经济法体系中，宏观调控法是与市场规制法并列的二级部门法。宏观经济调控的基本目标是通过调控保持经济总量的基本平衡，促使国民经济持续、快速、健康地发展，从而保障社会整体经济利益。从此意义讲，宏观经济调控最明显地体现了经济法的本质特征，将其纳入经济法的范畴，使其成为经济法体系的组成部分，不仅是经济法学界的共识，也为民商法学界、行政法学界所认可。

（二）宏观调控法与市场规制法的关系

在经济体系中，宏观调控法与市场规制法具有同等重要的法律地位，它们之间既有联系又有区别。两者之间的联系表现在：无论是市场规制法还是宏观调控法，都体现了国家对市场经济在一定程度上的介入。两者之间区别主要为：一是关注点不同，宏观调控法主要关注宏观，市场规制法主要侧重微观；二是宏观调控法主要运用弹性手段并强调间接诱导，市场规制法主要使用刚性手段并倚重直接强制。在市场规制法下，通过对市场主体及其有关的行为进行规制，可以确保市场秩序的健康稳定，为宏观经济调控奠定良好的微观经济基础，并使宏观经济调控得以顺利进行。

（三）宏观调控法在法域归属上的地位

将法分为公法、私法等法域，是大陆法系对法的一种基本划分。对公法、私法的划分有多种标准，根据这些标准进行判断，宏观调控法属于公法。第一，从宏观调控法的主体来看，宏观调控行为的实施者是国家，而国家是以公权主体的身份来实施宏观调控行为的；第二，从宏观调控权力来看，国家实施宏观调控行为是因为国家依法享有宏观调控权；第三，从宏观调控所保护的利益来看，国家宏观调控行为所直接保护的利益是国家整体利益；第四，从调整对象的角度来看，宏观调控法调整的宏观调控关系是具有命令与服从性质的关系。①

二、宏观调控法的体系

（一）对宏观调控法体系的不同认识

宏观调控法的体系是指调整宏观经济调控关系的法律规范性文件体系。由于宏观经济调控涉及国民经济运行的整个过程，其调控内容、调控目标、调控原则、调控方法等均分别由相应的法律文件予以确定，因而宏观调控法的体系构成也就十分复杂，理论界对宏观调控法的体系构成也有不同的认识和主张。有人认为，应根据宏观经济调控的内容不同而将其分为宏观调控主体法、宏观调控手段法、宏观调控行为规范法和宏观调控监督法；有人则认为，应当根据宏观调控法的形式不同而将其分为宏观调控基本法和宏观调控单行法；还有人认为，应当依据宏观调控法具体规范的相互关系，将宏观调控法分为实体性宏观调控法和程序性宏观调控法；② 也有人主张，应当根据宏观调控法的调整对象，将宏观调控法分为财政调控法、税收调控法、金融调控法、计划调控法。③

（二）宏观调控法的体系构成

宏观调控法可以根据不同标准进行一系列的划分，而且这些划分都是从一个侧面揭示了宏观调控的调整范围及其性质，它对宏观调控法学理论以及指导建立完备的宏观调控法体系都具有积极的意义。但是，由于法的体系的构成要素是法律部门，在界定宏观调控法的体系构成时，应将着眼点放置于宏观调控法所包含的具体法律部门，并将这些法律部门按照一定的标准分类组合，使其呈现出一个体系化、系统化的相互联系的有机整体。从目前经济法学研究状况看，大多数学者也都认可此种观点，并据此界定宏观调控法的体系构成，一般认为宏观调控法主要包括计划法、财政法、税法、金融法、固定资产投资法、产业法、国有资产管理法、资源法、能源法、外贸法等法律部门。应当说，对宏观调控法的体系构成进行上述界定，不仅从理论上更具说服力，而且更为重要的是，这种界定方法更能清楚而具体表明宏观调控法的体系构成。

---

① 杨紫烜：《经济法》，北京大学出版社、高等教育出版社 2008 年版，第 421 页。

② 刘定华、肖海军：《宏观调控法律制度研究》，人民法院出版社 2003 年版，第 94 页。

③ 张守文：《经济法学》，高等教育出版社 2016 年版，第 149 页。

第三节 宏观调控法的基本原则

一、宏观调控法基本原则的含义

经济法存在基本原则，宏观调控法同样应提炼出基本原则。经济法的基本原则是指贯穿于各种经济法律规范中的，在国家适度干预本国经济运行过程中必须遵循的根本准则。宏观调控法的基本原则是指各项宏观调控法律制度在制定、实施时必须遵循的根本准则。

在我国经济法学界，关于宏观调控法的基本原则的归纳和表述并不一致，其中代表性观点包括：第一，一原则说。认为维护社会总体效益、兼顾各方利益原则是宏观调控法的基本原则。① 第二，三原则说。认为宏观调控法的基本原则包括薄厚比例适度原则、诚实信用原则、情势变更原则三个方面。第三，四原则说。认为宏观调控法的基本原则包括平衡优化原则、有限干预原则、宏观效益原则、统分结合原则。有的学者则认为宏观调控法的基本原则包括权力制衡原则、辅助性原则、公共利益原则和依法调控原则四个方面。第四，五原则说。认为宏观调控法的基本原则包括总量控制原则、间接调控为主原则、协调控制原则、集中统一调控原则、政府调控行为规范化和约束原则五个方面。也有学者表述为资源优化配置原则、总量平衡原则、间接调控原则、统一协调原则、宏观效益原则五个方面。第五，六原则说。认为宏观调控法的基本原则应包括间接调控原则、计划指导原则、公开原则、合法原则、适度性原则、稳定性和灵活性相结合原则六个方面。②

可以说，上述归纳和表述，至少从一些侧面揭示了宏观调控法所蕴含的理念，但这些理念是否即为宏观调控法的基本原则，则尚存一定的探讨空间。总的来说，宏观调控法的基本原则，应当是指宏观调控法制定、实施时所必须遵循的根本准则，它应体现宏观调控法的本质特征和基本精神，它既应成为宏观调控法区别于市场规制法等其他经济法律制度的标志，也应有别于各种宏观调控法的具体原则。据此标准可以看出，上述学者所提出一些所谓宏观调控法的基本原则，要么是宏观调控部门法的具体原则，要么是其他具体法律制度的基本原则，或者是宏观经济调控的功能作用。严格地讲，这些概括和表述均不符合宏观调控法的基本原则的应有之义，应当将这些原则排除在宏观调控法的基本原则之外。

---

① 漆多俊：《经济法基础理论》，武汉大学出版社 2003 年版，第 53 页。

② 刘定华、肖海军：《宏观调控法律制度研究》，人民法院出版社 2003 年版，第 61-62 页。

二、宏观调控法基本原则的构成

（一）调控法定原则

调控法定原则的基本要求是国家介入市场、调控宏观经济运行的行为必须由法律明确的授权，受宏观调控实体性、程序性规范的约束，遵循“公权主体法无授权不得为、私权主体法不禁止即自由”的法理。宏观调控行为所针对的是宏观经济运行，所影响的是国民经济全局，事关国家整体利益和社会公共利益，由法律明确规定宏观调控的主体、行为、程序及其职责，有助于规范宏观调控行为，实现宏观调控法的价值，促进国家经济干预行为的法治化。

（二）宏观效益原则

宏观调控法的调整对象是宏观经济调控关系，它所关注的经济利益也必然具有宏观性。应当承认，尽管宏观经济调控会影响社会经济个体的微观经济利益，但其所关注并涉及的经济利益却是宏观性的，是生产者全体或者消费者全体的总利益，是国家利益或者社会公共利益。宏观经济调控的目的是提高宏观经济效益。为了提高宏观经济效益，有可能会直接或者间接地牺牲一些社会经济个体的微观经济效益。例如，为了有效地开发自然资源，保持经济和社会的可持续发展，就必须禁止或者限制对土地、森林、水等自然资源的不合理开发利用，从而使一些社会经济个体的微观经济受损。应当说，无论是在各种宏观调控法的制定过程中，还是在其施行过程中，都应当坚持宏观效益的指导思想，任何有悖宏观效益基本原则的内容，都应当从宏观经济调控法中予以删除；任何有违宏观效益基本原则的行为，都应当产生相应的责任后果。

（三）统分结合原则

统分结合原则是指中央统一决策与中央和地方、部门分级管理的原则。宏观经济调控所涉及的经济领域，往往是关系国计民生的领域，宏观经济运行的表现对国家的兴衰极为重要。到位而有效的宏观经济调控，必然会促进并保持国民经济的健康稳定发展；失位而负效的宏观经济调控，不仅不能很好地解决经济总量的失衡问题，还可能因权力滥用而使市场经济的基本原则——平等自由竞争遭到不应有的破坏。因此，宏观经济调控的决策权必须集中在中央，实行统一领导。但由于国民经济运行存在多层次、多环节的特点，以及我国的实际国情，完全依靠中央政府实施宏观经济调控的措施，在实践中会遇到诸多难以克服的困难。为了处理好重要的经济问题，使宏观经济调控的各项措施得以落实，还必须发挥中央和地方、部门两个方面的积极性，实行分级管理，赋予地方和部门必要的调控权限，以此促进本地区、本部门的发展。

统分结合原则在一定程度上体现了宏观调控的稳定性和灵活性相结合的特征。调控决策权统一归中央，体现了宏观调控的稳定性；而分级管理的制度设计，又体现了宏观调控的灵活性。作为宏观调控法的基本原则，统分结合在各种宏观调控法律制度中均有相应的体现；在宏观调控法的施行过程中，统分结合原则也起着积极的作用。

（四）平衡优化原则

平衡优化是指经济总量的平衡和经济结构的优化。经济总量平衡是指社会总供给和社会总需求的平衡，其中的社会总供给是指国民经济在一定时期内能够提供给社会的全部商品和劳务总量；社会总需求是指全社会生产需求和消费需求的总和。经济结构是指国民经济组成要素之间相互联系、相互作用的内在形式和方式，包括产业结构、产品结构、投资结构、市场结构、消费结构、劳动力结构等诸多内容。经济结构优化，不仅是指各种经济结构的组成要素内部达成和谐，而且包括各种形式的经济结构之间达成和谐，以及在此基础上产出的最为理想的经济效益。应当说，经济总量平衡是以经济结构优化为前提的，只有经济结构优化，才能保持社会总供给和社会总需求的平衡；而经济总量的平衡，又能为经济结构优化提供稳定的物质环境基础。

宏观调控法最为基本的价值目标，就是通过法律制度的设置和实施，从而达到经济总量的平衡。因此，无论是在创新宏观调控法的过程中，还是在实践宏观调控法的过程中，都应当坚持平衡优化的指导思想，并将其作为基本准则予以遵循。任何与平衡优化指导思想相悖的内容，都不应成为宏观调控法的规范；任何有违平衡优化指导思想的行为，都应得到宏观调控法的追究。

（五）适度调控原则

适度调控是指国家对国民经济总体的供求关系应当在合适的程度内予以调节和控制。其中的合适程度，主要从四个方面界定：一是国家调节和控制不应冲击和削弱市场机制作用的发挥，相反还应促进和保护市场机制调节功能的充分发挥；二是国家调节和控制必须遵循客观经济规律，其调节和控制的范围应当限定在市场机制无法调节或者不可能合法、有效调节的领域；三是国家的调节和控制不应直接涉及社会经济个体的生产经营活动，应当充分尊重社会经济个体的私权；四是国家的调节和控制必须有明确的法律或者政策依据，其中调控主体的资格确认和调控的程序尤应有相应的法律或者政策依据。

适度调控之所以应当成为宏观调控法的基本原则，主要是由两个因素决定的：第一，在市场经济体制下，市场机制固然是资源配置极为有效的机制，但市场机制并非完美无缺，“看得见的手”有时会引导经济走向错误的道路，市场机制也会出现种种失灵的情况，在此情形下，国家应当对国民经济运行进行宏观的调节和控制；第二，国家对国民经济运行的调节和控制，应当促进并保证经济总量的平衡，同时更应保障社会公平。这就要求国家在调节和控制国民经济运行时，既不能当管不管，也不能不当管而管。当管不管，不仅无法解决市场调节的盲目性及经济总量的失衡问题，而且无法保障社会公平；不当管而管，则会导致权力膨胀，并因此滋生对宏观调控有极大危害的官僚主义。

作为宏观调控法的基本原则，适度调控的指导思想在各种宏观调控法律制度中都有体现。在制定和实施计划法、财政法、税收法、金融法、固定资产投资法、产业法、国有资产管理法、外贸法等法律规范时，立法者尽力将国家对国民经济运行的调节和控制限定在适度范围内。同时，要求国民经济运行调控的实施主体严格在适度范围内进行调节和控制，对于调控失当、调控不当的行为，立法者也在相关的宏观调控法中确立了相应的责任后果，据此确保适度调控基本原则的贯彻落实。

第四节 宏观调控法的调整方法

一、宏观调控法调整方法的特点

任何一个独立的法律部门，不仅应有其独立的调整对象，也应有其独立的调整方法。宏观调控法作为经济法的核心内容之一，其调整方法也具有相应的特点，具体而言，有以下几点。

（一）宏观调控法的调整方法是一种社会整体调节方法

宏观调控法的社会整体调节方法是由宏观调控法的性质和要求所决定的。宏观调控要着眼于宏观经济而不是微观经济，要立足于社会整体而不是个别部分，要寻求社会公共利益而不是其他个体利益。宏观调控的这些要求反映在宏观调控法的调整方法上，就是要确立一种社会整体调节方法。社会整体调节方法要求对宏观经济调控关系进行调整时，应当着眼于宏观经济，立足于社会整体，强调社会公益。社会整体的调节方法不同于私法的调整方法。私法的目的是保障私人享有最广泛的自由去追求自己的私权，它的调节机制是意思自治，私法本质上是一种私人自主调整的法律。在社会整体调节方法的作用下，社会经济个体的经济利益可能会有所损失，但这种损失是宏观经济调控所不可避免的。社会整体调节方法不能顾及这种不可避免的微观经济损失，这是由宏观经济调控的性质所决定的。

（二）宏观调控法的调整方法是一种法律调整方法

如前所述，对宏观经济进行调控，可以采用两种手段或者方法：一是政策性手段；二是法律性手段。应当说，政策性手段在宏观经济调控中也起着非常重要的作用，而且在我国目前阶段，政策性手段更为常见。应当指出的是，宏观经济调控的调整方法，是建立在法的规定基础上的一种调整方法，所以，它从性质上讲，应当属于法律调整方法，不应属于政策性调整方法。关于这一点，不少学者习惯于将宏观经济调控的调整方法表述为经济手段、法律手段和行政手段。① 我们认为，经济手段和行政手段可能是通过政策规定的，也可能是通过法律规范的。当其属于法律规范时，理应属于法律调整方法，故它属于法律手段，而非独立于法律手段之外；当其属于政策规定时，它在性质上属于政策而非法律，故应属于政策性调整方法。因此，尽管许多学者认为经济手段、法律手段和行政手段可以并列，但从法逻辑学角度讲，这种并列似乎不妥。

（三）宏观调控法的调整方法是一种自觉调整方法

与市场调节的自发性、偶发性和事后性不同，宏观调控法的调整方法具有较强的自觉性和主动性。在宏观调控法的制定过程中，立法者基于对经济规律的正确认识以及对经济趋势的科学预测，确立调控的目标内容，主动采取相应的措施，自觉进行调整。宏观调控要为市场规制奠定基础和创造条件，对市场条件加以预先调控和现行引导，使其朝着预期的方向和确定的目标运行。这种调整是建立在一定的科学认识基础上的，它不仅可以克服市场调节的盲目性，还可以避免事后调节所导致的极大的调控资源浪费。因此，宏观调控法的调整方法是一种自觉的调整方法，没有这种自觉的调整方法，宏观调控就根本无法引导市场和调控市场。

（四）宏观调控法的调整方法是一种间接调整方法

宏观调控是对市场的宏观调控，并不直接作用于具体的市场主体和个别的市场事务。宏观调控是通过调控市场进而调控市场主体和市场经济，市场是宏观调控的中介，宏观调控必须通过市场、利用市场，而不是超越市场、排斥市场，否则就不是宏观调控而是直接的行政干预。这种通过市场的宏观调控只能是一种间接调控。宏观调控所强调的是经济总量的平衡问题，所以它并不关注社会经济个体的具体经济行为，并不规定社会经济个体具体的权利义务。宏观调控法所规范的是整体经济领域的宏观调控职权和职责，这种权责与社会经济个体的关系具有间接性。

二、宏观调控法调整方法的内容

宏观调控法是由宏观调控法律规范所组成的，而各种法律规范的具体内容不尽相同，所以宏观调控法调整方法的内容也不完全一样，这正是学者在概括时出现不同认识的原因所在。我们认为，界定宏观调控法调整方法的内容，应当着眼于不同调整方法具有的共性，并将其抽象出来予以概括。具体而言，宏观调控法调整方法主要包括下列四个方面的内容。

（一）经济利益诱导法

国家通过制定宏观调控法确定一系列的经济参数，并据此诱导社会经济个体规范

---

① 隋彭生：《经济法概论》，中国政法大学出版社 2001 年版，第 209-210 页。

自己的行为，使之符合宏观经济调控的要求。在宏观调控法律体系中，财政法、税法、金融法多是采用经济利益诱导方法作为其对宏观经济调控的调整方法。

（二）计划指导方法

国家通过制定宏观调控法确定一定的经济计划指标，并据此指导社会经济个体的经济行为，使之符合宏观经济调控的要求。我国的计划法、产业法主要采用计划指导方法作为自己的主要调整方法。

（三）一般禁止的方法

宏观调控法是在自由竞争的市场经济后期出现了周期性经济危机，靠市场的力量无法解决时才出现的法律现象。国家“有形之手”介入宏观经济运行的方式，既包括对原来自由竞争市场经济时期市场主体的行为设定一些禁区，也包括其他的调整方式。①

（四）依法制裁的方法

依法制裁的方法是指通过设定法律责任使违反宏观调控义务者承担否定性评价。违反宏观调控法的法律责任是指宏观调控法的主体不履行或不完全履行宏观调控义务而应承担的不利法律后果。这种法律责任可以分为财产性责任和非财产性责任，如财产罚属于财产性责任，声誉罚、自由罚、资格罚等属于非财产性责任。通过设定法律责任并依法制裁违法行为人，有助于宏观调控法的实施和宏观调控目标的实现。

本章小结

宏观调控是指政府为了实现社会总需求和社会总供给之间的平衡，保证国民经济持续、稳定、协调增长，运用计划、财政、税收、金融等手段对社会经济进行的调节和控制。宏观调控法是指调整在国家对宏观经济调控过程中所发生的各种社会关系的法律规范的总称。简言之，宏观调控法就是调整宏观经济调控关系的法律规范的总称。立法者应当充分考虑国家干预理论以及相关的市场失灵理论和政府失败理论，并将此作为宏观调控法的理论基础。宏观经济调控的基本目标是通过调控保持经济总量的基本平衡，促使国民经济持续、快速、健康的发展，从而保障社会整体经济利益。一般认为宏观调控法主要包括计划法、财政法、税法、金融法、固定资产投资法、产业法、国有资产管理法、资源法、能源法、外贸法等法律部门。宏观调控法的基本原则是指各项宏观调控法律制度的制定、实施必须遵循的根本准则，包括调控法定原则、宏观

---

① 张守文：《经济法学》，高等教育出版社 2016 年版，第 149 页。

效益原则、平衡优化原则、统分结合原则等。宏观调控法的调整方法是一种社会整体调节方法，包括经济利益诱导法、计划指导方法、一般禁止的方法和依法制裁的方法等。

学术视野

“宏观调控”一词频频见诸各种文献，但学界对其内涵却没有完全一致的看法，不少学者将其表述为“对国民经济活动或者国民经济运行的调节和控制”。但也有学者认为，宏观调控作为经济学范畴和法学范畴，内涵有所不同。在经济学中，宏观调控几乎可与“国家干预”“政府调节”等通用，政府为弥补市场缺陷对国民经济进行调节和控制的各种行为都可归为宏观调控。而在法学中，宏观调控反映为具体的制度设计，体现为权威性高的法律规范和稳定性强的政策手段，而这些法律规范和政策手段往往涉及有关宏观经济和社会综合目标的实现。如果从法学的角度界定，宏观调控指的是，在一个特定的经济和社会发展时段，特别是在市场失灵时，国家从社会公共利益出发，为实现宏观经济和社会变量的基本均衡与经济社会结构的优化，引导国民经济持续、健康、协调发展，在现有法律规范的基础上对国民经济和社会所进行的总体调节和控制的权力运行与制度安排。① 对宏观调控作此界定，是否准确，值得探讨。因为法学意义上的宏观调控不仅源于经济学上的宏观调控，而且二者之间很难有本质上的差异。②

实务参考

（1）强调控，直面惊涛更从容。③

（2）加大财政政策实施力度（推动高质量发展·权威发布），今年安排1万亿元超长期特别国债支持“两重”项目。④

思考题目

（1）如何理解宏观调控法的理论基础？

（2）宏观调控法与市场规制法的关系？

（3）宏观调控法的基本原则有哪些？

（4）如何理解宏观调控法的调整方法？

---

① 丛中笑：《中国宏观调控与宏观调控法的梳理与重构——从实然分析和应然设计的角度》，载《南京大学法律评论》第32期，法律出版社2009年版。

② 华国庆：《经济法学》（第三版），法律出版社2023年版，第187页。

③ “强调控，直面惊涛更从容”，载中国政府网，https://www.gov.cn/xinwen/2020-04/14/content_5502065.htm，2024年6月2日访问。

④ “加大财政政策实施力度（推动高质量发展·权威发布）”，载人民网，http://politics.people.com.cn/n1/2024/0801/c1001-40289962.html，2024年8月3日访问。

第十三章 计划法律制度

【本章摘要】 本章主要介绍计划的概念、特征、内容、形式、功能，计划法的概念、地位、计划立法，计划实体法律制度和计划程序法律制度。计划法有形式意义计划法和实质意义计划法之分。形式意义计划法即关于计划法的基本规范性文件。实质意义计划法即作为一个法的部门的计划法，一般是指调整在国家制定和实施未来规定时期内国民经济和社会发展目标与实现该目标的措施和方案过程中发生的经济关系的法律规范的总称。计划法是宏观调控法的重要部门法之一。计划实体法律制度由计划实体法律规范组成，主要包括计划管理体制、计划指标制度、计划法律关系、计划法律责任等。

【学习目标】 通过本章的学习，要求掌握计划与计划法的概念、特征、构成体系等基本知识，重点掌握计划法的具体制度，深入理解宏观调控法中计划法的地位和功能。

第一节 计划与计划法概述

一、计划概述

（一）计划的概念

“规划是指国家或地区的中长期发展计划，是对今后一个较长时期的指导性纲要，而不是具体项目的方案”“计划与规划意义相近”。[①] 计划有广义和狭义的理解。广义上说，计划是人们制定的未来规定时期内的行动目标与实现该目标的措施和方案。计划体现了人们的理性。狭义上说的计划，即计划法中的计划，是指国家制定的未来规

① 《经济法学》编写组：《经济法学》（第三版），高等教育出版社 2022 年版，第 224 页。

定时期内国民经济和社会发展目标与实现该目标的措施和方案。①

在计划经济时期，国家计划主要表现为指令性计划，体现出鲜明的命令与服从的特征。在市场经济条件下，计划作为宏观经济调控的重要手段之一，主要表现为指导性计划，体现出较强的市场主体的自主性与选择性的特征。尽管市场已经成为资源配置的决定性方式，但政府在宏观调控中的作用不是减弱，而是亟须加强，计划在国家宏观经济调控中的地位和作用仍然必不可少。只是计划从计划经济体制下对微观经济活动的直接管理，转变为社会主义市场经济体制下对市场的宏观管理和总体指导，国家计划内容的重点变为制定和提出经济发展的总体规划、重大方针和政策，以实现经济总量平衡。党的二十届三中全会提出，要“健全国家经济社会发展规划制度体系，强化规划衔接落实机制，发挥国家发展规划战略导向作用，强化国土空间规划基础作用，增强专项规划和区域规划实施支撑作用。”②

（二）计划的特征

社会主义市场经济条件下实施的主要是指导性计划。指导性计划的特征主要表现为如下三个方面：（1）宏观性。指导性计划关注的主要是宏观经济总量平衡和宏观经济结构协调问题，确定宏观经济目标和宏观经济政策，一般不对微观经济活动进行干预。（2）战略性。指导性计划关注的是处理好国民经济和社会发展中的全局性、长远性的重大问题，如经济可持续发展问题、国际贸易平衡问题、产业结构升级问题、区域经济发展协调问题等。（3）政策性。指导性计划落实的手段主要是运用综合协调的宏观经济政策，着重于运用经济调节政策去诱导、激励和规范市场主体的相关经济行为。

（三）计划的内容

计划的内容一般包括两个方面：一是国民经济和社会发展目标，即目标体系；二是实现目标的措施，即政策体系。计划目标为市场主体在竞争中自主决策提供最基本的宏观信息导向，同时也为政府有关经济管理部门制定具体宏观经济政策和运用经济杠杆提供相应的依据。我国计划的目标体系一般包括：经济增长率、货币供应量、通货膨胀率、国民收入、就业率、国际收支平衡以及人口增长等方面的重要指标。我国

---

① 也有学者认为：“计划和规划，在英文中是一个词，即 plan，都是指人们未来的行动方案，本无什么实质性的重大区别，本来计划就包括规划，规划是计划的一种。”“我们应该更加注重文字的本义而不必做那些毫无意义的文字游戏。”“把‘计划’改为‘规划’，会造成知识上的断裂，无法或不便把过去关于计划的知识与往后关于规划的知识连接起来，造成不必要的麻烦。”参见邱本著：《经济法研究》（下卷：宏观调控法研究），北京：中国人民大学出版社 2008 年版，第 48-49 页。这种观点认为计划与规划应该是基本一致的，还是坚持使用计划这个概念比较好。本书赞成该观点。但囿于现实使用场景的确有不同，本书会根据实际表述需要来选择使用“计划”或者“规划”一词，但二者的具体内涵应该是基本一样的。

② 《中共中央关于进一步全面深化改革　推进中国式现代化的决定》，载中国政府网，https://www.gov.cn/zhengce/202407/content_6963770.htm，2024 年 8 月 3 日访问。

计划的政策体系一般包括：以调节总需求为重点的经济总量平衡政策，以促进经济、科技、社会、环境协调发展为目标的可持续发展政策，以获取国际比较利益为目标的对外经济政策等。这些宏观政策与具体实施的财政政策、货币政策、投资政策、价格政策、国际收支政策、人口政策等直接相关，必须通过统筹的规划对这些政策进行有效的协调，才能够有效实现国民经济和社会发展的各项具体目标。

（四）计划的形式

根据不同的标准，计划可以有不同的表现形式。(1) 以计划的期限为标准，计划可以分为长期计划、中期计划和短期计划。期限在十年或十年以上的计划（规划）为长期计划，这是发展国民经济和社会事业的战略性计划；期限为五年的计划为中期计划，这是国民经济和社会事业发展计划的基本形式；期限为一年的计划为短期计划，一般也称为年度计划，这是中期计划和长期计划的执行计划，是具体的行动计划。这种分类是计划最普适的一种表现形式。我国社会主义市场经济体制要求计划工作的重点应该放到长期计划和中期计划的制定和实施上，按照市场经济发展规律的内在要求，增强计划的动态性、开放性和灵活性，以更好地综合协调宏观经济政策和具体经济政策的作用。(2) 以计划的涉及范围为标准，计划可以分为综合性计划、行业计划和专项计划。综合性计划即国民经济和社会发展计划。行业计划即规定本行业发展目标和实现该目标的措施的计划。专项计划即为了解决经济和社会发展中的专门问题而制定的计划，此处的“专门问题”通常是指经济和社会发展中的一些关键问题或重要的薄弱环节。(3) 以计划的适用地域为标准，计划可以分为全国计划和地方计划。全国计划也称为中央计划，是指在全国范围内实施的，对地方计划的制定与实施具有指导作用的计划。地方计划是指体现全国计划要求的、符合本地实际并在本地实施的计划。(4) 以计划的效力为标准，计划可以分为指令性计划和指导性计划。指令性计划是指以指令性指标或以指令性指标为主组成的计划。指导性计划是指由指导性指标组成的计划。这也是一种极为重要的分类。计划经济体制下的计划主要是指令性计划，市场经济体制下的计划主要是指导性计划。

（五）计划的功能

计划和市场是资源配置的两种不同方式。我国自实行社会主义市场经济体制改革以来，对计划功能的认识也在不断深化，以更好地发挥计划在社会主义市场经济体制中的积极作用。在现代社会经济发展背景下，一般来说，计划的功能主要表现为三个方面：(1) 预测引导功能，即预测未来发展方向，引导市场主体遵从并据此展开合理行动；(2) 政策协调功能，即在实施计划目标的过程中，协调各个方面的政策，包括财政、税收、金融、产业、投资、外贸、价格、国资等政策，以合力实现计划目标；(3) 宏观调控功能，即通过国家发展战略和规划的预测、引导以及利益协调功能，推动宏观调控目标的实现。

二、计划法概述

（一）计划法的概念

计划法有形式意义计划法和实质意义计划法之分。形式意义计划法即关于计划法的基本规范性文件。例如，法国的《计划改革法》（1982年）、罗马尼亚的《经济社会发展计划法》（1979年）等。我国目前还没有出台形式意义计划法。实质意义计划法即作为一个法的部门的计划法，一般是指调整在国家制定和实施未来规定时期内国民经济和社会发展目标与实现该目标的措施和方案过程中发生的经济关系的法律规范的总称。①

计划法的调整对象是在国家制定和实施未来规定时期内国民经济和社会发展目标与实现该目标的措施和方案过程中发生的经济关系，即在计划的制定和实施过程中发生的经济关系，简称为计划调控关系，或计划关系。所以计划法一般也可以被表述为调整计划关系的法律规范的总称。计划关系具体指计划的制定与实施主体在计划的编制、审批、执行、调整与修改以及监督检查、评估过程中依法产生的各种社会关系。

根据计划实施的特点，计划关系可以分为直接计划关系和间接计划关系。直接计划关系是指计划执行主体直接实施并完成国家的指令性计划而产生的社会关系。间接计划关系是指国家运用经济政策、经济杠杆等手段引导计划执行主体的经济活动所发生的社会关系。在社会主义市场经济体制下，计划法调整的对象主要是间接计划关系。

（二）计划法的地位

计划法的地位是指计划法在法律体系中的位置。尽管我国并没有形式意义计划法，但实质意义计划法的存在是学界公认的。目前学界通说认为，计划法属于七大法律部门中经济法部门里边宏观调控法的子部门法。计划法具有自己特定的调整对象，即计划关系，计划关系是其他部门法不予调整的；同时计划关系是宏观调控关系的组成部分，宏观调控关系也是其他部门法不予调整的。计划法在社会主义市场经济体制下其地位不是削弱了，相反，随着市场经济体制的确立，计划法更有其存在的必要，计划作用的发挥更需要依赖于计划法的制度供给。市场有缺陷，计划是人类理性应对市场缺陷的最高级对策，计划法体现的是政府代表民众应对市场缺陷的系统性对策的综合。

---

① 马克思主义理论研究和建设工程重点教材《经济法学》中，将“计划法”称为“规划调控法”，将其界定为“是调整国家制定和实施规划调控过程中发生的社会关系的法律规范的总称”，认为规划调控法的主要制度包括规划调控实体法律制度、规划调控程序法律制度，以及与之配套的产业调控法律制度、投资调控法律制度、区域规划法律制度和对外贸易调控法律制度等；价格法关于价格总水平调控的规定也是与规划调控相关的法律制度。参见《经济法学》编写组：《经济法学》（第三版），北京：高等教育出版社2022年版，第225页、229页。这种观点是最新的一种表述，值得进一步思考和探讨。

市场愈发达，计划的水平也应该是愈高，计划法的存在也更彰显其必要性。不能产生市场经济条件下，计划法就失去其存在的土壤的错误认识。[①] 将计划和计划法的重要性强调到不适当的高度是片面的，但是，不能把计划和计划法同实行社会主义市场经济割裂开来、对立起来。[②]

（三）计划立法

在国际上，计划法的立法模式主要有三种：（1）法典式立法。例如，匈牙利《国民经济计划法》（1973年）、波兰《社会—经济计划法》（1982年）等。（2）分散式立法。即没有完整、系统的计划法典，计划关系被分别规定在一些行政、经济法规中。（3）结合式立法。即在颁布系统的计划法典的同时，还在行政法、经济法中规定一些具体的计划法规范。

新中国成立后，我国也先后制定了一些计划法方面的规范性文件。但从总体来看，目前我国的计划立法与现行国民经济和社会发展的需要还不太适应，特别是“计划法”制定的滞后问题非常突出。计划经济体制时期，“计划万能论”很有市场；社会主义市场经济体制时期，“市场万能论”十分流行。这是两种不同形式的极端认识。新时代条件下，“计划万能论”没有市场了，但“市场万能论”却很有市场，导致人们似乎十分排斥计划的作用与功能的发挥。应该说，在社会主义市场经济体制条件下，我们要发挥市场的决定性作用，但是绝对不能迷信市场。历史经验告诉我们，绝对不能迷信计划，但我们绝对不能不重视计划的作用。即使在传统的市场经济十分发达的国家，计划也是其经济运行中必不可少的存在。为了保证计划的科学性和科学的计划得到切实的落实，必须规范计划行为，必须建立和完善计划法律体系，需要制定“计划法”及其配套的法规规章等一系列规范性文件，从而为计划行为的科学规范运行提供基本的制度框架和依据。

党的十八届三中全会通过的《中共中央关于全面深化改革若干重大问题的决定》中指出，“健全以国家发展战略和规划为导向、以财政政策和货币政策为主要手段的宏观调控体系”，党的十八届四中全会通过的《中共中央关于全面推进依法治国若干重大问题的决定》中指出，要“制定和完善发展规划、投资管理”等方面的法律法规；十九大报告中进一步强调要“创新和完善宏观调控，发挥国家发展规划的战略导向作用，健全财政、货币、产业、区域等经济政策协调机制”，这些论断对于推动我国计划立法的进程具有积极的意义。结合我国的具体国情并借鉴历史经验，我国制定“计划法”宜采用结合式立法模式，尽早出台“计划法”，并围绕计划法法典，出台系列的法规、

---

① 2024年5月28日，白俄罗斯总统卢卡申科在白俄罗斯媒体界论坛发表讲话时，对中国经济模式表示赞赏，强调中国之所以能达到如此高度，要归功于没有放弃规划。中国之所以能达到如此高度，这要归功于他们没有放弃规划。参见刘程辉：“我们若能像中国人那样工作，会富裕好几倍”，载观察者网，https://www.guancha.cn/internation/2024_06_20_738656.shtml，2024年6月20日访问。

② 杨紫烜：《经济法》（第四版），北京大学出版社、高等教育出版社2014年版，第387页。

规章等规范性文件，从而建立和完善起我国的计划法律体系，为计划功能的更好发挥提供系统的制度保障。

第二节 计划法基本制度

一、计划实体法律制度

（一）计划管理体制

计划管理体制是指关于计划管理机构的计划权限和计划任务划分的基本制度。计划权作为国家宏观经济调控权的重要组成部分，需要在权力机关和行政机关之间进行科学分割和有效配置。由于宏观经济调控权要相对集中，因此计划管理权不应该在各级政府之间层层分割，应该使国家计划部门的宏观经济调控权更加集中和更为权威。同时为了适应全面推进依法治国的需要，还应当按计划调控权法定的原则对其相应职权进行科学规定。在计划经济体制下，国家计划管理部门都在很大程度上执行着强制性计划管理的职能；在社会主义市场经济体制下，国家计划管理部门的职能由行政性转为法定性，并超脱于其他部门对经济管理的职能，以体现计划调控工作的本质特征，同时还要保持国家计划调控对政府有关问题决策的影响，以保证计划调控目标的有效实现。

根据现行有关制度规定，全国人大及其常委会是我国国民经济与社会发展计划和计划执行情况的审批者，地方各级人大及其常委会是地方计划和计划执行情况的审批者，同时他们还分别享有全国计划和地方计划执行情况的监督和检查权。行政机关具体行使计划管理权的是法定的计划管理部门，包括国家计划管理机关和地方计划管理机关，其中国家计划管理机关的计划权主要包括：确定全国国民经济和社会发展的战略目标、任务和主要政策措施；制定和组织实施全国计划、全国性的行业计划和专项计划；制定全国产业政策、行业发展政策；组织全国计划的综合平衡；安排重点骨干工程建设；扶持少数民族地区和贫困落后地区经济和社会的发展；指导区域经济的发展等；地方计划管理机关的计划权行使应该紧密围绕国家计划的实现并密切结合本地区的实际来开展具体的计划工作。

（二）计划指标制度

计划指标是计划目标的具体量化表现，通常由指标名称和计划数字两部分组成。计划指标之间相互联系、相互依存、相互作用，从而形成完整的计划调控指标体系。计划指标制度是计划实体制度的重要组成部分。计划指标体系可以按照不同的标准进行分类，如按反映内容可以分为数量指标和质量指标，前者反映国民经济和社会发展的规模、速度等指标，后者反映国民经济和社会发展的内容、质量等指标；按表现形式可以分为实物指标和价值指标，前者是指以实物数量反映的指标形式，后者是指以货币为表现形式的指标形式；按管理性质可以分为指令性指标和指导性指标，前者即有关国家机关下达的必须严格执行和完成的指标，后者即不具有强制力而是国家运用经济杠杆引导市场主体完成的指标。此外，还可以按反映问题的繁简程度分为综合指标和单项指标，按所起作用分为考核指标和核算指标等。通过科学立法建立起完备的计划指标体系，对于有效地、定量地组织和管理国民经济与社会发展具有重要的意义。

（三）计划法律关系

计划法律关系是指由计划法调整的计划主体实施计划行为时依法享有的权利和承担的义务关系。其具体包括计划法律关系主体、计划法律关系内容和计划法律关系客体三个要素。

1. 计划法律关系主体

计划法律关系主体是计划法律关系的参加者，是计划权利的享有者和计划义务的承担者。在社会主义市场经济体制条件下，计划法律关系的主体一般限于全国人大和地方各地人大及其常务委员会、国务院及其有关部门、地方各级人民政府及其有关部门，以及某些承担国家指令性计划并享有国家某些优惠条件的企业组织等。

2. 计划法律关系内容

计划法律关系内容是指计划法律关系主体依法享有的具体权利和承担的具体义务。全国人大及其常委会作为最高的计划决策机关，享有最高的计划权利并承担最高的计划义务，国务院及其有关部门次之，地方各级人民政府及其有关部门再次之，以此类推。有关机构在行使计划权利包括履行计划义务的过程中，必须采取各种措施保证计划的具体实施，否则就应该承担相应的法律责任。

3. 计划法律关系客体

计划法律关系客体是指计划法律关系主体权利和义务指向的对象。计划法律关系客体主要指计划法律行为，一般包括计划编制、审批、下达、执行、调整、修改、监督、评估等过程中计划法主体所实施的具体行为。

（四）计划法律责任

计划法律责任是指计划法律关系主体在计划活动中对自己违法的作为或者不作为行为应该依法承担的不利后果。当计划主体的行为违反了法律规定时，有关机关可以根据情节轻重和所造成的损失大小，依法追究违法主体的经济责任、行政责任或刑事责任。如果是由于认识上、技术上的限制或不可抗力等客观因素的影响，导致计划主体的行为违反了计划法律规定，可以依法免于被追究相应的法律责任。同时，当国家计划以指令性或国家订货任务的形式出现时，下达任务的计划管理机关与计划实施单位在完成国家计划过程中的权利和义务是相对应的。计划没有完成或完成得不好，既可能是计划实施者的责任，也可能是计划管理者的责任，或者两者兼而有之，不能简单地把违反计划法的法律责任仅归结于计划的实施者。

二、计划程序法律制度

计划程序是指计划管理工作过程中按顺序进行的各个阶段工作的规程。

（一）计划编制

计划编制是计划工作的基础。计划编制应该体现出战略性、宏观性、政策性和协调性，在编制计划过程中应该体现出民主性和科学性。在我国根据计划内容的不同，计划分别由不同的机构进行编制：全国性的计划由国务院负责编制和管理，并由国家发展和改革委员会负责具体的编制工作；全国性的行业计划分别由国务院各个部门负责编制；地方性的计划包括省级、市级和县级计划，分别由省级、市级、县级人民政府负责编制和管理，并由同级的发展改革部门负责具体编制工作。计划要通过掌握计划信息、实施计划预测、进行综合平衡、确定计划方案等一系列程序才能科学地编制出来，禁止主观臆断、闭门造车和不切实际。

（二）计划审批

计划编制完成后，只有经过有权机关批准并用文件形式下达后，才具有法律约束力。不同的计划由不同的国家机关进行相应的审批。全国性的综合性计划和专项计划由全国人大审批，地方性计划由地方同级人大进行审批；全国和地方的行业计划与专项计划，分别由国务院及相应的地方政府批准。除此之外，其他任何单位和个人均无权进行计划审批。

（三）计划执行

计划经过审批生效后，应当采取具体措施保证计划得以落实。我国《宪法》规定，国务院“执行国民经济和社会发展计划”。《地方各级人民代表大会和地方各级人民政府组织法》规定，县级以上地方各级人民代表大会在本行政区域内，保证国家计划的执行；县级以上地方各级人民政府执行国民经济和社会发展计划；乡、民族乡、镇的人民政府执行本行政区域内的经济和社会发展计划。具体计划的组织、落实和协调工作，分别由各级的发展改革部门和有关部门负责。发展改革部门应会同税务、财政、银行、物价、外汇等部门，适时、适度地配套调整经济杠杆的方向和力度，促进和保证计划的具体执行。计划的执行主要依靠计划中所体现出来的经济政策、经济杠杆、经济参数的诱导，使相关主体能够基于自身理性的选择，审时度势，趋利避害，以有效实现计划的预期目标。承担指令性计划指标任务的单位，必须采取切实有效的措施，保证计划任务的按时完成。

（四）计划调整

计划批准下达执行后，一般不得对计划进行调整。但计划毕竟是对未来行动的安排，因而可能会与实践发展产生冲突，或者发生在编制计划时不能预见的情势变更。在这种情况下，就需要对计划进行相应的调整。一般认为，发生以下特殊情况之一时，可以依照法定程序对计划进行调整：（1）国际关系发生重大变化，严重影响国内经济生活；（2）遭受重大自然灾害，严重影响原定计划任务完成；（3）国家的重大政策发生变化，需要改变计划；（4）发生其他特殊的重大情况，必须改变计划。我国《宪法》《地方各级人民代表大会和地方各级人民政府组织法》以及《各级人民代表大会常务委员会监督法》中的有关条款分别规定：在全国人民代表大会闭会期间，由全国人大常委会审查和批准由国务院提出的国民经济和社会发展计划在执行过程中所必须作的部分调整方案；县级以上地方各级人大常委会根据本级人民政府的建议，决定对本行政区域内的国民经济和社会发展计划的部分变更；国民经济和社会发展五年规划经过实施情况的中期评估认为需要调整的，人民政府应当将调整方案提请本级人大常委会审查和批准。

（五）计划监督

计划监督是保证计划切实执行的有效手段。各级权力机关、政府部门及其职能部门，对计划的监督检查负有法定职责。各级人民代表大会及其常委会对同级计划的执行情况行使监督权；各级人民政府及其发展改革部门、其他专门委员会和各自主管部门，对其下属单位的计划执行情况进行监督，并将情况报告上级主管机关和同级人民代表大会及其常委会。审计、统计、财政、税收、银行、物价、市场监管等行政管理机关在各自的业务范围内，对所辖区域的计划执行情况进行监督。此外，广大人民群众也有权利对计划执行情况进行监督，也有权利向各级权力机关与主管机关反映计划执行中出现的问题。

我国《宪法》和《各级人民代表大会常务委员会监督法》中有关条款对于计划监督有相应的规定：全国人民代表大会审查和批准国民经济和社会发展计划执行情况的报告；县级以上地方各级人民代表大会审查和批准本行政区域内的国民经济和社会发展计划执行情况的报告；国务院和县级以上地方各级人民政府应当在每年6月至9月期间，向本级人民代表大会常务委员会报告本年度上一阶段国民经济和社会发展计划的执行情况；全国人大常委会和县级以上地方各级人大常委会的组成人员对国民经济和社会发展计划执行情况报告的审议意见交由本级人民政府研究处理，人民政府应当将研究处理情况向常务委员会提出书面报告，这些文件应该向本级人民代表大会代表通报并向社会公布；国民经济和社会发展五年规划经人民代表大会批准后，在实施的中期阶段，人民政府应当将规划实施情况的中期评估报告提请本级人大常委会审议。

（六）计划评估

计划评估是内部评估与外部评估的复合过程。一般来说，计划评估的范围包括计划的效果、意义、效率、守法四个方面。通过对这四个方面的系统评估，可以对正在进行的和已经完成的计划活动有一个系统的认识，由此获得相应的经验，以期对未来计划的改进工作提供重要的参考。因为计划不可能预见到在计划实施过程中的所有不确定性，因此把实际结果与原定目标进行比较，作出系统的评估是十分必要的。计划评估不仅要对已经完成的发展目标和效率进行评估，还要就其对经济发展所作出的贡献，包括对某些特定目标所得的分配效果和实际收益的意义进行评估。这种评估不仅能为修改计划和变更计划目标提供机会，而且能够提供对未来计划制定和实施有帮助的经验。

本章小结

计划是指国家或地区的中长期发展计划，是对今后一个较长时期的指导性纲要。计划法中的计划，是指国家制定的未来规定时期内国民经济和社会发展目标与实现该目标的措施和方案。在计划经济时期，国家计划主要表现为指令性计划，体现出鲜明的命令与服从的特征。在市场经济条件下，计划作为宏观经济调控的重要手段之一，主要表现为指导性计划，体现出较强的市场主体的自主性与选择性的特征。计划具有宏观性、战略性和政策性的特征。计划的内容包括目标体系和政策体系。计划的形式有不同的分类。计划具有预测引导功能、政策协调功能和宏观调控功能。计划法是指调整在国家制定和实施未来规定时期内国民经济和社会发展目标与实现该目标的措施和方案过程中发生的经济关系的法律规范的总称。计划法属于经济法部门里宏观调控法的子部门法。我国应该适时制定“计划法”。计划实体法律制度包括计划管理体制、计划指标制度、计划法律关系、计划法律责任等。计划程序法律制度包括计划的编制、审批、执行、调整、监督、评估等方面的制度。

学术视野

计划法律制度是经济法部门中宏观调控法的重要子部门法。但这方面新近的学术研究文献确实不多，陈纪东、易路平、张安录教授以比较法视角对政府规划权力配置问题进行了研究①，黄锡生、王中政教授对中国国土空间规划法治化问题进行了相应的

① 陈纪东、易路平、张安录：《政府规划权力配置及启示——基于美英空间规划法规的研究》，载《公共管理与政策评论》2024 年第 4 期。

研讨[①]，不过这些讨论场景中的规划似乎与规划（计划）法中的制度所指（作为一种资源配置的方式）是有所不同的。这方面的文献阅读和思考需引起注意。

实务参考

（1）“计划”变“规划”一字之差透出三大信号。[②]

（2）关于2023年国民经济与社会发展计划执行情况与2024年国民经济和社会发展计划草案的报告。[③]

思考题目

（1）如何科学理解计划体制和市场体制下计划（规划）功能的区别与联系？

（2）我国若制定“计划法”，其应该主要包括哪些内容？

（3）结合近几次我国国民经济和社会发展规划文本，分析其中的主要内容及其实施效果，从中认真领会计划在当代中国经济社会发展中的作用。

---

① 黄锡生、王中政：《中国国土空间规划法治化：问题检视与规范建构》，载《中国人口·资源与环境》2024年第5期。

② “‘计划’变‘规划’一字之差透出三大信号”，载中国政府网，https://www.gov.cn/ztzl/2005-10/28/content_86142.htm，2024年8月3日访问。

③ “关于2023年国民经济与社会发展计划执行情况与2024年国民经济和社会发展计划草案的报告”，载中国政府网，https://www.gov.cn/yaowen/liebiao/202403/content_6939276.htm，2024年8月3日访问。

第十四章
财政法律制度

【本章摘要】 财政是国家治理的重要工具。财政法不仅是规范国家财政行为的法律框架，也是确保财政收支合法、透明和科学的重要手段。本章主要介绍了财政法律制度的基本概念、体系及其运行机制。通过对财政与财政法的概述，阐明了财政的概念、特征和职能，以及财政法的地位、调整对象和体系结构。详细讲述了我国分税制财政管理体制的内容，包括中央与地方事权和支出划分、财政转移支付制度等。本章还涵盖了政府采购法与转移支付法，说明了政府采购的程序、主体和方式，以及转移支付的法律规范和实施情况，共同构成了财政法律制度的基本框架和核心内容。

【学习目标】 理解财政的基本概念及其在经济中的作用。掌握财政法的调整对象及其体系结构。熟悉分税制财政管理体制及其运行机制。了解预算法律制度和国债法律制度的基本内容及其执行流程。

第一节 财政与财政法概述

一、财政的概念和特征

（一）财政的概念

财政是国家为了满足社会公共需要，通过收支活动对社会产品进行分配产生的经济行为。在我国，财政之所以又称为公共财政，是因为社会公共需要是通过财政来满足的。[①] 由定义可知，财政收入、财政管理和财政支出是财政领域的三种主要经济行为。[②]

（二）财政的特征

财政的特征反映了财政的本质，与一般性分配相比，财政具有强制性、无直接偿

① 漆多俊：《经济法学》（第五版），高等教育出版社 2023 年版，第 277 页。

② 刘剑文：《财政法学》，北京大学出版社 2009 年版，第 14 页。

还性、公共性以及收入和支出对称性四大特征。

第一，强制性。即财政取得依靠国家政治权力、通过一定程序强制实行，不具有自愿性。财政支出的安排就体现了财政的强制性，财政支出通过一定的政治程序作出决策，决策一旦作出就必须依法强制实施。[①]

第二，无直接偿还性。财政经济行为的根本要义是"取之于民，用之于民"。国家依靠强制性获取财政收入，不需要向相应经济主体支付对价，而后政府为全体社会成员提供免费公共物品。

第三，公共性。财政的公共性是由财政活动的主体所决定的。由于国家和政府本身就具有公共性，因此财政也具有天然的公共性。[②] 财政的公共性也体现了财政的非营利性。

第四，收入和支出的对称性。财政的目的是实现国家职能的需要以及增加公众的福利。

（三）财政的职能

1. 资源配置职能

通过财政政策的制定和实施，国家可以向社会提供公共物品以满足社会需求，也可以引导人力和物力的流向，形成更加合理的资产结构和产业结构，实现资源的有效配置。

2. 收入分配职能

财政通过调节收支分配，改变社会成员原有的财富占有状况，缩小贫富悬殊。在实际中，财政的收支主要通过税收制度和转移支付制度实行的。

3. 调控经济职能

在市场经济条件下，政府运用财政收支活动调节社会经济的供求水平，实现经济稳定，促进经济增长。具体指标包括：充分就业、物价稳定、国际收支平衡、经济发展。

二、财政法律体系

（一）财政法的概念

财政法是调整财政关系的法律规范的总称。财政关系是在财政收入、财政支出以及财政管理过程中发生的社会关系。财政关系具有财产性、管理性和社会性等特征。[③]

---

① 陈共：《财政学》，中国人民大学出版社 2009 年版，第 27 页。

② 袁达松：《法学原理与案例讲堂——经济法》，北京师范大学出版社 2013 年版，第 239 页。

③ 王卫国、李东方：《经济法学》（第三版），中国政法大学出版社 2016 年版，第 489 页。

（二）财政法的调整对象

财政法作为经济法的一个重要组成部分，其调整对象是在国家财政活动中发生或者形成的财政关系，具体包括：财政收支实体关系、财政收支程序关系以及财政管理体制关系。

（三）财政法的体系

财政法的体系是由财政法的调整对象决定的，具体包括以下几个方面：

1. 财政基本法

财政基本法是财政法的基础，主要涉及财政法的一些基本制度，对财政法的基本原则、财权、事权的划分都有规定。

2. 财政收入法

财政收入法主要包括税收法、国债法、费用征收法、国有资源出让收费法、彩票管理条例以及国有企业利润征收法等。

3. 财政支出法

财政支出法包括政府采购法、转移支付法、政府投资法等。财政支出作为一项公权力，具有很大的自由裁量空间，因此为了防止权力滥用，强化财政支出法的建设实属必要。

4. 财政平衡法

财政平衡法主要涉及政府间的财政关系，它普遍适用于现代社会建立在民主基础上的各国财政实践，是财政分权的必然产物。

5. 预算法

预算法调整预算过程中各方主体间形成的社会关系。其内容主要包括财政预算的编制、审批，执行财政决算以及预算外资金的使用监督等。

6. 财政监督法

财政监督法主要规定财政监督机关的职权，监督的原则和方法、程序等，是财政法律体系中具有保障作用的法律。

第二节　分税制财政管理体制法

分税制财政管理体制的实施，是我国财政体制改革的重大成果，体现了党和政府在推进国家治理体系和治理能力现代化方面的智慧和努力。分税制通过合理划分中央与地方政府间的财权和事权，确保财政资源在全国范围内的合理配置，促进区域经济协调发展。

一、财政管理体制概述

财政管理体制，是指在财政管理中划分中央同地方各级政权之间以及国家同国有企事业单位、国家机关之间的财政管理职权、财政收支范围等内容的法律制度。财政管理体制一般包括预算管理体制、税收管理体制、国有资产管理体制等。其核心问题是各政府之间的收支划分以及各政府职权范围的划分。

我国财政管理体制的建立和改革，一直坚持统一领导、分级管理的原则。统一领导是指中央政府有权对全国整个财政体系实行统一管理。分级管理是指一级政府，一级财政。例如，我国预算管理体制经过多次改革，根据统一领导、分级管理原则，由高度集中管理体制，到逐步实行多种形式的分级管理体制。① 又如，我国现行的分税制财政体制改革的核心目标也是要理顺中央与地方的财政关系，更好地发挥国家财政的职能。

二、分税制财政管理体制

分税制是在确定中央与地方政府之间划分事权和支出范围的基础上，按照事权与财权相统一的原则，划分中央与地方的税收收入来源和税收管理权限的一种财政管理体制。

分税制改革的主要特点是根据事权划分财权，一级政府一级预算，中央和地方政府分开机构征税。其根本目的是通过中央政府与各级地方政府间的责、权、利关系，促使地方政府职能优化，更好更快地发展地区经济。② 分税制是社会主义市场经济体制的必然要求，是中国财政体制运行的内在需要。③ 分税制改革的主要内容包括以下三个方面。

（一）中央与地方的收入划分

根据事权与财权相统一的原则，我国将税种统一划分为中央税、地方税、中央与地方共享税，建起了中央和地方两套税收管理制度，并分设中央与地方两套税收机构分别征管。将维护国家权益、实施宏观调控所必需的税种划分为中央税；将同经济发展直接相关的主要税种划分为中央与地方共享税；将适合地方征管的税种划分为地方税，并充实地方税税种，增加地方税税收收入。

（二）中央与地方的事权和支出划分

在现代国家，对于中央政府与地方政府事权的划分一般是通过宪法和其他的法律

---

① 袁达松：《法学原理与案例讲堂——经济法》，北京师范大学出版社 2013 年版，第 312 页。

② 郭庆旺、吕冰洋：《中国分税制：问题与改革》，中国人民大学出版社 2014 年版，第 2 页。

③ 马海涛：《中国分税制改革 20 周年：回顾与展望》，经济科学出版社 2014 年版，第 37-38 页。

形式加以确定和规范的。我国《宪法》对各级政府职能的规定不够清晰，因此我国应该在既定事权划分原则下，坚持法治化、规范化的道路，科学地安排中央政府与地方政府的事权。

（三）财政转移支付制度

1994 年的分税制改革采取了财权大幅度集中的做法，使地方出现了较严重的纵向财政失衡。为了更好地促进财政均衡，中央政府建立了我国政府间转移支付制度。我国 2014 年修改的《预算法》规定，财政转移支付应当规范、公平、公开，以推进地区间基本公共服务均等化为主要目标。可见，财政转移支付制度是重要的财政调节机制。财政转移支付是指上级政府对下级政府无偿拨付的资金，包括中央对地方的转移支付和地方上级政府对下级政府的转移支付，主要用于解决地区财政不平衡问题，是政府实现调控目标的重要政策工具。

第三节　预算法律制度

预算法律制度是国家治理的重要基础，体现了党和政府对公共资金管理的严格要求和科学使用的原则。通过预算的编制、执行、调整和监督，确保财政资金的合理分配和高效使用，是实现经济社会持续健康发展的关键。

一、预算和预算法概述

（一）预算的概念

预算又称为国家预算或财政预算，是国家对会计年度内的收入和支出作出的预先估算。预算不仅是政府职能的发挥，更是控制和约束政府的工具、方法和技术。[①] 预算具有计划性、法定性、政治性、预测性和公开性等特点。

（二）预算的分类

1. 单式预算和复式预算

单式预算是通过一个计划表格反映国家财政收支计划。复式预算是通过两个或两个以上的计划表反映国家财政的收支计划。单式预算虽然结构简单，可以简明反映财政收支的全貌，但是其不能反映财政各项收支的性质、财政赤字的形成原因，因此，我国从 1992 年开始实行复式预算。

① 熊伟：《法治、财税与国家治理》，法律出版社 2016 年版，第 130 页。

2. 增量预算和零基预算

增量预算是指以上年度各项支出数作为基数，考虑新的财政年度的经济发展实际情况后加以调整确定分项支出数的预算制度。[①] 零基预算是指不考虑以前的财政收支情况，只以当年各部门新增任务的审核以及对社会经济发展的预测来确定财政年度预算支出的预算制度。当前世界各国主要采取的是增量预算。

3. 绩效预算和规划—项目预算

绩效预算是指政府首先制定有关的事业计划和工程计划，再依据政府职能和施政计划制定执行计划的实施方案，并在成本效益分析的基础上确定实施方案所需要支出的费用来编制预算。绩效预算对监督和控制预算支出、提高支出效益、防止浪费具有积极的作用。[②] 规划—项目预算是在绩效预算的基础上发展起来的，是政府将规划、项目结合在一起的预算制度。二者结合能够更好地实现行政目标。从 20 世纪 90 年代以来，绩效预算越来越成为各国政府预算编制的一种趋势。

4. 全国预算和单位预算

全国预算由中央预算和地方预算组成。地方预算由各省、自治区、直辖市总预算组成。单位预算是指实行预算管理的国家机关、社会团体、全民所有制事业单位的经费预算和全民所有制企业的财务收支计划中与预算有关的部分。[③] 全国预算是国民经济计划的重要组成部分。

（三）预算法的含义

预算法是调整预算关系的法律规范的总称。所谓预算关系是指国家在预算资金的筹备、分配、使用和管理的过程中产生的社会关系。预算法的内容包括预算收支范围、预算编制、预算审查和批准、预算执行、预算调整、决算等。根据预算调整的法律关系，可以把预算法分为预算管理体制法、预算程序法和预算实体法。预算法具有强化预算分配职能、健全国家监督管理、提升国家宏观调控能力的作用。

（四）预算法基本原则

1. 一级政府一级预算原则

我国实行一级政府一级预算，设立中央，省、自治区、直辖市，设区的市、自治州，县、自治县、不设区的市、市辖区，乡、民族乡、镇五级预算。

2. 全口径预算原则

政府的全部收入和支出都应当纳入预算。预算包括一般公共预算、政府性基金预

---

① 袁达松：《法学原理与案例讲堂——经济法》，北京师范大学出版社 2013 年版，第 245 页。

② 张守文：《财税法学》（第六版），中国人民大学出版社 2018 年版，第 66 页。

③ 刘文华：《经济法学》（第六版），中国人民大学出版社 2019 年版，第 314 页。

算、国有资本经营预算和社会保险基金预算。上述各类预算应当保持完整、独立。其中，政府性基金预算、国有资本经营预算、社会保险基金预算应当与一般公共预算相衔接。

3. 收支平衡的原则

收支平衡是指财政收入大于支出，略有结余。《预算法》规定，各级预算应当遵循统筹兼顾、勤俭节约、量力而行、讲求绩效和收支平衡的原则。各级政府应当建立跨年度预算平衡机制。

4. 预算法定原则

预算法定原则是指，经人民代表大会批准的预算，非经法定程序，不得调整。各级政府、各部门、各单位的支出必须以经批准的预算为依据，未列入预算的不得支出。

5. 分税制原则

我国实行中央和地方分税制。分税制是指在划分中央与地方事权的基础上，确定中央与地方财政支出范围，并按税种划分中央与地方预算收入的财政管理体制。同时，我国实行财政转移支付制度。

二、预算管理职权

根据统一领导、分级管理、明确职权、权责结合的原则，我国《预算法》对预算管理的职权划分作了明确的规定。

（一）权力机关的预算管理职权

全国人民代表大会的预算管理职权主要有：审查权、批准权、变更撤销权。全国人民代表大会常务委员会的预算管理职权主要有：监督权、审批权、撤销权。

地方各级人民代表大会及其常务委员会对本级的预算管理职权享有全国人民代表大会及其常务委员会对国家预算同等的权利。

（二）行政机关的预算管理职权

国务院对中央部门预算、县级以上地方各级政府对同级政府部门的预算①享有：编制权、报告权、执行权、决定权、监督权和变更撤销权。乡、民族乡、镇政府的预算管理职权主要有：编制权、报告权、执行权和决定权。

① 《预算法》第24条第1款规定："县级以上地方各级政府编制本级预算、决算草案；向本级人民代表大会作关于本级总预算草案的报告；将下一级政府报送备案的预算汇总后报本级人民代表大会常务委员会备案；组织本级总预算的执行；决定本级预算预备费的动用；编制本级预算的调整方案；监督本级各部门和下级政府的预算执行；改变或者撤销本级各部门和下级政府关于预算、决算的不适当的决定、命令；向本级人民代表大会、本级人民代表大会常务委员会报告本级总预算的执行情况。"

（三）财政部门的预算管理职权

财政部门直接负责各级预算的组织实施工作，各级财政部门对本级预算享有的管理职权主要有：编制权、执行权、提案权和报告权。

（四）其他各部门、各单位的预算管理职权

其他各部门、各单位的预算管理职权主要有：编制权、组织权、监督权和报告权。其他各部门、各单位是预算的具体执行单位，决定着预算的执行状况，因此，其他各部门、各单位都要依法加强预算管理，严格执行预算，保证预算任务的实现。

三、预算管理程序

（一）预算的编制

预算的编制，即国家按照法定程序制定预算收入和预算支出的年度计划。它既是一种程序，又是一种活动。预算的编制原则有复式预算原则，量入为出、不列赤字原则，真实适度原则以及节约统筹原则。

1. 预算编制的依据和内容

《预算法》第32条规定："各级预算应当根据年度经济社会发展目标、国家宏观调控总体要求和跨年度预算平衡的需要，参考上一年预算执行情况、有关支出绩效评价结果①和本年度收支预测，按照规定程序征求各方面意见后，进行编制。各级政府依据法定权限作出决定或者制定行政措施，凡涉及增加或者减少财政收入或者支出的，应当在预算批准前提出并在预算草案中作出相应安排。各部门、各单位应当按照国务院财政部门制定的政府收支类科目、预算支出标准和要求，以及绩效目标管理等预算编制规定，根据其依法履行职能和事业发展的需要以及存量资产情况，编制本部门、本单位预算草案。"

在预算编制的内容方面，中央预算的编制内容包括：（1）本级预算收入和支出；（2）上一年度结余用于本年度安排的支出；（3）地方上解的收入；（4）对地方税收返还、转移支付、调出资金的支出；（5）中央财政年度举借的国内外债务和还本付息额。地方预算的编制内容包括：（1）本级预算收入和支出；（2）上一年度结余用于本年度安排的支出；（3）上级税收返还、转移支付的收入；（4）对下级转移支付、调出资金的支出；（5）下级上解的收入；（6）上解上级的支出。

2. 预算编制的程序

我国复式预算的实施步骤由国务院规定。各级政府、各部门、各单位应当按照国

---

① 《预算法实施条例》第20条第2款规定："绩效评价结果应当按照规定作为改进管理和编制以后年度预算的依据。"

务院规定的时间编制预算草案。编制预算草案的具体事项由国务院财政部门部署。根据《预算法实施条例》规定，财政部于每年6月15日前部署编制下一年度预算草案的具体事项，规定报表格式、编报方法、报送期限等。

（二）预算审查和批准

预算草案编制完成后，只有提交国家权力机关审批通过后，才能生效，并且具有法律约束力，非经法定程序，不得改变。根据《预算法》规定，中央预算由全国人民代表大会审查和批准，地方各级预算由本级人民代表大会审查和批准。

（三）预算的执行

预算的执行是指预算执行主体在实现组织预算收入和划拨预算支出中的活动。预算执行主体包括各级政府、各级财政部门、各部门以及各单位。预算的执行是将经过批准的预算付诸实施的重要阶段，是预算管理程序中的一个重要环节。

1. 基本要求

各级预算由本级政府组织执行，具体工作由本级政府财政部门负责。各部门、各单位是本部门、本单位的预算执行主体，负责本部门、本单位的预算执行，并对执行结果负责。

2. 临时预算安排

在预算年度开始后，各级预算草案在本级人民代表大会批准前，可以安排上一年度结转的支出；参照上一年同期的预算支出数额安排必须支付的本年度部门基本支出、项目支出，以及对下级政府的转移性支出；法律规定必须履行支付义务的支出，以及用于自然灾害等突发事件处理的支出。预算经本级人民代表大会批准后，按照批准的预算执行。

3. 预算执行的要求

预算收入征收部门和单位，必须依照法律、行政法规的规定，及时、足额征收应征的预算收入。不得违反法律、行政法规规定，多征、提前征收或者减征、免征、缓征应征的预算收入，不得截留、占用或者挪用预算收入。各级政府财政部门必须依照法律、行政法规和国务院财政部门的规定，及时、足额地拨付预算支出资金，加强对预算支出的管理和监督。各级政府、各部门、各单位的支出必须按照预算执行，不得虚假列支。各部门、各单位应当加强对预算收入和支出的管理，不得截留或者动用应当上缴的预算收入，不得擅自改变预算支出的用途。各级预算预备费的动用方案，由本级政府财政部门提出，报本级政府决定。

4. 国库管理

县级以上各级预算必须设立国库；具备条件的乡、民族乡、镇也应当设立国库。中央国库业务由中国人民银行代理，地方国库业务依照国务院的有关规定办理。各级国库应当按照国家有关规定，及时准确地办理预算收入的收纳、划分、留解、退付和预算支出的拨付。各级国库库款的支配权属于本级政府财政部门。

（四）预算的调整

预算的调整，是指经过权力机构批准的本级预算，在执行中因特殊情况需要增加支出或减少收入，使原批准的收支平衡的预算总支出超过总收入，或者使原批准的预算中举借债务的数额增加的部分变更。[①] 各级政府对于必须进行的预算调整，应当编制预算调整方案，经批准后，由本级政府报上一级政府备案，各级政府应当严格执行预算调整方案。

（五）决算

决算草案反映了预算支出和结余的年度执行结果，[②] 其也是国家各项活动在财政上的集中反映。编制决算草案，必须符合法律、行政法规，做到收支真实、数额准确、内容完整、报送及时。

第四节　国债法律制度

一、国债概述

（一）国债的概念

由于无偿形式的税收等财政收入已经无法满足社会公众对公共物品日益增长的需要，为维持国家的财政开支，政府以自身信用为担保向社会发行有价证券。具体来讲，国债是指国家为了满足公众需要、履行公共职能，以国家信用为基础，以按期还本付息的方式向社会筹集资金所负有的债务，举债主体的特殊性，使国债具有极高的信用度，享有“金边债券”的美誉。

（二）国债的特征

与税收相比，国债具有有偿性、自愿性、灵活性的特征。

第一，国债具有有偿性。国债本质上属于一种债务，政府举借国债应当遵守一般

① 《预算法》第 67 条规定：“经全国人民代表大会批准的中央预算和经地方各级人民代表大会批准的地方各级预算，在执行中出现下列情况之一的，应当进行预算调整：（一）需要增加或者减少预算总支出的；（二）需要调入预算稳定调节基金的；（三）需要调减预算安排的重点支出数额的；（四）需要增加举借债务数额的。”

② 《预算法实施条例》第 80 条规定：“预算法第七十四条所称决算草案，是指各级政府、各部门、各单位编制的未经法定程序审查和批准的预算收支和结余的年度执行结果。”

的诚实信用原则，需要按期归还，债权人有权根据事先规定的利息率获得利息。[①] 相比之下，税收具有很明显的无偿性，国家可以凭借其政治权力，依税收法律制度强制取得财政收入，并且不需要支付任何对价。

第二，国债具有自愿性。国债的发行与认购是建立在认购者自愿的基础上的，即政府发行国债筹措资金时，认购者可以自主选择借或者不借、借多少。而税收则具有强制性，在法律规定的范围与条件下，任何主体都需要依法纳税，否则就要承担相应的后果。

第三，国债具有灵活性。国债的灵活性主要体现为举债时间、举债数额、举债利率以及期限等因素具有很强的不确定性，一般由政府根据国民经济发展对财政资金的需求状况灵活确定。而在税收法定主义的影响下，为实现纳税人权利保护，纳税的各项标准以及程序都是由法律明确规定的，具有固定性。

（三）国债的分类

依据不同的标准，可以对国债作出以下不同的分类：

（1）按照国债发行地域的不同，可以将国债分为国家内债和国家外债。前者是在一国境内面向本国的居民和企业发行的，还本付息均以本国货币支付；后者是在一国境外面向外国政府、国际组织、外国企业和居民发行的，且以外币支付本息。区分内债与外债对于实现国际收支平衡、避免通货膨胀意义重大。

（2）按照国债偿还期限的不同，可以将国债分为定期国债和不定期国债。不定期国债是国家发行的不规定还本付息期限的国债，英国曾经发行的永久性国债即属此类。[②] 定期国债严格规定了还本付息的期限，按照偿还期限长短可以将定期国债分为短期国债、中期国债、长期国债。

（3）按照国债使用用途的不同，可以将国债分为建设国债、赤字国债和特种国债。政府发行建设国债主要是用于国内重大经济建设项目以及公共基础设施建设；在政府财政支出远大于收入的情况下，政府通过发行赤字国债以弥补财政资金的紧张；特种国债则是国家出于特殊目的和用途面向社会公众举借的债务，一般都会附有一个特殊的名称用以明确国债的用途。

（4）按照国债记载凭证的不同，可以将国债分为记账式国债、无记名国债、凭证式国债。记账式国债，即通过证券交易系统发行与流通的国债；无记名国债不记名也不挂失，具有较强的流通性；凭证式国债的特点在于能够记名和挂失，但不能上市流通。

（四）国债的功能

一般认为，国债的基本功能有两项，即弥补财政赤字和调整宏观经济运行。

---

① 刘文华：《经济法》（第六版），中国人民大学出版社 2019 年版，第 323 页。

② 郑春荣：《公债学教程》，上海财经大学出版社 2020 年版，第 29 页。

1. 弥补财政赤字

弥补财政赤字的方式主要有增加税收、增发货币和举借国债三种途径。但受到税收法定原则的限制，国家在短期内很难通过修改立法的方式快速增加税收，而增发货币极容易导致通货膨胀，影响国民经济的正常运行。随着政府职能的发展，各国干预经济与社会的范围也随之扩大，巨大的债务规模导致政府财政赤字不断增加。举借国债能在不改变流通货币总量的情况下，吸收社会中的闲散资金，在一段时间内，将不属于国家的资金让渡给国家使用，实现社会资金的单方面转移，因而弥补财政赤字是国债最基本的功能。

2. 调整宏观经济运行

自凯恩斯主义产生以来，市场经济国家开始注重运用宏观调控干预市场。在宏观政策、国际经济的影响下，一国经济的运行总是处于不断变化之中，甚至还会偏离理想的运行轨道，产生通货膨胀或通货紧缩现象。此时就需要政府采取相应的政策措施进行经济干预，使经济运行回到预期轨道上。政府发行国债不仅能够有效改变国民收入的使用结构，实现调节供求结构的政策目标，而且国债的使用还能促进产业结构的调整与优化。

二、国家内债法律制度

国债以政府信用为保障，政府不能随意发行债券。国债的品种、规模、用途以及交易、偿还等都要受到法律的约束与规范。国债法，是调整国债在发行、使用、偿还和管理等过程中发生的社会关系的法律规范的总称。

（一）国债的发行制度

国债的发行，是国债运行的起点和基础，是指国家售出债券以及企业、个人认购国债的过程。这一环节中，国家根据需要确定将要发行的债券种类、数额以及期限等，并面向居民个人、个体工商户、企业、事业单位、社会团体等主体发行。国债的发行方式主要包括平价发行、减价发行、增价发行等。

1. 平价发行

平价发行即按照票面值出售国债。平价发行对政府信用提出了较高的要求，只有在信用良好的情况下，投资者才会愿意按照票面价值认购国债。在这种发行方式下，政府不仅能够获得社会闲散资金，而且仅需要支付少部分利息，并不会给政府带来额外负担。

2. 减价发行

减价发行即认购者按照低于票面值的价格购买国债，到期政府需要按照票面值支付。国债减价发行的原因是多样的，或是政府出于鼓励投资者积极认购国债，或是基于市场利率上升，只有降低发行价格才能得到认购等原因。

3. 增价发行

增价发行，是指认购者按照高于票面值的价格购买国债，到期政府仅需要按照票面价值支付。增价发行一般有两种情形：一是国债利率高于市场利率，使投资者认为有利可图；二是国债利率与市场利率大致相当，但在出售债券时，市场利率下降，以致政府提高了国债发行价格。

（二）国债的使用制度

国债的使用制度包括政府对国债的使用以及债权人对国债的使用。政府使用国债资金主要是用于弥补财政赤字、进行经济建设或用于特定的用途。由于在国债发行后，在偿还期限未届满前，债权人无权要求发行主体清偿，因此在国债到期之前，债权人可以将国债转让、抵押给第三人。随着证券市场的多元化发展，国债的交易方式逐渐多样化。

（三）国债的偿还制度

国债的偿还是国债运行的终点，是指国家依法定和约定对到期的国债进行还本付息。国债偿还的资金来源多样，可以是预算盈余、专门的偿还基金或者是借新债还旧债。在偿还方式上，政府可以在国债到期前，通过中央银行依市场价格在证券市场上陆续收买国债实现偿还，或者直接按照国债面值向国债的持有者偿还。

（四）国债的管理制度

国债的管理是指政府为了调控国债的规模、结构等，通过国债的发行、使用、偿还等活动，对国债的总额进行增减、结构变化，以实现筹措财政资金、稳定经济的目的。国债的管理制度主要包括：（1）规模管理。通常用国债的依存度（国债发行额与国家财政支出之比）、国债的负担率（国债余额与 GDP 之比）、国债的偿债率（国债的还本付息额与财政收入之比）等指标来反映。[①]（2）结构管理。主要包括对国债的类型结构、所有权结构以及期限结构的调控。国家在经济周期的不同阶段，注意结构的多样性，可通过改变国债结构达到稳定经济的目的。（3）利率管理。主要是对国债利率的调控，一般认为国债的利率不应定得过高。

三、国家外债法律制度

（一）外债基本理论

依据《外债管理暂行办法》，外债是指境内机构对非居民承担的以外币表示的债务。境内机构是指在中国境内依法设立的常设机构，包括但不限于政府机关、金融境

① 王卫国、李东方：《经济法学》（第三版），中国政法大学出版社 2016 年版，第 509-510 页。

内机构、企业、事业单位和社会团体。非居民是指中国境外的机构、自然人及其在中国境内依法设立的非常设机构。为有效发挥外债的作用，保护国家利益，外债的发行必须遵守以下原则：

第一，国家主权原则。这一原则要求发行国家外债必须在保证我国国家主权的原则上进行，以国家根本利益为出发点，尽量争取更长的借款期限和更低的借款费用，举债条款中也不得有任何有损国家主权和利益的规定。①

第二，量力而行原则。国家举借外债必须深入考虑国民经济的发展需要、财政状况、偿债能力等，要符合经济发展计划和国家产业政策，量力而行。②

第三，国家信誉原则。国家对外发行债券，无论发行与流通条件是否会发生变化，举借外债必须始终坚持维护国家信誉原则，这是维持良好的对外经济关系、加强国际协作的必然要求。③

（二）外债管理制度

国家对各类外债和或有外债实行全口径管理。举借外债、对外担保、外债资金的使用和偿还须符合国家有关法律、法规的规定。国家外债的管理主要体现在结构管理上，通常包括债权者结构、期限结构、利率结构和币种结构。其中，债权者结构是指国家外债总额中，外国政府贷款、外国商业银行贷款以及国际金融组织贷款等之间的比例关系，较为合理的债权者结构应当是外国政府和国际金融组织贷款比例占比较高。合理的外债期限结构有利于外债的使用和偿还，对此，举借外债应当以长期举债为主，减少短期债务。外债的币种结构即以不同外币表示的债务占全部债务的比例，合理的币种结构能够有效避免因币种汇率变化而导致的实际债务上升。

（三）外债偿还制度

外债偿还制度包括币种的选择、偿还资金、偿还方式等。偿还外债的货币主要取决于借款协议的规定，可以选择债权国、债务国甚至第三国的通用货币。外债的偿还资金来源多样，可以采取基金偿还、财政列支偿还、预算盈余偿还。一般情况下，建立偿债基金并逐年提取能够有效分散偿债风险和负担，是各国偿还外债的首选方式。

---

① 刘大洪：《经济法学》，北京大学出版社 2007 年版，第 199 页。

② 刘剑文、熊伟：《财政税收法》（第七版），法律出版社 2017 年版，第 93 页。

③ 胡志民、施延亮、龚建荣：《经济法原理》，复旦大学出版社 2004 年版，第 282 页。

第五节 财政支出法律制度

一、政府采购制度概述

政府采购具有以下特点：其一，政府采购的主体特定，一般为各级政府及其下属机构，我国主要是国家机关、事业单位与团体组织；其二，政府采购方式、程序具有法定性，《政府采购法》明确规定了政府采购应当采用公开招标、邀请招标、竞争性谈判等方式，并且要求政府采购的各个环节必须依照法定程序进行；其三，采购目的具有公益性，政府采购的目的主要是实现社会公共利益以及政府职能，包括用于环境保护、扶持不发达地区发展等；其四，采购资金来源具有公共性，这是基于政府采购的资金主要来源于政府财政收入，即纳税人缴纳的税款。

二、政府采购法的基本内容

政府采购法是调整政府采购过程中所形成的社会关系的法律规范的总称。为促进政府采购的健康发展，我国2002年6月29日颁布的《政府采购法》对政府采购的基本原则、采购主体、采购方式等做了详细规定，并于2014年进行了修正。2022年7月15日，我国发布《政府采购法（修订草案征求意见稿）》，再次向社会公开征求意见。

（一）政府采购的主体

政府采购的主体可分为从事政府采购活动的主体以及监督政府采购活动的主体两类。从事政府采购活动的主体即政府采购当事人。政府采购当事人是指在政府采购活动中享有权利和承担义务的各类主体，包括采购人、供应商和采购代理机构等。同时，由于政府采购活动将直接涉及财政资金的使用，采购活动也会影响到社会公共利益以及市场主体活动，因此，政府采购活动还需要专门的监督。各级人民政府财政部门作为监督机构，依法对政府采购活动进行监督，其他有关部门依法履行与政府采购活动相关的监督管理职责。

1．采购人

采购人是指依法进行政府采购的国家机关、事业单位、团体组织。采购人可以直接采购，也可以委托经国务院有关部门或省级人民政府有关部门认定资格的采购代理机构，在委托范围内办理采购事宜。

2．供应商

供应商是指向采购人提供货物、工程或服务的法人、其他组织或者自然人。供应商参加政府采购活动应当具备下列条件：（1）具有独立承担民事责任的能力；（2）具有良好的商业信誉和健全的财务会计制度；（3）具有履行合同所必需的设备和专业技术能力；（4）有依法缴纳税收和社会保障资金的良好记录；（5）参加政府采购活动前3年内，在经营活动中没有重大违法记录；（6）法律、行政法规规定的其他条件。采购人可以根据采购项目的特殊要求，规定供应商的特定条件，但不得以不合理的条件对供应商实行差别待遇或者歧视待遇。

3. 采购代理机构

政府采购法所称采购代理机构，是指集中采购机构和集中采购机构以外的采购代理机构。集中采购机构是设区的市级以上人民政府依法设立的非营利事业法人，是代理集中采购项目的执行机构。集中采购机构应当根据采购人委托制定集中采购项目的实施方案，明确采购规程，组织政府采购活动，不得将集中采购项目转委托。集中采购机构以外的采购代理机构，是从事采购代理业务的社会中介机构。

（二）政府采购方式

我国《政府采购法》第26条规定，政府采购采用以下方式：（1）公开招标；（2）邀请投标；（3）竞争性谈判；（4）单一来源采购；（5）询价采购；（6）国务院政府采购监督管理部门认定的其他采购方式。公开招标应作为政府采购的主要采购方式。

1. 公开招标

公开招标是指采购人依照法定程序，通过发布招标公告使得所有符合条件的供应商都能参加投标，最终由采购人择优选择中标的供应商的采购方式。由于公开招标的采购方式透明度更高、选择范围广、竞争较为充分，因而公开招标是政府采购的主要采购方式。

2. 邀请招标

邀请招标是指采购人根据自身需要，仅向具备一定资信和业绩的特定供应商发出邀请，由被邀请的供应商参与投标竞争，采购人从中选择中标者的招标方式。我国《政府采购法》第29条规定："符合下列情形之一的货物或者服务，可以依照本法采用邀请招标方式采购：（一）具有特殊性，只能从有限范围的供应商处采购的；（二）采用公开招标方式的费用占政府采购项目总价值的比例过大的。"

3. 竞争性谈判

竞争性谈判是指采购人通过与多家供应商就采购事项进行谈判，然后就谈判确定的事项要求供应商限时报价，最后由招标人对各投标人提出的价格、质量等因素综合比较，从参加谈判的供应商中确定最佳的投标人为中标人的一种采购方式。

4. 单一来源采购

单一来源采购是指因为只有唯一的潜在供应商，导致采购人仅能从该唯一供应商处采购所需工程、货物或者服务的采购方式。由于单一来源采购是没有竞争性谈判的采购方式，故我国《政府采购法》第31条规定："符合下列情形之一的货物或者服务，可以依照本法采用单一来源方式采购：（一）只能从唯一供应商处采购的；（二）发生了不可预见的紧急情况不能从其他供应商处采购的；（三）必须保证原有采购项目一致性或者服务配套的要求，需要继续从原供应商处添购，且添购资金总额不超过原合同采购金额百分之十的。”

5. 询价采购

询价采购是指采购人向供应商发出询价通知书，在供应商报价后，采购人从中选择符合采购要求的供应商。我国《政府采购法》第32条规定：“采购的货物规格、标准统一、现货货源充足且价格变化幅度小的政府采购项目，可以依照本法采用询价方式采购。”

（三）政府采购合同

我国《政府采购法》第44条规定，政府采购合同应当采用书面形式。第50条规定，政府采购合同的双方当事人不得擅自变更、中止或者终止合同。政府采购合同继续履行将损害国家利益和社会公共利益的，双方当事人应当变更、中止或者终止合同。有过错的一方应当承担赔偿责任，双方都有过错的，各自承担相应的责任。采购人和供应商之间的权利和义务，应当按照平等、自愿的原则以合同方式约定。

三、转移支付制度概述

（一）转移支付的基础理论

转移支付，从广义上来讲，是指中央政府或者地方政府为了实现特定的政策目标，将一部分财政收入无偿让渡给其他各级政府、企业、居民或其他受益者。狭义上的转移支付仅指政府之间的财政资金的转移和拨付，其中上级政府对下级政府的纵向转移支付普遍为各国所采用，具有增强中央政府宏观调控能力、优化资源配置以及保障公共物品供给等重大作用。我国财政转移支付制度始于1994年分税制财政管理体制改革。1993年党的十四届三中全会《关于建立社会主义市场经济体制若干问题的决定》中正式使用“转移支付”一词，在此之前，中央、地方之间的财政资金转移一般被称为“上解”或“补助”。

（二）转移支付产生的经济原因

由于各个地区的居民对一定的区域性公共物品的偏好程度和需求各不相同，因此，地方政府是公共物品的最佳提供者。政府提供公共物品，一般需要相应的财力支持，但一国各个地区的经济发展水平往往不均衡，因此会存在财政失衡问题。财政失衡包括纵向失衡和横向失衡，纵向失衡是指上下级政府间的财政收支不平衡；横向失衡则是同级政府之间财政收支不平衡，过度的财政失衡不仅是经济问题，而且还会引发社会问题、政治问题。[①] 而转移支付能够在一定程度上实现地区平衡，在公共物品的提供方面大致做到“均等化”。[②] 同时，在设计财政转移支付制度时，既要考虑中央财政的集中程度，增强中央的宏观调控能力；又要保持地方经济发展的积极性，对发达地区的转移支付，需要防止挫伤其积极性，对不发达地区的转移支付，要防止其产生依赖心理。

四、转移支付法律制度

（一）转移支付法的概念

转移支付法，即调整在财政转移支付的过程中所发生的社会关系的法律规范的总称。当前我国并没有专门的“转移支付法”，关于转移支付的规则大多散见于《预算法》以及国务院和财政部的规定中。

（二）转移支付的分类

根据转移支付的目的不同，可以将转移支付分为一般性转移支付和专项转移支付。一般性转移支付，是指上级政府为达到缩小地区间财力差距，实现地区间基本公共服务均等化的目标，对存在财力缺口的地区给予的补助。专项转移支付，即有条件的转移支付，是指上级政府对承担委托事务、共同事务的下级政府给予的具有指定用途的资金补助，以及对应由下级政府承担的事务给予的具有指定用途的奖励或补助。

根据转移支付资金的支付和接受主体之间的不同，可以将转移支付分为横向转移支付和纵向转移支付。横向转移支付是指发生在同级政府之间的资金流动，主要是发达地区对不发达地区的援助。纵向转移支付是指上级政府对下级政府的补助以及下级政府对上级政府的上解。

（三）转移支付数额的确定

转移支付数额的确定，关系到宏观调控的力度。由于一般性转移支付较为稳定，故对其数额的确定可以量化为客观的标准，其他形式的转移支付则需要根据具体事项具体分析。在确定一般性转移支付的数额时，一般采用相关因素法进行计算。[③] 通常需要考虑以下相关因素：一是一般因素，例如，人口、自然条件、面积、财政供给人口等；二是社会发展因素，包括科教文卫水平、市政建设等；三是经济发展因素，包括财政收入、国民收入等；四是特殊因素，例如，民族地区、特区、首都以及不同地区的物价差异等。

---

① 冯果：《经济法——制度・学说・案例》，武汉大学出版社 2012 年版，第 434 页。

② 杨紫烜、徐杰：《经济法学》（第六版），北京大学出版社 2012 年版，第 395 页。

③ 张守文：《经济法学》（第二版），中国人民大学出版社 2012 年版，第 146 页。

本章小结

财政是国家为了满足社会公共需要，通过收支活动对社会产品进行分配产生的经济行为。财政法是调整财政关系的法律规范的总称。财政关系是在财政收入、财政支出以及财政管理过程中发生的社会关系。财政关系具有财产性、管理性和社会性等特征。财政管理体制，是指在财政管理中划分中央同地方各级政权之间以及国家同国有企事业单位、国家机关之间的财政管理职权、财政收支范围等内容的法律制度。财政管理体制一般包括预算管理体制、税收管理体制、国有资产管理体制等。其核心问题是各政府之间的收支划分以及各政府职权范围的划分。预算法是调整预算关系的法律规范的总称。预算关系是指国家在预算资金的筹备、分配、使用和管理的过程中产生的社会关系。预算法的内容包括预算收支范围、预算编制、预算审查和批准、预算执行、预算调整、决算等。国债是指国家为了满足公众需要、履行公共职能，以国家信用为基础，以按期还本付息的方式向社会筹集资金所负有的债务，举债主体的特殊性，使国债具有极高的信用度，享有“金边债券”的美誉。与税收相比，国债具有有偿性、自愿性、灵活性的特征。

学术视野

财政法作为规范财政关系的法律，其调整对象和体系结构同样是学术研究的重点。财政法的调整对象主要包括财政收支实体关系、财政收支程序关系以及财政管理体制关系。这些关系构成了财政法的基本框架，涉及政府财政收入的征收、财政资金的使用和管理等方面。财政法通过法律规范的形式，确保财政活动的合法性和规范性，维护国家和社会公共利益。在财政法体系中，财政收入法、财政支出法、财政平衡法、预算法和财政监督法构成了其主要内容。财政收入法包括税收法、国债法等，是财政法的基础部分。通过对税收和国债的规范，确保政府财政收入的合法性和合理性。财政支出法则涉及政府采购法、转移支付法等，通过对财政支出的规范，确保财政资金的有效使用和管理。预算法作为财政法体系中的核心部分，规范了预算的编制、审批、执行、调整和决算等程序。通过预算法，确保政府财政预算的公开透明，增强预算的约束力和执行力。此外，财政监督法通过对财政活动的监督，确保财政法的实施，维护财政活动的合法性和公正性。

实务参考

（1）财政部公开通报 8 起地方政府隐性债务问责典型案例。[1]

（2）税务部门公布 5 起涉税违法典型案件。[2]

思考题目

（1）如何在确保财政公平性的同时，提升政府在资源配置中的效率？

（2）分税制财政管理体制如何在实践中有效解决中央与地方财政权责划分不明确的问题？

（3）预算法律制度在防止财政赤字和优化财政资源配置方面起到了什么作用？

（4）在国债规模不断扩大的背景下，国债法律制度应如何调整以防范财政风险？

① “财政部公开通报 8 起地方政府隐性债务问责典型案例”，载新华社网站，https://baijiahao.baidu.com/s?id=1781801917384313187&wfr=spider&for=pc，2024 年 7 月 6 日访问。

② “税务部门公布 5 起涉税违法典型案件”，载环球网，https://baijiahao.baidu.com/s?id=1780978810618248247&wfr=spider&for=pc，2024 年 8 月 1 日访问。

第十五章 | 税收法律制度

【本章摘要】 我国注重发挥税收的职能作用。税收不仅是市场经济条件下政府财政收入的基本来源，也是政府执行经济社会政策、进行宏观经济调控的重要手段，具有公共性、强制性、无偿性、固定性、国家主导性等特征。税法是调整在税收活动中发生的社会关系的法律规范的总称。税收征纳实体法作为规定征纳双方实体权利义务的法律规范的集合，在税法体系中居于核心地位，包括流转税法、所得税法和财产税法等。税收征纳程序法作为调整税收征纳程序关系的法律规范的集合，在税法体系中居于保障地位。税法基本原则包括税收法定原则、税收平等原则和税收效率原则等。

【学习目标】 掌握税收的概念、特征与功能，了解税收的具体分类。熟悉税法的概念、体系和基本原则。掌握流转税、所得税调控法律制度内容。了解税收征收法律制度内容。

第一节 税法的一般原理

我国注重发挥税收的职能作用，奋力谱写税收现代化服务中国式现代化新篇章。党的二十大报告中提出，要健全现代预算制度，优化税制结构，完善财政转移支付体系。2024 年 7 月召开的党的二十届三中全会也提出，应健全有利于高质量发展、社会公平、市场统一的税收制度，优化税制结构。

一、税收的概念、特征与功能

（一）税收的概念

我国学术界对税收概念的论述存在较多不同，较早阶段多依据“国家职能说”来作为税收征收的理论依据以及对税收内涵进行界定。例如，认为税收是以实现国家职能为目的，基于政治权力和法律规定，由政府专门机构向居民和非居民就其财产实施的强制、非罚与不直接偿还的课征，是一种财政收入的形式。[①] 也有学者认为税收是国家为了实现其职能，凭借政治上的权力，按照法律规定的标准，对社会组织和个人强制、无偿地取得财政收入所发生的一种特殊分配关系。[②] 本书认为，现代市场经济条件下的税收，是指国家为了满足社会公共需求、履行其公共职能而凭政治权力，由政府专门机构依照法律规定的标准，向居民和非居民就其财产或特定行为强制、无偿地取得财政收入的活动或手段。税收在世界范围内备受重视。它不仅是市场经济条件下政府财政收入的基本来源，也是政府执行经济社会政策、进行宏观经济调控的重要手段。

（二）税收的特征

税收的特征是税收与其他财政收入形式相比较而表现出来的、反映税收本质的征象。与其他财政收入形式相比较，税收具有以下基本特征。

一是公共性。国家征税的目的是实现其公共职能、满足社会对公共品和公共服务的需求。税收实质上是公民要求政府提供公共产品和公共服务并从中获益的一种代价。此特征使税收显著区别于以惩罚为目的的罚金、罚款和没收财产等制裁措施。

二是强制性。税收是政府凭借政治权力（而非所有权）依据法律强制征收，任何单位和个人都必须依法履行纳税义务，否则就要受到法律制裁。这一特点使之区别于建立在自愿基础上的国债收入。税收具有强制性的原因在于，在税收实践中存在着偷税、漏税等税收违法行为，若不采用强制手段征收，会引发“搭便车”现象出现，即少数人免费使用公共产品和公共服务，从而在纳税人之间产生不公平。

三是无偿性。税收是国家无偿取得的财政收入。国家征税既无须向纳税人事先支付对价，也无须事后向各个纳税人做直接、具体的“一对一”的偿还，在国家与纳税人之间不存在表面上的、私法意义上的等价有偿的交换关系。[③] 但在公法意义上，基于社会主义民主政治和国家税收应“取之于民，用之于民”的本质，以及市场经济条件下权利与义务相对应理论，国家对纳税人实际上存在着间接的非对应的返还。这一特点，使之区别于国债、国有资产收益和规费等。

四是固定性。也称确定性，这表明税收是按照法律预先规定的税收征收标准进行征纳的，即国家只能通过法律的形式、按照法律明文规定的征税对象、税率等课税要素征税，“有税必先有税法”，唯有如此，才能排除征税的随意性和不稳定性。

五是国家主体性。在权力依据方面，税收须以政权为依托，国家（政府）在税收活动中居于主导地位。这主要是考虑到税收收入实质上是资财由私人部门向公共部门的强制性转移，而这些活动必依托于国家（政府）职能的行使才能顺利地开展。税收的国家主体性特征非常重要，它在很大程度上影响了税收的其他特征的形成。

---

① 徐孟洲：《税法》，中国人民大学出版社 1999 年版，第 5 页。

② 潘静成、刘文华：《经济法》，中国人民大学出版社 1999 年版，第 353 页。

③ 张守文：《税法原理》，北京大学出版社 2002 年版，第 7 页。

（三）税收的基本功能

1. 组织财政收入的功能

组织财政收入是税收产生的最初始、最基本的功能，而且是税收本质的反映。特别是到了近现代，税收已经成为“庶政之母”，其在财政收入中占据着绝对地位。税收以筹集、组织财政收入为主要目的，不仅是一种事实表述，也是一种法律要求。

2. 宏观经济调控的功能

税收是国家利用财政政策对经济进行宏观调控的一种重要工具。税收调控政策就其实施范围来讲，可分为总量调控和结构调控。首先，税收总量调控政策分为扩张性政策和紧缩性政策两类，当经济衰退、失业率过高时，通过实施扩张性税收政策，采用各种减税措施，来刺激经济发展、扩大就业；反之，当经济增长过快、过热或出现通胀时，就实施紧缩性税收政策，通过采用各种增税措施来控制物价上涨水平、促进经济稳步增长。其次，税收结构政策则是通过有条件的税负差别待遇、不同的税收优惠措施来影响经济，其政策作用呈现出局部性、多样性的特点，借此实现促进科技进步、促进产业结构调整和优化、调节级差收入、为企业公平竞争创造条件，以及通过引导资源在地区间合理流动来促进区域经济平衡发展等目标。此外，也可以校正经济发展过程中存在的外部性问题，以及有利于环境保护和实现经济的可持续发展。同时，也可利用累进所得税、设置费用扣除标准、减免税等税收手段，来有效调节政府、企业和个人之间收入分配关系，进而促进社会公平。

二、税收的分类

依据不同的标准可对税收进行不同的归类划分。对税收进行科学的分类，不仅能够揭示各类税收的性质、特点、功能以及各类税收之间的区别与联系，建立合理的税收结构，充分发挥各类税收的功能与作用，而且对于研究税收发展的历史过程、税源的分布与税收负担的归宿以及中央与地方政府之间税收管理和支配权限的划分都具有重要的意义。总的来说，法学上比较典型的关于税收的分类形式主要有以下六种。

（一）直接税和间接税

这种分类的依据是税负能否转嫁。凡税负不能转嫁给他人，而是由纳税人直接承担税负的税种即为直接税，如各类所得税。凡税负可以转嫁给他人、纳税人只是间接承担税负的税种即为间接税，如消费税。这种分类对于研究税收归宿、税法实效等问题具有重要意义。

（二）中央税、地方税和共享税

按照收入的归属级次，税收可分为中央税、地方税和共享税。中央税的收入归属中央政府，地方税的收入归属地方政府。在税收立法权的归属上，中央税的立法权在中央，但地方税的立法权则视国家结构不同而有所区别。联邦制国家地方政府拥有一定的地方税收立法权，而像我国这样的单一制国家，地方税的立法权集中在中央，地方只能在一定范围内进行调整。共享税，亦称“中央地方共享税”，是指由中央和地方政府按一定方式分享收入的一类税收，共享税的分享方式主要有附加式、分征式、比例分成式等。至于央地之间的税收如何划分，多取决于立法过程中的政策衡量和法律规定。

（三）所得税、流转税和财产税

这种分类的依据是征税对象的不同。所得税是针对纳税人一年纳税期限的纯收益而征收的税种，它包括企业所得税和个人所得税。流转税（商品税）是针对商品或服务的流通交易额而征收的税，如增值税、消费税等。财产税是针对某些价额较高、对国民经济影响较大的稳定财产，如土地、房产、车船等征收的税。财产税是抛开财产的流通或交易过程，特别是着眼于财产本身而设计的税种。

（四）从量税与从价税

这种分类的依据是税收计征的不同标准。凡以征税对象、数量、重量、容量等为标准从量计征的税种，为从量税，或称“从量计征”，如资源税。凡以征税对象的价格为标准从价计征的税种，为从价税，或称“从价计征”，如增值税、消值税。这种分类有利于研究税收与价格变化的关系，便于国家实行相应的税收调控政策。

（五）价内税和价外税

这种分类的依据是税收与价格的关系。凡是在征税对象的价格中包含税款的，为价内税，如营业税。凡是税款独立在征税对象之外的为价外税，如增值税。这种分类有助于认识税负转嫁和重复征税等问题。

（六）独立税和附加税

这种分类的依据是课税标准是否具有依附性。凡不需依附于其他税种而仅依自己的课税标准独立课征的税，为独立税。多数税种均为独立税。凡需附加于其他税种之上课征的税，为附加税。独立税可以单独征收，而附加税只能附加征收。

除了上述分类，税收还可分为经常税和临时税、实物税和货币税、财政税和调控税、累进税和累退税、对人税与对物税等。此外，在我国的税收实务中，还曾按照征收机关的不同，把税收分为工商税收和关税税收等。

三、税法的概念、体系和特征

（一）税法的概念

税法是调整在税收活动中发生的社会关系的法律规范的总称。它是经济法的重要组成部门法，在经济法的宏观调控法中居于重要的地位。

税法的调整对象是在税收活动中发生的社会关系，简称税收关系。它可以分为两大类：税收体制关系和税收征纳关系。前者是指各相关国家机关因税收方面的权限划分而发生的社会关系，实质上是一种税权分配关系；后者是指在税收征纳过程中发生的社会关系，主要体现为税收征纳双方之间的关系。税收征纳关系还可进一步分为税收征纳实体关系和税收征纳程序关系。

（二）税法的体系

税法的体系是指一国现行全部税收法律规范所构成的协调统一的有机整体。包括税收体制法和税收征纳法两大部分。第一，税收体制法是规定有关税收权力分配的法律规范的总称，是确认和配置税权的法律制度，在税法体系中居于基础和主导地位。第二，税法调整税收征纳关系所形成的法律规范组成税收征纳法，根据税收征纳法有实体性规范与程序性规范的不同，又可进一步分为税收征纳实体法和税收征纳程序法。税收征纳实体法作为规定征纳双方实体权利义务的法律规范的集合，在税法体系中居于核心地位，包括流转税法、所得税法和财产税法等。税收征纳程序法作为调整税收征纳程序关系的法律规范的集合，在税法体系中居于保障地位。

（三）税法的特征

作为一种法律规范，税法和其他法律一样，是由国家制定或认可的，体现国家意志，并由国家强制力保证实施的社会规范，具有一般法律规范的共同特征。但是，由于税法是以税收关系作为调整对象的，因而又具有区别其他法律规范的特征。

第一，税法形式的固定性。税法在规定课税要件和确定征收程序时，虽要考虑纳税者的特殊情况，但是通过深入到无数纳税者主观上的、实质上的关系中，来考虑其具体的、特殊的情况往往是很困难的，所以只能在某种程度上着眼于其外观情况来规定课税要件。① 据此，国家在制定某个具体税种法时，几乎都是从税法构成要素方面来规定的，从而在税收法律规范的存在形式方面，具有了固定性或统一性的特征。可见，税法形式的固定性便于税法得以有效实施。

第二，税法内容的技术性和经济性。税收关系国民经济生活的各个方面，其随着国民经济生活的变化而变化，从而其会因国民经济生活复杂化而日趋复杂。在复杂的

---

① ［日］金子宏：《日本税法》，战宪斌、郑林根译，法律出版社2004年版，第24页。

经济生活中，要确保税收负担被公平分配并防止偷税、避税行为，设计精细的税法规范就成为必要。一方面，税法要谋求与私法秩序保持协调；另一方面，又必须注意如何才能确保税收征收活动能有序开展，保证税收征管活动见实效。因此，在这些复杂的制度设计中就体现出税法规范的技术性。[①] 这主要体现在税法构成要素的设计和税法实施方面。

经济法具有经济性，这是不言而喻的，因为经济法的对象发生在直接物质生产领域，并具有经济目的性。[②] 作为经济法重要组成部分的税法同样具有经济性的特征，这主要体现在两个方面：一是税法的作用领域或者调整对象是特定的经济关系，即税收关系；二是税法对市场经济的适度调整，有助于解决市场失灵，节约交易成本，提高经济效率。

第三，税法性质的综合性。由于税法内容的复杂性，不可能存在一部统一的税法典，因此税收法律体系是一个由多种法律规范构成的体系。税收法律体系既包括属于实体规范的按税种立法的诸多税种法，也包括属于程序规范的征纳程序方面基本法，即《税收征收管理法》和散见于各个税种法中的程序性规定。税法性质的综合性还指税法在调整税收关系之时，将多种法律调整手段有机结合进而实现综合调整。其表现在当税法主体违反税法规定的情形时，其可能会承担行政责任，也有可能会承担民事责任甚至刑事责任。[③]

四、税法的基本原则

税法的基本原则，是指在税收的立法、执法、司法、守法和法律监督等各个环节都必须遵循的基本准则，主要包括税收法定原则、税收平等原则和税收效率原则。

（一）税收法定原则

税收法定原则，又称税收法定主义，是指征税主体必须依据且仅依据法律的规定征税。其具体内容包括如下三个部分：

1. 税种法定

其基本含义是，税种必须由法律予以规定；非经法律规定，征税主体没有征收权力，纳税主体不负缴纳义务。这是发生税收法律关系的前提，是税收法定主义的首要内容。

2. 税收要素确定

其基本含义是，税收要素须由法律明确规定。税收要素是税收法律关系得以具体化的客观标准，故税收要素确定原则构成税收法定主义的核心内容。

---

① ［日］金子宏：《日本税法原理》，刘多田等译，中国财政经济出版社 1989 年版，第 25 页

② 潘静成、刘文华：《经济法》，中国人民大学出版社 2008 年版，第 60 页。

③ 华国庆：《经济法学》（第三版），法律出版社 2023 年版，第 234-235 页。

3. 程序法定

其基本含义是，税收法律关系中的实体权利义务得以实现所依据的程序性要素须经法律规定，且征纳主体各方均须依法定程序行事。

（二）税收平等原则

税收平等原则，是指在税收法律关系的各方主体之间应当贯彻公平或平等的基本准则。这一原则包括如下三个层次：

1. 税法的平等适用

这一原则是“法律面前人人平等”原则在税法中的体现。它意味着不论是征税主体还是纳税主体，都应平等地适用税法，不仅应当依法征纳税，而且违法行为均应受到惩处。

2. 税法的征税公平

税法的征税公平，包括横向公平和纵向公平两方面。前者是指经济情况相同、纳税能力相等的纳税人，其税收负担也应相等；后者是指经济情况不同、纳税能力不等的纳税人，其税收负担亦应不同。

3. 税法的本质公平

税法的本质公平是指作为实质征税主体的国家为什么要征税或者说国家征税是否应该。此点从前述税收的概念中可以得到一定的认识，即国家征税的合理性在于其为公民提供公共服务。由税法的本质公平还可推导出，作为税收法律关系主体的国家与纳税人之间、征税机关与纳税人之间的法律地位应当是平等的。

（三）税收效率原则

税收效率原则，包括行政效率和经济效率两大方面。税收的行政效率是指应当以尽可能少的征收成本征收尽可能多的税款。该原则要求以最少的行政费用，取得最多的税收收入。行政费用包括税务行政费用和纳税人的奉行纳税费用。前者主要指税务当局为设计税制、保证税法顺利实施和及时、正确、足额计征税款所发生的费用，包括办公设备、用品以及人员经费等。后者是指纳税人按照税法要求完成纳税事务所耗费的全部费用，包括纳税人完成纳税义务所花费的时间、精力和有关费用，如用于税务咨询和税务代理等方面的支出，扣缴义务人支出的费用等。衡量税收行政效率的两个指标是征税成本和纳税成本，征税成本和纳税成本越高，税收行政效率越低，反之亦然。①

税收的经济效率，也称税收中性原则，是指以对经济最小的负面影响来获取尽可能多的税收收入，也即税收应当尽量避免对市场正常配置资源的基础机制和市场主体

① 华国庆：《经济法学》（第三版），法律出版社 2023 年版，第 237 页。

的竞争地位产生不当影响。[①] 税收通过改变纳税人收入和支出能促使纳税人将资源从有效用途转向较小效率的用途，从而对资源有效配置产生不利影响。所以在设计、制定税收制度和政策时，应对税种的选择、征税范围的大小、税率的高低等予以充分考虑，减少税收对经济造成的额外效率损失。

五、税法的构成要素

税法的构成要素，或称课税要件，它是税收法律规范的内部结构，是国家对纳税人有效征税的必要条件，是确定纳税人及其权利与义务范围的法律依据。任一税种的税收法律规范，一般均由如下要素组成。

（一）税法主体

税法主体是在税收法律关系中享有权利、承担义务的当事人，包括征税主体和纳税主体两类。在理论上征税主体是国家，但在具体的征税活动中，国家授权政府的职能部门实际行使征税权。当前在我国主要由税务机关和海关来具体负责税收征管。纳税主体又称纳税人，是依照税法规定直接负有纳税义务的单位和个人。

（二）征税对象

又称征税客体，即指对什么征税。征税对象是税收制度最基本的要素。它是各个税种相区别的主要标志，是进行税法分类的最重要的依据，也是确定征税范围的重要因素。

（三）税目与计税依据

税目是指税法规定的征税的具体项目，反映了征税的广度。计税依据，也称计税标准、计税基数，简称税基，是指根据税法所确定的用以计算应纳税额的依据，亦即用以计算应纳税额的基数，是对征税对象的具体量化，它直接影响到纳税人的税负。

（四）税率

税率是应纳税额与计税基数之间的数量关系或比率。税率的高低，直接关系到国家征税的多少和纳税人的税收负担，是衡量税负高低的重要指标，是税法的核心要素，它反映国家征税的深度和国家的经济政策导向，是极为重要的宏观调控手段。目前，我国税法规定的法定税率基本形式主要有三种：比例税率、累进税率和定额税率。比例税率，是指对同一征税对象，不论其数额大小，均按照同一比例计算应纳税额的税率，比例税率多适用于流转税。累进税率，是指随着征税对象的数额由低到高逐级累进，所适用的税率也随之逐级提高的税率，即按征税对象数额的大小划分若干等级，

① 漆多俊：《经济法学》（第五版），高等教育出版社 2023 年版，第 305 页。

每级由低到高规定相应的税率，征税对象数额越大，适用的税率越高，反之则相反。累进税率分为超额累进税率和超率累进税率。定额税率是指按征税对象的一定计量单位直接规定的固定税额，因而也称固定税额，一般适用于从量计征的税种。

（五）税收特别措施

税收特别措施包括两类：税收优惠措施和税收重课措施。税收优惠措施是以减轻纳税人的税负为主要内容，并往往与一定的经济社会政策引导有关，如优惠税率、减税、免税、退税、投资抵免、快速折旧、亏损结转、出口退税和延期纳税等。税收重课措施是以加重纳税人税负为内容的措施，如税款的加成加倍征收等。

（六）纳税环节

纳税环节指税法规定对纳税人在商品生产流转过程中应当缴纳税款的环节。一种税具体在哪一个或哪几个环节征税，关系到税制结构和税负公平问题。合理确定纳税环节，有利于商品流通和资金周转，有利于保证国家财政收入，以及便于纳税人缴纳税款。

（七）纳税期限

纳税期限是指在纳税义务发生后，纳税人依法缴纳税款的时间期限。纳税期限可分为纳税计算期和税款缴库期两类。纳税期限与纳税义务的发生时间是不同的，前者是一定的期间，而后者则是指一个时间点，并且只有在纳税义务发生以后才会产生纳税期限的问题。

（八）纳税地点

纳税地点是指纳税人依据税法规定向征税机关申报纳税的具体地点。涉及哪里的征税机关有权实施管辖的问题。一般说来，在税法上规定的纳税地点主要是机构所在地、经济活动发生地、财产所在地、报关地等。

第二节　流转税调控法律制度

一、流转税法的概念

（一）流转税的概念与特点

流转税，国际上通称“商品与劳务税”，是指以纳税人的商品流转额和非商品流转额为征税对象的一类税收。其主要特点包括：

第一，流转税的征税对象是商品或劳务的流转额。只要存在商品生产流通，无论生产经营单位的成本、费用高低，无论是营利还是亏损，都能按照流转额的一定比例征收流转税。因此，流转税收入可以随着经济的自然增长而增长，是财政收入的稳定来源。不仅如此，流转税的纳税期限比较短，一般最长不超过一个月，有的甚至只有一天，有利于政府及时、稳定、广泛地筹集财政资金。

第二，流转税简便易行。流转税的税率一般为比例税率，计税依据为销售收入或营业收入，从价定率或从量定额计征，比对财产课税或所得课税计算简单，征收便利。同时，流转税的纳税人较为固定，管理方便，征收成本较低。

第三，流转税是间接税，课税隐蔽，容易税负转嫁。

第四，流转税在从价征税的情形下，税收与价格密切相关，便于国家通过征税进行宏观调控。

（二）流转税法的概念与宏观调控作用

流转税法是调整以商品流转额和非商品流转额为征税对象的一系列税收关系的法律、法规的总称。它属于税收实体法，其税法规范目前主要体现在税收行政法规之中。且实行内外统一的税制，也适用于外商投资企业。目前流转税法的基本结构体系包括增值税法、消费税法和关税法。

流转税法通过调整商品和服务流转的税收关系，一方面发挥流转税经济杠杆作用，配合价格机制满足市场对资源配置的决定性作用的需要；另一方面通过实施有效的鼓励和限制措施，有效调节生产、消费和经济结构、产业结构和生产力布局的优化，促进国际收支平衡，促进宏观经济健康平稳发展，从而达到宏观调控的目标。

二、增值税法的主要内容

2017 年 10 月 30 日，国务院第 191 次常务会议通过了《国务院关于废止〈中华人民共和国营业税暂行条例〉和修改〈中华人民共和国增值税暂行条例〉的决定》，全面取消营业税，调整完善《增值税暂行条例》。根据《全国人大常委会 2024 年度立法工作计划》的安排，《增值税法》第三次审议的时间节点为 2024 年 12 月。《增值税法》的主要内容如下。

（一）纳税主体

我国增值税的纳税主体是在我国境内销售货物或者加工、修理修配劳务（以下简称劳务）、服务、无形资产、不动产以及进口货物的单位和个人。从税款计算的角度，增值税的纳税主体还可以分为两类，即一般纳税人和小规模纳税人。小规模纳税人的标准由国务院财政、税务主管部门规定。

（二）征税范围和税率

我国增值税的税率结构较为复杂，根据财政部、税务总局、海关总署发布的《关于深化增值税改革有关政策的公告》（财政部公告 2019 年第 39 号），目前增值税的税率包括 13%、9%、6%、0% 四个档次，分别适用于不同的领域，具体来说：

（1）纳税人销售货物、劳务、有形动产租赁服务或者进口货物，除另有规定外，适用 13% 的税率。

（2）纳税人销售交通运输、邮政、基础电信、建筑等服务，销售不动产，转让土地使用权，税率为 9%。此外，销售或者进口下列货物，税率亦为 9%：第一，粮食等农产品、食用植物油、食用盐；第二，自来水、暖气、冷气、热水、煤气、石油液化气、天然气、二甲醚、沼气、居民用煤炭制品；第三，图书、报纸、杂志、音像制品、电子出版物；第四，饲料、化肥、农药、农机、农膜；第五，国务院规定的其他货物。

（3）纳税人销售金融服务、增值电信服务、现代服务、生活服务、无形资产，除另有规定外，税率为 6%。

（4）除国务院另有规定外，纳税人出口货物，以及境内单位和个人跨境销售国务院规定范围内的服务、无形资产，适用零税率。

不过我国的增值税制度一直处于变动之中，在税率方面还在不断进行结构调整。同时，国务院近年来一直推动减税降费，从而有助于减轻相关纳税人的实际税负。①

（三）增值税应纳税额的计算

第一，一般纳税人销售货物、劳务、服务、无形资产、不动产（以下统称应税销售行为），应纳税额计算公式：应纳税额 = 当期销项税额 − 当期进项税额。销项税额计算公式：销项税额 = 销售额 × 税率。纳税人购进货物、劳务、服务、无形资产、不动产支付或者负担的增值税额，为进项税额。

第二，小规模纳税人发生应税销售行为，其应纳税额适用简易办法计算（不得抵扣进项税额）。计算公式：应纳税额 = 销售额 × 征收率。

第三，纳税人进口货物，无论是一般纳税人还是小规模纳税人，都应按组成计税价格和税率来计算，其公式为：组成计税价格 = 关税完税价格 + 关税 + 消费税。应纳税额 = 组成计税价格 × 税率。如果进口的货物不征消费税，则上述的组价中不含消费税税额。

（四）税收减免

我国增值税的免税项目较多，包括农业生产者销售的自产农产品，避孕药品和用具，古旧图书，直接用于科学研究、科学试验和教学的进口仪器，外国政府、国际组织无偿援助的进口物资和设备，由残疾人的组织直接进口供残疾人专用的物品，销售的自己使用过的物品等。此外，纳税人销售额未达到国务院财政、税务主管部门规定的增值税起征点的，免征增值税。

---

① 张守文：《经济法学》（第八版），北京大学出版社 2024 年版，第 140 页。

第三节　所得税调控法律制度

一、所得税的概念与特点

所得税，也称收益税，是指以法人、自然人和其他经济组织在一定期间内的纯所得（净收入）额为征税对象的税收。依纳税主体类别不同，国际上通行以纳税人为标准，将所得税划分为个人所得税和企业所得税。

所得税的主要特点包括，所得税以纯所得或净收入为征税对象，所得税的征收与纳税人的税收负担能力具有内在联系，所得税属于直接税、税负不易转嫁。

二、所得税法的宏观调控作用

所得税法是指调整所得税征纳关系的法律规范的总称，主要包括企业所得税法和个人所得税法。所得税法的宏观调控作用主要表现在以下几个方面：

第一，所得税法可通过所得税“水涨船高”的特点，随着经济繁荣而增加，随着经济衰退而减少，天然发挥其调控经济的自动稳定器功能，减缓经济周期波动影响，保持经济平稳发展。

第二，所得税法可以有效运用所得税的鼓励和限制措施，有针对性地调节生产、消费和收入分配，促进经济结构、产业结构、产品结构和生产力布局的优化，促进不同行业和不同区域经济的平衡与协调发展。

第三，所得税法通过所得税作为直接税不易转嫁的特点以及采用累进税率杠杆，可以有效调节社会收入分配差距，促进社会公平和谐。

三、企业所得税法的主要内容

企业所得税，是指以企业所取得的生产经营所得和其他所得为征税对象所征收的一种税。我国于2007年颁布《企业所得税法》，并于2017年、2018年进行了两次修正。《企业所得税法》的出台对我国产生了重大影响，结束了企业所得税内外有别的局面，有助于我国境内所有企业在同等的税负环境下进行公平竞争。在具体制度构成上，修正后的立法引进了居民纳税人和非居民纳税人的概念，统一了内、外资企业所得税的税率、税收优惠政策和费用扣除标准，也引入了“特别纳税调整”的有关规定，来对企业避税行为进行更有效的规制。

（一）纳税主体

1. 纳税主体的范围

依《企业所得税法》规定，在中华人民共和国境内的企业和其他取得收入的组织为企业所得税的纳税人。其中，依法在中国境内成立的企业，包括依照中国法律、行政法规在中国境内成立的企业、事业单位、社会团体以及其他取得收入的组织。但个人独资企业、合伙企业不适用企业所得税法。

2. 纳税主体的分类

《企业所得税法》将纳税主体分为了两类，即居民企业和非居民企业。居民企业，是指依法在中国境内成立，或者依照外国（地区）法律成立但实际管理机构在中国境内的企业。居民企业应当就其源于中国境内、境外的所得缴纳企业所得税。非居民企业，是指依照外国（地区）法律成立且实际管理机构不在中国境内，但在中国境内设立机构、场所的，或者在中国境内未设立机构、场所，但有来源于中国境内所得的企业。非居民企业在中国境内设立机构、场所的，应当就其所设机构、场所取得的源于中国境内的所得，以及发生在中国境外但与其所设机构、场所有实际联系的所得，缴纳企业所得税。非居民企业在中国境内未设立机构、场所的，或者虽设立机构、场所但取得的所得与其所设机构、场所没有实际联系的，应当就其来源于中国境内的所得缴纳企业所得税。

（二）征税范围和税率

1. 征税范围

企业所得税的征税范围，包括纳税主体以货币形式和非货币形式从各种来源取得的收入，如营业收入、劳务收入、投资收入、捐赠收入等。具体包括销售货物收入，提供劳务收入，转让财产收入，股息、红利等权益性投资收益，利息收入，租金收入，特许权使用费收入，接受捐赠收入以及其他收入等。

2. 税率

根据《企业所得税法》的规定，我国企业所得税的一般税率为25%。非居民企业在中国境内未设立机构、场所的，或者虽设立机构、场所但取得的所得与其所设机构、场所没有实际联系的，应当就其来源于中国境内的所得缴纳企业所得税，适用税率为20%。

（三）应纳税所得额

企业每一纳税年度的收入总额，减除不征税收入、免税收入、各项扣除以及允许弥补的以前年度亏损后的余额，为应纳税所得额。企业以货币形式和非货币形式从各种来源取得的收入，为收入总额。包括：（1）销售货物收入；（2）提供劳务收入；（3）转让财产收入；（4）股息、红利等权益性投资收益；（5）利息收入；（6）租金收入；（7）特许权使用费收入；（8）接受捐赠收入；（9）其他收入。收入总额中的不征税收入包括：（1）财政拨款；（2）依法收取并纳入财政管理的行政事业性收费、政府性基金；（3）国务院规定的其他不征税收入。准予扣除的项目包括：（1）四项基本扣除项目，即成本、费用、税金和损失；（2）限额扣除项目，如利息支出、计税工资、职工经费、间接捐赠等。此外，罚没损失、超标捐赠等属于不得扣除的项目。

应纳税额的计算，在企业的应税所得额确定以后，用该应税所得额乘以适用税率，减除依照《企业所得税法》关于税收优惠的规定减免和抵免的税额后的余额，即为应纳税额。

（四）税收优惠制度

第一，加计扣除。为了体现国家的相关经济政策和社会政策，企业的下列支出，可以在计算应纳税所得额时加计扣除：一是开发新技术、新产品、新工艺发生的研究开发费用。二是安置残疾人员及国家鼓励安置的其他就业人员所支付的工资。

第二，所得抵扣。创业投资企业从事国家需要重点扶持和鼓励的创业投资，可以按投资额的一定比例抵扣应纳税所得额。

第三，免税收入。根据《企业所得税法》的规定，企业的下列收入为免税收入：国债利息收入；符合条件的居民企业之间的股息、红利等权益性投资收益；在中国境内设立机构、场所的非居民企业从居民企业取得与该机构、场所有实际联系的股息、红利等权益性投资收益；符合条件的非营利组织的收入。

第四，免征减征。根据《企业所得税法》的规定，企业的下列所得，可以免征、减征企业所得税：从事农、林、牧、渔业项目的所得；从事国家重点扶持的公共基础设施项目投资经营的所得；从事符合条件的环境保护、节能节水项目的所得；符合条件的技术转让所得；非居民企业应缴纳预提所得税的所得。

第五，减计收入。减计收入会直接导致税基减少，从而减轻企业的纳税负担。为了鼓励能源的综合利用，《企业所得税法》专门规定，企业综合利用资源，生产符合国家产业政策规定的产品所取得的收入，可以在计算应纳税所得额时减计收入。

第六，加速折旧。资产的税务处理，对于企业而言是一个非常重要的问题，特别是在折旧方面，是否允许加速折旧，对于企业的生产经营和投资选择都有重要影响。为此，《企业所得税法》规定，企业的固定资产由于技术进步等原因，确需加速折旧的，可以缩短折旧年限或者采取加速折旧的方法。

第七，税率优惠。各类企业在通常情况下，适用的是25%的一般税率，但国家为了体现相关的产业政策，还规定了如下优惠税率：符合条件的小型微利企业，减按20%的税率征收企业所得税；国家需要重点扶持的高新技术企业，减按15%的税率征收企业所得税。

第八，税额抵免。《企业所得税法》规定，企业购置用于环境保护、节能节水、安全生产等专用设备的投资额，可以按一定比例实行税额抵免。

另外，企业取得的所得已在境外缴纳的所得税税额，可以依法从其当期应纳税额中抵免；超过抵免限额的部分，可以在以后5个年度内，用每年度抵免限额抵免当年应抵税额后的余额进行抵补。

四、个人所得税法的主要内容

个人所得税是以个人所得为征税对象，并由获取所得的个人缴纳的一种税。根据我国《个人所得税法》（2018 年修正），其主要内容如下。

（一）纳税人

个人所得税的纳税人分为两类，即居民纳税人和非居民纳税人。凡在中国境内有住所，或者无住所而一个纳税年度内在中国境内居住累计满 183 天的个人，为居民个人。居民个人从中国境内和境外取得的所得，依法缴纳个人所得税。凡在中国境内无住所又不居住，或者无住所而一个纳税年度内在中国境内居住累计不满 183 天的个人，为非居民个人。非居民个人从中国境内取得的所得，依法缴纳个人所得税。

（二）征税对象

征税对象包括九个税目：工资、薪金所得；劳务报酬所得；稿酬所得；特许权使用费所得；经营所得；利息、股息、红利所得；财产租赁所得；财产转让所得；偶然所得。

居民个人取得上述前四项所得（以下简称综合所得），按纳税年度合并计算个人所得税；非居民个人取得上述前四项所得，按月或者按次分项计算个人所得税。纳税人取得上述第五项至第九项所得，依法分别计算个人所得税。

（三）税率

个人所得税的税率可分为两类，一类是超额累进税率，适用于综合所得、经营所得；另一类是比例税率，其基本税率均为 20%，适用于除上述两类所得以外的其他各类所得。具体规定是：第一，综合所得，适用 3% 至 45% 的超额累进税率；第二，经营所得，适用 5% 至 35% 的超额累进税率；第三，利息、股息、红利所得，财产租赁所得，财产转让所得和偶然所得，适用 20% 的比例税率。

（四）税基确定和应纳税额的计算

1. 税基的确定

根据《个人所得税法》第 6 条的规定：第一，居民个人的综合所得，以每一纳税年度的收入额减除费用 6 万元以及专项扣除、专项附加扣除和依法确定的其他扣除后的余额，为应纳税所得额。第二，非居民个人的工资、薪金所得，以每月收入额减除费用 5000 元后的余额为应纳税所得额；劳务报酬所得、稿酬所得、特许权使用费所得，以每次收入额为应纳税所得额。第三，经营所得，以每一纳税年度的收入总额减除成本、费用以及损失后的余额，为应纳税所得额。第四，财产租赁所得，每次收入不超过 4000 元的，减除费用 800 元；4000 元以上的，减除 20% 的费用，其余额为应纳税所得额。第五，财产转让所得，以转让财产的收入额减除财产原值和合理费用后的余额，为应纳税所得额。第六，利息、股息、红利所得和偶然所得，以每次收入额为应纳税所得额。其中，专项扣除包括居民个人按照国家规定的范围和标准缴纳的基本养老保险、基本医疗保险、失业保险等社会保险费和住房公积金等；个人所得税专项附加扣除，指《个人所得税法》规定的子女教育、继续教育、大病医疗、住房贷款利息、住房租金和赡养老人等 6 项专项附加扣除；依法确定的其他扣除，包括个人缴付符合国家规定的企业年金、职业年金，个人购买符合国家规定的商业健康保险、税收递延型商业养老保险的支出，以及国务院规定可以扣除的其他项目。

2. 应纳税额的计算

在应纳税额的计算方面，应首先按税法规定确定应税所得额，然后即可计算应纳税额，其计税公式是：应纳税额=应税所得额×税率

（五）税收减免

在税收减免方面，《个人所得税法》中规定了较多类型，例如：(1) 省级政府、国际组织等颁发的教科文卫体、技术、环保等方面的奖金；(2) 国债和国家发行的金融债券利息；(3) 按照国家统一规定发给的补贴、津贴；(4) 福利费、抚恤金、救济金；(5) 保险赔款；(6) 军人的转业费、复员费、退役金；(7) 按照国家统一规定发给干部、职工的安家费、基本养老金或退休费等，均应免税个人所得税。此外，残疾、孤老人员和烈属的所得，以及因自然灾害遭受重大损失的，经批准可以减征。

第四节　税收征收法律制度

一、税收征收法律制度概述

税收征收管理法，简称税收征管法，是调整在税收征纳及其管理过程中发生的社会关系的法律规范的总称。税收征收管理法包含诸多重要制度，主要有税务管理制度，申报、纳税制度，税收核定制度，税款追征制度，税务检查制度等。

目前我国税收征管领域的主要法律依据是《税收征收管理法》，以及与其相配套的《税收征收管理法实施细则》和其他法规、规章。在具体的适用范围方面，根据《税收征收管理法》的规定，凡依法由税务机关征收的各种税收的征收管理，均适用该法。由海关负责的关税及海关代征税收的征管，依照法律、行政法规的有关规定执行。

二、税务管理制度

税务管理是税收征纳的前提和基础，在内容上包括了国家税务机关依据税法对税务活动进行的决策、计划、组织、协调和监督检查等一系列活动。税务管理主要包括

税务登记，账簿、凭证管理，纳税申报等三个环节。

（一）税务登记制度

税务登记，又称纳税登记，是纳税人在开业、歇业前以及生产经营期间发生有关变动时，在法定时间内就其经营情况向所在地税务机关办理书面登记的制度。按现行立法规定，企业，企业在外地设立的分支机构和从事生产、经营的场所，个体工商户和从事生产、经营的事业单位（统称从事生产、经营的纳税人）自领取营业执照之日起30日内，持有关证件向生产、经营所在地税务机关申报办理税务登记，税务机关应当于收到申报的当日办理登记并发给税务登记证件。事业单位和社会组织应当自依法设立之日起30日内向税务机关申报办理税务登记，税务机关应当于收到申报的当日办理登记并发给税务登记证件。自然人纳税人或者其扣缴义务人应当自首次纳税义务发生之日起，法律、行政法规规定的纳税申报期限届满前，向税务机关申报，税务机关登录其纳税人识别号。

税务登记主要包括设立登记、变更登记、注销登记以及停业、复业登记和外出经营报验登记等。

（二）账簿、凭证管理制度

账簿、凭证是纳税人记录生产经营活动，进行经济核算的主要工具，也是税务机关确定应纳税额、进行财务监督和税务检查的重要依据。由于账簿、凭证记载信息直接影响税基的确定和应纳税额的计算，所以必须加强账簿、凭证管理，使其反映的会计信息真实、准确、可靠。

1. 设置账簿

除经税务机关批准可以不设置账簿的个体工商户外，所有从事生产经营的纳税人和扣缴义务人都应按照规定设置账簿。依规定纳税人应当自领取营业执照或发生纳税义务之日起15日内，按照国家有关规定设置账簿，根据合法、有效的凭证记账进行核算。

2. 财务、会计制度及其处理办法的管理

从事生产经营的纳税人应当将其财务、会计制度或财务、会计处理办法和会计核算软件报送税务机关备案。当上述财务、会计制度或办法与有关规定相抵触时，应依有关规定计算应纳税款、代扣代缴和代收代缴税款。

3. 账簿、凭证的保管

从事生产、经营的纳税人、扣缴义务人必须按照国务院财政、税务主管部门规定的期限（通常为10年）保管账簿、凭证，且对于需保管的资料不得伪造、变造或者擅自损毁。对于发票，更应依照《发票管理办法》等规定严格管理。

（三）纳税申报制度

纳税申报是指纳税义务发生后，纳税人、扣缴义务人依法按期向税务机关申报与纳税和扣缴税款有关各类事项的制度。纳税人、扣缴义务人必须依法定或者税务机关依法确定的申报期限、申报内容如实办理纳税申报和扣缴申报，报送纳税申报表、财务会计报表或者扣缴税款报告表以及税务机关根据实际需要要求报送的其他有关资料。即使是享受减税、免税待遇的纳税人，也应当依法办理纳税申报。

纳税人进行纳税申报的内容主要包括：（1）税种、税目；（2）应税项目；（3）适用税率；（4）计税依据；（5）扣除项目及标准；（6）应纳税额；（7）应退税及应减免税的项目及税额；（8）税款所属期限；等等。

纳税申报制度的主要作用在于确定应纳税额，其意义在于：一是降低税收成本，提高税务机关的行政效率；二是以“自我课赋”和“程序参与”的方式体现纳税主体的权利和尊严及国家主权。

纳税人、扣缴义务人不能按期办理纳税申报或者扣缴申报的，经税务机关核准，可以延期申报。经核准延期申报的，应当在纳税期限内按照上期实际缴纳的税额或者税务机关核定的税额预缴税款，并在核准的延期内办理税款结算。纳税人因不可抗力，不能按期申报的，可以延期办理，无须事先申请。但应在不可抗力情形消除后，立即向税务机关报告。税务机关应当查明具体事实，决定是否予以核准。

纳税人办理纳税申报后发现需要修正的，可以修正申报。

三、税款征收制度

（一）税款征收与缴纳方式

从纳税人角度而言，税款缴纳的方式主要有两种：一种是自行缴纳，即自行申报后向税务机关缴纳应纳税款。纳税人、扣缴义务人应当依法定或者税务机关依法确定的期限，缴纳或者解缴税款。纳税人因有特殊困难，不能按期缴纳税款的，经省级税务机关批准，可以延期缴纳税款，但是最长不得超过 3 个月。另一种是源泉扣缴，即由扣缴义务人代扣代缴或者代收代缴。前者主要存在于个人所得税中，后者如消费税中委托加工应税消费品时由受托方代收代缴应税消费品的消费税税款。扣缴义务人依法履行代扣、代收税款的义务，纳税人不得拒绝；纳税人拒绝的，扣缴义务人应当及时报告税务机关处理。税务机关按照规定付给扣缴义务人代扣、代收手续费。

从税务机关角度而言，除上述两种税款征收方式之外，还有委托代征和定期定额征收两种征收方式。委托代征，是指税务机关根据有利于税收管控和方便纳税的原则，可以按照国家有关规定委托有关单位和人员代征零星分散和异地缴纳的税收，并发给委托代征证书。受托单位和人员按照委托代征证书的要求，以税务机关的名义依法征收税款，纳税人不得拒绝；纳税人拒绝的，受托代征单位和人员应当及时报告税务机关。定期定额征收，是指税务机关根据纳税人生产经营等方面的具体情况，定期对纳税人的应纳税额予以核定，并定期进行相关税种合并征收的一种方式。

（二）税款追征制度

税款追征，传统上又称税收征收保障制度，是指对未依法足额缴纳税款的纳税主体，运用各种征管措施追缴税款的制度总称。根据其公私法属性的不同，其可以分为公私混合法属性和公法属性的税款追征措施两大类。前者包括税收代位权和撤销权、税收连带责任、纳税担保、税收优先权；后者包括滞纳金、税务强制、欠税告知、限制出境。

其中，公私混合法属性的税款追征措施，根据其与私法之间关系的不同，可以分为三类：(1) 对私法制度借鉴程度较高者，包括税收代位权和撤销权、税收连带责任；(2) 对私法制度借鉴程度较低者，为纳税担保；(3) 对私法制度造成干扰甚至破坏者，为税收优先权。

四、税款征收保障制度

（一）税收保全制度和税收强制制度

1. 税收保全制度

所谓税收保全制度，是指为了维护正常的税收秩序，预防纳税人逃避税款缴纳义务，以使税收收入得以保全而制定的制度。

我国《税收征收管理法》规定，为了实现保全税收的目的，税务机关可以依法采取以下依次递进的各项税收保全措施：

(1) 责令限期缴纳税款。当税务机关有根据认为从事生产经营的纳税人有逃避纳税义务的行为时，可以在规定的纳税期之前，责令限期缴纳应纳税款。

(2) 责成提供纳税担保。在上述限期缴纳的期间内，若发现纳税人有明显的转移、隐匿其应税商品、收入或财产的迹象，则税务机关可以责成纳税人提供纳税担保。

(3) 通知冻结等额存款。如果纳税人不能提供纳税担保，则经县以上税务局（分局）批准，税务机关可以书面通知纳税人的开户银行或者其他金融机构，冻结纳税人的相当于应纳税款金额的存款。

(4) 扣押、查封等额财产。如果纳税人不能提供纳税担保，则经县以上税务局（分局）批准，税务机关可以扣押、查封纳税人的价值相当于应纳税款的商品、货物或者其他财产。

2. 税收强制制度

税收强制，是指税务机关为实现税收债权而对纳税主体的财产或者财产性权利采取的具有强制性的征管措施，包括税收强制措施（税收保全措施）和税收强制执行。

对未按照规定办理税务登记的从事生产、经营的纳税人以及临时从事经营的纳税人，由税务机关核定其应纳税额，责令缴纳；不缴纳的，税务机关可以扣押其价值相当于应纳税款的财物。扣押后缴纳的，税务机关必须立即解除扣押，并归还所扣押的财物；扣押后仍不缴纳的，经县以上税务局（分局）局长批准，依法拍卖或者变卖所扣押的财物，以拍卖或者变卖所得抵缴税款。

从事生产、经营的纳税人、扣缴义务人未按照规定的期限缴纳或者解缴税款，纳税担保人未按照规定的期限缴纳所担保的税款，由税务机关责令限期缴纳，逾期仍未缴纳的，经县以上税务局（分局）局长批准，税务机关可以实施下列强制执行措施：（1）书面通知其开户银行或者其他金融机构从其存款中扣缴税款；（2）扣押、查封、依法拍卖或者变卖其价值相当于应纳税款的财物，以拍卖或者变卖所得抵缴税款。

税务机关有根据认为从事生产、经营的纳税人有逃避纳税义务行为的，可以在规定的纳税期限届满之前，责令限期缴纳应纳税款；在限期内发现纳税人有明显的转移、隐匿其财物的迹象的，税务机关可以责成纳税人提供纳税担保。如果纳税人不能提供纳税担保，经县以上税务局（分局）局长批准，税务机关可以实施下列税收强制措施：（1）书面通知纳税人开户银行或者其他金融机构冻结纳税人的金额相当于应纳税款的存款；（2）扣押、查封纳税人的价值相当于应纳税款的财物。

纳税人在限期内缴纳税款的，税务机关必须立即解除税收保全措施；限期期满仍未缴纳税款的，经县以上税务局（分局）局长批准，税务机关可以书面通知纳税人开户银行或者其他金融机构从其冻结的存款中扣缴税款，或者依法拍卖或者变卖所扣押、查封的财物，以拍卖或者变卖所得抵缴税款。

税务机关实施税务强制必须依照法定权限和法定程序，不得查封、扣押纳税人个人及其所扶养家属维持生活必需的住房和用品。

（二）欠税回收保障制度

1. 欠税告知制度

欠税告知，是指为保障税收债权或者避免影响第三人债权，税务机关将纳税主体欠缴税款或者其他可能影响前述债权实现的情况向利害关系人或者不特定公众予以告知；包括欠税公告、欠税说明和欠税人处分财产报告三种类型。

税务机关应当对纳税人欠缴税款的情况定期予以公告。纳税人有欠税情形而以其财产设定抵押、质押的，应当向抵押权人、质权人说明其欠税情况。抵押权人、质权人可以请求税务机关提供有关的欠税情况。欠缴税款数额较大的纳税人在处分其不动产或者大额资产之前，应当向税务机关报告。

2. 税收优先权制度

税收优先权，是指依照法律规定，税收债权的债权人（税务机关）在债务人（纳税主体）全部财产或特定财产上享有的优先受偿的权利。

税务机关征收税款，税收优先于无担保债权，法律另有规定的除外；纳税人欠缴的税款发生在纳税人以其财产设定抵押、质押或者纳税人的财产被留置之前的，税收应当先于抵押权、质权、留置权执行。纳税人欠缴税款，同时又被行政机关决定处以罚款、没收违法所得的，税收优先于罚款、没收违法所得。

3. 限制出境制度

限制出境，又称离境清税，是指欠缴税款的纳税主体在出境前应当向税务机关结清应纳税款、滞纳金或者提供相当担保才能出境，否则税务机关可以通知出入境管理机关阻止其出境。

欠缴税款的纳税人或者它的法定代表人需要出境的，应当在出境前向税务机关结清应纳税款、滞纳金或者提供担保。未结清税款、滞纳金，又不提供担保的，税务机关可以通知出入境管理机关阻止其出境。

4. 税收代位权和撤销权

税收代位权，是指欠缴税款的纳税人怠于、不当行使或者放弃其民事债权及其从权利而对税收债权造成损害时，由税务机关请求法院代替纳税人行使其民事债权及其从权利的权利。税收撤销权，是指税务机关对欠缴税款的纳税人滥用财产处分权而对税收债权造成损害的行为，请求法院予以撤销的权利。

欠缴税款的纳税人、扣缴义务人有下列情形之一，对国家税收造成损害的，税务机关可以依据《民法典》有关合同保全的规定行使代位权、撤销权：（1）怠于行使其债权或者与该债权有关的从权利；（2）放弃其债权、放弃债权担保、无偿转让财产等方式无偿处分财产权益，或者恶意延长其到期债权的履行期限；（3）以明显不合理的低价转让财产、以明显不合理的高价受让他人财产或者为他人的债务提供担保，且该他人知道或者应当知道该情形。税务机关依照前述规定行使代位权、撤销权的，不免除欠缴税款的纳税人尚未履行的纳税义务和应承担的法律责任。

5. 滞纳金制度

税收滞纳金是指在税收滞纳后，为督促税收债务人履行税收债务，而在其原负之税款债务外，就滞纳税额，按滞纳期间经过之日数，乘以滞纳税额之一定比例而加征的金钱给付义务，系一种间接强制方式的执行罚。

纳税人、扣缴义务人未按照规定期限缴纳或者解缴税款，税务机关除责令限期缴纳外，从滞纳税款之日（税款缴纳期限届满次日）起，至纳税人、扣缴义务人实际缴纳或者解缴税款之日止，按日加收滞纳税款万分之五的滞纳金。

五、税务检查制度

税务检查，是指税务机关依法对纳税人、扣缴义务人及其他行政相对人履行税法义务的情况进行的监督、审查活动。从检查主体的角度看，狭义的税务检查仅指税务稽查，即由税务稽查局依法对纳税人、扣缴义务人和其他涉税当事人履行税法义务情况及涉税事项进行的税务检查；广义的税务检查，还包括由负责日常征管的税务局开展的税务检查。

税务机关有权进行下列税务检查：（1）资料检查权。检查纳税人的账簿、记账凭证、报表和有关资料，检查扣缴义务人扣缴税款账簿、记账凭证和有关资料。（2）实地检查权。到纳税人的生产、经营场所和货物存放地检查纳税人应纳税的财物，检查扣缴义务人与扣缴税款有关的经营情况。（3）资料取得权。责成纳税人、扣缴义务人提供与纳税或者扣缴税款有关的文件、证明材料和有关资料。（4）税情询问权。询问纳税人、扣缴义务人与纳税或者扣缴税款有关的问题和情况。（5）单证查核权。到车站、码头、机场、邮政企业及其分支机构检查纳税人托运、邮寄应纳税的财物的有关单据、凭证和有关资料。（6）存款查核权。经县以上税务局（分局）局长批准，凭全国统一格式的检查存款账户许可证明，查询从事生产、经营的纳税人、扣缴义务人在银行或者其他金融机构的存款账户。税务机关在调查税收违法案件时，经设区的市、自治州以上税务局（分局）局长批准，可以查询案件涉嫌人员的储蓄存款。

税务机关调查税收违法案件时，对与案件有关的情况和资料，可以记录、录音、录像、照相和复制。纳税人、扣缴义务人必须接受税务机关依法进行的税务检查，如实反映情况，提供有关资料，不得拒绝、隐瞒。

本章小结

税法是调整在税收活动中发生的社会关系的法律规范的总称。根据税收征纳法有实体性规范与程序性规范的不同，又可进一步分为税收征纳实体法和税收征纳程序法。税法的基本原则是指在税收的立法、执法、司法、守法和法律监督等各个环节都必须遵循的基本准则，主要包括税收法定原则、税收平等原则和税收效率原则。流转税，国际上通称“商品与劳务税”，是指以纳税人的商品流转额和非商品流转额为征税对象的一类税收。其主要特点包括，流转税的征税对象是商品或劳务的流转额、流转税简便易行、流转税是间接税。所得税也称收益税，是指以法人、自然人和其他经济组织在一定期间内的纯所得（净收入）额为征税对象的税收。所得税的主要特点包括：所得税以纯所得或净收入为征税对象，所得税的征收与纳税人的税收负担能力具有内在联系，所得税属于直接税，税负不易转嫁。税收征收管理法，简称税收征管法，是调整在税收征纳及其管理过程中发生的社会关系的法律规范的总称。税收征收管理法包含诸多重要制度，主要有税务管理制度，申报、纳税制度，税收核定制度，税款追征制度，税务检查制度等。

学术视野

关于中央和地方税收立法权划分问题。李楠楠（2019）认为，地方立法权在我国现行法律法规中一直处于被否定的地位，尚未得到制度的正式认可，国务院《关于实行分税制财政管理体制的决定》就曾明确否定地方税收立法权：“中央税、共享税以及地方税的立法权都要集中在中央。”《税收征收管理法》《立法法》等法律规定也明确表示对其进行排除。地方在税收立法上的无权状态，不但符合人们对单一制这种国家结构形式认识的思维定式，也与我国长期延续的中央集权的历史传统相适应，更是我国在规范层面必须保持的基本立场和制度安排。但随着深化财税体制改革的不断推进，为保证地方的财政自主权，有必要赋予地方一定的税收立法权。① 郭昌盛（2023）认为，央地税收立法权的分配必须保障中央税收立法权的主导性，设税权、税种的开征停征、税法解释权、税法废止权、税收优惠政策制定权等税收立法权必须分配给中央，地方的税收立法权仅限于在中央制定的税收法律、行政法规规定的范围内就个别税制要素进行调整。地方税收立法权应当归属省级人大及其常委会，不应归属于省级政府，而且从税收法定原则的整体要求看，授权给省级人大（而不是现在规定的人大常委会）更为合适。②

实务参考

（1）强调控，直面惊涛更从容。③

（2）零容忍！坚决打击！税务部门公布6起涉税违法典型案件。④

思考题目

（1）简述税收的概念和特征。

（2）论述税收的宏观调控职能。

（3）简述税收的课税要素。

（4）简述税收征管制度主要内容。

① 李楠楠：《论地方税收立法权：理论逻辑、规范依据与现实路径》，载《税务与经济》2019年第3期，第11-18页。

② 郭昌盛：《我国中央与地方税收立法权的分配》，载《安徽师范大学学报》（人文社会科学版）2023年第6期，第90-101页。

③ “人民法院案例库首发16起涉税案例裁判要旨”，载搜狐网，https://www.sohu.com/a/760663464_121097547，2024年6月2日访问。

④ “零容忍！坚决打击！税务部门公布6起涉税违法典型案件”，载央广网，http://news.cnr.cn/native/gd/20240531/t20240531_526725920.shtml，2024年6月3日访问。

第十六章 金融法律制度

【本章摘要】本章内容为理解我国金融法律制度提供了全面的指导。主要介绍了金融法律制度的相关内容，涵盖了金融与金融法概述、金融调控法律制度及其他金融调控法律制度等方面。金融法的建立和完善，是维护金融市场秩序、保障金融活动规范和促进经济稳定发展的重要手段。金融法是调整货币融通和信用活动中所发生的金融关系的法律规范的总称。金融法律关系是受金融法调整所形成的在金融调控与监管活动以及金融业务活动中形成的权利义务关系。中央银行的三大职能包括发行的银行、银行的银行和政府的银行。

【学习目标】理解金融的基本概念，掌握广义和狭义金融的定义，并了解货币的功能及其在金融活动中的作用。掌握金融调控法律制度，了解政策性银行的作用及其在国家经济政策中的重要性，了解金融市场的参与者及其角色。

第一节 金融与金融法概述

一、金融与金融市场

（一）金融的基本概念

1. 金融的概念

金融身为经济的血液，在一国经济中占据重要地位，按照字面意义解释金融就是资金的融通。① 金融是商品经济的产物，是现代经济的核心。现代经济条件下，对金融有广义和狭义的解释之分，广义的金融是指资金的流通，即将供给者的资金分配给需求者的活动，包括资金的财政分配和信用分配活动；狭义的金融是指在社会经济生活中的货币流通和信用活动以及与其相联系的一切经济活动的总称。

2. 货币与金融

货币作为商品交换的媒介，伴随着商品运动而运动，从而形成货币流通的特殊运

① 曹胜亮、张华：《金融法》，武汉大学出版社 2014 年版，第 3 页。

动形式。随着商品经济的发展，各种金融关系都表现为货币关系。货币不仅对商品交换之间存在着媒介关系，货币之间也存在着相互交换、积累、分配等关系，这一切关系构成金融的基础。按照政治经济学的观点，货币具有价值标准、流通手段、支付工具、储藏手段和世界货币五个功能。这五个功能使货币成为金融活动的基本媒介，参与生产、消费、分配与交换活动的全过程。现今的国家货币大多为纸币或者存款货币，本身并不具有价值，而是依靠国家信用成为货币的一员，这些纸币或者存款货币被称为信用货币。目前随着互联网技术的发展，电子货币已成为我国主要的货币形式，但其仍然是信用货币存在的一种形式，仅代表信用货币外在形式的发展趋势。①

（二）金融市场

现代金融体系由金融市场体系、金融主体体系、金融工具体系和金融监管体系构成，② 实质上，整个金融市场都是由这四个部分组成的。

1. 金融市场体系

金融市场是金融工具进行交易的场所或机制，也是确定金融工具价格的场所或机制。广义的金融市场是指资本融通的场所，借由金融资产交易而形成的资金供求关系，既包括具有特定场所的有形金融市场，也包括不具备特定场所的无形金融市场，既包括金融机构之间的资金融通市场，也包括金融机构之外的资金融通场所；而狭义的金融市场，则特指货币、证券、外汇和黄金买卖的场所。

2. 金融主体体系

金融市场主体是多元化的，参加金融市场活动的有居民、企业、政府和金融机构，可以将这些主体区分成三类：资金供应者、资金需求者和金融中介机构。③

企业在金融市场上既是资金的供应者，也是资金的需求者。一方面，企业为了满足日常生产经营的资金链，就需要及时补充资金，这使企业成为资金的需求者。短期需求仅需通过银行信贷进行短期借款；长期需求则要通过发行企业债券和股票进行融资来补充资金。另一方面，企业在其再生产的过程中，也会游离出一定资金。

中央政府和地方政府通常是金融市场中资金的需求者。为了弥补财政赤字、进行宏观调控和履行政府职能的需要，政府部门通过发行国债、地方债等措施募集资金，为发展本国或本地区经济服务。

金融机构在金融市场体系中占据支配地位。金融机构也被称为信用机构，是专门从事货币的流通和信用活动的机构。根据不同的标准，金融机构也有不同的分类。根据创造货币、创造交换媒介和支付手段的能力，可以分为银行和非银行金融机构两大类。

---

① 马瑞华、王莉莉：《金融学》，海洋出版社 2018 年版，第 10-11 页。

② 陶广峰：《金融法》（第二版），中国人民大学出版社 2012 年版，第 5 页。

③ 马瑞华、王莉莉：《金融学》，海洋出版社 2018 年版，第 60-61 页。

银行是最主要的金融机构，它是专门从事货币流通和信用活动的金融机构。银行一般包括中央银行、商业银行和专业性银行。中央银行是发行基础货币的银行，在银行体系中居于核心地位，是政府的银行，也是银行的银行。商业银行是吸收存款、发放贷款和办理结算的金融企业法人，它在银行体系里居于基础地位，社会资金的现实活动主要通过商业银行进行。

3. 金融工具体系

金融工具是发行人按照法定条件和程序发行的，表示货币和信用关系的凭证。作为资金载体的金融工具具有双重法律性质，一方面，对购买者或者持有者来说，它是一种债权；另一方面，对发行者来说，它是一种债务。购买者或者持有者在金融工具记载的条件均已满足时，即拥有针对发行者的债务偿还请求权。①

金融工具一般具有以下特征：（1）法定性。法定性是指法律规定了基本金融工具的形式和种类。（2）期限性。期限性即偿还期限，是指债务人归还本金之前所经历的时间。期限性只针对债券和衍生金融产品，有些金融产品没有期限性。（3）流动性。又称变现性，是指金融工具迅速变为货币而不受或者少受损失的能力。（4）风险性。金融工具都具有风险，法定货币也有贬值的风险。（5）收益性。收益性是指金融工具必然要给所有者带来收益，一般以持有金融工具所取得的收益与本金的比率即收益率表示。（6）要式性。金融工具必须具有书面形式，而且有些金融工具必须记载某些特定事项，稍有差错，将导致金融工具失效。金融工具所具有的期限性、流动性、收益性、风险性往往相互制约，一般来说，流动性强的金融工具风险小，安全性大，但收益率较低；而流动性差的金融工具，风险大，但收益高。②

4. 金融监管体系

金融监管体系是指一国或地区为维护金融市场稳定、保护投资者和消费者权益、促进公平竞争以及防范系统性风险而建立的法律法规、监管政策和机构安排的有机组合。该体系通过立法、行政监管、行业自律等方式，对银行、证券、保险等金融机构和金融市场的运作进行约束和指导，确保金融体系的健康运行。同时，金融监管体系致力于平衡市场效率与风险控制之间的关系，为经济发展提供可靠的金融支持。

二、金融法基本原理

（一）金融法的产生和发展

在了解某一部法之前，了解它是如何产生和发展是很好的选择，因为任何法律都是基于调整一定的社会关系的需要而产生和发展的。商品货币的出现和货币信用的发展是金融法产生和发展的社会经济基础。原始社会时期，人类通过各种社会习惯和契

① 漆多俊、冯果：《经济法学》（第三版），武汉大学出版社 2011 年版，第 459 页。
② 漆多俊、冯果：《经济法学》（第三版），武汉大学出版社 2011 年版，第 460 页。

约调整着彼此之间有关商品交换、货币兑换、信用等方面形成的社会关系。奴隶社会时期，国家通过一定程序和方式认可并用国家强制力保证这些习惯和契约的实施。最早的货币立法应是公元前221年秦始皇统一中国后制定的《秦律·金币律》。

（二）金融法的定义和调整对象

1. 金融法的定义

金融法是调整货币融通和信用活动中所发生的金融关系的法律规范的总称。[①] 具体而言，金融法有广义和狭义之分。狭义的金融法指的是国家立法机关制定的金融法律；广义的金融法还包括行政法规、行政规章、地方法规和规章、司法解释等。

2. 金融法的调整对象

金融法的调整对象就是金融关系。[②] 结合金融法相关法条和司法解释，以金融组织关系、金融业务关系、金融调控关系和金融监管关系划分较为合适。

（1）金融组织关系。金融市场中最基本的金融主体是金融机构，金融市场不同于一般商品市场的特征就在于它有一个中介服务者——金融机构。这样，围绕着金融机构的设立、变更、转让、终止活动产生了一系列的社会关系，包括金融机构和政府的关系、金融机构和投资者的关系、金融机构内部组织的关系、金融机构因其组织行为（设立、变更和终止）而与债权人之间的关系。

（2）金融业务关系。金融业务关系是指银行和其他非银行金融机构在法律、法规允许的范围内从事相应的业务活动而与其他金融主体之间发生的平等主体之间的经济关系，表现为直接融资关系、间接融资关系、金融中介服务关系和特殊融资关系。[③]

（3）金融调控关系。金融调控是国家对于经济实施宏观调控的基本手段，是现代市场经济条件下金融的基本职能之一。金融调控关系是指国家及其授权的金融主管机关，包括中央银行和政策性银行，以稳定币值、促进经济增长为目的，对有关金融变量实施调节和控制而产生的关系。金融调控关系既有金融市场业务中的平等性，又有金融调控中的不平等性。金融调控关系需要制定中央银行法、货币改革法、政策性银行法等加以调整。

（4）金融监管关系。金融监管关系是国家及其授权的金融监管机关对金融机构、

---

① 陈云良：《金融法》，厦门大学出版社2012年版，第3页。

② 对于金融关系，我国学者提出了不同的划分标准。有的学者认为仅包含金融调控与监管关系和金融业务关系两大类，参见唐波：《新编金融法学》（第二版），北京大学出版社2006年版，第5-6页；有的学者认为包括金融业务关系、金融监管调控关系和金融机构或金融组织之间的内部关系三大类，参见曹胜亮、张华：《金融法》，武汉大学出版社2014年版，第6页；也有的学者认为包括金融组织关系、金融交易关系、金融调控关系、金融监管关系四大类，参见陶广峰：《金融法》（第二版），中国人民大学出版社2012年版，第10-11页；还有学者提出了间接金融关系、直接金融关系、金融中介服务关系、金融调控关系、金融监管关系五大类，参见强力、王志诚：《中国金融法》，中国政法大学出版社2010年版，第9-10页。

③ 曹胜亮、张华：《金融法》，武汉大学出版社2014年版，第6页。

金融业务及金融市场实施监督活动而产生的关系。包括对金融机构主体资格之监管关系、对金融机构业务行为之监管关系以及对金融市场之监管关系。

3. 金融法律关系

金融法律关系是受金融法调整的在金融调控与监管活动以及金融业务活动过程中形成的权利义务关系。金融法律关系的构成和一般法律关系的构成一样，均包括主体、客体和内容三要素。

（1）金融法律关系的主体。金融法律关系的主体是指金融法律关系的参加者，即金融法律关系的享有者和义务的承担者。根据我国法律的规定，国家机关、企事业单位、社会组织和个人依法可以成为金融法律关系的主体。其中，金融机构是金融法律关系最主要的主体。

（2）金融法律关系的客体。金融法律关系的客体是指金融法律关系主体所享有的权利和承担的义务所共同指向的对象。金融法律关系的客体包括：货币、金银、企业债券、金融债券和股票等有价证券。①

（3）金融法律关系的内容。金融法律关系的内容是指金融法律关系主体所享有的权利和所承担的义务。在不同的金融法律关系中，金融法律关系主体所享有的权利和承担的义务也不同。

4. 金融法律责任

金融法律责任是金融法律关系主体违反金融法律义务或者职责所应承担的制裁性法律后果。金融法律责任具有综合性特征，它是多种不同性质的责任形式构成的统一体。

（1）民事责任。金融法的民事责任是金融法律关系主体违反金融法律、法规，不履行、不适当履行金融合同义务，或者侵犯他人民事权利，或者基于法律上的其他原因所应承担的否定性后果或其他负担。

（2）行政责任。金融法的行政责任是金融行政监管机关依照行政程序，对违反金融法律、法规的金融法律关系的主体所确定的制裁性法律后果。行政制裁只能由金融行政监管机关根据其职权，按照行政程序作出。

（3）刑事责任。刑事责任是指人民法院对于触犯国家刑法的个人和单位给予的刑事制裁。通过追究金融犯罪分子的刑事责任，保障金融秩序，保护存款人利益和投资者的合法权益，同时惩戒犯罪者以及具有犯罪倾向的人。②

（三）金融法的立法体系和地位

1. 金融法的立法体系

金融法的立法体系指一国调整不同领域的金融关系的法律规范所组成的有机联系

---

① 唐波：《新编金融法学》（第三版），北京大学出版社 2012 年版，第 6-7 页。

② 陶广峰：《金融法》（第二版），中国人民大学出版社 2012 年版，第 11-12 页。

的统一整体。纵观各国立法，金融法主要由以下几个法律部门组成：[①]

（1）银行法。银行法是指为调整银行主体组织和业务行为所制定之法律规范。现实中，货币流通和信用活动主要是通过银行和非银行机构的业务实现，因此银行法是金融法的基本法。

（2）货币法。货币法是关于货币的种类、地位、发行、流通及其管理和保护的法律规范。货币法从不同的角度可有以下不同的分类。从静态看，根据货币的种类及其流通范围、效力之差异，将货币法分为通货法、外汇法和金银法。从动态看，根据货币运用的层次和顺序，将货币法分为货币发行法和货币流通法。

（3）票据法。票据法是调整票据关系的法律规范，同时，票据法亦为调整商业信用关系的基本法律规范，其主要规定各类票据的种类、形式、内容、票据行为及其代理、票据权利、票据抗辩、票据追索等内容。按大陆法系票据立法之传统，可以分为汇票本票法和支票法。

（4）证券法。证券法是为调整证券发行与流通中发生的资金融通关系而形成的法律规范。证券法上的证券仅指有价证券里的资本证券，即狭义的证券。从静态看，按证券的种类，证券法可以分为债券法和股票法。从动态看，即从证券融资的运行过程来分，证券法可以分为证券发行法和证券交易法。

（5）信托法。信托法是调整金融信托关系的法律规范，包括信托本法和信托业法，主要系关于信托业务的种类、范围，信托机构的设立、变更、终止及其监管方面的规定。

（6）投资基金法。投资基金是一种集合投资，涉及的法律关系多样复杂，而投资基金法即为调整投资基金关系的法律规范，包括产业投资基金法、证券投资基金法及风险投资基金法三部分。

（7）期货交易法。期货交易法是调整期货交易关系的法律规范，其内容应包括期货交易所法和期贷法。

（8）保险法。保险法是调整保险关系的法律规范，根据保险法的内容，可以将其划分为保险业法、保险合同法、保险特别法和保险企业投资法。

2. 金融法的地位

金融法在现代法律体系中占据重要地位，其根本作用在于规范金融市场运行、保障金融秩序稳定、促进经济高质量发展。作为经济法的重要组成部分，金融法以调整金融活动中的各类主体关系为核心，涵盖银行、证券、保险、基金、支付清算等领域。它不仅直接服务于金融市场的健康发展，还间接维护了整个社会经济的稳定与繁荣。

金融法的重要性首先体现在对金融市场的监管和规范。金融市场作为资源配置的枢纽，其透明性、公平性和效率直接影响到资本流动、投资效率和经济增长。金融法

① 漆多俊、冯果：《经济法学》（第三版），武汉大学出版社2011年版，第463页。

通过设定规则和标准，如信息披露、资本充足率要求和反洗钱规定，确保市场运作的公开与公正，有效防范市场失灵和系统性风险。

其次，金融法在保护投资者和消费者权益方面发挥了不可或缺的作用。面对金融产品和服务日益复杂化的趋势，金融法为投资者提供了法律保护，如禁止欺诈和虚假宣传，同时强化了金融机构的信义义务，确保客户利益优先。

此外，金融法对国家经济治理和宏观调控具有重要支撑作用。通过规定金融机构的准入、业务范围和风险管理要求，金融法为中央银行和监管机构实施货币政策、稳定金融体系提供了法律依据。

总体而言，金融法不仅是金融体系稳定运行的法律保障，也是实现社会公平、推动经济发展、应对全球化挑战的重要工具，其地位不可替代。

（四）金融法的基本原则和法律渊源

1. 金融法的基本原则

金融法的基本原则是调整整个金融关系、从事金融监督管理活动和金融业务活动必须遵循的行为准则，集中体现金融法的本质和基本精神，主导整个金融法体系，也是金融立法、执法、司法所应遵守的根本准则。金融法的基本原则主要有：（1）在稳定币值的基础上促进经济发展的原则。（2）保护投资者和债权人合法权益的原则。（3）金融监督管理和业务经营相分离原则。（4）分业经营、分业管理原则。（5）与国际管理接轨原则。[①]

2. 金融法的法律渊源

金融法的法律渊源是指金融法律规范的表现形式。金融法的法律渊源主要有：

（1）宪法。宪法是由全国人民代表大会制定的国家的根本大法，具有最高的法律效力。宪法中关于社会主义经济制度的规范，是对金融关系进行规范的基本依据。

（2）金融法律。金融法律包括金融专门法和金融交叉性法律。金融专门法按照法律效力又分为金融基本法和金融普通法。金融基本法是全国人民代表大会制定的规定金融货币核心关系和基本关系的法律，其效力低于宪法，高于金融普通法。

（3）金融行政法规。金融行政法规是国务院制定的规范金融关系的规范性文件，如《储蓄管理条例》《企业债券管理条例》《外汇管理条例》《人民币管理条例》等，除专门的金融行政法规之外，其他行政法规涉及金融关系的规范，也是金融法的法律渊源。

（4）金融部门行政规章。金融部门行政规章是国务院直属部门所制定的规范金融关系的规范性文件。它们主要是由国务院金融监督管理机构（证监会和国家金融监督管理总局）、中国人民银行、国家外汇管理局针对金融关系所制定的具有即时性、操作性和针对性的规范，它们数量最多、变化较快、修改和废止的频率也较高。

---

① 漆多俊、冯果：《经济法学》（第三版），武汉大学出版社 2011 年版，第 466-469 页。

(5) 金融地方性法规。根据我国《立法法》的规定，金融地方性法规是指省一级和较大的市的权力机关及其常设机关为执行和实施宪法、金融法律和金融行政法规，根据本行政区的具体金融关系的实际需要，在法定权限内制定并在本辖区内实施的规范性文件。

(6) 金融司法解释。金融司法解释是最高人民法院和最高人民检察院关于金融案件的审判和检察活动中的法律适用问题所作的法律解释。

(7) 国际条约。我国缔结或者参加的与金融有关的国际条约，除我国政府声明保留的条款外，也构成我国金融法的重要法律渊源。

(8) 自律性规范。自律性规范是由金融业社团组织，如银行工会、证券业协会等制定的约束其会员并带有自治法性质的规定。①

第二节　中央银行法律制度

一、中央银行的法律地位与调控职能

(一) 中央银行的法律地位

中央银行是银行法发展到一定阶段的产物，并且随着国家对经济干预的日益加强不断发展和强化。中央银行的法律地位，是指通过法律规定的中央银行在国家机构体系中的地位，是中央银行履行职责的基础。一般而言，中央银行的法律地位主要指的是中央银行的法律形式及其独立性的高低。其中核心问题是中央银行在制定和执行金融货币政策时，相对于政府而言有多大的权力或者多大的独立性。

1. 中央银行的体制

参考目前各国的中央银行制度，大致上可将中央银行的体制分为四大类型，即单一型、复合型、跨国型以及准中央银行制。

单一中央银行制度即国家单独建立中央银行机构，使其全面、纯粹行使中央银行职能的制度。又可以分为一元制和二元制，区别在于是否设立地方独立的中央银行机构。②

复合中央银行制度即国家未设置专门机关，而由一家大银行集中行使中央银行职能和一般存款货币银行的经营职能的银行体制。

跨国型中央银行是指在多个国家间建立的共同货币管理机构，其职责超越单一国家的范围，主要用于区域性货币政策协调和金融稳定。例如，欧洲中央银行（European Central Bank，ECB）是跨国型中央银行的典型案例。ECB 是欧元区成员国的货币政策制定与执行机构，负责管理欧元、维护物价稳定、监管欧元区银行业，并推动成员国

---

① 曹胜亮、张华：《金融法》，武汉大学出版社 2014 年版，第 12-14 页。

② 杨紫烜：《经济法学》（第五版），北京大学出版社 2014 年版，第 555 页。

经济的协调发展。

准中央银行制是指一些非传统形式的中央银行或承担中央银行部分职能的机构。这种制度通常出现在经济发展初期、中央银行体系尚未完全建立的国家，或者特殊的历史背景下。准中央银行制的特点是功能部分替代正式中央银行，但权力和功能可能受限。

2. 中央银行的独立性

在中央银行的独立性问题上，各国中央银行法的规定不尽相同，概括起来，有以下三种类型。①

第一，直接对议会或者国会负责，独立性较大。这一类的中央银行以美国、德国为例，直接对议会或者国会负责，可以独立制定和执行货币政策，政府不得对中央银行发布命令和指示。

第二，名义上属于财政部门，独立性居中。这一类型的中央银行以英国、日本、加拿大为例，法律往往规定政府可以对其发布指令，监督其业务活动，并有权任命其高层领导。与直接对议会或者国会负责的中央银行相比，其法律地位略低，但由于政府从未或者极少使用这一权力，这一类的中央银行在实际业务操作过程中仍保持着较大的独立性。

第三，直接受控于政府，独立性较小。这一类的中央银行以意大利、法国、澳大利亚等国为例，无论是在组织管理的隶属关系上，还是在货币政策的制定、执行上都受政府影响很大。这类中央银行制定货币政策必须依据政府指令，有的甚至无权制定货币政策，采取重大金融措施时也必须经政府批准。

（二）中央银行的调控职能

中央银行的三大调控职能包括发行的银行、银行的银行和政府的银行。②

1. 中央银行是“发行的银行”

发行的银行，首先是指中央银行掌握了纸币的发行权，成为全国唯一的现钞发行机构；其次是指中央银行作为货币政策的最高决策机构，在决定一国的货币供应量方面具有至关重要的作用。在现代银行制度中，发行货币是中央银行首要的、基本的职能。③ 垄断货币发行权，是中央银行发挥其他职能的基础。当然，中央银行并不能随心所欲地发行货币，当货币发行量超过一定数额时，会导致通货膨胀，从而使货币贬值，影响资金融通。

2. 中央银行是“银行的银行”

银行的银行，指中央银行凌驾于一般商业银行以及其他金融机构之上，代表政府

---

① 漆多俊、冯果：《经济法学》（第三版），武汉大学出版社 2011 年版，第 459 页。

② 也有观点认为可归纳为宏观调控职能、金融管理职能、金融服务职能，参见吴志攀：《金融法概论》（第五版），北京大学出版社 2011 年版，第 12 页。

③ 陈云良：《金融法》，厦门大学出版社 2012 年版，第 37-38 页。

管理和监督商业银行及其他金融机构，办理货币信用业务，组织全国的资金、票据清算。银行的银行职能的表现之一是，中央银行集中保管各商业银行及其他存款机构的准备金。为了保证存款机构的清偿能力，各国的银行法一般都要求存款机构对其存款保留一定比例的存款准备金。各商业银行在中央银行处设立准备金账户，以在中央银行账户中存款的形式持有绝大部分准备金。在多数国家，存款机构在中央银行的存款是没有利息收入的，但在我国，中央银行对存款机构的存款却是支付利息的。

3. 中央银行是“政府的银行”

中央银行被称为“政府的银行”，是因为它在国家经济体系中扮演了不可或缺的角色，为政府提供多方面的支持与服务。中央银行通过货币政策的制定与实施，与政府的财政政策协调配合，共同实现经济增长、就业稳定和通胀控制等宏观经济目标。此外，中央银行在外汇管理中维护汇率稳定，管理国家外汇储备，保障国家在国际金融体系中的利益。在经济危机或金融动荡时，它作为“最后贷款人”提供流动性支持，帮助稳定金融市场。由于其在货币发行、财政支持和经济调控中的重要作用，中央银行被形象地称为“政府的银行”。

二、中央银行的货币政策

（一）货币政策的概念

货币政策是国家为实现特定的宏观经济目标而采取控制和调节货币供应量的方针政策的总称。[①] 在我国，中国人民银行在国务院领导下，制定和执行货币政策。货币政策目标是保持货币币值的稳定，并以此促进经济增长。为实现货币政策目标所运用的调控手段，一般包括再贴现率、存款准备金率、公开市场业务、直接信用控制等。

（二）货币政策的内容

1. 货币政策的目标

（1）货币政策目标的表述。货币政策的目标包括货币政策的终极目标和中介目标。货币政策的终极目标为就业充分、经济增长、物价稳定和国际收支平衡。首先，就业充分。经济学中的就业充分是允许少量失业率。在市场经济中，失业者是产业发展的后备军，是劳动市场供给要素的必要条件。但失业人口占比过大，会导致经济发展受到制约和社会不稳定因素的扩大。因此，要保证人口的充分就业。其次，经济增长。一国一定时期的经济增长水平取决于该国要素资源的投入水平和宏观经济政策。再次，物价稳定。物价稳定既是经济增长的条件，也是经济增长的结果。一般情况下，货币政策所要实现的物价稳定是相对的物价稳定，即把通货膨胀率控制在一定的水平以下。

① “中华人民共和国中国人民银行法释义”栏目，载中国人大网，http://www.npc.gov.cn/c12434/c1793/c1854/c2214/201905/t20190522_5361.html，2024年10月26日访问。

最后，国际收支平衡。国际收支平衡是指一国对其他国家的全部货币收入和支出大抵相等。巨额的顺差或者逆差会造成负面的经济影响，因此国际储备要有适当的增长，这一增长率要适应我国进口的需要和利用外资的需求。货币政策的中介目标是货币政策中连接政策工具与最终目标之间的一个可控且可测的变量，用以指导中央银行调整货币政策操作，确保最终目标的实现。中介日标通常具有与最终目标高度相关性，并且能被中央银行有效调节和监控。

（2）货币政策目标的作用。《中国人民银行法》规定货币政策目标有三个方面的作用：第一，对货币政策目标的表述引入了法律的准确性，从而使中央银行运用货币政策工具时有明确的方向。第二，使检验中国人民银行的工作具有法律的审查标准。货币币值保持稳定，表明中国人民银行的工作措施符合职责的要求，反之，就没有履行好职责。第三，从法律的角度否定了通货膨胀的货币政策，开始从双重目标制（既要保持货币币值稳定，又要保障经济的发展）向单一目标制过渡。①

2. 货币政策的决定

依法制定和实施货币政策是中央银行最核心的职责。中国人民银行在国务院领导下依法独立执行货币政策，履行职责，开展业务，不受地方政府、各级政府部门、社会团体和个人的干涉。②

3. 货币政策工具

（1）货币政策工具的概念。货币政策工具顾名思义是被中央银行设计并有效完成货币政策目标的手段和媒介。在经济学和金融学教科书中，货币政策工具又被定义为货币当局直接控制的金融变量，包括准备金、再贴现、公开市场操作等。这些工具按照作用范畴的差异又可以分为一般性货币政策工具和选择性货币政策工具。前者，是国内外市场经济国家中央银行经常采用的、传统的货币工具；后者，是国外市场经济国家中央银行有选择性地使用的商业工具。③ 而我国《中国人民银行法》对货币工具内容作了明确规定。④

（2）存款准备金。存款准备金制度，是指商业银行按照中央银行规定的比例，将其吸收的存款总额的一定比例款额，缴存中央银行指定的账户。缴存中央银行指定账

---

① 吴志攀：《金融法概论》（第五版），北京大学出版社 2011 年版，第 15 页。

② 《中国人民银行法》第 5 条规定：“中国人民银行就年度货币供应量、利率、汇率和国务院规定的其他重要事项作出的决定，报国务院批准后执行。中国人民银行就前款规定以外的其他有关货币政策事项作出决定后，即予执行，并报国务院备案。”

③ 杨紫烜：《经济法学》（第五版），北京大学出版社 2014 年版，第 559 页。

④ 《中国人民银行法》第 23 条规定：“中国人民银行为执行货币政策，可以运用下列货币政策工具：（一）要求银行业金融机构按照规定的比例交存存款准备金；（二）确定中央银行基准利率；（三）为在中国人民银行开立账户的银行业金融机构办理再贴现；（四）向商业银行提供贷款；（五）在公开市场上买卖国债、其他政府债券和金融债券及外汇；（六）国务院确定的其他货币政策工具。中国人民银行为执行货币政策，运用前款所列货币政策工具时，可以规定具体的条件和程序。”

户的款额，称为存款准备金。这部分款额与商业银行吸收的存款总额的比例，称为存款准备金率。法定存款准备金率的变动同货币供给量成反比例关系，同中央银行贷款或者贴现利率以及市场利率成正比例关系。存款准备金作为货币政策工具的作用是：调节市场货币流通量，从而达到紧缩或者放松货币供应量的目的。当存款准备金比例提高时，存入中央银行账户上的款额就增加，市场上流通的货币量就减少；反之，该比例降低时，市场上的货币流通量就会增加。

（3）中央银行基准利率。中央银行贷款给商业银行的利率，称为基准利率。它通常是整个社会利率体系中处于最低水平、同时也是最核心地位的利率。商业银行给客户的贷款利率受基准利率的影响。我国从 1984 年将原来的统一分配资金的做法，改为借贷给商业银行资金，因此中央银行可以使用基准利率来调节市场的货币流通量。当中央银行基准利率提高时，商业银行对客户的商业贷款利率也会相应提高，商业银行贷出的款项就会减少，市场上的货币流通量就会减少；反之，基准利率下调时，商业贷款利率也相应下降，市场上的货币流通量也会随之增加。

（4）再贴现率。再贴现率也是中央银行影响商业银行利率水平，进而影响全社会货币供应量的一种形式。贴现，是指票据持有人在票据到期前，以票据为质押，向商业银行申请贷款的活动。商业银行办理票据贴现，是对票据持有人提供贷款的一种方式。

（5）公开市场业务。公开市场业务是指中央银行在金融市场上买卖有价证券和外汇的活动。中央银行买进和卖出有价证券或者外汇进行货币的吞吐，可以达到调整市场上货币流通量的目的。同时，中央银行买卖国债，可以影响国债供求，从而间接影响商业银行利率。公开市场业务相较于其他货币政策工具有其独特的优势，成为中央银行调节货币流通量的手段之一。①

（6）再贷款业务。根据《中国人民银行法》，中央银行可以直接向商业银行提供贷款，② 这是直接干预经济、调控货币发行量的一种手段。中央银行向商业银行提供的存、贷款利率称为基准利率，直接影响商业银行对客户的存贷款利率，因此，确定基准利率也成为中央银行调控经济的手段之一。

（7）其他货币政策工具。《中国人民银行法》第 23 条对货币政策工具进行了兜底条款的设置，为有关选择性、补充性货币政策设置了弹性条款。这些政策主要有特种存款、证券市场信用控制、消费信用控制等。

---

① 刘文华：《经济法》（第六版），中国人民大学出版社 2019 年版，第 409-410 页。

② 《中国人民银行法》第 28 条规定：“中国人民银行根据执行货币政策的需要，可以决定对商业银行贷款的数额、期限、利率和方式，但贷款的期限不得超过一年。”

第三节　其他金融调控法律制度

一、通过商业银行实施的金融调控

（一）商业银行概述

1. 商业银行概念

商业银行是提供金融中介和交易服务的机构，以经营工商业存款、放款为主要业务，并以营利为其主要经营目标，其组织形式有有限责任公司和股份有限公司两种。商业银行以营利为其目的，这与中央银行和政策性银行相区别；商业银行在其名称中使用“银行”两字，表明其与其他非银行金融是不同的；商业银行的主要业务是吸收存款和发放贷款，这与以投资业务为主的投资银行是不同的；虽然商业银行不是调控主体，但是中央银行通过其实施金融调控，其参与货币供应与货币政策的实施，这与绝大多数金融机构相区别。

2. 商业银行性质

（1）企业。企业最本质的特征是其营利性。现代各国商业银行一般采取公司的组织形式来运作。作为我国商业银行的四大国有商业银行、股份制商业银行、村镇银行与外资商业银行均以利润最大化为目的。商业银行以安全性、流动性、效益性为经营原则，实行自主经营、自负盈亏、自我约束。中央银行兼具国家机关和金融机构的双重性质，其通过制定和执行货币政策调节宏观经济，促进经济增长，不以营利为目的。政策性银行以服务国家社会经济为宗旨，在支持国家重大战略、促进区域协调发展、参与应对重大突发事件等方面发挥重要作用，把社会效益放在首位，而不是以获利作为目的。

（2）商业银行是金融企业。商业银行在其名称中使用“银行”两字，表明其与其他非银行金融企业是不同的。商业银行经营的是特殊商品——货币和货币资本，经营的是“钱生钱”的业务，这种特殊业务决定着整个经济体系的运作顺利与否。而其他非银行金融机构均不能经营以上商品。[①] 因经营商品的特殊性，对商业银行的设立条件也比其他金融企业要严格。其不仅要遵守《公司法》的规定，还要遵守《商业银行法》的规定。

（3）法人。商业银行作为法人享有民事主体的权利，处于民事主体的地位，其以其全部法人财产独立承担民事责任。其分支机构不具有法人资格，在总行的授权范围内依法开展业务，其民事责任由总行负责。

---

① 李昌麒：《经济法》，清华大学出版社 2012 年版，第 278 页。

（二）商业银行的业务范围

金融活动与风险并存。任何一种金融活动都有风险。为有效降低风险，保障存款人的权益，维护金融体系稳定，对商业银行的业务范围进行限制是合理的。[①]

1. 负债业务

负债业务是商业银行通过一定的形式组织资金来源的业务，最典型的是存款业务，包括活期存款、定期存款、储蓄存款、委托存款等。此外，还有发行金融（资本）债券、借款（含同业拆借、向中央银行借款）、应付款等。在各类负债业务中，存款是商业银行所发生的负债，商业银行是债务人，各类存款人是债权人。

2. 资产业务

资产业务是商业银行利用其集聚的货币资金从事各种信用活动的业务。商业银行以开展负债业务的方式取得资金，只有将其运用出去且取得收益才能抵补债权人的本息和取得利润。其中最主要的资产业务是贷款业务（含短期、中期、长期）。除此之外，资产业务还包括投资业务和贴现业务。在资产业务中，商业银行是债权人，而借款人是债务人。

3. 中间业务

中间业务也称表外业务，是指商业银行不运用自己的资金代理客户承办支付和其他委托事项并从中收取手续费的业务；或是利用自己在信誉、机构设置、技术手段方面的综合优势开办的其他业务，从中收取一定的代理费或者手续费的业务，如代理买卖外汇、提供信用证服务等。[②] 在中间业务中，商业银行既不是债权人也不是债务人，只是代理人或者金融中介人。

（三）商业银行的监督管理

1. 商业银行的内部监督

根据《商业银行法》，商业银行应当制定本行的业务规则，建立健全本行的风险管理和内部控制制度；应当建立健全本行对存款、贷款、结算、呆账等各项情况的稽核、检查制度；商业银行对分支机构应当进行经常性的稽核和检查监督。

2. 商业银行的外部监督

商业银行的外部监督管理来自以下几个方面。

（1）来自国务院银行业监督管理机构和中国人民银行的监督管理。《商业银行法》第 61 条规定："商业银行应当按照规定向国务院银行业监督管理机构、中国人民银行报送资产负债表、利润表以及其他财务会计、统计报表和资料。"《商业银行法》第 62

① 李昌麒：《经济法》，清华大学出版社 2012 年版，第 278 页。

② 胡智强、颜运秋：《经济法》，清华大学出版社 2011 年版，第 322 页。

条规定："国务院银行业监督管理机构有权依照本法第三章、第四章、第五章的规定，随时对商业银行的存款、贷款、结算、呆账等情况进行检查监督。检查监督时，检查监督人员应当出示合法的证件。商业银行应当按照国务院银行业监督管理机构的要求，提供财务会计资料、业务合同和有关经营管理方面的其他信息。中国人民银行有权依照《中华人民共和国中国人民银行法》第三十二条、第三十四条的规定对商业银行进行检查监督。"

（2）来自国家审计机关的监督管理。根据《商业银行法》第63条，商业银行应当依法接受审计机关的审计监督。

二、通过政策性银行实施的金融调控

（一）政策性银行概述

政策性银行是指由政府创立、参股或保证的，不以营利为目的，以贯彻政府经济政策或意图，在特定的范围内直接或者间接地从事政策性融资活动的专业性金融机构。其产生和发展是国家干预协调经济的产物，充当政府发展经济、促进社会进步、进行宏观经济管理的工具。其资本金多由政府财政拨付，经营时主要考虑国家的整体利益、社会效益，主要依靠发行金融债券或向中央银行举债，一般不面向公众吸收存款。

（二）我国的政策性银行

1. 国家开发银行

国家开发银行是中国政府设立的国家级金融机构，是中国国内唯一一家专门为国家重点经济建设项目提供融资支持的银行。国家开发银行的主要任务是为国家重点领域的基础设施建设、科技创新、环保节能等领域提供长期、优惠的贷款和金融服务，支持国家实施经济发展战略和政策，保证关系国民经济全局和社会发展的重点建设顺利进行。① 国家开发银行的业务范围包括投资、融资、咨询、担保等多个方面，其融资渠道主要来自国家政府和国际金融市场。国家开发银行只设总行，不设分支机构，信贷业务由中国建设银行代理。

2. 中国农业发展银行

中国农业发展银行是直属国务院领导的中国唯一一家农业政策性银行。主要职责是按照国家的法律法规和方针政策，以国家信用为基础筹集资金，承担国家粮油储备和农副产品合同收购、农业开发等业务中的政策性贷款，代理财政支农资金的拨付，为农业和农村经济发展服务。

---

① 胡智强、颜运秋：《经济法》，清华大学出版社2011年版，第325页。

（三）通过政策性银行实施的金融调控

有效市场和有为政府的有机融合是中国特色社会主义市场经济与资本主义市场经济最大的区别。即市场在资源配置中发挥决定性的作用，同时更好地发挥政府的作用。政策性银行是宏观调控的手段之一，在政府履行宏观调控职能中，政策性银行可以发挥政府与市场的桥梁作用，服务国家战略，拉动经济增长，支持国民经济发展。

三、通过外汇实施的金融调控

外汇领域的金融调控是宏观经济调控的重要组成部分，主要通过综合运用经济、法律和行政手段，调节外汇市场，保证金融体系稳定运行，实现物价稳定和国际收支平衡。全球化进程使各国经济紧密相连，资本流动、贸易往来和国际金融市场波动都对外汇市场产生深远影响，外汇领域的金融调控的重要性愈发凸显，因此中央银行以及具体的外汇管理部门对外汇领域的金融调控十分重视。[①]

（一）外汇和外汇管理制度

外汇是指以外币表示的可以用作国际清偿的支付手段和资产，它包括外国货币、外币存款、外币有价证券（政府公债、国库券、公司债券、股票等）、外币支付凭证（票据、银行存款凭证、邮政储蓄凭证等）及其他外汇资金。[②] 外汇管制是一国政府为平衡国际收支和维持本国货币汇率而对外汇进出实行的限制性措施。我国的外汇管理基本制度如下：

（1）外汇管理机构。我国的外汇管理机构是国家外汇管理部门及其分支机构，总局是国家外汇管理局，是中国人民银行管理的国家局。

（2）经营外汇的金融机构。经营外汇的金融机构主要包括银行和非银行金融机构。在我国，这些金融机构需经国家外汇管理局批准，领取经营外汇业务许可证才能经营外汇业务。

（3）经常项目外汇管理。经常项目外汇管理是指对一国与其他国家或地区之间因经常项目活动而产生的外汇收支进行的管理。

（4）资本项目外汇。资本项目外汇是指国际收支中因资本输出和输入而产生的资产与负债的增减项目，包括直接投资、各类贷款、证券投资等。这些项目涉及跨境的资本流动，对于一国的国际收支平衡、汇率稳定以及经济发展都具有重要影响。

（二）对汇率的调控

汇率是本币与外币的兑换比率。为维护本国货币价值，促进金融稳定发展，国家

---

① 张守文：《经济法学》，中国人民大学出版社 2012 年版，第 200 页。

② 倪振峰、汤玉枢：《经济法学》，复旦大学出版社 2014 年版，第 283 页。

通过一系列措施和手段来调节和控制汇率的变动。主要包括直接干预和使用多种经济工具。[①] 直接干预是指政府通过买卖外汇市场上的货币来影响汇率水平。此外，还有国债、利率、存准率、国家投资等常用工具。

（三）对外汇市场的调控

外汇市场是由外汇的需求者、供给者以及中介机构构成的外汇交易的场所。对外汇市场的调控是指国务院外汇管理部门通过一系列措施和手段来影响外汇市场的供求关系和汇率变动，以达到维护经济稳定、促进国际收支平衡等目的。调控的主要方式包括外汇市场干预、外汇管制以及外汇政策调整等。

（四）对外债的调控

外债是以外币的形式发行的政府债券。对外债的调控是一个涉及多个层面的复杂过程，主要目的是确保外债的规模和结构与国家经济发展需要、偿还能力相适应，同时防范外债风险，维护国家经济金融稳定。我国的外汇储备居于世界第一，规模大，通过加强外汇资金的有效运用与管理是十分重要的。通过发行特别国债购买外汇，并设立中国投资有限责任公司加强外汇经营有助于合理管理外汇。[②]

（五）违反外汇管理法律法规的法律责任

外汇违法行为是指违反国家外汇管理法律法规，非法从事外汇经营、管理、交易，扰乱外汇管理秩序，情节严重的行为。根据《外汇管理条例》，可以将其分为逃汇、套汇，以及其他违法扰乱金融行为。[③] 具体而言，逃汇是指违反国家外汇管理法律法规相关规定，将应售给国家的外汇私自转移、转让、买卖、存放境外，或者私自携带、托带或邮寄出境的行为。套汇是指境内机构或者个人采取一定方式私自向他人用人民币或者物资换取外汇或者外汇收益的行为。其他违法扰乱金融行为主要包括违反规定将外汇汇入境内的；私自买卖外汇、变相买卖外汇、倒卖外汇或者非法介绍买卖外汇数额较大的；违反规定携带外汇出入境的，擅自改变外汇或者结汇资金用途的，未经批准擅自经营结汇、售汇业务的等。[④]

---

① 张守文：《经济法学》，中国人民大学出版社 2012 年版，第 201 页。

② 张守文：《经济法学》，中国人民大学出版社 2012 年版，第 203 页。

③ 倪振峰、汤玉枢：《经济法学》，复旦大学出版社 2014 年版，第 286 页。

④ 参见《外汇管理条例》第 39 条至第 51 条的规定。

本章小结

本章全面介绍了金融法律制度，涵盖了金融与金融法的基本概念、金融调控法律制度及其他金融调控法律制度。金融作为现代经济的核心，具有广义和狭义之分，并通过货币这一基本媒介发挥其价值标准、流通手段、支付工具、储藏手段和世界货币等功能。金融调控通过商业银行的存款准备金率和再贴现率等手段影响经济行为。政策性银行则通过政策性融资活动帮助实现国家经济政策目标。外汇管理制度通过外汇管制措施维持金融体系的稳定和国际收支的平衡。金融市场的主要参与者包括居民、企业、政府和金融机构，其中银行和非银行金融机构在市场中占据重要地位。金融法是调整货币融通和信用活动中所发生的金融关系的法律规范的总称。金融法的调整对象就是金融关系，结合金融法相关法条和司法解释，以金融组织关系、金融业务关系、金融调控关系和金融监管关系划分较为合适。通过本章的学习，能够系统地理解我国金融法律制度的基础知识，为进一步深入研究奠定坚实基础。

学术视野

金融调控法律制度是金融市场运作的重要保障，不同经济学派对其作用和效果有不同的看法。新自由主义经济学主张金融市场自由化，认为减少政府干预能够提高市场效率，促进经济增长。然而，20 世纪末和 21 世纪初的几次金融危机，特别是 2008 年的全球金融危机，使这一观点受到了广泛质疑。金融危机暴露了市场自我调节能力的不足，重新引发了对凯恩斯主义观点的关注。凯恩斯主义者认为，政府在金融调控中应发挥积极作用，通过货币政策和财政政策的结合，调控经济周期，实现经济的稳定与增长。《中国人民银行法》中关于金融调控的相关规定，体现了国家在金融市场中的积极角色，反映了凯恩斯主义在中国经济政策中的影响。该法通过设定存款准备金率、再贴现率等手段，调控银行行为，维护金融稳定。

实务参考

（1）雷某、李某洗钱罪［一审案号：浙江省杭州市拱墅区人民法院（2019）浙 0105 刑初 408 号；二审案号：浙江省杭州市中级人民法院（2020）浙 01 刑终 18 号之二］。

（2）国家外汇管理局关于外汇违规案例的通报。①

① “国家外汇管理局关于外汇违规案例的通报”，载国家外汇管理局网站，http://www.safe.gov.cn/safe/2023/0804/23031.html，2024 年 6 月 6 日访问。

思考题目

（1）结合凯恩斯主义和新自由主义的观点，分析当前中国的金融调控机制在应对金融危机和经济波动中的有效性。

（2）在全球化背景下，讨论自由浮动汇率制度与有管理的浮动汇率制度的优缺点，并结合中国的实际情况分析其选择的原因及影响。

（3）回顾中国金融法律制度的发展历程，分析其演变过程中的主要影响因素和未来完善方向。

第十七章
固定资产投资法律制度

【本章摘要】固定资产是指在社会生产过程中能够在较长时间内使用的物质资料。固定资产投资法是宏观调控法的重要部门法之一。本章主要介绍固定资产投资的概念、分类、特点，固定资产投资法的概念、原则。其中，固定资产投资法是指调整在国家调节和控制固定资产投资活动过程中发生的经济关系的法律规范的总称。固定资产投资法的原则包括投资规模合理原则、投资布局优化原则、投资效益显著原则、投资责任强化原则。固定资产投资法基本制度包括投资主体制度、投资资金管理制度、投资程序制度、建筑法律制度和投资责任制度。

【学习目标】通过本章的学习，要求掌握固定资产投资与固定资产投资法的基本知识，重点掌握固定资产投资法的具体制度，深入理解宏观调控法中固定资产投资法的功能和作用。

第一节　固定资产投资与固定资产投资法概述

一、固定资产投资概述

（一）固定资产投资的概念

固定资产是指在社会生产过程中能够在较长时间内使用的物质资料，如工厂、矿山、电站、水库、铁路、港口、桥梁、公路、机场、住宅、办公楼、学校、医院等。投资是指为扩大再生产，用于新增固定资产和流动资产所投入的资金，可以分为固定资产投资和流动资产投资。固定资产投资是指新增固定资产和更新改造现有固定资产的投资活动。2019 年 7 月 1 日实施的《政府投资条例》第 2 条规定："本条例所称政府投资，是指在中国境内使用预算安排的资金进行固定资产投资建设活动，包括新建、扩建、改建、技术改造等。"

（二）固定资产投资的分类

固定资产投资可以分为基本建设投资和更新改造投资两部分。

基本建设投资是指利用国家预算内基建拨款、自筹资金、国内外基本建设贷款以及其他专项资金进行的，以扩大生产能力或新增工程效益为目的的新建、改建工程以及有关工作。其主要包括：（1）为经济、科技和社会发展而新建的项目；（2）为扩大生产能力或新增效益而增建分厂、主要生产车间、矿井、铁路干支线、码头、泊位等扩建项目；（3）为改变生产力布局而进行的全厂性迁建项目；（4）遭受严重灾害后需要重建的恢复性建设项目；（5）没有折旧基金或固定收入的行政事业单位增建业务用房和职工宿舍项目等。基本建设投资主要用于以外延为主的固定资产扩大再生产。

更新改造投资是指利用企业折旧基金、国家更新改造措施拨款、企业自有资金、国内外更新改造贷款等资金，对现有的企业、事业单位的原有设备进行技术改造和固定资产更新以及相应的辅助性的配套生产和生活福利等工程及有关工作。其具体包括：（1）为挖掘国民经济各部门潜力，提高综合经济效益，对现有企业、事业单位原有车间、生产线的工艺、工程设施和技术装备进行技术改造或进行设备、建筑物更新，以及与生产性主体技术改造相配套的辅助性生产、生活福利设施建设；（2）为改善原有交通运输设施、港口码头的运输条件，提高运输装卸能力而进行的更新改造工程；（3）为节约资源和原材料、治理“三废”污染或综合利用原材料而对现有企业、事业单位进行的技术改造工程；（4）为防止职业病和人身事故，对现有建筑和技术装备采取的劳动保护措施；（5）对城市现有供热、供气、排水、道路、桥梁等市政设施的改造；（6）现有企业、事业单位由于城市环境保护和安全生产需要而进行的迁建工程等。更新改造投资主要用于以内涵为主的固定资产扩大再生产。

正确处理和确定基本建设投资和更新改造投资的划分标准，合理安排两者的规模和比例，统筹规划安排新建、扩建和更新改造项目投资，是社会再生产顺利进行的重要条件。国家要“建立政府投资支持基础性、公益性、长远性重大项目建设长效机制，健全政府投资有效带动社会投资体制机制，深化投资审批制度改革，完善激发社会资本投资活力和促进投资落地机制，形成市场主导的有效投资内生增长机制”。①

（三）固定资产投资的特点

固定资产投资具有如下显著的特点：（1）资金回收的周期较长。由于固定资产需要按照有形和无形的损耗程度分期计提折旧，因此固定资产投资的回收周期较长，一般都在 1 年以上，有的项目建设期就会达十几年，这就要求国家和企业加强对固定资产投资的计划和控制。（2）投资的结果主要是形成新的生产能力或改造现有的生产能力。（3）投资的过程具有固定性。一是地点的固定性。建设地点一旦确定，就不能随意更改。二是建设程序的固定性。任何建设项目都需要按照一定程序进行。三是建设内容的固定性。一旦投资活动开始，其资金的投入、建设内容就不能随意更改。

---

① 参见《中共中央关于进一步全面深化改革　推进中国式现代化的决定》，2024 年 7 月 18 日中国共产党第二十届中央委员会第三次全体会议通过。

二、固定资产投资法概述

（一）固定资产投资法的概念

固定资产投资法是指调整在国家调节和控制固定资产投资活动过程中发生的经济关系的法律规范的总称。固定资产投资法的调整对象是在国家调节和控制固定资产投资活动过程中发生的经济关系，简称固定资产投资调控关系，或者固定资产投资关系。因此，固定资产投资法即调整固定资产投资调控关系的法律规范的总称，或者调整固定资产投资关系的法律规范的总称。

固定资产投资关系具体可以包括固定资产投资管理关系和固定资产投资协作关系。固定资产投资管理关系是指固定资产投资的管理机关在领导和组织固定资产投资过程中所形成的经济关系。例如，基本建设、更新改造项目的决策、审批等计划管理关系；资金、物资供应组织的管理和监督关系；建设用地的审批以及建设秩序方面的监督管理关系等。固定资产投资协作关系是指固定资产投资单位与其他社会组织之间在共同完成固定资产投资任务活动过程中所形成的经济关系。例如，勘察设计、建筑、安装单位、银行、建筑材料和设备供应单位与投资单位之间以及它们相互之间为完成固定资产投资任务，通过投资包干、招投标、承包等方式而形成的各种经济关系。

（二）固定资产投资法的原则

固定资产投资法的原则是贯穿于一切固定资产投资法律法规中的进行固定资产投资活动的基本准则。它是固定资产投资立法的指导原则，也是调整固定资产投资关系、处理固定资产投资纠纷的根本准则。这些原则主要表现为如下四点。

1. 投资规模合理原则

投资规模合理是指投资规模必须与国家的综合国力相适应，投资总需求与总供给基本平衡，在建项目投资规模与年度投资规模基本相适应。固定资产投资只有保持合理的规模，才能保持国民经济的比例协调，保持经济的稳定增长和可持续发展。近些年，我国固定资产投资规模过大，造成部分产业产能严重过剩，已经给我国经济发展带来了严峻的问题和隐患，值得人们反思和警醒。

2. 投资布局优化原则

各经济部门和经济地区的协调发展，是整个国民经济协调发展的重要内容。必须安排好投资的部门分配和地区分配，以有效促进经济结构和地区结构的优化。根据各部门、各地区的资源条件、市场条件和地区开发状况，合理分配投资，引导投资方向与社会经济发展的整体目标和长远目标相一致，防止盲目建设、重复建设，对经济发展的薄弱环节以及部门与经济发展落后地区，实行投资倾斜政策。合理的投资布局能够对经济的可持续发展提供强劲的动力支持。

3. 投资效益显著原则

固定资产投资效益显著与否必然会对生产发展和人民生活产生重大影响。固定资产投资必须讲求经济效益，促使投入的人力、财力和物力最终能够形成有效的生产力。长期以来，固定资产投资领域存在建设工期长、造价高、浪费严重等突出问题，必须大力予以解决。固定资产投资项目从决策论证、勘探设计、计划安排，到组织建设、竣工验收等环节，都要围绕工期短、投资省、见效快等目标来科学展开工作。保证显著的投资效益应该成为固定资产投资工作的出发点和最终归宿。

4. 投资责任强化原则

我国固定资产投资领域一直存在筹资、建设与生产经营互相脱节的严重弊端，导致工程建设过程中资金利用不合理、工程质量问题突出、责任无法落实的现象大量存在，影响了固定资产投资工程效益的充分发挥，也给宝贵的投资资金带来了巨大的损失。强化固定资产投资法律责任约束，建立起承包项目终身责任制，才能够对参与固定资产投资活动的有关主体形成强有力的震慑，以期保证固定资产投资项目的设计功能价值与作用的充分发挥。各级决策部门、设计部门、施工部门、监理部门等对工程的决策、设计、施工、监理等行为都应该用合同固定下来，以作为追究相关主体相应法律责任的基本依据。

第二节　固定资产投资法基本制度

一、投资主体制度

（一）投资主体的概念

投资主体是指享有投资决策权利、具备资金筹措能力、享有投资收益并能够独立承担投资风险的个人或组织。投资主体一般需要同时具备以下三个方面的条件，才能构成责、权、利、效相统一的投资主体：（1）能够相对独立地作出投资决策，包括投资方向、投资数额、投资方式等；（2）要有足够的资金实力，即投资决策者可以通过各种方式合法地筹集到投资资金；（3）投资决策者对其投资所形成的资产享有所有权或支配权，并能够相对独立地承担投资风险。

（二）投资主体的类型

在计划经济体制时期，我国的投资主体主要是国家。随着改革开放的深入和市场经济体制的建立与发展，投资主体制度也不断变革。一方面合理确定了中央、地方、企业等各类投资主体的投资范围，逐渐建立起投资主体权责相统一的自我约束机制；另一方面也逐渐构建起了以经济、法律手段为主的全社会固定资产投资的宏观调控体系，建立起了谁投资、谁决策、谁受益、谁承担风险的业主责任制，按照社会主义市场经济体制发展的内在要求逐步解决投资体制中所存在的问题。在社会主义市场经济体制条件下，我国的投资主体可以分为如下几类：

第一，政府。包括中央政府和地方政府。政府投资特别是中央政府投资，其作用在于调控投资机构，弥补市场失灵，诱导投资行为等。《政府投资条例》第 3 条规定，政府投资资金应当投向市场不能有效配置资源的社会公益服务、公共基础设施、农业农村、生态环境保护、重大科技进步、社会管理、国家安全等公共领域的项目，以非经营性项目为主。国家完善有关政策措施，发挥政府投资资金的引导和带动作用，鼓励社会资金投向前款规定的领域。合理地界定政府投资范围，既能够有效地弥补市场失灵和防范政府失灵，也能够为其他各类投资主体提供更为广阔的投资机会和空间。

第二，企业和事业单位。在市场经济条件下，企业是大多数经济领域的投资主体。企业通过运用本单位的折旧基金，利润留成，生产发展基金，发行股票、债券，向银行贷款等多种方式筹集资金来进行固定资产投资，以追求和实现本单位的利益。企业投资的领域不断扩大，投资的方式也不断多样化，成为我国固定资产投资领域的主力军。企业固定资产投资的领域主要包括：竞争性行业特别是加工工业领域；企业的更新改造项目、扩大生产能力的项目；新建生产性、营业性的项目；必要的职工生活福利设施项目；参股中央项目和地方项目等。事业单位为了自身的发展需要也可以进行固定资产投资，所以也是重要的一类固定资产投资主体。

第三，自然人。国内自然人凡是符合投资主体资格要求的，都可以参与投资活动。自然人可以直接参与工业、建筑业、交通运输业、商业、服务业等建设项目的投资，也可以购买各种有价证券进行间接投资。自然人投资主体主要是从自身利益出发，以实现资金的增值为直接目标。

第四，外国企业、其他经济组织和个人。外商在我国境内投资的领域比较广泛，只要我国法律允许，对促进我国经济技术、社会发展有利的项目都可以进行投资。例如，外商可以通过在我国境内设立中外合资、中外合作、外商独资企业等进行直接投资，而且随着我国改革开放的日益深入，外商投资的领域也在不断地放开和扩大，从而为我国的经济和社会发展带来宝贵的资金、高新的技术和先进的管理经验，有力地推动了我国经济和社会的进步。

（三）投资范围的界分

第一，公益性项目投资。主要由政府承担，包括中央政府和地方政府。公益性项目基本属于非营利性项目，市场机制不能或者很难发挥作用。政府在投资主体体系中是占主导地位的投资主体，同时政府又是社会投资的宏观调控者，其所承担的社会经济管理职能要求其应当承担起公益性项目的投资责任。这部分项目的投资按照“谁受益、谁投资”的原则，由各级政府根据自己的财政资金状况各自承担相应的投资责任。

第二，基础性项目投资。主要由各级政府通过成立专业投资公司或企业法人作为投资主体进行投资，并积极鼓励和吸引其他各类投资主体参与这类项目的投资。这类投资项目一般投资金额大、见效慢、风险高，市场机制难以充分发挥作用，并且有的属于国家垄断性项目，市场机制不能有效发挥作用，因此主要由政府承担这类项目的投资责任。这类项目中大部分具有经营性特点，要通过一定的经济实体进行运作，以便管理好这部分投资项目。对这类项目需要根据其效益辐射的范围，按照“谁受益、谁投资”的原则，由各级政府授权的投资主体单独负责投资或者采取参股、控股方式等来进行投资。作为基础性项目投资主体的企业法人，要对筹划、筹资、建设直至生产经营、归还投资贷款本息以及资产保值增值等全过程负责。

第三，竞争性项目投资。这类项目主要由企业法人投资主体自主决策、自担风险，所需资金自行筹集，自负盈亏。企业投资主体是多元化投资主体体系中居于基础性地位的投资主体，属于市场竞争主体。为保证其在市场上的竞争能力，应当根据市场供求情况和国家产业政策，由其自行决策是否进行此类经营项目的投资，并承担相应的投资风险。市场机制能够在这类投资项目中充分发挥作用。自然人和外商可以依法积极参与此类项目的投资。

（四）项目业主责任制

项目业主责任制是指由项目业主从建设项目的筹划、筹资、设计、建设实施直至生产经营、归还贷款以及国有资产的保值、增值实行全过程负责的一种项目组织管理形式。这种制度的建立和实施，有利于培养各类投资主体的自我约束意识，使建设的责任和经营的责任密切结合，从而克服现行建设项目管理体制中筹资、建设与生产、经营相脱节等多种弊端。我国从 1992 年起开始试行项目业主责任制，1996 年起在建设领域开始全面推行项目法人责任制。项目业主的建设、生产和经营权受法律保护。项目业主在项目建设过程中，必须执行国家投资管理的各项规定。项目建成后，其生产经营的管理必须按照有关规定执行，因主观原因造成项目重大损失的，要依法追究业主的法律责任。

二、投资资金管理制度

（一）基本建设投资资金管理制度

新中国成立后，国家的基本建设投资一直实行由国家财政拨款，建设单位无偿使用的管理办法。从 1979 年开始，国家预算内基本建设投资逐步由财政拨款改为银行贷款。从 1986 年开始，除科研、学校、行政单位等没有还款能力的建设项目仍由国家财政拨款外，其余由国家预算安排的基本建设项日全部改由银行贷款。目前，基本建设投资资金的来源由过去主要依靠国家财政拨款、单一的资金来源渠道，发展到包括财政拨款、银行贷款、自筹资金、利用外资等多渠道的资金来源，大大拓展了基本建设投资资金的来源，也有力地促进了我国基本设施建设事业的发展。

1. 财政拨款管理

财政拨款是指基本建设项目的资金由国家财政部门以预算支出的方式，通过商业银行分次逐笔拨付给建设单位无偿使用的资金。用财政拨款投资安排的建设项目，必须严格按照国家的规定范围进行，防止自行扩大国家财政拨款建设项目的范围。哪一级政府安排的投资项目，由哪一级财政拨付资金。资金拨付必须严格按照投资项目预算和建设进度进行。

用财政拨款投资安排的建设项目的管理应当遵循以下规定：（1）大中型建设项目在国家计划中确定，小型项目由主管部门和地区在国家核定的拨款投资内安排，并需要经各地国家开发银行审核确认；（2）各部门、各地区无权自行扩大财政拨款建设项目的范围；（3）实行拨款的建设项目，其年度用款实行限额管理。

2. 银行贷款管理

银行贷款是指建设项目的资金由银行按照有偿的原则提供给建设单位，建设单位到期还本付息的一种资金。银行贷款主要适用于基础性项目和竞争性项目的建设。银行贷款是有偿使用的，实行有借有还、谁借谁还、贷款实行差别利率的原则。对不同地区、部门和产品的贷款规定不同的还款期和差别利率，以鼓励短线产品的生产，限制长线产品的生产和重复建设，促进产业结构的优化。

银行贷款分为两类：一类是“拨改贷”资金。1984 年实施的《关于国家预算内基本建设投资资金全部由拨款改为贷款的暂行规定》（已失效）中规定，除了机关、学校、事业单位和某些经营性的但没有经济效益的企业、事业单位，经营性、生产性的企业投资一律由财政拨款改为银行贷款，简称“拨改贷”。这类资金实行分级管理。由国务院及其职能部门安排的建设项目，“拨改贷”资金由中央财政预算拨付；由地区安排的建设项目，“拨改贷”资金由地方财政预算安排。贷款期满银行收回贷款的，属中央预算安排的上交中央财政；属地方预算安排的，上交地方财政。这样的制度安排能够加强财政建设资金的管理，提高基本建设投资资金的使用效益。另一类是商业银行利用存款发放的贷款。这类贷款目前国家不再对国有商业银行下达指令性贷款计划，而改为按年（季）下达指导性计划，也取消了对商业银行贷款限额的控制。这两类贷款都按银行贷款方式进行管理，但在确定贷款利率上有根本的差别。“拨改贷”项目的贷款利率按建设项目的产品盈利情况实行差别利率；银行自主贷款项目的贷款利率主要根据贷款时间的长短来市场化确定。

3. 自筹资金管理

自筹资金是指建设单位自行筹集的用于基本建设投资的资金。它一般包括各级财政的自筹资金和各企业、事业单位的自筹资金。用自筹资金进行基本建设，要求资金来源正当、落实。自筹资金要专户存入银行，坚持先存后批、先批后用的原则，由银行监管使用。其中，企业自有资金中可用于基本建设投资的资金，只限于生产发展基金和职工福利基金等，更新改造基金、大修理基金、新产品试制基金以及由银行贷款形成的流动资金等，均不得作为基本建设投资资金使用。现阶段银行贷款和自筹资金已经成为固定资产投资资金的主要来源渠道，管理好这批资金是加强宏观经济调控的重要环节。

4. 外资管理

外资是指利用外国贷款和吸引外国直接投资进行基本建设投资的资金。凡属国家向国外政府和国外金融组织统借的贷款，其项目的审批与国内基本建设项目相同，国家对这部分贷款的管理比较严格，这主要是从提高国外贷款的使用效率和保证国家信誉考虑的。纳入国外贷款备选项目规划的项目，应当区别不同情况履行审批、核准或备案手续：（1）由中央统借统还的项目，按照中央政府直接投资项目进行管理，其项目建议书、可行性研究报告由国务院发展改革部门审批或审核后报国务院审批；（2）由省级政府负责偿还或提供还款担保的项目，按照省级政府直接投资项目进行管理，其项目审批权限，按国务院及国务院发展改革部门的有关规定执行。除应当报国务院及国务院发展改革部门审批的项目外，其他项目的可行性研究报告均由省级发展改革部门审批，审批权限不得下放；（3）由项目用款单位自行偿还且不需政府担保的项目，参照《政府核准的投资项目目录》规定办理：凡《政府核准的投资项目目录》所列的项目，其项目申请报告分别由省级发展改革部门、国务院发展改革部门核准，或由国务院发展改革部门审核后报国务院核准；《政府核准的投资项目目录》之外的项目，报项目所在地省级发展改革部门备案。

《外商投资产业指导目录》中总投资（含增资）3亿美元及以上限制类项目，由国家发展改革委核准，其中总投资（含增资）20亿美元及以上项目报国务院备案。《外商投资产业指导目录》中总投资（含增资）3亿美元以下限制类项目，由省级政府核准。前两项规定之外的属于《政府核准的投资项目目录（2016年本）》第一至十项所列的外商投资项目，按照《政府核准的投资项目目录（2016年本）》的相关规定核准。核准范围之外且不属于《外商投资产业指导目录》中禁止类的外商投资项目，由地方发展改革部门备案。

5. 资本金管理

资本金是指在项目总投资中，由投资人认缴的出资额。资本金对投资项目来说是非债务性资金，项目法人无须承担这部分资金的任何利息和债务，投资者按其出资比例依法享有所有者权益。投资项目资本金可以用货币出资，也可以用实物、工业产权、非专利技术、土地使用权作价出资。非货币出资必须经过有资格的资产评估机构依法评估并出具证明；以工业产权、非专利技术作价出资的比例不得超过该项目资本金总额的20%。资本金占总投资的比例一般为20%~40%不等，不同行业有不同要求，具体由项目审批单位根据投资项目的经济效益、银行贷款意愿和评估意见等，在审批可行性报告时核定。资本金必须一次性缴纳，并根据建设进度按比例逐步到位。资本金只能用于项目建设，不得挪作他用，更不得抽回。

我国是从1996年开始，根据《国务院关于固定资产投资项目试行资本金制度的通知》要求，对各种经营性投资项目，包括国有单位的基本建设、技术改造、房地产开发项目和集体投资项目，试行资本金制度，以保证投资项目必须落实资本金后才能进行建设。该制度建立以来，对改善宏观调控，促进经济结构调整，控制企业投资风险，防范金融风险等，发挥了积极的作用。资本金制度是国家宏观经济调控手段，也是风险约束机制。其后国家根据宏观调控和经济形势发展的需要，对部分行业的固定资产投资项目资本金比例也进行了多次调整。今后国家还会根据经济发展的需要，适时调整固定资产投资项目最低资本金比例，积极发挥好该制度的杠杆作用，以保持国民经济持续平稳较快增长。①

（二）更新改造资金管理制度

更新改造主要是对现有企业使用的设备、技术、工艺进行技术改造，对“三废”进行治理以及改善劳动安全设施等。更新改造资金来源主要包括：企业的生产发展基金、用于与主体改造工程配套的生活福利建设的福利基金、银行贷款、国家预算内拨款和利用外资等。其中银行贷款、国家预算内拨款和利用外资进行的更新改造，实行指令性计划，其余实行指导性计划。更新改造项目应该尽量减少土建工程。单项工程新增建筑面积不能超过原有面积的30%；用于土建工程的资金量不得超过资金总额的20%；个别项目需要超过以上规定的，必须按照项目分级管理的有关规定，报经有关部门批准。

三、投资程序制度

（一）基本建设投资程序制度

1. 提出项目建议书

项目建议书是确定建设项目、编制设计文件的主要依据，是对项目的轮廓设想。一般应包括以下主要内容：项目提出的必要性和依据；拟建规模、产品方案和建设地点的初步设想；建设条件的初步分析；投资估算和资金筹措设想；项目的进度安排；经济效果和社会效益的估计等。

2. 进行可行性研究

可行性研究是指在决定一个建设项目之前，对有关建设项目的一些主要问题，包

---

① 2019年11月20日，国务院下发《关于加强固定资产投资项目资本金管理的通知》（国发〔2019〕26号），其中规定：适当调整基础设施项目最低资本金比例。港口、沿海及内河航运项目，项目最低资本金比例由25%调整为20%；机场项目最低资本金比例维持25%不变，其他基础设施项目维持20%不变。其中，公路（含政府收费公路）、铁路、城建、物流、生态环保、社会民生等领域的补短板基础设施项目，在投资回报机制明确、收益可靠、风险可控的前提下，可以适当降低项目最低资本金比例，但下调不得超过5个百分点。实行审批制的项目，审批部门可以明确项目单位按此规定合理确定的投资项目资本金比例。实行核准或备案制的项目，项目单位与金融机构可以按此规定自主调整投资项目资本金比例。

括建设项目的技术、工程、经济条件，项目建成后的市场需求、项目盈利情况、投资效果等进行认真调查研究，进行全面分析和论证，得出项目可行与否的结论。

3. 编制设计任务书

设计任务书是确定基本建设项目能否成立和进行初步设计的主要依据。所有新建、改建、扩建项目都要由主管部门组织计划、设计单位编制设计任务书。设计任务书一般包括以下内容：建设目的和依据；建设规模、产品方案，生产方法和工艺技术；矿产资源、水文、地质和原材料、燃料、动力、供水、运输等协作配合条件；资源综合利用和“三废”治理要求；建设地区或地点以及占用土地的估算；防风、抗震要求；建设工期的数据；投资控制数；未来企业的劳动定员控制数；要求达到的经济效益和技术水平等。

4. 建设项目的设计

建设项目的设计是国家基本建设计划的具体化，是组织施工的主要依据。建设项目应该严格按照被批准的设计任务书的要求进行设计，不得随意修改或变更。设计工作根据项目大小和技术复杂程度有所不同。大中型项目一般采用两阶段设计，即初步设计和施工图设计；技术复杂、有特殊要求的项目，可以增加技术设计阶段；小型项目中技术要求和建设条件比较简单的，可以将初步设计和施工图设计合并进行。

5. 组织施工

建设项目进入施工阶段后，首先需要做好施工前的准备工作。施工准备一般包括以下主要内容：进行征地、拆迁和平整场地；选定施工单位，签订施工合同；完成施工用水、用电和道路等工程；组织设备和材料订货；申请贷款和签订贷款协议书等。其次就是正式施工，正式施工使建设项目变为现实。施工单位必须严格按照施工图纸和合理的施工顺序组织施工，对所承担的工程应按质量和工期要求全面竣工，不留尾工。生产性建设项目在施工准备时，根据需要，经上级主管部门同意后，建设单位可以及时组织专门力量，有计划有步骤地开展生产准备工作，以保证项目建成后就能够及时投产，以尽早发挥项目的效益。

6. 竣工验收交付使用

这是基本建设程序的最后一个阶段。竣工验收有三个作用：一是检验设计和工作质量，及时发现可能影响生产的各种问题；二是总结经验教训，作为对施工单位奖惩的依据；三是通过验收使固定资产顺利转入生产领域，发挥设计的作用。根据国家规定，所有建设项目都应当按照批准的设计文件所规定的内容建设完工。生产性项目经过试车，能够生产出合格产品；非生产性项目符合设计要求，能够正常使用的，都应当立即组织验收。有的项目由于少数非主要设备和特殊材料短期内不易解决，未能按设计文件的规定全部建完，但对近期生产影响不大的，也应当组织竣工验收，办理交付生产使用的手续。凡是符合验收条件的项目不及时办理验收手续的，后果由责任者负责。

（二）更新改造投资程序制度

限额以上的更新改造项目的建议书和设计任务书，按基本建设程序办理。项目建议书所附可行性研究报告（引进外资、引进技术项目只编制可行性报告），由国家主管部门委托有关咨询公司进行评估。限额以下项目，单项工程新增建设建筑面积超过原有面积30%的，也要按基本建设程序办理。其他项目由有关部门或省、自治区、直辖市和计划单列市自行解决。更新改造项目在完成技术改造任务并达到技术改造目标后，应按隶属关系和分级管理原则，组织工程验收和产品验收。更新改造项目自开工年份至投产这一时期内，在每年的年报中，都要向主管部门报送固定资产交付使用率、生产能力建成率和资金占用率等投资效益考核报告。建成投产报告中要分析总投资完成率、技术改造工期、预计达到设计生产能力的年限和预计收回全部投资的年限等指标。

四、建筑法律制度

固定资产投资必须确保工程建设质量。我国《建筑法》是规范建筑活动、保证工程质量和安全的法律依据。其中主要包括以下五项制度。

（一）建筑许可制度

根据《建筑法》的规定，我国除国务院建设行政主管部门确定的限额以下的小型工程外，任何建筑工程在开工前，都必须向项目所在地县级以上人民政府主管部门申请领取施工许可证。申请施工许可证应当具备以下条件：已经办理该建筑工程用地批准程序；依法应当办理建设工程规划许可证的，已经取得建设工程规划许可证；需要拆迁的，其拆迁进度符合施工要求；已经确定建筑施工企业；有满足施工需要的资金安排、施工图纸及技术资料；有保证工程质量和安全的具体措施。建设行政主管部门应当自收到申请之日起七日内，对符合条件的申请颁发施工许可证。

从事建筑活动的建筑施工企业、勘察单位、设计单位和工程监理单位，应当具备下列条件：有符合国家规定的注册资本；有与其从事的建筑活动相适应的具有法定执业资格的专业技术人员；有从事相关建筑活动所应有的技术装备；法律、行政法规规定的其他条件。从事建筑活动的建筑施工企业、勘察单位、设计单位和工程监理单位，按照其拥有的注册资本、专业技术人员、技术装备和已完成的建筑工程业绩等资质条件，划分为不同的资质等级，经资质审查合格，取得相应等级的资质证书后，方可在其资质等级许可的范围内从事建筑活动。从事建筑活动的专业技术人员，应当依法取得相应的执业资格证书，并在执业资格证书许可的范围内从事建筑活动。

（二）建筑工程发包与承包制度

建筑工程实行发包与承包制度。建筑工程的发包单位与承包单位应当依法订立书面合同，明确双方的权利和义务。国家提倡对建筑工程实行总承包，禁止将建筑工程肢解发包。按照合同约定，建筑材料、建筑构配件和设备由工程承包单位采购的，发包单位不得指定承包单位购入用于工程的建筑材料、建筑构配件和设备或者指定生产厂、供应商。

（三）建筑工程监理制度

建筑工程监理是依法按照有关技术标准、设计文件和建筑工程承包合同，对承包单位在施工质量、建设工期和建设资金使用等方面，代表建设单位所实施的监督。国家推行建筑工程监理制度。国务院可以规定实行强制监理的建筑工程的范围。我国的建筑工程监理制度是根据国际惯例并结合我国实际情况制定的。凡实行监理的建筑工程，均由建设单位委托具有相应资质条件的监理单位进行监理。建设单位与其委托的工程监理单位必须订立书面委托监理合同。建筑工程监理的主要内容是控制工程建设投资、建设工期和工程质量；进行工程建设合同管理及信息管理；协调有关单位的工作关系等。建筑工程监理的协调、管理、控制三大内容中，协调与管理是为控制服务的，监理的最终目标是使工程项目投资省、质量高、按期或提前完工。

（四）建筑安全生产管理制度

《建筑法》规定，建筑工程安全生产管理必须坚持“安全第一、预防为主”的方针，建立健全安全生产的责任制度和群防群治制度。建筑工程设计应当符合国家制定的相应安全规范，保证工程的安全性能。建筑单位对毗邻的建筑物、构筑物和施工现场的地下管线，应当加以保护。建筑施工企业应当遵守有关环境保护、安全生产的法律、法规的规定，采取控制和处理施工现场的各种粉尘、废气、废水、固体废弃物以及噪声、振动对环境的污染和危害的各种措施。

（五）建筑工程质量管理制度

《建筑法》规定了建筑工程质量管理制度，其主要内容包括：(1) 建筑工程质量体系认证制度。从事建筑活动的单位可自愿向国务院产品质量监督管理部门或者国务院产品质量监督管理部门授权的部门认可的认证机构申请质量体系认证。经认证合格的，由认证机构颁发质量体系认证证书。(2) 建筑工程质量责任制度。建设单位不得要求设计单位或者建筑企业在设计或者施工作业中，违反法律、法规和建筑工程质量、安全标准，降低工程质量。建筑施工企业对工程的施工质量负责，不得偷工减料，不得擅自修改工程设计。(3) 建筑工程质量验收制度。交付竣工验收的建筑工程，必须符合规定的建筑工程质量标准，并具备国家规定的其他竣工条件。建筑工程竣工验收合格后，方可交付使用；未经验收或者验收不合格的，不得交付使用。(4) 建筑工程质量保修制度。建筑工程的保修范围应当包括地基基础工程、主体结构工程、屋面防水工程等。最低保修期由国务院规定。

五、投资责任制度

（一）违反投资资金管理的责任

固定资产投资的资金来源必须正当。由拨款投资安排的建设项目，必须严格按规定的范围进行，不得自行扩大国家财政拨款的建设项目的范围。贷款投资要符合国家的产业政策、投资范围。贷款必须按照合同的约定使用，不得挪用。项目完工后，要按合同规定归还贷款本息。提前归还本息的，节余的利息全部留给借款单位，用于发展生产和职工奖励。过期尚未还清的，银行有权追回贷款，并对逾期部分加收 20% 的罚息。借款单位不按合同约定使用贷款的，银行有权收回部分或全部贷款，并对违约部分加收 50% 的罚息。银行未按期提供贷款的，应承担因此造成的经济损失。

（二）违反投资程序的责任

《关于制止盲目建设、重复建设的几项规定》中规定，违反规定的程序，乱上项目，造成重大损失的，要追究主管部门申报者和批准者的行政责任，直至追究刑事责任。违反投资程序的建设项目，银行有权不拨、不贷资金，物资部门有权不供应物资，设计和施工单位有权不承担设计和施工任务。同时，建设程序的各个阶段也要规定严格的责任制。提供勘察、测量等资料数据的单位，应对资料、数据的准确性负责；研究、论证单位，应对研究、论证报告的可靠性负责；设计单位应对设计进度和质量负责；施工单位应对工程的质量和工期负责。总之各有关单位都要对建设项目负责，全面完成各阶段的任务，违反者应承担相应的法律责任。

（三）违反建筑法的责任

根据《建筑法》的规定，构成行政责任并予以处罚的行为主要有以下几种情形：未取得施工许可证或者开工报告未经批准擅自施工的，责令改正；对不符合开工条件的责令停止施工，可以处以罚款。发包单位将工程发包给不具有资质条件的承包单位的，责令改正，处以罚款。超越本单位资质等级承揽工程的，责令停止违法行为，处以罚款，可以责令停业整顿，降低资质等级；情节严重的，吊销资质证书；有违法所得的，予以没收。未取得资质证书承揽工程的，予以取缔，并处罚款；有违法所得的，予以没收。承包单位将单位承包的工程转包的，或者违反《建筑法》的规定进行分包的，责令改正，没收违法所得，并处罚款，可以责令停业整顿，降低资质等级；情节严重的，吊销资质证书。

构成犯罪依法追究刑事责任的行为主要包括：以欺骗手段取得资质证书的，吊销资质证书，并处罚款；构成犯罪的，依法追究刑事责任。违反《建筑法》规定，涉及建筑主体或者承重结构变动的装修工程擅自施工的，责令改正，处以罚款；构成犯罪的依法追究刑事责任。建设单位要求建筑设计单位或者建筑施工企业违反建筑工程质量、安全标准，降低工程质量的，责令改正，可以处以罚款；构成犯罪的，依法追究刑事责任。建筑设计单位不按照建筑工程质量、安全标准进行设计的，责令改正，处以罚款；造成工程质量事故的，责令停业整顿，降低资质等级或者吊销资质证书，没收违法所得，处以罚款；构成犯罪的，依法追究刑事责任。

（四）违反物资供应的责任

建筑材料的供应方式已经逐步改为由物资部门将材料直接供应给工程承包单位，由工程承包单位实行包工包料。物资供应部门未能按合同约定提供材料，影响施工，拖延工期，造成损失的，或因工程承包单位要求增加或变更供货，造成损失的，均分别承担法律责任。属于成套设备承包的，承包单位由于自身的原因未按合同规定的质量、数量、时间供应，影响工程进度的，也要承担法律责任。承包单位完成包干任务后，按材料消耗定额节余的物资，除本单位留用的以外，由项目主管部门会同物资管理部门作价收购或处理。引进成套设备项目节余的进口材料，由建设单位和施工单位协商分成。

本章小结

固定资产是指在社会生产过程中能够在较长时间内使用的物质资料。固定资产投资是指新增固定资产和更新改造现有固定资产的投资活动，固定资产投资可以分为基本建设投资和更新改造投资两部分。固定资产投资具有资金回收的周期较长、投资的结果主要是形成新的生产能力或改造现有的生产能力以及投资的过程具有固定性等特点。固定资产投资法是指调整在国家调节和控制固定资产投资活动过程中发生的经济关系的法律规范的总称。固定资产投资法的调整对象是在国家调节和控制固定资产投资活动过程中发生的经济关系，简称固定资产投资调控关系，或者固定资产投资关系。因此，固定资产投资法即调整固定资产投资调控关系的法律规范的总称，或者调整固定资产投资关系的法律规范的总称。固定资产投资法的原则是贯穿于一切固定资产投资法律法规中的进行固定资产投资活动的基本准则。固定资产投资法的原则包括投资规模合理原则、投资布局优化原则、投资效益显著原则、投资责任强化原则。固定资产投资法基本制度包括投资主体制度、投资资金管理制度、投资程序制度、建筑法律制度和投资责任制度。

学术视野

固定资产投资法是经济法部门中宏观调控法的重要子部门法。新近研究该子部门法的文献并不多。吕毅、李文化[①]对固定资产投资审计问题，吴振全[②]对政府固定资产投资建设项目的招标采购问题进行了一些相应的探讨。大家需要关注在目前经济发展困难，又出现所谓“产能过剩”的情况下，相关法律如何有效回应我国固定资产投资行为的选择。

实务参考

（1）发改委公布24个盘活存量资产扩大有效投资典型案例。[③]

（2）深圳市宝安区开展并联审批，推动固定资产投资项目建设提质提效：广东省优化县域营商环境典型案例之八。[④]

思考题目

（1）如何正确理解直接投资和间接投资的关系？

（2）我国施行《政府投资条例》有什么积极意义？

（3）结合我国近几年经济发展的新形势，谈谈我国固定资产投资基本制度的发展与完善对策。

（4）简述固定资产投资法的概念。

① 吕毅、李文化：《关于固定资产投资审计问题的法律思考》，载《湖南省审计学会五届三次理事会首次理事论坛论文集》，2008年5月于长沙。

② 吴振全：《关于招标采购活动适用法律问题的探讨——基于政府固定资产投资建设项目》，载《招标与投标》2019年第6期。

③ “发改委公布24个盘活存量资产扩大有效投资典型案例”，载搜狐网，https://www.sohu.com/a/671901872_121123903，2024年6月6日访问。

④ “深圳市宝安区开展并联审批，推动固定资产投资项目建设提质提效：广东省优化县域营商环境典型案例之八”，载广东省发展和改革委员会网站，http://drc.gd.gov.cn/gkmlpt/content/4/4450/mpost_4450583.html#870，2024年7月16日访问。

第十八章

其他宏观调控法律制度

【本章摘要】本章主要介绍产业、外贸、国有资产管理、能源资源等法律制度的基本内容。产业法是调整在国家产业政策的制定和实施过程中发生的各种社会关系的法律规范的总称。外贸法是国家或地区调整、规范本国或本地区开展外贸活动中所产生的经济关系的法律规范的总称。国有资产管理法是调整国家在对国有资产进行管理过程中所发生的社会关系的法律规范的总称。能源法是调整能源合理开发、加工转换、储运、供应、贸易、利用及其规制，保证能源有效、持续供给的法律规范的总称。资源法是调整人们在自然资源的开发、利用、保护和管理过程中所发生的各种社会关系的法律规范的总称。

【学习目标】掌握产业法的基本要求；国有资产产权界定、登记和资产评估的具体规范；外贸调查、救济和促进制度的主要内容；节约能源法、可再生资源法、循环经济法的法律规定以及土地管理法、水法、矿产资源法的基本制度。

第一节　产业法律制度

产业法是指调整在国家产业政策的制定和实施过程中发生的各种社会关系的法律规范的总称。我国产业政策立法，最早可以追溯到1986年开始实施的《国民经济和社会发展第七个五年计划》。尤其值得一提的是，2021年3月11日，第十三届全国人民代表大会第四次会议批准《国民经济和社会发展第十四个五年（2021—2025年）规划和2035年远景目标纲要》（以下简称《“十四五”规划纲要》）。我国尚未制定统一的产业法。目前，我国的产业法主要由产业结构法、产业组织法、产业技术法、产业布局法等一系列相关的法律规范所组成。

一、产业结构法

（一）产业结构法的涵义

产业结构法是指政府为了推动产业结构的合理化，实现产业结构优化升级，促进产业间的资源配置优化和国家经济增长，依据本国的产业结构演化趋势而制定的法律规范。产业结构法主要包括整体产业结构规划制度、主导产业的保护和扶植制度、衰退产业调整和援助制度、弱小产业扶植政策等综合性产业结构法以及促进产业结构合理化的其他单项产业法。

（二）产业结构调整的主要措施

我国尚未制定统一的产业结构法，现行产业结构法的具体内容散见于不同的法规和政策中。目前我国产业结构调整的主要措施包括：

1. 持续强化农业的基础地位

第一，坚持农业农村优先发展，全面推进乡村振兴。要走中国特色社会主义乡村振兴道路，全面实施乡村振兴战略，强化以工补农、以城带乡，推动形成工农互促、城乡互补、协调发展、共同繁荣的新型工农城乡关系，加快农业农村现代化。

第二，提高农业质量效益和竞争力。持续强化农业基础地位，深化农业供给侧结构性改革，强化质量导向，推动乡村产业振兴。增强农业综合生产能力，深化农业结构调整，丰富乡村经济业态。

第三，实施乡村建设行动。把乡村建设摆在社会主义现代化建设的重要位置，优化生产生活生态空间，持续改善村容村貌和人居环境，建设美丽宜居乡村。强化乡村建设的规划引领，提升乡村基础设施和公共服务水平，改善农村人居环境。

第四，健全城乡融合发展体制机制。建立健全城乡要素平等交换、双向流动政策体系，促进要素更多向乡村流动，增强农业农村发展活力。深化农业农村改革，加强农业农村发展要素保障。

第五，实现巩固拓展脱贫攻坚成果同乡村振兴有效衔接。建立完善农村低收入人口和欠发达地区帮扶机制，保持主要帮扶政策和财政投入力度总体稳定，接续推进脱贫地区发展。巩固提升脱贫攻坚成果，提升脱贫地区整体发展水平。

第六，加快农业转移人口市民化。依法保障进城落户农民农村土地承包权、宅基地使用权、集体收益分配权，建立农村产权流转市场体系，健全农户“三权”市场化退出机制和配套政策。

2. 推进工业结构优化升级

要深入实施制造强国战略，坚持自主可控、安全高效，推进产业基础高级化、产业链现代化，保持制造业比重基本稳定，增强制造业竞争优势，推动制造业高质量发展。加强产业基础能力建设，提升产业链、供应链现代化水平，推动制造业优化升级，实施制造业降本减负行动。要发展壮大战略性新兴产业，使战略性新兴产业增加值占GDP 比重超过 17%。构筑产业体系新支柱，前瞻谋划未来产业。

3. 促进服务业繁荣发展

根据“配第—克拉克定理”，随着社会人均国民收入水平的提高，就业人口首先由第一产业向第二产业转移，当人均国民收入水平有了进一步提高时，就业人口便大量向第三产业转移。因此，随着我国国民经济水平的提高，我们应该促进以服务业为主的第三产业的繁荣发展。

《“十四五”规划纲要》提出，我们要促进服务业繁荣发展。聚焦产业转型升级和居民消费升级需要，扩大服务业有效供给，提高服务效率和服务品质，构建优质高效、结构优化、竞争力强的服务产业新体系。要推动生产性服务业融合化发展；加快生活性服务业品质化发展；深化服务领域改革开放。

二、产业组织法

（一）产业组织法的涵义

产业组织法是指政府为了获得理想的市场绩效而对产业的市场结构和市场行为进行调节的法律规范。广义的产业组织法应当包含反垄断法、企业合并法、企业集团法、中小企业法、国有资产重组法、外商投资企业法等。

（二）升级产业组织的具体措施

《“十四五”规划纲要》提出，我国目前应坚持把发展经济着力点放在实体经济上，加快推进制造强国、质量强国建设，促进先进制造业和现代服务业深度融合，强化基础设施支撑引领作用，构建实体经济、科技创新、现代金融、人力资源协同发展的现代产业体系。因此，目前我国主要应从以下几方面来加强产业组织的调整：

1. 激发各类市场主体活力

坚持和完善社会主义基本经济制度，充分发挥市场在资源配置中的决定性作用，更好发挥政府作用，推动有效市场和有为政府更好结合。毫不动摇巩固和发展公有制经济，毫不动摇鼓励、支持、引导非公有制经济发展，培育更有活力、创造力和竞争力的市场主体。

2. 健全管资本为主的国有资产监管体制

坚持授权与监管相结合、放活与管好相统一，大力推进国资监管理念、重点、方式等多方位转变。优化管资本方式，全面实行清单管理，深入开展分类授权放权，注重通过法人治理结构履职，加强事中事后监管。深化国有资本投资、运营公司改革，科学合理界定政府及国资监管机构，国有资本投资、运营公司和所持股企业的权利边界。健全协同高效的监督机制，严格责任追究，切实防止国有资产流失。加快推进经营性国有资产集中统一监管。

3. 促进民营企业高质量发展

健全支持民营企业发展的法治环境、政策环境和市场环境，依法平等保护民营企业产权和企业家权益。鼓励民营企业改革创新，提升经营能力和管理水平。引导有条件的民营企业建立现代企业制度。支持民营企业开展基础研究和科技创新、参与关键核心技术研发和国家重大科技项目攻关。完善民营企业参与国家重大战略实施机制。

4. 优化产业组织形态

应当发挥大企业引领支撑作用，支持创新型中小微企业成长为创新重要发源地，推动产业链上中下游、大中小企业融通创新。为改善中小企业经营环境，扩大城乡就业，发挥中小企业在国民经济和社会发展中的重要作用，我国在 2002 年 6 月通过了《中小企业促进法》。此法规定了国家对中小企业提供的资金支持，创业扶持，鼓励中小企业进行技术创新和市场开拓，鼓励政府及社会等组织和机构建立健全针对中小企业的服务体系。

5. 优化企业发展环境

深化简政放权、放管结合、优化服务改革，全面实行政府权责清单制度，持续优化市场化、法治化、国际化营商环境。实施全国统一的市场准入负面清单制度，破除清单之外隐性准入壁垒，以服务业为重点进一步放宽准入限制。精简行政许可事项，减少归并资质资格许可。建立便利、高效、有序的市场主体退出制度，简化普通注销程序。实施高标准市场体系建设行动，健全市场体系基础制度，坚持平等准入、公正监管、开放有序、诚信守法，形成高效规范、公平竞争的国内统一市场。持续清理废除妨碍全国统一市场和公平竞争的规定和做法。强化竞争政策基础地位，坚持鼓励竞争、反对垄断，完善竞争政策框架，构建覆盖事前、事中、事后全环节的竞争政策实施机制，强化公平竞争审查制度的刚性约束。

三、产业技术法

（一）产业技术法的涵义

产业技术法是指为了促进产业技术进步，对产业技术发展实施指导、选择、促进与控制而规定产业技术发展目标、途径、措施的法律制度。产业技术法是保障产业技术有效发展，促进资源向技术开发领域投入的主要法律制度。1993 年 7 月通过的《科学技术进步法》，是目前我国产业技术政策领域的基本法。最新修订的《科学技术进步法》已经于 2022 年 1 月 1 日起开始施行。《科学技术进步法》将为《国家中长期科学和技术发展规划纲要（2021—2035 年）》的实施，以及我国产业自主创新能力的提高和建设创新型国家提供重要的法律保障。

（二）发展产业技术的具体措施

1. 深入实施创新驱动发展战略

党的十八大提出实施创新驱动发展战略，强调科技创新是提高社会生产力和综合国力的战略支撑，必须摆在国家发展全局的核心位置。2015 年 3 月，中共中央、国务院出台《关于深化体制机制改革加快实施创新驱动发展战略的若干意见》。2016 年 5 月，中共中央、国务院印发了《国家创新驱动发展战略纲要》。通过实施创新驱动发展战略，可以增加技术的创新能力，形成产业的比较优势基础，从而维持国家产业的持续竞争力。

2. 推动重要领域技术创新

《“十四五”规划纲要》规定，要强化国家战略科技力量，制定科技强国行动纲要，健全社会主义市场经济条件下新型举国体制，打好关键核心技术攻坚战，提高创新链整体效能。因此要整合优化科技资源配置；加强原创性、引领性科技攻关，实施一批具有前瞻性、战略性的国家重大科技项目；持之以恒加强基础研究；建设重大科技创新平台。

3. 完善科技创新体制机制

《“十四五”规划纲要》提出，要深入推进科技体制改革，完善国家科技治理体系，优化国家科技计划体系和运行机制，推动重点领域项目、基地、人才、资金一体化配置。深化科技管理体制改革，健全知识产权保护运用体制，积极促进科技开放合作。

4. 发展壮大战略性新兴产业

《“十四五”规划纲要》强调，促进数字技术与实体经济深度融合，要着眼于抢占未来产业发展先机，培育先导性和支柱性产业，推动战略性新兴产业融合化、集群化、生态化发展。迎接数字时代，激活数据要素潜能，推进网络强国建设，加快建设数字经济、数字社会、数字政府，以数字化转型整体驱动生产方式、生活方式和治理方式变革。要打造数字经济新优势，促进数字技术与实体经济深度融合，赋能传统产业转型升级，催生新产业、新业态、新模式，壮大经济发展新引擎。

四、产业布局法

（一）产业布局法的涵义

产业布局法是指政府为了促进经济协调布局和均衡发展而制定的法律制度。其主要内容包括经济特区法律制度、贫困地区发展支持制度、中西部地区优惠制度和东部沿海地区与中西部地区合作制度。

（二）优化产业布局的具体措施

产业布局法律制度的目的主要是通过地区分工协作的合理化、资源地区配置和利用的合理化来实现经济发展、社会稳定、生态平衡和国家安全。我国目前尚未制定产业布局法，现行的产业布局规范多是以政策形式表现出来的。

根据《“十四五”规划纲要》，我国要深入实施区域重大战略、区域协调发展战略、主体功能区战略，健全区域协调发展体制机制，构建高质量发展的区域经济布局和国土空间支撑体系。目前我国产业布局调整的具体措施包括：

1. 深入实施区域重大战略

推动西部大开发形成新格局，推动东北振兴取得新突破，促进中部地区加快崛起，鼓励东部地区加快推进现代化。支持革命老区、民族地区加快发展，加强边疆地区建设，推进兴边富民、稳边固边。推进京津冀协同发展、长江经济带发展、粤港澳大湾区建设、长三角一体化发展，打造创新平台和新增长极。推动黄河流域生态保护和高质量发展。高标准、高质量建设雄安新区。坚持陆海统筹，发展海洋经济，建设海洋强国。健全区域战略统筹、市场一体化发展、区域合作互助、区际利益补偿等机制，更好促进发达地区和欠发达地区、东中西部和东北地区共同发展。

2. 完善和落实主体功能区制度

立足资源环境承载能力，发挥各地区比较优势，促进各类要素合理流动和高效集聚，推动形成主体功能明显、优势互补、高质量发展的国土空间开发保护新格局。要完善和落实主体功能区制度，加强空间发展统筹协调，保障国家重大发展战略落地实施。

3. 促进城镇化健康发展

坚持走中国特色新型城镇化道路，深入推进以人为核心的新型城镇化战略，以城市群、都市圈为依托促进大中小城市和小城镇协调联动、特色化发展，使更多人民群众享有更高品质的城市生活。要加快农业转移人口市民化，坚持存量优先、带动增量，统筹推进户籍制度改革和城镇基本公共服务常住人口全覆盖，健全农业转移人口市民化配套政策体系，加快推动农业转移人口全面融入城市。深化户籍制度改革，健全农业转移人口市民化机制。

第二节　外贸法律制度

外贸法指的是国家或地区调整、规范本国或本地区开展外贸活动中所产生的经济关系的法律规范的总称。改革开放以来，我国积极同世界各国开展贸易，外贸成为我国经济中最为活跃、增长最快的部分之一，为规范管理外贸活动，引导其健康有序发展，我国先后制定了一系列与外贸有关的法律、法规，如《海关法》《进出口商品检验法》《对外贸易法》《反倾销条例》《反补贴条例》《保障措施条例》等，外贸法律制度逐渐完备，法律体系已经形成。

一、货物进出口、技术进出口法律制度

我国的外贸活动主要实施自由的货物进出口、技术进出口制度，但是不排斥对部

分货物、技术进出口采取限制或者禁止措施。我国的货物进出口、技术进出口法律制度具体如下。

（一）自由进出口制度

为了规范我国货物进出口管理，维护货物进出口的正常秩序，保障我国外贸快速健康发展，国务院制定了《货物进出口管理条例》，明确规定我国准许货物的自由进出口，但是法律、行政法规明确规定禁止进出口的货物、限制进出口的货物除外。此外，国务院还制定了《技术进出口管理条例》，我国对技术进出口实行统一的管理制度，鼓励先进、适用的技术进口，成熟的产业化技术出口；禁止进出口的技术，不得进出口；限制进出口的技术，实行许可证管理。

（二）配额、许可证等管理制度

配额、许可证是控制进出口货物、技术数量的重要手段，在外贸中，对于国家限制进口或者出口的货物，我国实行配额、许可证等管理制度；对于限制进口或者限制出口的技术，我国实行许可证管理制度。

根据《对外贸易法》及相关法律法规的规定，实行配额、许可证管理的货物、技术，必须依照法律法规的规定，经过商务部或者经其会同国务院其他有关部门的许可，才能实施货物、技术进口或者出口。

关税配额是我国对部分货物实施限制进口的一种措施，该种措施将征收关税和进口配额结合起来，进而达到限制进口的目的。在我国外贸活动中，进出口货物配额、关税配额，由商务部或者相关权力机关在职权范围之内确定分配。

（三）原产地管理制度

原产地管理是指依据货物原产地认定标准，确定货物的原产地，并审批、办理进出口货物原产地证书和原产地标示的管理行为。在国际贸易中，原产地规定涉及最惠国待遇、反倾销和反补贴、保障措施、关税减让、自由贸易与关税同盟以及发展中国家普惠制等内容，在外贸活动中作用重大。我国加入 WTO 后，为了正确确定进出口货物的原产地，有效实施各项贸易措施，促进外贸发展，国务院制定了《进出口货物原产地条例》，适用于实施最惠国待遇、反倾销和反补贴、关税配额等非优惠性贸易措施以及进行政府采购、贸易统计等活动对进出口货物原产地的确定。

（四）合格评定制度

合格评定，是指有关直接或间接地确定商品是否满足技术法规或标准中相关要求的活动。我国实行统一的商品合格评定制度，依法对进出口货物进行认证、检验、检疫。目前，我国外贸活动中涉及合格评定制度的法律、行政法规主要有《进出口商品检验法》《认证认可条例》《进出境动植物检疫法》《进出口商品检验鉴定机构管理办法》等，包括认证、检验、检疫等多个环节。

二、国际服务贸易法律制度

（一）国际服务贸易的形式和种类

国际服务贸易是指一个国家或者地区的服务提供人员在其他国家或者地区，以商业现场服务或者自然人现场服务的方式，向该国家或者地区的消费者提供服务，由此取得外汇收入的过程。

在国际服务贸易活动中，国际服务贸易的形式多样，包括自然人流动、跨境交付、商业存在、境外消费等。服务种类繁多，大体包括以下几类：国际运输；国际旅游；国际保险和再保险；国际信息处理；建筑和工程承包等劳务输出；国际咨询服务；国家租赁；国际电讯服务；国际视听服务；教育、卫生、文化艺术等国际交流服务；商业批发和零售服务；其他官方国际服务；等等。

（二）国际服务贸易的市场准入

2001 年我国加入 WTO，在《加入议定书》中对国际服务贸易作出了具体的承诺，该承诺涉及 11 个国内服务行业，我国将准许 WTO 的成员国、参加方进入上述服务行业，并向其他国家或地区提供国民待遇资格。在国际服务贸易方面，我国根据这些具体承诺，对各成员给予市场准入和国民待遇。为了履行承诺，我国在《对外贸易法》中明确规定，我国在开展国际服务贸易活动中，会遵守缔结、参加条约、协定时作出的承诺，为上述条约、协定成员提供平等的市场准入和国民待遇。对于与我国不存在条约、协定关系的国家或者地区，我国会在国际服务贸易活动中根据平等互惠的原则进行处理。

（三）有限度的自由国际服务贸易

首先，国家可以根据下列情况限制或者禁止有关的国际服务贸易，具体如下：为维护国家安全、社会公共利益或者公共道德，需要限制或者禁止的；为保护人的健康或者安全，保护动物、植物的生命或者健康，保护环境，需要限制或者禁止的；为建立或者加快建立国内特定服务产业，需要限制的；为保障国家外汇收支平衡，需要限制的；依照法律、行政法规的规定，其他需要限制或者禁止的；根据我国缔结或者参加的国际条约、协定的规定，其他需要限制或者禁止的。

其次，为维护国家安全，国家对与军事有关的国际服务贸易，以及与裂变、聚变物质或者衍生此类物质的物质有关的国际服务贸易，可以采取任何必要的措施。

最后，国家为维护国际和平与安全或者在战争期间，可以在国际服务贸易方面采取任何必要的措施。

三、外贸调查、救济与促进

（一）外贸调查

为了规范我国的外贸秩序，保证外贸活动健康快速发展，《对外贸易法》明确规定了外贸调查的主管部门、范围、程序、方式等基本内容。

依据现行行政设置，外贸调查权应由商务部或者商务部会同国务院其他有关部门依据《对外贸易法》及相关法律法规的规定行使。

调查事项的范围如下：货物进出口、技术进出口、国际服务贸易对国内产业及其竞争力的影响；有关国家或者地区的贸易壁垒；为确定是否应当依法采取反倾销、反补贴或者保障措施等外贸救济措施，需要调查的事项；规避外贸救济措施的行为；外贸中有关国家安全利益的事项；其他影响外贸秩序，需要调查的事项。

调查的具体方式包括书面问卷、召开听证会、实地调查、委托调查等，启动对外贸易调查时，商务部应当向社会发布公告。调查结束后，由商务部根据调查结果，提出调查报告或者作出处理裁定，并向社会发布公告。

（二）外贸救济

随着世界经济全球化的发展，我国的外贸活动日益频繁，针对我国外贸活动的具体情况，结合 WTO 协定等国际条约、协定，我国已经逐步建立完善了外贸救济制度，合理运用反倾销、反补贴、保障措施等手段，处理贸易争端，维护我国的合法权益。

1. 反倾销

倾销是指一个国家或地区的商品以低于其正常价值的价格进入其他国家或地区，对该国家或地区已有的国内产业造成实质损害或者产生实质损害威胁，或者对该国家或地区建立国内产业造成实质阻碍的行为。《对外贸易法》第 40 条、第 41 条对倾销及应对措施作了明确的规定，具体如下：

其一，其他国家或者地区的产品以低于正常价值的倾销方式进入我国市场，对我国已建立的国内产业造成实质损害或者产生实质损害威胁，或者对我国建立国内产业造成实质阻碍的，我国可以采取反倾销措施，消除、减轻上述实质损害、损害的威胁或者阻碍，维护我国的合法权益。

其二，其他国家或者地区的产品以低于正常价值出口至第三国市场，对我国已建立的国内产业造成实质损害或者产生实质损害威胁，或者对我国建立国内产业造成实质阻碍的。商务部在国内产业申请的前提下，可以与该第三国政府或其他管理机关进行磋商，要求其采取相应的措施。

2. 反补贴

补贴是指从一个国家或地区进口的商品直接或者间接地接受该国家或者地区给予的任何形式的专项补贴，对其他国家或地区已建立的国内产业造成实质损害或者产生实质损害威胁，或者对建立国内产业造成实质阻碍的行为。《对外贸易法》对补贴及应对措施作了明确的规定，进口的产品直接或者间接地接受出口国家或者地区给予的任何形式的专向性补贴，对我国已建立的国内产业造成实质损害或者产生实质损害威胁，或者对我国建立国内产业造成实质阻碍的，我国可以采取反补贴措施，消除、减轻上述损害、损害的威胁或者阻碍，维护我国的合法权益。

3. 保障措施

《对外贸易法》规定，在我国外贸活动中，如果某种进口产品数量大量增加，已经对我国生产同类产品或者生产与其直接竞争产品的行业造成严重损害，或者产生严重损害威胁的，我国可以依照法律法规的规定采取必要的保障措施，消除、减轻上述实质损害、损害的威胁，维护我国的合法权益，同时也可以对该国内行业提供相应的支持。目前，我国的主管部门主要依据《对外贸易法》的有关规定和《保障措施条例》开展相关调查，采取保障措施。

（三）外贸促进

改革开放以后，我国坚持支持和鼓励外贸发展的政策，一方面积极缔结、参加各种国际条约、协定，加入了世界贸易组织等经济组织，另一方面加强外贸法制建设，修改了《对外贸易法》及相关法律法规，依法管理外贸活动，大力推动我国外贸的发展。

目前，我国促进推动外贸发展的措施，具体有以下几种：建立和完善外贸服务金融机构，设立外贸发展基金、风险基金；采取多种对外贸易促进措施，包括进出口信贷、出口退税等；根据我国的具体国情，扩大外贸经营者的范围，推动我国的外贸体制改革；在外贸活动中，充分发挥对外贸易行业组织、贸易促进组织的作用；深化改革开放，大力鼓励、扶持和促进我国中西部地区发展外贸；扶持和促进中小型企业开展外贸经营活动。

第三节　国有资产管理法律制度

国有资产管理法是指调整国家在对国有资产进行管理过程中所发生的社会关系的法律规范的总称。我国先后颁布了《国有资产评估管理办法》《企业国有资产所有权界定暂行规定》①《国有资产产权登记管理试行办法》《国有资产产权界定和产权纠纷处理暂行办法》《集体企业国有资产产权界定暂行办法》《关于企业国有资产办理无偿划转手续的规定》《企业国有资产监督管理暂行条例》《企业国有资产法》等一系列国有资产管理的法律、行政法规和规章。这些国有资产管理方面的规定涉及产权界定关系、

① 1996年1月25日国务院发布《企业国有资产产权登记管理办法》后，该暂行规定即行废止。

产权登记关系、资产评估关系、资产流转关系、资产监督关系等。

一、国有资产产权界定制度

（一）国有资产产权界定的涵义

国有资产产权是指国家对其拥有的资产所享有的所有权及与所有权有关的经营权、使用权等财产权，不包括债权。[①] 国有资产产权界定是指国家授权某一部门或者机构，依法划分国有资产所有权、经营权、使用权等权利的归属，明确各类产权主体行使权利的范围的一种法律行为。产权界定是国有资产管理中一项重要的基础性工作。

（二）国有资产产权界定的范围

1. 全民所有制企业中的国有资产产权界定

根据《国有资产产权界定和产权纠纷处理暂行办法》（以下简称《暂行办法》）的规定，全民所有制企业中的产权界定依下列办法处理：（1）有权代表国家投资的部门和机构以货币、实物和所有权属于国家的土地使用权、知识产权等向企业投资，形成的国家资本金，界定为国有资产；（2）全民所有制企业运用国家资本金及在经营中借入的资金等所形成的税后利润，经国家批准留给企业作为增加投资的部分以及从税后利润中提取的盈余公积金、公益金和未分配利润等，界定为国有资产；（3）以全民所有制企业和行政事业单位担保，完全用国内外借入资金投资创办的或完全由其他单位借款创办的全民所有制企业，其收益积累的净资金，界定为国有资产；（4）全民所有制企业接受馈赠形成的资产，界定为国有资产；（5）在实行《企业财务通则》《企业会计准则》以前，全民所有制企业从留利中提取的职工福利基金、职工奖励基金和“两则”实行后用公益金购建的集体福利设施而相应增加的所有者权益，界定为国有资产；（6）全民所有制企业中党、团、工会组织等占用企业的财产，不包括以个人缴纳党费、团费、会费以及按国家规定由企业拨付的活动经费等结余购建的资产，界定为国有资产。

2. 全民单位之间的国有资产产权界定

《暂行办法》规定了以下处理规则：（1）各全民单位占用的国有资产，应按分级分工管理的原则，分别明确其与中央、地方、部门之间的管理关系，非经有权管理其所有权的人民政府批准或双方约定，并办理产权划转手续，不得变更资产的管理关系；（2）全民单位对国家授予其使用或经营的资产拥有使用权或经营权，除法律、行政法规另有规定外，不得在全民单位之间无偿调拨其资产；（3）全民所有制企业之间是平等竞争的法人实体，相互之间可以投资入股，按照“谁投资、谁拥有产权”的原则，企业法人的对外长期投资或入股，属于企业法人的权益，不受非法干预或侵占；

---

① 参见《国有资产产权界定和产权纠纷处理暂行办法》第2条。

(4) 依据国家有关规定，企业之间可以实行联营，并享有联营合同规定范围内的财产权利；(5) 国家机关投资创办的企业和其他经营实体，应与国家机关脱钩，其产权由国有资产管理部门会同有关部门委托有关机构管理；(6) 国家机关所属事业单位经批准以其占用的国有资产出资创办的企业和其他经济实体，其产权归该单位拥有；(7) 对电力、邮电、铁路和城市市政公用事业等部门，按照规定由行业统一经营管理，可由国有资产管理部门委托行业主管部门根据历史因素及其行业管理特点，对使用单位投入资金形成的资产，按《暂行办法》第23条规定的办法处理；(8) 对全民单位由于历史原因或管理问题造成的有关房屋产权和土地使用权关系不清或者争议的，按《暂行办法》第22条规定的办法解决。

3. 集体所有制企业中的国有资产产权界定

《暂行办法》规定依下列办法处理：(1) 全民单位以货币、实物和所有权属于国家的土地使用权、知识产权等独资（包括几个全民单位合资，下同）创办的以集体所有制名义注册登记的企业单位，其资产所有权界定按照《暂行办法》第8条的规定办理。(2) 全民单位用国有资产在非全民单位独资创办的集体企业中的投资以及按照投资份额应取得资产收益留给集体企业发展生产的资本金及其权益，界定为国有资产。(3) 集体企业依据国家规定享受税前还贷形成的资产，其中属于国家税收应收未收的税款部分，界定为国有资产；集体企业依据国家规定享受减免税形成的资产，其中列为“国家扶持基金”等投资性的减免税部分，界定为国有资产。(4) 对供销合作社、信用合作社等单位中由国家拨入的资本金，界定为国有资金。(5) 集体企业和合作社改组为股份制企业时，国有土地折价部分，形成的国家股份或其他所有者权益，界定为国有资产。(6) 其他按法律、行政法规规定应当界定为国有的资产。

4. 中外合资（合作）经营企业中的国有资产产权界定

《暂行办法》规定了下列办法：(1) 中方以国有资产出资投入的资本总额，包括现金、厂房建筑物、机器设备、场地使用权、无形资产等形成的资产，界定为国有资产；(2) 企业注册资本增加，按双方协议，中方以分得利润向企业再投资或优先购买另一方股份投资活动中所形成的资产，界定为国有资产；(3) 可分配利润及从税后利润中提取的各项基金中中方按投资比例所占有的相应份额，不包括已提取用于职工奖励、福利等分配给个人消费的基金，界定为国有资产；(4) 中方职工的工资差额，界定为国有资产；(5) 企业根据中国法律和有关规定按中方工资总额一定比例提取的中方职工的住房补贴基金，界定为国有资产；(6) 企业清算或完全解散时，馈赠或无偿留给中方继续使用的各项财产，界定为国有资产。

5. 股份制企业中的国有资产产权界定

股份制企业中国有资产产权界定依下列办法处理：(1) 国家机关或其授权单位向股份制企业投资形成的股份，包括现有已投入企业的国有资产折成的股份，构成股份制企业中的国家股，界定为国有资产；(2) 全民所有制企业向股份制企业投资形成的股份，构成国有法人股，界定为国有资产；（3）股份制企业公积金、公益金中，全民单位按照投资应占有的份额，界定为国有资产；（4）股份制企业未分配利润中，全民单位按照投资比例所占的相应份额，界定为国有资产。

二、国有资产产权登记制度

（一）国有资产产权登记的涵义

国有资产产权登记是指国有资产管理部门代表国家对占有、使用国有资产的单位的国有资产状况进行登记，依法确认国家对资产的所有权和企业的经营权、行政事业单位的占有、使用权及其相关权利的法律行为。国有资产产权登记是产权界定的延伸和发展。产权界定是产权登记的前提，产权登记则是对产权界定的法律确认。

（二）企业国有资产产权登记

企业国有资产产权登记是指国有资产管理部门代表政府对占有国有资产的各类企业的资产、负债、所有者权益等产权状况登记，依法确认产权归属关系的法律行为。

1. 企业国有资产产权登记的范围

我国《企业国有资产产权登记管理办法》（以下简称《登记管理办法》）及《企业国有资产产权登记管理办法实施细则》（以下简称《登记管理办法实施细则》）对国有资产产权登记的范围作出了明确的规定，具体为：（1）国有企业；（2）国有独资公司；（3）国家授权投资的机构；（4）设置国有股权的有限责任公司和股份有限公司；（5）国有企业、国有独资公司或国家授权投资机构投资设立的企业；（6）其他形式占有、使用国有资产的企业。

2. 企业国有资产产权登记的种类

（1）占有产权登记。根据《登记管理办法》的规定，企业应当对其所占有的国有资产向产权登记机关申办占有产权登记。产权登记机关依法核实后，应当向企业核发企业产权登记证。

（2）变动产权登记。占有产权登记后，因种种原因，可能会使企业的构成要素发生一些变动。在企业构成要素发生变动后，企业应自变动之日起30日内向产权登记机关办理变动产权登记。根据《登记管理办法》的规定，企业发生下列变动情形之一的，应当办理变动产权登记：企业名称、住所或者法定代表人改变的；国有资本占企业实收资本比例发生变化的；企业分立、合并或者改变经营形式的；企业组织形式发生变动的；企业国有资本出资人发生变动的；产权登记机关规定的其他变动情形。

（3）注销产权登记。企业发生下列情形之一的，应当向原产权登记机关申办注销产权登记：企业解散、被依法撤销或被依法宣告破产的；企业转让全部国有产权或改制后不再设置国有股权的，以及企业被划转的；产权登记机关规定的其他情形。产权登记机关核准企业注销产权登记后，收回被注销企业的产权登记证正本和副本。

（三）行政事业单位国有资产产权登记

根据有关规定，行政事业单位国有资产产权登记分为三种：一是设立产权登记，即对新设立的行政事业单位所占用的国有资产进行产权登记。二是变动产权登记，即对发生分立、合并、改制，以及隶属关系单位名称、地址、单位负责人发生变化，国有资产总额超过一定比例时所进行的财产登记。三是撤销产权登记，即对撤销的行政事业单位所占用的国有资产进行的产权登记。

三、国有资产评估制度

（一）国有资产评估的涵义

国有资产评估是指资产评估机构依法对国有资产的现状及未来进行多因素分析，并在此基础上评定和估算国有资产价值的法律行为。国有资产评估不仅对保护国有资产所有者和经营者、使用者的合法权益具有重要价值，而且对防止国有资产流失、促进市场经济的发展也具有极其重要的意义。国有资产评估应当遵循真实性原则、公正性原则、科学性原则、可行性原则。

（二）国有资产评估的机构

国有资产评估机构是指持有国有资产评估资格证书并具体从事资产评估的经济组织，如资产评估公司、会计师事务所、审计事务所、财务咨询公司等。

在我国，只有持有国有资产评估资格证书的资产评估机构才有权从事国有资产评估业务。资产评估机构取得资产评估资格证书，必须具备下列条件：第一，必须是经政府主管部门批准并经工商行政管理部门核准登记的具有法人资格的单位；第二，有一定数量的能够胜任资产评估业务的各类评估专职人员，其中建筑工程技术人员、机器设备工程技术人员、会计经营管理人员，分别不得少于2~5人；第三，资产评估机构中直接从事评估业务的人员必须有30%以上的人员经过省以上国有资产管理部门认可的培训；第四，国有资产管理部门规定的其他条件。

（三）国有资产评估的程序

根据我国《国有资产评估管理办法》的规定，国有资产评估的程序主要由下列阶段构成：

1. 申请立项

国有资产管理部门在收到国有资产占有单位的资产评估立项申请书之日起10日内，要对立项申请进行审核；超过10日不批复，视为同意立项。① 申请单位收到准予

① 应当注意的是，国务院决定对全国或者特定行业进行国有资产评估的，视为已经准予资产评估立项。

资产评估立项通知后，可以在立项通知书规定范围内委托资产评估机构评估资产。

2. 资产清查

资产清查是指按评估的范围对评估资产的实有数量、质量状况所进行的实地盘点，并作出清查报告的过程。在资产清查过程中，资产评估机构应当对评估资产逐项进行账账、账表、账实等方面的清理和核对；如果委托评估的是企业整体资产，还应对企业的经营成果是否真实作出鉴定。

3. 评定估算

评定估算是国有资产评估工作中的核心内容，具体包括编制评估方案、具体评定估算、出具评估报告三个方面。

4. 验证确认

验证确认是指国有资产管理部门接到有关单位要求确认的资产评估报告后，组织审核、验证、协商、确认资产评估结果，并向有关单位下达确认通知书的过程。

（四）国有资产评估的方法

我国《国有资产评估管理办法》规定了包括收益现值法、重置成本法、现行市价法、清算价格法等在内的评估方法。在进行国有资产评估时，应根据不同的情况和目的，选用下列一种或几种方法进行评估：

1. 收益现值法

收益现值法是将被评估资产剩余寿命期间每年（或每月）的预期收益，用适当的折现率折现，累加得出评估基准日的现值，以此估算资产价值的方法。在运用收益现值法评估资产时，必须确定出被评估资产的剩余寿命期间、被评估对象每年（或每月）的预期收益及折现率三个数据，然后运用特定的公式①计算出每年（或每月）的现值，将其现值累加，即可得出被评估资产的价格。

2. 重置成本法

重置成本法是用现时条件下被评估资产全新状态的重置成本减去该项资产的实体性贬值、功能性贬值和经济性贬值，估算资产价值的方法。其中，实体性贬值是由于使用磨损和自然损耗造成的贬值；功能性贬值是由于技术相对落后造成的贬值；经济性贬值是由于外部经济环境变化引起的贬值。在使用重置成本法评估资产时，首先，应当确定在现时条件下被评估资产全新状态的重置成本；其次，应考虑资产的成新率，据此确定实体性贬值额；再次，应考虑资产功能的变化，并计算出功能性贬值额；最后，考虑外部经济环境的变化对资产的影响，并据此确定经济性贬值额。

3. 现行市价法

现行市价法是通过比较被评估资产与最近出售的相同或类似资产的市场价格，进

① 尚艾芳：《国有资产管理概论》，上海财政大学出版社 1996 年版，第 73-74 页。

行调整确定被评估资产重估价值的方法。现行市价法是资产评估中的一种重要评估方法，它具有操作过程简化、适用范围更大的特点，因而一般适用于产权转让或重组时对房地产、汽车、机械等单项资产的评估。

4. 清算价格法

清算价格法是根据企业清算时其资产可变现的价值，评定重估价值的方法。清算价格一般是通过市场售价比较来估算。清算价格法适用于依照我国破产法规定的，经人民法院宣告破产的企业的资产评估。

5. 其他评估方法

除上列四种评估方法外，对于一些特定的资产，如对有价证券的评估，还必须采用其他评估方法评估资产价值。

四、国有资产处置制度

（一）国有资产处置的涵义

国有资产处置，是指企业或者行政事业单位转移或核销国有资产产权的行为。我国的《企业国有资产法》和《中央行政事业单位国有资产处置管理办法》，分别对企业以及行政事业单位的国有资产处置行为进行了规制。

（二）企业国有资产转让制度

1. 国有资产转让的决策主体

国有资产转让由履行出资人职责的机构决定，如果转让的部分国有资产并不影响国家对该企业的控股地位的，无须报批；履行出资人职责的机构决定转让全部国有资产的，或者转让部分国有资产致使国家对该企业不再具有控股地位的，应当报请本级人民政府批准。

2. 国有资产转让的原则和方式

国有资产转让应当遵循等价有偿和公开、公平、公正的原则。

按照国家规定可以直接协议转让的以外，国有资产转让应当在依法设立的产权交易场所公开进行。转让方应当如实披露有关信息，征集受让方；征集产生的受让方为两个以上的，转让应当采用公开竞价的交易方式。转让上市交易的股份依照《证券法》的规定进行。

3. 国有资产转让的关系人制度

法律、行政法规或者国务院国有资产监督管理机构规定可以向本企业的董事、监事、高级管理人员或者其近亲属，或者这些人员所有或实际控制的企业转让的国有资产，在转让时，上述人员或者企业参与受让的，应当与其他受让参与者平等竞买；转让方应当按照国家有关规定，如实披露有关信息；相关的董事、监事和高级管理人员不得参与转让方案的制定和组织实施的各项工作。

（三）行政事业单位国有资产处置制度

1. 行政事业单位国有资产处置原则

行政事业单位国有资产处置应当遵循公开、公正、公平和竞争择优的原则，按照规定权限履行审批手续，未经批准不得自行处置。

2. 行政事业单位国有资产处置的权限和方式

行政事业单位国有资产处置方式包括无偿划转、对外捐赠、转让、置换、报废、损失核销等。财政部、各部门按照规定权限对中央行政事业单位国有资产处置事项进行审核、审批或者备案。各部门机关本级和机关服务中心的国有资产处置，分别由国家事务管理局、中共中央直属机关事务管理局、全国人大常委会办公厅、全国政协办公厅归口管理。行政事业单位处置国有资产时，必须按照管理权限严格履行报批手续，并提交相应材料，获得有关部门批准后方可处置。

3. 行政事业单位国有资产处置的监督检查

财政部对中央行政事业单位国有资产处置情况进行监督检查。财政部各地监管局可以依据职责和财政部授权对所在地中央行政事业单位国有资产处置情况进行监督检查。各部门应当建立国有资产处置管理制度，定期或者不定期对所属行政事业单位国有资产处置情况进行监督检查。

第四节　能源资源法律制度

党的十八大以来，我国全面推动生态文明体制改革建设。2023 年 12 月 27 日，中共中央、国务院印发《关于全面推进美丽中国建设的意见》，提出美丽中国建设的七大重点任务，其中之一就是健全美丽中国建设保障体系。习近平总书记指出：“只有实行最严格的制度、最严密的法治，才能为生态文明建设提供可靠保障。”完善的能源资源法律制度是解决生态环境问题、助推美丽中国建设不可或缺的基础支撑和有力保障。

一、能源法律制度

（一）节约能源法

1. 节约能源法的涵义

节约能源法是指调整人们在利用能源以及从事相关活动中，为实现节约能源所发生的各种经济关系的法律规范的总称。我国的节能法制建设，是从 20 世纪 80 年代开始的。1986 年国务院颁布并施行了《节约能源管理暂行条例》，第一次以行政法规的形式对节约能源工作进行了规范。1997 年 11 月 1 日，第八届全国人民代表大会常务委员会第二十八次会议审议通过了《节约能源法》。为适应新情况、新问题，根据科学发展观的要求，我国又先后对《节约能源法》进行了一次修订，两次修正。

2. 节约能源法基本制度

（1）节能工作管理体制。《节约能源法》明确规定，国务院管理节能工作的部门主管全国的节能监督管理工作。国务院和县级以上地方各级人民政府应当加强对节能工作的领导、部署、协调、监督、检查，推动节能工作。县级以上人民政府管理节能工作的部门和有关部门应当在各自的职责范围内，加强对节能法律、法规和节能标准执行情况的监督检查，依法查处违法用能行为。履行节能监督管理职责不得向监督管理对象收取费用。

（2）工业节能管理制度。要坚持走中国特色新型工业化道路，建设资源节约型和环境友好型社会，必须加强对工业节能的管理。《节约能源法》规定，国务院和省级人民政府要推进能源资源优化开发利用和合理配置，推进有利于节能的行业结构调整，优化用能结构和企业布局，加强对主要耗能行业的管理，推动企业节能技术改造，鼓励工业企业采用高效、节能的设备，采用热电联产、余热余压利用、洁净煤以及先进的用能监测和控制等技术。

（3）建筑节能管理制度。建筑工程的建设、设计、施工和监理单位应当遵守建筑节能标准，在规划和设计上要全面考虑房屋建筑的合理用能和节能技术，根据建筑功能需要和当地日照等气候条件，合理确定建筑物的结构和布局，提高建筑设备和器材的能源利用效率，改进采暖、空调、动力、电器照明、给排水卫生系统的工艺设计，采用节能型设备，注意废热、余热的回收利用，搞好设备维护和运行管理，积极开发利用太阳能等可再生能源，减少常规能源的消耗。

（4）交通运输节能管理制度。《节约能源法》规定国务院有关交通运输主管部门要加强交通运输组织管理，引导陆路、水路、航空运输企业提高运输组织化程度和集约化水平，提高能源利用效率，优化交通运输结构，建设节能型综合交通运输体系。同时规定，县级以上地方各级人民政府应当优先发展公共交通，加大对公共交通的投入，完善交通服务体系，鼓励利用公共交通工具出行和使用非机动交通工具出行，以及开发各种节能交通工具和使用清洁燃料、石油替代燃料等措施。

（5）公共机构节能管理制度。《节约能源法》要求国务院和县级以上地方各级人民政府管理机关事务工作的机构会同同级有关部门制定和组织实施本级公共机构节能规划，并按照管理权限制定本级公共机构的能源消耗定额和能源消耗支出标准。法律还规定，对于公共机构采购用能产品、设备，未优先采购列入节能产品、设备政府采购名录中的产品、设备，或者采购国家明令淘汰的用能产品、设备的，由政府采购监督管理部门给予警告，可以并处罚款，对直接负责的主管人员和其他直接责任人员依法给予处分，并予以通报。

（6）节能激励措施。为了做好节能工作，我国政府采取了激励政策，具体规定了国家通过财政补贴、税收优惠、信贷支持、设立节能专项资金等经济手段，以及采取组织重大节能科研项目、节能示范项目、推广先进节能技术和产品、重点节能工程等措施，引导和推动全社会节约能源。

（二）可再生能源法

1. 可再生能源法的涵义

可再生能源法是指调整人们在开发、利用、保护和管理可再生能源过程中所发生的各种经济关系的法律规范的总称。我国于 2005 年 2 月 28 日颁布了《可再生能源法》，并于 2009 年 12 月 26 日对《可再生能源法》进行了修改，自 2010 年 4 月 1 日起施行。

2. 可再生能源法基本制度

（1）可再生能源总量目标制度。《可再生能源法》规定，国务院能源主管部门会同国务院有关部门，编制全国可再生能源开发利用规划，省级地方人民政府要根据本行政区域可再生资源开发利用长期目标，编制本行政区域可再生能源开发利用规划。同时还明确规定，编制可再生能源开发利用规划，应当征求有关单位、专家和公众的意见，进行科学论证。经批准的规划要公布实施。

（2）可再生能源技术标准制度。《可再生能源法》规定，国务院标准化行政主管部门应当制定、公布国家可再生能源电力的并网技术标准和其他需要在全国范围内统一技术要求的有关可再生能源技术和产品的国家标准。对国家标准中未作规定的技术要求，国务院有关部门可以制定相关的行业标准。

（3）可再生能源并网发电制度。利用可再生能源发电，是可再生能源大规模开发利用的主要途径和领域。国家鼓励和支持可再生能源并网发电，规定了建设可再生能源并网发电项目取得行政许可的审批程序。《可再生能源法》明确要求：电网企业应当全额收购其电网覆盖范围内可再生能源并网发电项目的上网电量，并为可再生能源发电提供上网服务。这就为可再生能源发电营造了基本的市场环境，同时也是引导和鼓励各种市场主体积极开发可再生能源并网发电的重要措施。

（4）鼓励开发利用可再生能源制度。可再生能源虽然有诸多优点且前景广阔，但目前因成本较高还需要大力扶持。《可再生能源法》规定，国家财政设立可再生能源发展专项基金，用于支持开发利用可再生能源的各种活动。同时还规定，对列入国家可再生能源产业发展指导目录、符合信贷条件的可再生能源开发利用项目，国家给予税收优惠，金融机构可以提供有财政补贴的优惠贷款。这些制度的实施，对我国广大农村、牧区特别是偏远的少数民族地区调整经济结构、促进科技进步将发挥积极作用。

（三）循环经济法

1. 循环经济法的涵义

循环经济法是指调整人们在生产、流通和消费等领域进行减量化、再利用、资源化活动过程中所发生的各种社会关系的法律规范的总称。为促进循环经济发展，实现可持续发展，我国于2008年8月29日通过了《循环经济促进法》，自2009年1月1日起施行，并于2018年进行了修正。

2. 循环经济法基本制度

（1）循环经济规划制度。循环经济规划是国家对循环经济发展目标、重点任务和保障措施等进行的安排和部署，是政府进行评价考核并实施鼓励、限制或禁止措施的重要依据。县级以上的人民政府编制国民经济和社会发展规划、区域规划以及城乡建设、科学技术发展等规划时，应当明确发展循环经济的目标和要求。循环经济发展规划应当明确规定资源产出率、废物再利用和资源化率等指标。

（2）总量控制制度。为了建立抑制资源浪费和污染物排放总量控制制度，《循环经济法》规定，县级以上地方人民政府应当依据上级人民政府下达的本行政区域主要污染物排放、建设用地和用水总量控制指标，规划和调整本行政区域的产业结构，促进循环经济发展。新建、改建、扩建建设项目，必须符合本行政区域主要污染物排放、建设用地和用水总量控制指标的要求。

（3）生产者责任延伸制度。生产者责任延伸制度是以现代环境管理原则实现产品系统环境性能改善的一种主要制度，是一种促进经济社会从非可持续发展走向可持续发展的重要政策工具。企业作为组成社会的重要细胞，在新的形势下，必须适应可持续发展的新要求，把在传统政策下承担的生产过程中的环境责任延伸到产品弃置后回收、利用和处理等产品生命周期各个阶段上的财务或物质责任。《循环经济法》根据不同情况，对生产者等主体在产品废弃后应当承担的回收、利用、处置等责任作了明确规定。

（4）重点企业重点管理制度。《循环经济法》规定，国家对钢铁、有色金属、煤炭、电力、石油石化、化工、建材、建筑、造纸、印染等行业，年综合能源消费量、用水量超过国家规定总量的重点企业，实行重点管理制度。重点企业应当制定严于国家标准或者行业标准的能耗和水耗企业标准，并按规定进行审核。

（5）产业政策引导制度。《循环经济法》规定，国家产业政策应当符合发展循环经济的要求；国务院经济综合宏观调控部门会同国务院环境保护等有关主管部门，定期发布鼓励、限制和淘汰的技术、工艺、设备、材料和产品名录；禁止生产、进口或者采用列入淘汰名录的技术、工艺、设备、材料和产品；有关部门要对名录制度的实施情况进行监督。

（6）经济激励制度。促进循环经济的发展，既要有惩罚性的约束制度，又要有利益诱导性的激励制度。《循环经济法》对激励措施作了规定：建立循环经济发展专项资金；对循环经济重大科技攻关项目实行财政支持；对促进循环经济发展的活动给予税收优惠；对有关循环经济项目实行投资倾斜；实行有利于循环经济发展的价格、收费等政策措施；等等。

二、资源法律制度

资源法是调整人们在自然资源的开发、利用、保护和管理过程中所发生的各种社会关系的法律规范的总称。资源法主要包括：土地管理法、水法、矿产资源法。

（一）土地管理法

1. 土地管理法的涵义

土地管理法是指调整人们在管理、保护、开发、利用土地过程中所发生的社会关系的法律规范的总称。1986 年 6 月 25 日我国通过了《土地管理法》，该法于 1987 年 1 月 1 日起正式施行。我国于 1998 年对《土地管理法》进行了修订，并分别于 1988 年、2004 年、2019 年进行了三次修正。此外，在土地管理中，我国还制定了一系列行政法规和规章，共同构成了土地管理法的渊源。

2. 土地管理法基本制度

（1）土地所有权制度。土地所有权是土地所有制在法律上的表现，它是土地所有人对其土地占有、使用、收益和处分的权利。我国土地所有权制度包括：第一，土地所有权公有制。《土地管理法》规定我国实行土地的社会主义公有制。城市市区的土地属于国家所有，农村和城市郊区的土地（包括宅基地、自留地、自留山）除由法律规定属于国家所有的以外，属于农民集体所有。第二，国家所有土地的所有权由国务院代表国家行使。《土地管理法》规定地方政府无权擅自处置国有土地，只有国务院才能代表国家行使国有土地占有、使用、收益和处分权力。第三，农民集体所有的土地可以依法确定给单位或个人使用。依法登记的土地的所有权和使用权受法律保护，任何单位和个人不得侵犯。

（2）土地使用权制度。我国土地使用权制度包括：一是土地使用权出让制度。土地使用权出让是指国家将国有土地使用权在一定年限内出让给土地使用者，由土地使用者向国家支付土地使用权出让金的行为。《城镇国有土地使用权出让和转让暂行条例》第 12 条规定，土地使用权出让最高年限按下列用途确定：居住用地 70 年；工业用地 50 年；教育、科技、文化、卫生、体育用地 50 年；商业、旅游、娱乐用地 40 年；综合或者其他用地 50 年。二是划拨土地使用权制度。划拨土地使用权是指土地使用权人通过行政划拨方式无偿取得的土地使用权。划拨土地没有使用期限限制，只限于为社会公共利益目的和国家利益目的的用地。划拨土地使用权原则上不得转让、出租、抵押或投资入股等。三是土地使用权转让制度。在我国，只有以出让方式取得的国有土地使用权才可转让，没有按照土地使用权出让合同规定的期限和条件投资开发、利用土地的，土地使用权不得转让。四是国有土地租赁制度。国有土地租赁是指国家将国有土地出租给使用者使用，由土地使用者与县级以上政府土地行政主管部门签订一定年期的土地租赁合同，并支付租金的行为。五是土地承包经营权制度。农村土地承包采取农村集体经济组织内部的家庭承包方式承包，不宜采取家庭承包方式的荒山、荒沟、荒丘、荒滩等，可以采取招标、拍卖、公开协商等方式承包。家庭承包的耕地的承包期为30年，草地的承包期为30年至50年，林地的承包期为30年至70年。耕地承包期届满后再延长30年，草地、林地承包期届满后依法相应延长。允许农民以转包、出租、互换、转让、股份合作等形式流转土地承包经营权，发展多种形式的适度规模经营。土地承包经营权的流转，不得改变土地集体所有性质，不得改变土地用途，不得损害农民土地承包权益。

（3）土地用途管制制度。土地用途管制是指国家为了保证土地资源的合理利用，通过编制土地利用规划、划定土地利用区、确定土地使用权限而强制要求土地所有者、使用者必须严格遵守，否则将受到严厉处罚的制度。土地用途管制制度包括：其一，划分土地用途。按土地用途将土地分为三种，即农用地、建设用地和未利用地。其二，国家对改变土地用途实行管制。严格限制农用地转为建设用地，控制建设用地总量，对耕地实行特殊保护。使用土地的单位和个人必须严格按照总体规划确定的用途使用土地，未经批准不得改变用途。其三，动态监测制度。为了保证土地用途管制制度的实施，国家建立土地调查制度、土地统计制度，对土地利用状况进行动态监测。

（4）耕地保护制度。严格控制耕地转为非耕地，确保耕地总量不减少；非农业建设必须节约使用土地，可以利用荒地的，不得占用耕地，可以利用劣地的，不得占用好地；非农业建设经批准占用耕地的，按照“占多少，垦多少”的原则，由占地单位负责开垦补偿，新开垦耕地应与所占耕地同质等量，没有条件做到的，应当按省、自治区、直辖市规定，缴纳耕地开垦费，专款用于开垦新的耕地；乡（镇）人民政府应当将永久基本农田的位置、范围向社会公告，并设立保护标志，各省、自治区、直辖市划定的永久基本农田应当占本行政区域内耕地的80%以上；任何单位和个人禁止闲置、荒芜耕地；对非农业建设占用耕地占而不用的，根据闲置时间长短可以采取恢复耕种，缴纳闲置费，无偿收回使用权等措施。

（5）建设用地管理制度。建设用地管理是土地管理工作的重要组成部分，是实施土地资源利用管理、依法保证城乡各项建设用地的关键措施，也是各级政府制定土地利用总体规划、合理配置土地资源、调控基本建设规模的有力手段。为此，我国《土地管理法》规定：第一，实行建设用地审批制度。第二，严格农用地转用审批。第三，严格规定征地审批权限。征收下列土地的，由国务院批准：永久基本农田；永久基本农田以外的耕地超过35公顷的；其他土地超过70公顷的。征收前述规定以外的土地的，由省、自治区、直辖市人民政府批准。征收农用地的，应当依照《土地管理法》的规定先行办理农用地转用审批。第四，征收土地应当给予公平、合理的补偿。第五，加强对农民兴建住宅基地的控制。农村村民一户只能拥有一处宅基地，其宅基地的面积不得超过省、自治区、直辖市规定的标准。农村村民建住宅，不得占用永久基本农田，并尽量使用原有的宅基地和村内空闲地。农村村民出卖、出租、赠与住宅后，再申请宅基地的，不予批准。

（二）水法

1. 水法的涵义

水法是指调整人们在开发、利用、节约、保护、管理水资源与防治水害等活动中发生的各种经济关系的法律规范的总称。我国于 1988 年 1 月 21 日通过了《水法》，并根据经济和社会发展的新情况，于 2002 年进行了修订，于 2009 年、2016 年进行了修正。除了《水法》，其他相关立法有《水土保持法》《防洪法》《水土保持法实施条例》《取水许可制度实施办法》《城市供水条例》《河道管理条例》等。

2. 水法基本制度

（1）水资源管理制度。《水法》从水资源的自身特性和我国的政治体制出发，按照水资源管理与水资源开发、利用、节约、保护工作相分离的原则，确立了流域管理与行政区域管理相结合、统一管理与分级管理相配套的水资源管理制度。具体而言，国务院水行政主管部门负责全国水资源的统一管理和监督工作；国务院水行政主管部门在国家确定的重要江河、湖泊设立的流域管理机构（以下简称流域管理机构），在所管辖的范围内行使法律、行政法规规定的和国务院水行政主管部门授予的水资源管理和监督职责；县级以上地方人民政府水行政主管部门按照规定的权限，负责本行政区域内水资源的统一管理和监督工作。

（2）水资源权属制度。根据《水法》第 3 条的规定，水资源属于国家所有。一方面，水资源的所有权由国务院代表国家行使；另一方面，农村集体经济组织的水塘和由农村集体经济组织修建管理的水库中的水，归各该农村集体经济组织使用。

（3）水资源开发利用制度。为了充分发挥水资源的综合效益，防止在开发利用过程中损害水资源和引发水害，《水法》对水资源的开发利用作出了一系列原则要求和具体规定：第一，兴利与除害相结合。第二，城乡居民用水优先。第三，水资源合理开发利用。

（4）饮用水水源保护区制度。《水法》规定了国家建立饮用水水源保护区制度，要求划定饮用水水源保护区，并采取措施，防止水源枯竭和水体污染，保障城乡居民饮用水安全。同时，禁止在饮用水水源保护区内设置排污口。在江河、湖泊新建、改建或者扩大排污口，应当经过有管辖权的水行政主管部门或者流域管理机构同意，由环境保护行政主管部门负责对该建设项目的环境影响报告书进行审批。

（5）总量控制和定额管理相结合的制度。用水总量控制和定额管理需要通过水资源的分配调控来实现，包括宏观分配和建立部分流域分水方案。《水法》规定，省、自治区、直辖市人民政府有关行业主管部门应当制订本行政区域内行业用水定额，报同级水行政主管部门和质量监督检验行政主管部门审核同意后，由省、自治区、直辖市人民政府公布，并报国务院水行政主管部门和国务院质量监督检验行政主管部门备案。县级以上地方人民政府发展计划主管部门会同同级水行政主管部门，根据用水定额、经济技术条件以及水量分配方案确定的可供本行政区域使用的水量，制定年度用水计划，对本行政区域内的年度用水实行总量控制。

（6）节约用水制度。《水法》明确了建立节水型社会的目标，并规定了用水实施计量收费、超额累进水价、节水技术和设备推广、节水设施建设等一系列制度，基本形成了节约用水的制度框架。

（三）矿产资源法

1. 矿产资源法的涵义

矿产资源法是指调整人们在勘探、开采、利用和保护矿产资源的活动中所形成的各种经济关系的法律规范的总称。我国于1986年3月19日通过了《矿产资源法》。根据矿产资源管理的新形势、新情况，我国于1996年、2009年对《矿产资源法》进行了两次修正。

2. 矿产资源法基本制度

（1）矿产资源权属制度。《矿产资源法》第3条规定，矿产资源属于国家所有，由国务院行使国家对矿产资源的所有权。地表或者地下的矿产资源的国家所有权，不因其所依附的土地的所有权或者使用权的不同而改变。勘查、开采矿产资源，必须依法分别申请，经批准取得探矿权、采矿权，并办理登记；但是，已经依法申请取得采矿权的矿山企业在划定的矿区范围内为本企业的生产而进行的勘查除外。

（2）探矿权制度。探矿权是指在依法取得的勘查许可证规定的范围内，勘查矿产资源的权利。探矿权的内容包括：取得探矿权的勘查主体有权对一定区域内的一定勘查对象进行勘查；任何单位和个人不得进入探矿权人已取得探矿权的区域对探矿权所指向的对象进行同一勘查目的的勘查行为，不得妨害探矿权人的正常作业，但国家另有规定的除外；探矿权人在完成规定的最低勘查投入后，经依法批准，可以将探矿权转让他人，但禁止将探矿权倒卖牟利。

（3）采矿权制度。采矿权是指在依法取得的采矿许可证规定的范围内，开采矿产资源和获得所开采的矿产品的权利。采矿权人的权利包括：任何单位和个人不得进入他人已取得采矿权的区域对采矿权指向的矿产进行开采活动，不得进行其他妨害采矿权人进行的正常作业活动，但国家另有规定的除外；因企业合并、分立，与他人合资、合作经营，或者因企业资产出售以及有其他变更企业资产产权的情形而需要变更采矿权主体的，经依法批准可以将采矿权转让他人，但禁止将采矿权倒卖牟利。

（4）矿产资源开采与毗邻权益。矿产资源开采的活动，往往造成对土地、森林、草原的占有，对环境的污染与破坏，为了防止和减少开采活动可能造成的危害，《矿产资源法》规定，开采矿产资源必须遵循有关环境保护的法律规定，防止污染环境。开采矿产资源应当节约用地，对耕地、草原、林地造成破坏的应当因地制宜地采取补救措施。同时还要求，勘查、开采矿产资源时发现具有重大科学文化价值的罕见地质现象以及文化古迹的，应当立即采取措施加以保护并迅速报告有关部门。

本章小结

产业法是指调整在国家产业政策的制定和实施过程中发生的各种社会关系的法律规范的总称。产业法律制度主要包括产业结构法、产业组织法、产业技术法和产业布局法，其为调节产业市场结构、优化产业组织、促进产业技术进步、实现经济协调布局和均衡发展提供了法律指引。外贸法指的是国家或地区调整、规范本国或本地区开展外贸活动中所产生的经济关系的法律规范的总称。外贸法律制度主要包括货物进出口和技术进出口制度、国际服务贸易制度以及外贸调查、救济和促进制度。国有资产管理法是指调整国家在对国有资产进行管理过程中所发生的社会关系的法律规范的总称。国有资产管理法律制度主要包括国有资产产权界定和登记制度、国有资产评估制度、国有资产处置制度等，这些规定对于理顺国有资产产权关系、促进国有资产的保值增值具有重要作用。能源资源法律制度主要包括节约能源法、可再生能源法、循环经济法、土地管理法、水法、矿产资源法等，其为能源资源的合理开发利用提供了法律保障。

学术视野

任何法律制度和政策的制定以及法学研究都必须立足中国大地，符合中国国情和社会发展阶段的要求，既要充分借鉴既往经验，更要根据新形势、新阶段作出相应调整。党的二十大报告提出，高质量发展是全面建设社会主义现代化国家的首要任务。2023 年中央经济工作会议强调，要以科技创新引领现代化产业体系建设；着力扩大国内需求；深化重点领域改革；扩大高水平对外开放；持续有效防范化解重点领域风险；坚持不懈抓好“三农”工作；推动城乡融合、区域协调发展；深入推进生态文明建设和绿色低碳发展；切实保障和改善民生，为下一步的经济工作突出重点。目前，我国正在三个方面逐步完善宏观经济治理体系：一是积极的财政政策适度加力、提质增效；二是稳健的货币政策灵活适度、精准有效；三是增强宏观政策取向一致性，加强财政、货币、就业、产业、区域、科技、环保等政策协调配合。进入新发展阶段，国际环境更加复杂多变，对宏观调控的系统性和协调性等均提出了更高要求，全面、多样的宏观调控方法至关重要。本章涉及的产业法律制度、外贸法律制度、国有资产管理法律制度、能源资源法律制度均是实现政策目标不可或缺的法律工具。高质量发展离不开健全的法律制度体系，未来要把握战略导向，不断完善宏观调控法律制度，助推宏观经济治理体系现代化。

实务参考

(1) 某矿业公司诉某县人民政府行政补偿案［一审判决：福建省宁德市中级人民法院（2019）闽09行初76号、(2020) 闽09行初12号；二审裁定：福建省高级人民法院（2019）闽行终1210号］。

(2) 关于对原产于澳大利亚的进口相关葡萄酒反倾销调查（最终裁定：商务部公告2021年第6号；复审裁定：商务部公告2024年第11号)。

(3) 关于对原产于欧盟的进口马铃薯淀粉反补贴调查（最终裁定：商务部公告2011年第54号；复审裁定：商务部公告2023年第33号)。

思考题目

(1) 我国产业结构调整的主要措施有哪些?

(2) 简述我国优化产业布局的具体措施。

(3) 国有企业中的国有资产产权如何界定?

(4) 国有资产评估的方法有哪些?

(5) 简述我国的外贸救济制度。